Pentecostal Spirituality: A Passion for the Kingdom

오순절 영성:
하나님 나라를 향한 열정

Steven J. Land 스티븐 잭 랜드

김장엽 옮김

오순절 영성: 하나님 나라를 향한 열정
Pentecostal Spirituality: A Passion for the Kingdom

발행일　2025년 3월 14일(초판 1쇄)
지은이　스티븐 잭 랜드(Steven J. Land)
옮긴이　김장엽
편　 집　한글문화사
펴낸곳　건신대학원대학교 출판부
　　　　대전광역시 중구 동서대로1327번길 40 (042-257-1663)

ISBN 979-11-991851-0-4 (93230)

책 값은 뒤 표지에 있습니다.
• 이 책의 내용 전부나 일부를 지은이의 허락 없이 복사하거나 복제를 금합니다.

Pentecostal Spirituality: A Passion for the Kingdom

오순절 영성:
하나님 나라를 향한 열정

목차(Contents)

목차(Contents) ·· 4
서문 ·· 8
옮긴이의 글 ··· 10
약어표 ··· 13

서론 ·· 14

제 1 장: 신학으로서의 오순절 영성: 이론적 서론 ········ 17

  1. 오순절 운동 그때(Then) 그리고 지금(Now) ········ 19
    1) '오순절로 돌아가기': 늦은 비의 강림 ············ 19
    2) 오순절 영성의 차원들 ······························· 27
  2. 오순절 영성에 접근하기 ································ 30
    1) 주제: 성결과 능력의 통합 ·························· 30
    2) 칭의: 본 연구의 독창성 ····························· 31
    3) 자료: 본 연구의 역사적 기초 ····················· 34
    4) 목적: 본 연구의 동기 ································ 36
  3. 오순절 영성에 대한 관점 ······························ 40
    1) 영성과 신학 ·· 40
    2) 기원과 연속성 ··· 60
    3) 종말론과 일관성 ······································ 69
  4. 개요 ·· 74

제 2 장: 묵시적 비전으로서의 오순절 영성: 서사-프락시스 분석 ·············· 77

1. 오순절 임재: 마지막 시대에 임한 성령의 역사 ············· 81
   1) 사도적 신앙: 종말론적 비전의 회복 ················ 81
   2) 묵시적 신앙: 마지막 날을 살아가는 삶 ············ 87
2. 오순절 내러티브: 하나님의 이야기에 참여하기 ·········· 97
   1) 성경적 드라마와 그리스도인의 삶 ··············· 97
   2) 삼중 오순절 체험 ································ 111
   3) 하나님 나라의 길 ································ 128
3. 오순절 실천: 종말을 바라보는 예배와 증언 ············ 131
   1) 마지막 시대에 온전한 복음의 회복 ············ 131
   2) 융합(Fusion): 하나님 나라의 침노와 변혁 ······ 135
   3) 분리(Fission):
      타락한 세상 속에서 하나님 나라에 참여하기 ········ 143
   4) 구술-서사적 형성: 하나님 나라의 언어 ········· 153
   5) 영과 몸의 상응: 하나님 나라의 행위 ············ 157
   6) 위기-발전 변증법: 하나님 나라의 과정 ········· 163
4. 오순절 프락시스: 성령 안에서의 행동과 성찰 ·········· 167

제 3 장: 선교적 교제로서의 오순절 영성: 정서적 통합 ········· 171

1. 오순절 정체성: 하나님 나라를 위한 해방 ············· 173
   1) 밑바닥에서부터 '기도로 돌파하기' ················ 173
   2) 오순절 증인이 되는 것 ··························· 174

2. 오순절 정서: 하나님 나라를 구현하며 갈망함 ·········· 178
      1) 암묵적 상관성: '세 가지 축복'의 '신학적 논리' ·········· 178
      2) 기독교 정서: 일반적 설명 ································· 186
      3) 종말론적 정서: '본향으로 가는 길' ······················ 194
      4) 훈련된 분별력: 말씀(Word)과 성령(Spirit) ············ 229
   3. 오순절 기도: 정서를 형성하고 표현하기 ·················· 235
      1) 선교적 교제 속에서 기도하기 ····························· 235
      2) 성령 안에서 기도하기 ···································· 238
   4. 오순절 열정: 하나님 나라를 향한 삶 ······················ 247
      1) 하나님 나라를 향한 열정 ·································· 248
      2) 왕의 공동체 ·· 253

제 4 장: 삼위일체적 변혁으로서의 오순절 영성: 신학적 재조명 ······································ 257

   1. 오순절 합성의 붕괴: 내적 문제와 외적 비판 ············ 261
      1) 논증의 논리 ·· 261
      2) 문제의 본질 ·· 265
      3) 비판의 영향력 ··· 269
      4) 재조명의 필요성 ··· 272
   2. 오순절 영성의 재조명: 종말론적 삼위일체 ··············· 275
      1) 통합과 분열 ·· 275
      2) 추측과 결정론 ··· 277
      3) 갱신 또는 실현 ··· 278
      4) 상호 연관성과 변혁 ······································· 280

3. 서로를 향한 내적 접근: 기억과 회개 ······················ 296
   1) 비전과 버림받은 자들 ····························· 296
   2) 분열의 교리 ···································· 298
   3) 열정과 교회정치 ································ 302
4. 함께 나아가기: 비평들로부터 배우기 ····················· 305
   1) 순서(Subsequence)와 분파주의(Sectarianism) ········ 305
   2) 선교(Mission)와 연합(Unity) ······················ 308
   3) 신학(Theology)과 열정(Passion) ··················· 311

에필로그 ·· 314

참고문헌 ·· 319
미주 ·· 348

서문

『오순절 영성: 하나님 나라에 대한 열정(Pentecostal Spirituality: A Passion for the Kingdom)』을 완성한 지 거의 30년이 되었고, 그동안 이 책은 여러 언어들로 수 차례의 번역을 거쳤다. 이 기간 동안 많은 이들이 이 책에 대해 비평과 감사를 표현해 주었고, 자신들의 연구와 구성의 출발점으로 사용해 주었다. 이 책이 여전히 교재 목록에 오르는 것을 보며 기쁨과 놀라움을 느낀다.

이 책은 전통적인 기독교 교리의 주제를 다루는 개신교적 스콜라적 작업, 곧 성령세례를 통합적 해석의 중심으로 삼는 신학적 시도는 아니다. 물론 이는 가치있는 작업이지만, 대신 이 책은 초기 오순절 정신을 묘사하고, 오순절의 성격(정서)을 설명할 수 있는 방식을 고안하며, 미래의 교리적 과제를 제안하려 했다. 이 연구의 목표는 오순절 영성의 독창성을 드러내는 동시에 다른 기독교적 접근과의 유사성과 차이점을 보여줄 수 있는 하나의 틀을 제공하는 것이다.

내게 성결은 하나님의 의로움의 구조, 하나님의 사랑의 맥락, 그리고 목적 지향적이며 설득력 있는 하나님의 능력을 구현하는 것이라고 생각한다. 이는 성령으로 충만한 삶이 무엇인지 설명하려는 노력에도 영향을 주어야 한다. 수억 명의 기독교인들이 '위로부터의 세례(baptism from on high)'를 증언하고 있는 오늘날, 나는 오순절 영성이 세계 선교적 교회 안에서 다양한 방식으로 확산되고 있음에 대해 확신하며 감사한다.

이 책이 독자들에게 마지막 말이나 최고의 말로 남겨질 것을 기대하지 않는다. 그러나 이 책이 여전히 권면의 말로 남아, 많은 이들이 이 안에서 자신을 발견하거나 하나님의 임재로 충만해지고자 하는 열망을 품게 되기를 바란다. 하나님은 곧 '만유 안에 모든 것(all in all)'이 되실 것이다.

스티븐 잭 랜드(Steven Jack Land)
Pentecostal Theological Seminary

옮긴이의 글

스티븐 랜드(Steven J. Land)의 『오순절 영성: 하나님 나라를 향한 열정(Pentecostal Spirituality: A Passion for the Kingdom)』은 오순절 영성을 신학적, 역사적, 실천적 관점에서 심층적으로 탐구한 중요한 저작이다. 본서는 오순절 운동의 신앙과 실천을 단순히 경험적 차원에서 논하는 것을 넘어, 바른 교리(orthodoxy), 바른 정서(orthopathy), 바른 실천(orthopraxy)의 삼중 구조 속에서 오순절 영성이 어떻게 형성되고 전개되었는지를 체계적으로 설명한다. 특히, 랜드는 오순절 신앙이 종말론적 비전과 긴밀히 연결되어 있으며, 하나님 나라에 대한 열정이 오순절 신앙의 중심에 자리하고 있음을 강조한다.

이 책은 크게 세 가지 핵심 주제를 중심으로 전개된다. 첫째, 랜드는 오순절 신앙의 본질을 이해하기 위해 신학적 구조를 제시한다. 그는 오순절 신앙이 단순한 감정적 열정이 아니라 신념(바른 교리), 정서(바른 정서), 실천(바른 실천)이 유기적으로 결합된 총체적 신앙 체계임을 강조한다. 이를 통해 오순절 신앙은 단순한 체험 중심의 신앙이 아니라, 신학적 깊이와 영적 실천이 함께 가는 역동적인 신앙 전통임을 보여준다. 둘째, 랜드는 오순절 영성이 어떻게 형성되었으며, 그 안에서 종말론적 비전이 어떤 역할을 하는지를 설명한다. 그는 오순절 신앙이 단순한 개인의 영적 체험을 넘어, 하나님 나라를 향한 열망과 연결된다고 주장한다. 즉, 오순절 성도들은 이미 그러나 아직(already but not yet)의 종말론적 긴장 속에서 살아가며, 이 땅에서 하나님 나라의 임재를 실천하는 데 헌신해야 한다는 것이다. 셋째, 랜드는 오순절 신앙의 실천적 차원을 강조한다. 오순절 운동이 단순한 신학적 논의가 아니라, 실제 예배와 선교, 사회적 참여 속에서 구현되는 실천적 신앙임을 설명하며, 오순절 성도들이 어떻게 이 신앙을 삶 속에서 살아낼 것인지를 제안한다.

이러한 랜드의 연구는 오순절 신앙을 신학적으로 체계화하려는 중요한 시도 중 하나로 평가된다. 오순절 운동은 20세기 이후 폭발적인 성장을 이루었지만, 때로는 신학적 깊이가 부족하다는 비판을 받아왔다. 그러나 랜드는 본서를 통해 오순절 신앙이 단순한 신비적 체험이나 열광적 예배에 국한되지 않으며, 신학적으로 정교한 구조를 갖추고 있음을 보여준다. 또한, 이 책은 오순절 신학이 신앙의 실천과 분리될 수 없음을 강조한다. 랜드는 신앙이 단순히 교리적 이해에 머물러서는 안 되며, 정서적 반응과 실천적 삶 속에서 구체적으로 표현되어야 한다고 주장한다. 이러한 논의는 오순절 신앙이 단순한 개인적 영성에 머무르지 않고, 공동체적이고 사회적인 차원으로 확장될 필요가 있음을 시사한다. 특히, 이 책은 한국 교회와 오순절 신학에 중요한 통찰을 제공할 수 있다. 한국 교회는 오순절적 신앙과 깊은 연관을 맺고 있으며, 성령 체험과 열정적 신앙 실천이 중요한 특징 중 하나다. 그러나 이러한 신앙이 때때로 신학적 기초 없이 감정적 열정에만 의존하는 경우도 있었다. 랜드의 논의는 한국 교회가 오순절 신앙을 더욱 신학적으로 정립하고, 성령 체험을 하나님 나라의 비전과 연결하는 데 유익한 틀을 제공할 것이다.

한 가지 독자의 이해를 구하는 것은, 랜드의 저서에 담긴 통계자료들은 이미 오래 된 자료이기에 현재의 숫자와 다소 차이를 보인다. 또한 오순절 운동이 직면한 현재의 상황과는 일부 차이가 있을 수 있다는 것을 이해해주기 바란다. 그럼에도 불구하고 이 책은 여전히 오순절 신학과 영성의 핵심을 다루고 있다는 점에서 높이 평가를 받는다.

이 책을 번역하면서, 본인은 오순절 신앙의 본질과 방향성에 대해 더욱 깊이 숙고할 수 있는 기회를 가졌다. 단순히 오순절 운동의 역사나 교리를 다루는 것이 아니라, 오순절 신앙이 어떻게 형성되었으며, 그것이 신학적, 정서적, 실천적으로 어떻게 표현되는지를 종합적으로 이해할 수 있었다. 이 책이 한국 교회와 신학자들, 그리고 오순절 신앙을 가진 성도들에게 중요한 신학적 나침반이 될 것을 확신한다. 오순절 신앙은 단순한 체험이 아니라, 깊은 신학적 사유와 실천적 헌신이 동반될 때 더욱 강력한 영향력을 발휘할 수 있다. 따라서 이 책을 읽는 독자들이 단순한 신학적 지식을 얻는 것을 넘어, 오순절(기독교) 신앙의 본질을 탐구하고 자신의 신앙 여정을 돌아보는 기회로 삼기를 바란다. 또한, 한국 교회가 랜드의 논의를 바탕으로 오순절 신학을 보다 체계적으로 연구하고, 실천적 차원에서 발전시키는 데 기여할 수 있기를 소망한다. 오순절 신앙이 단순한 개인적 열정에 머무르지 않고, 공동체와 사회를 변화시키는 신학적 기반을 마련하는 데 이 책이 중요한 역할을 할 수 있을 것이다.

마지막으로, 이 책이 신학적 논의를 넘어 실제 신앙 생활과 연결되기를 바란다. 랜드는 오순절 신앙이 단순한 교리가 아니라, 삶의 방식이라는 점을 강조한다. 따라서 이 책을 읽는 독자들이 단순히 신학적 이해를 넓히는 것을 넘어, 자신의 신앙을 점검하고 실천적인 변화를 추구하는 계기로 삼기를 소망한다. 이 책이 한국 교회와 신학계에 유익한 통찰을 제공하고, 오순절 신앙이 더욱 성숙한 방향으로 나아가는 데 기여할 수 있기를 기대하며, 독자들에게 이 소중한 책을 소개한다.

2025년 2월 26일
건신대학원대학교에서
김장엽

약어표

AF	*The Apostolic Faith* (September 1906-May 1908) reprinted by F.T. Corum (ed.) *Like As Of Fire* (Wilmington, MA, 1981)
DPCM	S.M. Burgess and G.B. McGee (eds.), *Dictionary of Pentecostal and Charismatic Movements* (Grand Rapids: Zondervan, 1988)
HBT	*Horizons in Biblical Theology*
HTR	*Harvard Theological Review*
JES	*Journal of Ecumenical Studies*
JPT	*Journal of Pentecostal Theology*
JPTSup	Journal of Pentecostal Theology Supplement Series
JSNTSup	Journal for the Study of the New Testament Supplement Series
NASB	Unless otherwise stated all Scripture quotations are from the New American Standard Bible (LaHabra, California: The Lockman Foundation, 1960).
Pneuma	*Pneuma: The Journal of the Society for Pentecostal Studies*
RSR	*Religious Studies Review*
SJT	*Scottish Journal of Theology*
TTod	*Theology Today*

서론

오순절 영성에 대한 분석과 재조명(Re-vision)

본 연구는 오순절 전통에 대한 신선하고 건설적이며 다소 논쟁적인 해석과 재조명을 시도한다. 첫 번째 장에서는 이론적이고 방법론적인 내용을 다루며, 신학과 영성의 근본적인 관계를 오순절적이면서도 흥미롭게 바르트적(Barthian) 관점으로 접근한다. 특히 신학적 과업에서 기도의 역할에 초점을 맞춘다. 월터 홀렌베거(Walter Hollenweger)의 주장에 동의하여, 오순절 운동의 초기 10년은 영성의 '유년기(infancy)'가 아니라 핵심임을 강조한다. 이에 더해 웨슬리안(Wesleyan), 성결운동(Holiness), 19세기 부흥-회복주의(revivalist-restorationist) 뿌리의 결정적 중요성을 주장한다. 영성은 신념과 실천이 정서에서 통합되는 것으로 정의되며, 이러한 정서는 신념과 실천에 의해 불러일으켜지고 표현된다.

두 번째 장에서는 특정 오순절 신념(beliefs)과 실천을 노래, 간증, 초기 목격자들의 기록을 통해 이야기로 풀어내며 서사 분석을 진행한다. 영성의 묵시적(apocalyptic) 성격을 분석하고 비판하며, 이를 발전시켜 계시, 역사, 그리고 하나님 나라의 관계를 조명한다.

세 번째 장에서는 기독교적 정서(affections)가 성령운동의 신앙과 실천을 통합하고 뒷받침하는 방식을 보여준다. 바른 신념(orthodoxy), 바른 실천(orthopraxy), 바른 정서(orthopathy)간의 상호 관계를 통해 오순절 영성은 기존의 이분법적 사고인 이성과 '감정'의 낡고 비생산적인 대립을 초월한 새로운 차원으로 나아간다. 오순절 정서는 특정한 신적 속성, 하나님 나라, 그리고 오순절의 증언과 연관되어 '위기와 발전의 변증법(crisis-development dialectic)'으로 특징지어지는 오순절 신앙 발전의 한 유형을 제시한다.

네 번째이자 마지막 장에서는 오순절 영성을 삼위일체적 관점에서 재조명하며, 하나님 나라에 대한 열정이 궁극적으로 하나님에 대한 열정임을 주장한다. 이 재조명과 재구상을 바탕으로, 오순절 운동 내부의 주요 이슈들과 외부로부터 제기된 비판을 다룬다. 이어지는 후기에서는 추가 연구의 필요성을 간략히 논의한다.

요약하면, 이 연구는 다음의 네 단계를 거친다: (1) 영성과 신학 사이의 관계, (2) 오순절 영성을 특징짓는 믿음(신념)과 실천에 대한 설명-분석, (3) 오순절 정서 안에서 믿음과 실천의 통합에 대한 실증, (4) 삼위일체적 재해석. 이 네 단계를 통해 오순절 영성을 심화하고, 더 나아가 이 운동의 독창성과 현대적 의의를 제시하고자 한다.

제 1 장

신학으로서의 오순절 영성: 이론적 서론

Pentecostal Spirituality as Theology:
A Theoretical Introduction

1. 오순절 운동 그때(Then) 그리고 지금(Now)

1) '오순절로 돌아가기': 늦은 비의 강림

예수 그리스도는 제자들에게 강렬한 묵시적 기대 가운데서, '아버지의 약속(the promise of the Father)'을 기다리라고 명령하셨다. 성령 안에서의 세례와 충만은 요엘서의 예언1)이 성취된 것이며, 이는 땅끝까지 그리스도의 증인들에게 능력을 부여하는 사건이었다. 예수님의 오심과 사명, 그리고 성령의 오심과 사명은 약속과 성취라는 언어로 표현되었으며, 이러한 성취는 개인적 및 세계사적 함의를 지닌 넘침이나 잔여의 약속을 포함하고 있었다. 성취의 '이미(already)'는 완성을 기다리는 '아직(not yet)'을 내포하고 있다. 그리스도를 기다리는 일은 그리스도 안에서 그의 재림을 기다리는 일이었고, 약속된 성령을 기다리는 일은 성령 안에서 하나님이 '만유 안에 모든 것'이 되는 그 때를 기다리는 일이었다.

이 '약속-성취(primise-fulfillment), 이미-아직(already-not yet)'의 긴장된 역동성은 기독교의 종말론적 열정을 특징짓는다. 이 긴장이 조기에 해소될 때, 그것이 다른 세상에 초점을 맞춘 '아직'의 도피주의나 이 세상에 초점을 맞춘 '이미'의 타협으로 나타날 때마다, 교회가 '종밀론적 어머니'2)로서 아들 딸들이 예언하도록 부름받았음을 상기시키는 회복, 부흥, 각성, 갱신의 운동이 일어난다. 오순절주의(Pentecostalism)는 그러한 운동이다. 오순절 영성은 18세기 웨슬리안(Wesleyan)과 19세기 성결운동(Holiness movement)의 뿌리에서 북미를 중심으로 발생했다. 이는 19세기 후반 미국 전역을 휩쓴 전천년주의 부흥운동의 종말론적 긴장, 혼란, 축복을 모두 구현했다. 이는 수천 명의 성도들이 오순절의 부흥을 위해 기도한 간절한 기도의 응답으로 여겨졌다. 1856년, 영국 감

리교도 윌리엄 아서(William Arthur)는 다음과 같은 기도로 이러한 갈망을 표현한다:

> 사랑스러운 성령님(adorable Spirit), 아버지와 아들로부터 나오시는 분이시여, 모든 교회 위에 강림하사, 이 시대에 오순절을 새롭게 하시고, 당신의 백성을 온전히 세례로 충만케 하소서—오, 다시금 불의 혀로 세례를 베푸소서! 이 19세기를 '순전하고 더럽지 않은 경건(pure and undefiled religion)'의 부흥으로 장식하사, 지난 세기의 부흥보다, 지금까지 인간에게 허락된 어떤 '성령의 나타남(demonstration of the Spirit)'보다 더 위대한 부흥으로 인도하소서!3)

19세기 전반부터 20세기 초반에 이르기까지, 오순절의 불길은 영국(Irvingites), 독일, 인도, 러시아, 웨일스, 그리고 북미(Finney, Moody, the Palmers 등)에서 타올랐다.4) 그러나 1901년 찰스 폭스 파함(Charles Fox Parham)의 성경학교에서 아그네스 오즈만(Agnes Ozman)이 '다른 언어로 말하는' 증거와 함께 '성령으로 세례를 받음'으로써 정점을 이루었다. 파함과 그의 학생들이 발견한 이 통찰은 윌리엄 J. 시모어(William J. Seymour)에 의해 1906년 로스앤젤레스로 전해졌다. 시모어는 겸손한 외눈의 흑인 성결운동(Holiness) 설교자로, 파함의 제자였다. 그는 1906년 '사도적 신앙(*The Apostolic Faith*)' 신문의 첫 호를 발행했다. 모든 호의 머리말에는 '성도들에게 단번에 전달된 믿음을 위해 간절히 싸우라—유다서 3절'이라는 모토가 적혀 있었다. 첫 기사에서는 오순절이 로스앤젤레스에 임했으며, '사도행전과 같은 성경적 구원의 부흥'이 일어나고 있다고 선언했다.5)

시모어(Seymour)는 기쁨에 차 이렇게 보고한다:

지금 하나님의 능력이 이 도시를 전에 없던 방식으로 뒤흔들고 있다. 오순절이 확실히 임했고, 성경에 기록된 증거들이 함께 나타나고 있다. 많은 사람들이 회심하고, 성화되며, 성령으로 충만하여 오순절날처럼 방언을 말하고 있다. 아주사(Azusa) 거리의 건물과 도시의 다른 지역에 있는 선교지와 교회에서 매일 벌어지는 장면들은 형언할 수 없을 정도이며, 진정한 부흥은 이제 막 시작되었을 뿐이다. 하나님께서 자신의 자녀들과 주로 함께 일하시며, 그들을 오순절로 이끌고, 아직 회심하지 않은 이들 가운데 구원의 강력한 물결을 위한 기초를 놓고 계신다.

예배는 옛 감리교 교회에서 열리는데, 이 교회는 일부가 세입자용 주택으로 개조되었으며, 1층에는 큰 미장되지 않은 헛간 같은 방이 남아 있다.

많은 교회가 오순절을 위해 기도했으며, 이제 오순절이 임했다. 이제 남은 질문은 그들이 이것을 받아들일 것인가 하는 것이다. 하나님은 그들이 예상하지 못한 방식으로 응답하셨다. 옛날처럼 겸손한 방식으로, 말구유에서 태어나셨던 것처럼 오셨다.6)

시모어는 일부 지역 주민들이 이 교회를 '홀리 롤러(Holy Roller)' 또는 '흑인 교회(Colored Church)'라고 부르는 것에 대해 이렇게 언급했다:

이곳은 묘비 가게, 마구간, 목재 창고 근처에 있다. … 베들레헴의 마구간을 기억하지 않는다면, 이곳에서 하늘의 방문을 기대하기는 어려울 것이다. 하지만 이곳에서는 매일 아침 10시부터 밤 12

시까지 강력한 부흥이 일어나고 있다.

시모어는 자신들이 헛간에서 예배를 드리고 있다는 사실에 대해 더 언급하며, 하나님께서 왜 이 장소를 선택하셨는지에 대해 이렇게 추측했다:

> 만약 훌륭한 교회에서 시작되었다면, 가난한 흑인과 스페인 사람들이 이 복음을 받을 수 없었을 것이다. 그러나 하나님께 찬양을 드린다. 이곳에서 시작되었다. 전능하신 하나님께서 말씀하시기를 그분은 모든 육체에 성령을 부어주실 것이라 하셨다. … 모든 민족이 얼마나 자유로움을 느끼는지 주목할 만하다. 만약 멕시코인이나 독일인이 영어를 못 한다면, 그 사람은 자신의 모국어로 일어나 말하며 매우 편안해한다. 성령께서 얼굴을 통해 해석하시므로 사람들이 '아멘'이라고 말한다. 하나님께서 사용하실 수 있는 어떤 도구도 피부색, 옷차림, 혹은 교육 수준 때문에 거부되지 않는다. 이것이 하나님께서 이 일을 이렇게 세우신 이유다.[7]

아주사(Azusa) 거리에서 '인종의 장벽이 그리스도의 피로 씻겨져 나갔다.' 놀랍게도, 이는 남부에서도 잠시 동안 사실로 드러났다. 백인 복음주의자 G.B. 캐쉬웰(G.B. Cashwell)의 보고와, 후에 하나님의 교회(Church of God in Christ)의 영적 지도자가 된 흑인 오순절 주교 C.H. 메이슨(C.H. Mason)의 사역이 이를 증명한다. 메이슨은 백인과 흑인 목회자들을 안수했으며, 미국 조지아주 애틀랜타에 위치한 초교파 신학 센터(Interdenominational Theological Center)에 설립된 최초의 오순절 신학교는 그의 이름을 따서 명명되었다.

그러나 사회적 장벽의 허물어짐과 겸손한 마구간에서의 시작(아주사에는 '다락방'도 있었다!)만이 신약 교회와의 유사점은 아니었다. 이 사건은 참여자들에 의해 마지막 시대의 세계 복음화를 위한 '사도적 신앙(The Apostolic Faith)'과 능력의 늦은비 회복으로 해석되었다. 모든 것은 예수 그리스도의 임박한 재림(parousia)에 대한 전적인 기대에 의해 결정되었다.8)

'충만한 때'를 위한 '완전한 복음(full gospel)'은 성도들을 성령으로 충만하게 하고, 그들이 사도들의 가르침으로 세상을 채우게 하기 위해 필요했다. 이 '완전한 복음(순복음)'은 다음 다섯 가지 신학적 주제들(motifs)로 구성되었다:

   1. 그리스도를 믿음으로 말미암은 칭의.
   2. 은혜의 두 번째 확실한 역사로서 믿음으로 말미암는 성화.
   3. 모든 사람에게 속죄를 통해 제공된 육체의 치유.
   4. 그리스도의 전천년적 재림.
   4. 방언으로 증거되는 성령세례.

다섯 번째 주제는 무엇보다도 아무도 일할 수 없는 어둠이 오기 전에 '저녁 빛(evening light)'9)이 비추고 있음을 보여주는 '표징(sign)'으로 작용했다.10)

이 운동은 동시에 환원주의적(restorationist)이고 종말론적(eschatological) 이다. 참여자들은 하나님께서 표적과 기사를 통해 마지막 시대를 위한 '사도적 신앙(The Apostolic Faith)'과 능력을 회복시키고 계신다고 믿었다. 그들은 하나님께서 루터(Luther)를 통해 믿음으로 말미암는 칭의를, 웨슬리(Wesley)를 통해 믿음으로 말미암는 성화를, 쿨리스

(Dr. Cullis)와 19세기 수많은 사역자11)를 통해 신적 치유(divine healing)를, 19세기 후반의 예언 컨퍼런스를 통해 그리스도의 전천년적 재림이라는 복된 소망을, 마지막으로 성령세례를 마지막 시대의 세계 복음화를 위한 능력으로 회복시키셨다고 보았다. 그들의 관점에서 하나님은 모든 성도들에게 성령의 능력으로 경건한 증인이 되라고 부르셨다. 이제 모든 성도의 제사장직에 더해 모든 성도의 예언자직도 추가될 수 있다.

신약 교회와의 다른 유사점들도 있다. 교회의 사명을 방해하고 분열을 초래하는 신조(creeds)에 대한 거부감이 있었으며, 성령의 은사가 아닌 기계적 운영과 정치적 계획에 의해 움직이는 조직에 대한 불신이 있었다. 사실 초기 오순절 운동은 성경에 직접적인 선례가 없거나 하나님의 주권적인 성령의 사역을 방해하는 모든 것에 대해 의심을 품었다. 그리스도는 '온전하게 나누어진 성경'(the whole Bible rightly divided)을 통해 구체적으로, 그리고 성령의 은사와 인도를 통해 비물질적으로 교회를 다스리셨다.

이 운동은 단일한 창시자가 없었다. 신약 시대처럼, 서신, 전단, 간증, 그리고 무엇보다 부흥적이고 참여적이며 대중 지향적인 예배에서 형성되고 중심을 이루는 정신(ethos)을 통해 소통과 가르침이 이루어졌다. '오순절 성령을 받은' 모든 사람들은 증인이자 복음을 전하는 자들이었다.12) 따라서 체계적인 논문도 없다. 그런 작업은 기도, 찬양, 증언의 분위기에서 벗어난 이차적 활동으로 간주되었다. 비록 대부분의 사람들이 글을 읽고 쓸 줄 알았고 아주사(Azusa)의 일부는 '높은 교육'을 받은 사람도 있었지만, 그들의 예배와 증언과 사역은 대부분 구두(oral)로 이루어졌다.

신약 성경에서와 같이, 교회를 경고하고 열방에 복음을 증거해야 한다는 긴박감이 모든 이해, 활동, 그리고 정서를 물들였다. 지금은 '영원한 복음'(계 14:6-7), '하나님 나라의 복음'(마 24:14)을 성령의 능력과 나타남으로 선포해야 할 때라고 여겼다.13) 신부는 신랑을 위해 준비되어야 했고, 잃어버린 영혼들은 대환난이 오기 전에 안전한 방주로 인도되어야 했다. 이 심정은 메인(Maine) 주 실로(Shiloh) 출신으로 찰스 F. 파함(Charles F. Parham)의 멘토였던 프랭크 W. 샌포드(Frank W. Sandford)가 1901년에 그의 정기간행물 제목을 '불의 혀(*Tongues of Fire*)'에서 '영원한 복음(*The Everlasting Gospel*)'으로 변경하면서 잘 나타났다. 그는 이를 '이 시대의 마지막 엄숙한 메시지(The Last Solemn Message of the Age)'라고 명명했다. 샌포드는 이렇게 선언한다:

> 첫 복음 메시지는 천사가 선포한 것이었다 — '모든 백성에게 미칠 큰 기쁨의 좋은 소식이니, 오늘 너희를 위하여 구주가 나셨다'.
> 마지막 복음 메시지도 마찬가지로 선포될 것이다 — '또 다른 천사가 영원한 복음을 가지고 땅에 사는 자들, 모든 나라에 선포하는 것을 보았다'(계 14:6-7).
> 첫 번째 메시지는 평화와 선의의 메시지였다. 마지막 메시지는 경고와 심판의 메시지가 될 것이다.
> 첫 번째는 '주의 은혜의 해'를 대표한다. 마지막은 '우리 하나님의 보복의 날'을 나타낸다.
> 첫 번째는 죄에 빠진 세상에 기쁜 소식을 전해주었고, '누구든지 그를 믿는 자는 그리스도 예수 안에 있는 속량으로 말미암아 값없이 의롭다 하심을 얻을 것이다'는 소식을 전했다. 마지막 메시지는 동일한 세상에 속히 그들의 특권을 사용하거나 남용한 것에 대해 책임을 져야 함을 경고하며, '주께서 그의 강력한 천사들과 함

께 하늘로부터 나타나셔서 복음을 순종하지 않는 자들에게 불꽃 가운데 보복하실 때'가 올 길을 준비한다. 첫 번째 메시지는 '고난의 사람'을 준비시켰다. 마지막 메시지는 '만왕의 왕'을 준비한다.
첫 번째는 베들레헴 언덕에서 '가장 높은 곳에서는 하나님께 영광'이라는 노래로 기쁨을 전했다.
두 번째는 '하나님을 경외하고 그에게 영광을 돌리라'고 모든 땅에 외치는 신적 권위의 음성을 전한다.
첫 번째는 예루살렘으로 나귀를 타고 겸손히 죽으러 오시는 분을 알렸다.

두 번째는 '큰 능력과 영광으로' 임하셔서 '강에서 땅끝까지' 통치하실 왕의 도성을 알린다. 모든 영광은 영원한 복음에 속한다.14)

그리스도는 이 메시지가 모든 나라에, 말과 표적과 기사를 통해 선포되기 전까지 오지 않을 것이다. 개인과 세계사의 속도와 초점은 이제 더욱 빨라지고 강화된다. 이 운동은 19세기 부흥주의의 이미 형성된 네트워크와, 공식적인 훈련이 거의 없거나 전혀 없는 채로 땅끝까지 나아갔던 사람들에 의해 새롭게 개척된 지역들에서 빠르게 확산되었다.15)

이 운동은 초기에는 서서히 성장했으며, 첫 15년 동안 인종적, 신학적, 사회적 논쟁의 영향을 받았다. 그럼에도 불구하고, 오늘날 오순절 교회는 전 세계에서 가장 큰 개신교 그룹을 대표하며, 그 영성은 은사주의적 갱신(Charismatic renewal)을 통해 기독교의 모든 분파에 영향을 미쳤다. 그 결과 오순절주의는 로마 가톨릭, 동방 정교회, 개신교와 함께 기독교의 '네 번째 세력(fourth force)'으로 여겨질 수 있다고 본다.

2) 오순절 영성의 차원들

오순절 영성이 미친 영향을 살펴보는 것은 그 중요성을 이해하기 위해 충분히 가치가 있다. 단순히 성령세례에 대한 변증이나 방언(glossolalia)과 같은 행동들에 대한 또 다른 연구만으로는 부족하다. 지난 1세기 동안 신조(creeds), 고등 교육 기관, 정교한 교회 조직, 그리고 매년 수많은 출판물들이 발전해 왔다.16) 이 모든 것은 오순절 운동이 지속성을 가지고 있음을 보여준다.

하지만 지속성이라는 길이의 차원은 폭이라는 차원에 의해 압도된다. 북미에서 시작되었지만, 오순절주의는 현재 이른바 '제3세계'에서 가장 강력하다. 데이비드 배럿(David Barrett)에 따르면, 1,000개 이상의 비백인 제3세계 토착 교단의 75% 이상이 오순절주의의 현상학적 특징을 모두 지닌 사람들로 구성되어 있다. 또한 제3세계 비 백인 종족에 토착화된 800개의 명시적인 오순절 교단이 있다. 여기에 초기 오순절 교단의 수백만 명에 이르는 회원뿐 아니라 은사주의 운동(Charismatic renewal)이나 '제3의 물결(third wave)'에 속한 수백만 명의 사람들도 포함된다. '제3의 물결'에 속한 사람들은 성령의 능력을 경험하지만 이를 회심과 별개의 경험으로 보지 않는다. 이들은 표적과 기사를 강조하지만, 자신들의 교회 안에 머물며 독립적인 갱신 그룹을 조직하지 않는다. 제3의 물결에 속한 회원들은 현재 11,000개의 오순절 교단과 3,000개의 독립적인 은사주의 교단에서 발견되며, 조직화된 전 세계 기독교의 21%를 차지하고 있다.

1988년 기준으로, 교회에 소속된 회원 수는 3억 2,700만 명으로, 그 중 1억 7,600만 명은 오순절주의자, 1억 2,300만 명은 은사주의자, 2,800만 명은 '제3의 물결'에 속한다. 이 운동은 매년 1,900만 명, 하루

약 54,000명의 새 회원을 추가하며 성장하고 있는데, 이 중 3분의 2는 새로 회심한 이들이다. 전 세계적으로 오순절주의자의 29%는 백인이고, 71%는 비백인이다. 그들은

> 도시 거주자가 농촌 거주자보다 많고, 여성이 남성보다 많으며, 18세 이하 어린이가 성인보다 많다. 제3세계(66%)가 서구 세계(32%)보다 많고, 빈곤층(87%)이 부유층(13%)보다 많으며, 개인주의적 성향보다 가족 중심적이다.17)

동아시아, 라틴아메리카,18) 아프리카는 빠르게 오순절화되고 있는 반면, 유럽은 은사주의적 경향이 더 강하다. 1970년 이래로 주류 교회 내 은사주의자의 약 14%가 매년 독립하며, 전 세계적으로 약 10만 개의 백인 주도의 독립 은사주의 교회가 형성되어 40여 개의 주요 네트워크로 느슨하게 조직되어 있다.19)

전 세계의 전체 풀타임 기독교 사역자 중 4분의 1이 오순절/은사주의(Pentecostal/Charismatic) 사역자들이다. 그들은 세계 3,300개의 대도시 중 80%에서 활발히 활동하고 있다. 그리고 그들은 '최근 역사에서 아마도 어떤 다른 기독교 전통보다 더 많이 괴롭힘을 당하고, 박해받고, 고통받으며, 순교하고 있다.'20) 그들은 종종 전체주의 독재자들이나 그러한 정권에 반대하는 혁명가들에 의해 경멸당하고, 투옥되며, 고문받고, 살해되곤 한다. 그들은 대개 제3세계(Third World)에서 평화의 '제3의 길'을 모색하며, 직접적인 사회-정치적 행동에 참여하지 않는 '대중의 안식처(haven for the masses)'21)로 특징지어진다. 그럼에도 불구하고, 그들은 돌봄, 존중, 그리고 역량 강화를 중심으로 하는 대안적 공동체를 창조했으며, 이를 통해 해방을 향한 '정서적 의식화(affective conscientization)' 프로그램을 개발해 왔다.22)

 이 운동이 짧은 시간 안에 이처럼 폭넓은 성과를 이룩했다는 점은 인상적이지만, 신학적으로 가장 중요한 것은 아마도 높이와 깊이의 차원일 것이다. 높이(hight)는 하나님을 향한 찬양, 예배, 경배, 그리고 기도의 차원을 의미하며, 이는 대부분의 관찰자와 참여자들에게 가장 강렬한 특징으로 인식된다. 그러나 여기에 깊이(depth)의 차원을 추가해야 한다. 이 깊이는 오순절 운동이 약 100년에 걸쳐 지속적으로 성장하고 광범위한 영향을 미칠 수 있었던 이유를 설명한다. 깊이의 차원은 인간 마음의 '깊은 것들(deep things)'을 가리킨다. 이는 오순절 성도들을 특징짓는 지속적이고 결정적이며 방향을 제시하는 동기와 성향을 말한다. 아주사 거리 부흥(Azusa Street revival)의 초기 기록을 읽거나 오늘날 오순절 성도들의 간증을 들어보면, 이 깊은 신념과 열정에 강렬히 사로잡히지 않을 수 없다. 이 깊이는 주님과 잃어버린 영혼의 구원을 향한 변함없는 갈망이다. 또한 하나님의 임박한 임재와 곧 완성될 하나님 나라(kingdom of God)를 향한 끊임없고 기쁨이 넘치는 선언이다. 나는 지난 15년 동안 다섯 개 대륙에서 이와 같은 영성을 목격했다. 아주사(Azusa)에서 서울(Seoul), 글래스고(Glasgow), 마나과(Managua), 산티아고(Santiago), 더반(Durban), 그리고 모스크바(Moscow)에 이르기까지 놀라운 연속성이 존재한다. 이와 같은 차원의 영성은 더 깊은 신학적 탐구를 요구한다. 하나님 나라에 대한 이 열정의 내적 논리를 검토할 필요가 있다.

2. 오순절 영성에 접근하기

1) 주제(Thesis): 성결과 능력의 통합

오순절주의의 미완의 신학적 과제 중 하나는 성결운동과 오순절 운동이 각각 사용하는 성결의 언어와 능력의 언어를 통합하는 것이다. 사랑과 능력을 이분화하거나 혼동하거나 동일시하는 것은 신학적, 목회적 실수다. 초기 오순절 구원론에서 강조했던 칭의(justification), 성화(sanctification), 성령세례(Spirit baptism)에 비추어 볼 때, 이 종말론적 영적 변혁의 운동 안에서 의로움, 사랑, 능력의 통합을 보여주는 것이 신학적으로 가장 중요한 도전이며, 동시에 가장 시급한 목회적 과제이다.

나의 주장은 하나님의 의로움, 성결, 능력이 오순절 영성의 통합적 핵심인 독특한 묵시적 정서(apocalyptic affections)와 연관되어 있다는 것이다. 이 영성은 성령 중심적(pneumatic)이기 때문에 철저히 그리스도 중심적(Christocentric)이다. '오중복음(fivefold gospel)'은 성령으로부터 출발하기 때문에 그리스도에게 초점을 맞추고 있다. 이 상관관계의 밑바탕에는 죄책감의 제거보다 신적 생명에의 참여로서의 구원을 강조하는 구원론(soteriology)이 있다.

예수 그리스도는 중심(center)이며, 성령은 그 둘레(circumference)를 이루는 것이 오순절 영성의 독특한 특징이다. 이 연구는 이러한 오순절 영성의 윤곽을 그려내는 것을 과제로 삼고 있다. 오순절의 독특한 묵시적 정서는 오순절 신앙의 서사적 신념과 실천을 통합하는 핵심으로 드러날 것이다. 그러나 이러한 신념, 실천, 정서를 가장 효과적이고 포괄적으로 나타낼 결정적 맥락과 항상 존재하는 지평은 종말론적(eschatological)

이라는 것이다. 이는 하나님의 임재, 곧 성령으로서 하나님의 임재이며, 하나님 나라(kingdom of God)의 임박한 도래와 곧 완성될 하나님의 통치를 실현하는 중재자(agent)이다.

2) 칭의(Justification): 본 연구의 독창성

현재 오순절 영성에 대한 포괄적인 신학적 분석과 건설적인 해석이 필요한 시점이다. 최근까지 오순절주의에 대한 연구는 주로 오순절의 독특성, 특히 성령세례[23]와 관련된 것에 대한 변증적 방어에 초점이 맞춰지거나, 방언(glossolalia)과 같은 특정 오순절 행위를 분석하는 데 집중되어 있었다. 전자는 오순절주의자와 은사주의자들에 의해 이루어진 반면, 후자는 주로 외부 연구자들에 의해 수행되었다.[24] 오순절주의자들이 집필한 더 포괄적인 신학적 저작들은 기본적으로 복음주의의 전통적 틀에 기반하며, 성령세례와 은사에 관한 몇 가지 추가 장이 포함된 형태로 구성되어 있다.[25]

최근에는 오순절주의자들이 환상과 간증,[26] 특정 역사적 인물,[27] 운동의 분파, 예배, 세족식, 선교학 등 다양한 주제에 주목하고 있다.[28] 고든 휠록(Gordon Wheelock)은 북미 오순절주의에서 성령세례를 고찰하며, 은사주의 및 주류 교회의 도전에 대한 대화 속에서 그 교리를 재정립했다. 레너드 러벳(Leonard Lovett)은 흑인-성결 오순절주의(black-Holiness Pentecostalism)를 검토하고 이를 흑인 해방사상(black liberation thought)과 대화시키려 했다.

오순절 영성을 직접적으로 다루는 책의 일부 장, 학술지 논문, 그리고 사전 항목들이 존재하지만,[29] 분석적이고 건설적인 신학적 의도를 가지고 접근한 작업은 없다. 이러한 연구들은 주로 서술적이고 암시적인 성격을 띤다. 윌리엄스(Williams)의 저서는 초기 신오순절(neo-Pentecostal) 운동에서 성령세례(Spirit baptism)를 중심으로 한 영성의 일반적 특징을 표현한 작품이다. 그는 역사적 전례를 언급하고, 이 운동의 현대적 중요성을 논의했다. 스피틀러(Spittler)는 DPCM(Dictionary of Pentecostal and Charismatic Movements)에 기고한 글에서 오순절-은사주의(Pentecostal-Charismatic) 실천에 대해 더 상세히 다루며, 영성을 '평범한 개인들의 경건한 습관'으로, 신학을 '종교적 경험에 대한 체계화된, 주로 글로 쓰인 성찰'로 정의했다. 그의 접근법은 본 연구에서 채택한 접근법과 상호보완적이며 암시적이다. 그러나 그의 작업은 개인적 경험을 강조하며, 경험을 주로 감정이나 느낌으로 이해하는 점에서 본 연구와 차별화된다. 스피틀러는 영성을 '특정 종교 공동체의 신념과 실천에 의해 형성된 행위와 정서의 집합'으로 본 반면, 본 연구는 정서 속에서 이야기적 신념과 실천의 통합을 강조한다.

본 연구의 3장은 '정서(affections)'의 의미를 신중하게 규명할 것이다. 스피틀러(Spittler)가 언급하고, 그 이전에 홀렌베거(Hollenweger)가 다룬 오순절 실천의 특징적인 내재적 '가치'(경험, 구술성, 자발성, 초월성, 성경의 권위)가 이 장에서 다뤄질 것이다. 홀렌베거의 연구는 특히 이 연구에서 중요한데, 그와 나는 오순절 운동의 초기 10년이 운동의 '유년기(infancy)'가 아니라 '핵심(heart)'을 나타낸다는 것에 동의한다. 그는 오순절 영성의 구술성(본 연구는 이를 '서사성(narrativity)'이라 표현함)과 아주사(Azusa Street)를 통해 전달된 흑인 전통 및 존 웨슬리를 통해 전달된 가톨릭 전통을 높이 평가한다. 홀렌베거와 나의 연구는 스피틀러와 윌리엄스와는 달리 이러한 점들에 더 큰 비중을 두며, 그 결과 신학과 영성을 보다 비합리주의적 관점에서 본다. 우리는 모두 초기 오순절주의의 비판적 전통에 대해 깊은 존중을 가지고 있다.30)

스피틀러(Spittler)와 윌리엄스(Williams) 또한 영성의 이러한 측면에 대해 높이 평가하지만, 오순절 경험을 위한 인지적 구조를 제공하는 데 더 중점을 두었다. 본 연구 역시 '인지적 구조(cognitive structure)'를 제공하지만, 정서적 기반(affective base)에서 출발하여 다른 신학적 구성을 이끌어내는 접근을 취한다. 스피틀러의 초기 신학적 발전에는 칼 헨리(Carl Henry)의 영향이 상당히 컸지만, 이는 독점적이지는 않다. 윌리엄스의 작업은 그의 '갱신 신학(Renewal Theology)'31) 2권에서 오순절 주제를 명확하고 충실하게 설명하고 있음에도 불구하고, 오순절적 해석학(Pentecostal hermeneutic)이 전체적으로 영향을 미쳤다는 점은 드러나지 않는다. 게다가, 윌리엄스는 웨슬리안(Wesleyan) 관점과의 상호작용에서 많은 오순절주의자들보다 더 진일보한 논의를 제공했지만, 그 논의는 매우 짧게 다뤄지며, 그의 보다 개혁주의적 뿌리와 관심사에서는 중심적 위치를 차지하지 않는다. 그는 여전히 완전함(perfection)을 철학적 개념인 '퍼펙투스(perfectus)'로 이해하는 입장을 취한다. 그는 성경에서 완전(perfection)이 흠없음(blamelessness), 의로움(righteousness), 성숙(maturity)과의 관계로 인식하지만, 웨슬리안 학문과 상호작용하지 않은 워필드(Warfield) 이후의 많은 작가들처럼, 완전 성화(entire sanctification)를 '완전주의(perfectionism)'로 동일시하거나 이를 영화(glorification)와 혼동하는 것으로 보인다.

그럼에도 불구하고, 윌리엄스(Williams)의 관점은 전통적인 루터교적 접근 방식보다 더 선호할 만하며, 그의 작업은 지금까지 가장 훌륭한 은사주의 조직신학에 대한 최고의 시도로 평가된다. 이후의 연구는 반드시 그의 작업을 고려하고 이를 기반으로 발전해야 할 것이다. 그는 많은 전통적 오순절 학자들보다 성령세례(Spirit baptism)와 방언(tongues)에 대해 더 깊이 다루었다. 본 연구는 윌리엄스, 홀렌베거(Hollenweger), 스피틀러(Spittler)의 작업에서 많은 유익을 얻었지만, 신학, 영성, 특히 종교적 정서(religious affections)의 중요성에 대한 관점에서 차별화된 접근 방식을 취한다.

'프뉴마(*Pneuma: The Journal of the Society for Pentecostal Studies*)'에 게재된 여러 논문들은 해석학, 종말론, 선교학, 그리고 광범위한 역사적 이슈들을 논의했지만,32) 영성, 신학, 방법론 간의 근본적인 신학적 관계를 직접적으로 다룬 연구는 거의 없었다(마이클 다우드(Michael Dowd)와 마크 맥클린(Mark McLean)의 논문들을 예외로 둘 수 있다).33) 그랜트 와커(Grant Wacker)의 서지학적 연구와 역사적 논문들은 초기 오순절주의자들의 환경과 신앙을 가장 잘 보여주는 작업으로 평가된다.34) 최근 연구들은 주로 성경적, 역사적, 실천적, 그리고 에큐메니컬35) 문제들에 초점을 맞춰왔다. 반면 본 연구는 오순절 영성을 분석하고 통합하며, 이를 새롭게 재조명하려는 시도를 통해 지금까지 시도되지 않은 접근 방식을 제안하고자 한다.

3) 자료: 본 연구의 역사적 기초

오늘날 오순절주의 연구를 위한 참고 자료는 매우 풍부하다. 이 자료들을 신속히 접할 수 있는 가장 좋은 출발점은 오순절과 은사주의 운동 사전(The Dictionary of the Pentecostal and Charismatic Movements)에 실린 그랜트 와커(Grant Wacker)의 참고문헌 에세이다.36) 여기에는 찰스 에드윈 존스(Charles Edwin Jones)의 방대한 두 권짜리 저서, 왓슨 밀스(Watson Mills)의 참고문헌들, 그리고 다소 오래되었지만 여전히 가치 있고 백과사전적 조사를 제공하는 월터 홀렌베거(Walter Hollenweger)의 연구와 같은 필수 자원들이 포함되어 있다. 홀렌베거는 자신의 획기적인 박사 논문 이후 약 20년이 지난 시점에서 연구를 재검토하며, 오순절주의와 기독교 전반이 21세기를 맞이하며 제3세계(Third World) 다수로 이동하는 현상의 중요성을 강조한다.37) 그의 작업은 종합적이고 세계적이며, 제3세계 중심성을 옹호하는 연구로 여전히 중요한 의미를 지닌다.

그러나 본 연구와 가장 밀접하게 관련된 영향력 있는 저작은 도널드 데이튼(Donald Dayton)과 윌리엄 포펠(William Faupel)의 작업이다. 데이튼은 성결운동과 오순절주의 패러다임이 개혁적 근본주의 범주에 흡수되지 않도록 복음주의의 역사 서술과 정의를 재조명하려는 지속적인 노력을 통해, 현대 오순절 영성을 고찰하기 위한 중요한 관점을 제공했다. 데이튼은 오순절주의가 단순히 20세기 기독교에서의 경험적 사건이 아니라 독특한 신학적 발전임을 처음으로 주장한 학자 중 하나이다. 그는 오순절 신학적 주제들의 전체적 구조를 분석하며 오순절 연구에 새로운 방향을 제시한다.38) 포펠의 작업도 데이튼의 연구처럼 역사적 연구에 기반을 두고 있다. 실제로, 북미 오순절주의에 관한 그의 연구는 가장 명확하고, 완전하며, 꼼꼼하게 문서화된 저작이다.39) 그의 작업은 홀렌베거와 로버트 앤더슨(Robert Mapes Anderson)을 능가하며, 오순절의 정신과 더욱 깊이 연결되어 있다. 그는 북미 오순절주의 발전의 다양한 흐름을 명확히 설명하며, 주요 인물들과 쟁점들에 대한 세밀한 분석을 제공한다. 데이튼의 신학적 해석과 포펠의 역사적 조사는 미래 오순절주의의 자기비판과 재조명을 위한 기반이 될 것이다. 포펠의 논지는 로버트 앤더슨의 사회-역사적 접근과 일치하며,40) '미국 오순절주의는 19세기 완전주의(Perfectionism) 내에서 일어난 패러다임 전환의 결과로 나타난 천년왕국적(millennarian) 신념 체계의 부상으로 가장 잘 이해될 수 있다'는 것이다. 포펠의 방대한 연구는 오순절주의가 다른 신학적 전통과 의미 있는 대화를 시작하기 위해 초기 기대를 회복하고 이를 성찰하는 것이 필요함을 입증하며 결론을 맺는다.41) 그의 연구는 본 연구를 위한 비판적-역사적 토대를 제공한다.

앞선 논의는 오순절 신념(beliefs)과 실천(practices)을 정서(affections) 속에서 통합된 형태로 분석하며, 종말론(eschatology)이 수행하는 중요한 역할을 보여주는 연구가 기존 문헌에는 없음을 보여준다. 그러나 형식적인 변증을 넘어, 개인적 동기와 밀접히 연결된 목적들이 이 연구의 핵심에 자리 잡고 있다.

4) 목적: 본 연구의 동기

오순절주의를 단순히 성령세례와 은사를 추가한 근본주의적 기독교로 보는 이들은 실망할 것이며, 오순절주의를 어느 영성이나 신학 체계에도 잘 들어맞는 경험으로 보고 단지 약간의 활력을 더해주는 요소로 간주하는 이들 또한 실망할 것이다. 따라서 나는 오순절주의가 합리주의적이거나 스콜라적 유형의 복음주의와 단순히 동일시될 수 없으며, 그렇게 되어서도 안 된다고 지속적으로 주장한다. 또한, 본질적인 변화와 적응 없이 모든 기독교 교파에 통합될 수 없을 것이다. 비록 기독교적인 특징을 가지고 있지만, 오순절 운동은 신학적 청소년기(idolescence)에 있는 시기로, 부모의 유산을 어떻게 사용할 것인지, 누구와 교제하고 결혼하며 친구를 맺을 것인지, 어떤 직업을 추구할 것인지, 그리고 미래를 위해 어떤 훈련과 소통 방식이 가장 중요한지에 대한 결정을 내리고 있다. 그럼에도 불구하고 이미 오순절 교회의 독특한 자아 인식의 몇 가지 측면이 나타나고 있다.

오순절주의는 기독교의 다른 흐름과 역설적 연속성과 불연속성 속에서 존재한다. 운동 초기 10년의 특징을 유지하는 한, 오순절주의는 인간의 자유의지와 인내의 문제에 있어 칼빈주의(Calvinist)보다 알미니안적(Arminian)이다. 기독교 성장과 행위를 인도하는 데 있어 이른바 '율법의 세 번째 사용'을 강조한다는 점에서는 루터주의보다 칼빈주의적이다. 영성을 신적 생명(신화, theosis) 안에서의 완전함과 참여로 이해한다는 점에서 서방(Western)보다는 동방적(Eastern)이며, 이러한 면에서 닛사의 그레고리(Gregory of Nyssa), 이집트의 마카리우스(Macarius the Egyptian), 신학자 시므온(St. Symeon the New Theologian)과 같은 인물들로부터 많은 것을 배울 수 있다. 오순절주의는 금욕적(ascetic)이면서 신비주의적(mystical)이다. 웨슬리안 전통의 연속성을 거슬러 올라가거나 앞으로 추적하면서 이러한 보화들을 자연스럽고도 풍요롭게 탐구할 수 있다. 오순절주의는 성화-변화(sanctification- transformation)를 법적 칭의보다 강조한다는 점에서 가톨릭적이지만, 신앙, 실천, 교회 운영, 훈련에 있어 교회와 전통 위에 성경의 권위를 둔다는 점에서는 가톨릭(Catholic)보다 개신교적(Protestant)이다. 오순절주의는 기원적으로 평화와 제자도, 규율이 회중 생활의 본질적 특징인 성도 공동체를 중요시한다는 점에서, 제도권 종교개혁(magisterial Reformation)보다는 재세례파적(Anabaptist)이다. 오순절주의의 실제 성경 사용과 이성의 역할에 대한 이해는 근본주의-복음주의(Fundamentalist -Evangelical)

전통보다 성결 복음주의(Holiness evangelical) 해석학에 더 가깝다.42) 마지막으로, 오순절주의는 살아 있는 현실에 대한 통찰적 성찰로서 신학을 수행한다는 점에서 스콜라-근본주의적 접근보다는 해방-변혁주의적이다(이 점은 본 장의 후반부에서 자세히 설명할 것이다). 따라서 오순절주의는 다른 기독교 영성과 연속성을 가지면서도 구별되는 불연속성을 갖는다. 오순절주의가 독특한 영성과 신학을 지닌 한, 이는 단순히 경험이나 일회적인 경험적 사건으로 간주되거나 동일시될 수 없다. 오순절과 유사한 경험이 있을 수 있지만, 오순절 영성은 그와는 또 다른 문제다.

지난 15년 동안 다섯 대륙에서 오순절주의자들과 수업, 선교 활동, 기도, 인터뷰를 통해 접하며 형성된 또 다른 동기가 있다. 그들은 자신들의 실천에 고유하고 통합적인 오순절 문헌을 더 많이 요구하고 있다. 이들은 상호 연결된 목회적, 선교적, 교회 연합적 관심사에 더 잘 봉사할 수 있도록 신학적 명확성과 기반을 찾고 있다. 선교의 성공은 수백만 명의 새 회심자들과 다른 기독교 그룹에서 전입된 성도들을 유입시켰다. 이에 따라 '이 많은 사람들을 어떻게 제자화할 것인가?'라는 질문이 제기되었다. 또한, 구원의 경험(중생, 성화, 성령세례, 치유 등)에 따라, 이러한 정신과 일치하는 일상적 훈련과 개인적, 사회적 위기를 접근하는 방식은 무엇이어야 하는가? 현재의 접근법은 어떻게 보완되거나 변경되어야 하는가? 그 근거는 무엇인가? 라틴아메리카에서 해방신학 실천가들과의 대화뿐 아니라, 오순절주의자들은 자신들만의 대화를 이어가며 선교의 맥락과 범위에 대해 고통스럽지만 지속적인 자기 성찰을 하고 있다.43) 이 모든 것은 더 많은 해방 신학자들이 해방 영성을 구축하고 성령 교리의 중요성을 인식하기 시작하는 가운데 이루어지고 있다.

이러한 긴박하고 고통스러운 문제들은 기본적인 영성을 훼손하지 않으면서 새로운 도전, 필요, 기회를 다루는 방식으로 접근해야 한다. 특히, 라틴아메리카와 기타 제3세계 지역에서는 오순절주의 운동의 규모가 커짐에 따라 더 큰 영향력과 책임을 지게 된 상황에서 더욱 그러하다.44)

제3세계의 오순절주의자들은 북미에서처럼 근본주의-모더니즘 논쟁, 개인 대 사회 문제, 보수 대 진보 논쟁에 집착하지 않는다. 이는 그들이 자유주의나 급진주의를 인식하지 못한다는 것이 아니라, 유효한 통찰을 통합하고 사람들에게 도움이 되는 변화를 도입할 방법을 찾는 데 더 개방적이라는 뜻이다. 오순절주의자들은 수십 년 동안 매우 억압적인 환경 속에서 네트워크를 형성하며 생존해 왔으며, 그들의 사역은 즉각적인 선교적, 목회적 관심에서 비롯된 풀뿌리 교회 연합(grass roots ecumenism)의 형태이다.

따라서 본 연구의 목적은 묵시적(apocalyptic), 공동체적(corporate), 선교적(missional)이며 본질적으로 정서적인(affective) 오순절 영성을 해명하는 것이다. 2장과 3장에서의 분석과 통합 이후, 제 3세계의 도전, 내부 분제, 외부 비판을 다루기 위한 건설적인 '재조명(re-vision)'을 제안한다. 2장과 3장이 진행되면서 이러한 응답의 윤곽이 더 명확해질 것이다. 이 재조명이 그리스도의 몸 안에서의 연합과 선교적 효과성을 증진시키고, 오순절주의자들이 보수주의자뿐만 아니라 자유주의자들도 중요한 대화 상대자로 인식하기 시작하는 데 기여하기를 바란다.45)

3. 오순절 영성에 대한 관점

오순절 영성에 접근하는 데 있어 특정 전제, 확신, 신학적 헌신이 하나의 관점을 형성한다. 이 관점은 오순절 영성의 신학적 과제를 바라보는 방법으로, 세 가지 주제를 통해 논의된다: (1) 영성과 신학, (2) 기원과 연속성, (3) 종말론과 일관성.

1) 영성(spirituality)과 신학(theology)

신학은 기본적으로 하나님과 세상 사이의 관계를 해석하는 학문이다. 오순절주의자들에게 이 작업의 출발점은 바로 '우리와 함께하시는 하나님'이신 성령(Holy Spirit)이다. 이스라엘과 예수 그리스도 안에서 임재하셨던 하나님은 이제 성령으로 임재하시며, 만물을 통해 역사하시며,[46] 하나님을 사랑하는 자들에게 선을 이루신다.[47] 성령은 아버지와 아들을 데려오시며, 성령과 함께 성도 안에 거하신다.[48]

성령을 출발점으로 삼는 것이 곧 단일주의자(unitarian)가 되는 것을 의미하지는 않는다.[49] 오히려 이는 신학적이고 실천적인 관심을 나타낸다. 예를 들어, 마태복음 28장 19절의 세례(침례) 명령에서 아버지, 아들, 성령의 순서가 고린도후서 13장 13절('주 예수 그리스도의 은혜와 하나님의 사랑과 성령의 교제')의 축도에서는 아들이 먼저 언급되며 바뀐다. 또한, 고린도전서 12장 4-6절에서 교회 생활과 사역에 대해 논의할 때 바울은 '성령(Spirit), 주님(Lord), 하나님(God)의 순서를 따른다.' '이 세 가지 성경적 맥락에서 교차로 나타나는 순서는 세 위격이 완전하게 평등하지 않다는 의미가 아니다(4장에서 살펴보겠지만).[50] 오히려 세 위격의 평등함을 드러낸다.'

오순절주의의 관심사는 고린도전서 12장에서 바울이 강조한 바와 같이, 성령의 내주로 그리스도의 몸으로 구성된 하나님의 백성의 신앙과 삶, 그리고 사역의 실재를 강조하는 것이다. 뉴비긴(Newbigin)이 관찰했듯이, 오순절주의자들은 가톨릭의 '바른 구조'나 개신교의 '바른 메시지'에 초점을 맞추기보다, '기독교 삶은 오늘날 성령의 능력과 임재를 경험하는 문제'라는 점을 강조한다. 그는 또한 '교리가 바르거나 계승이 완전하더라도 성령의 능력을 부인하면 경건의 형식만 남을 수 있다'고 말한다.51) 그리스도의 독특성(uniqueness), 충분성(sufficiency), 최종성(finality)을 보호하려는 노력에서 가톨릭과 개신교 접근법은 종종 '교회가 껍데기일 뿐'이거나,52) 오순절 성도들이 (웨슬리와 함께) 말하는 바와 같이 '경건의 모양은 있으나 그 능력을 부인하는' 결과를 초래한다.53) 오순절주의자들은 성경이 교회보다 우선한다고 믿으며, 눈에 보이는 구조와 질서를 간과하는 점에서 개신교와 일치한다. 그러나 가톨릭처럼, 기독교 삶을 '실제로 경험되고 받아들여지는 실재'로 간주하며, 성도 안에 존재론적 변화를 포함하는 것으로 이해한다.54)

뉴비긴은 사도행전 10장에서 고넬료의 집에 임한 성령을 언급하며 다음과 같이 말한다:

> 이보다 더 분명하거나 명확할 수는 없다. 성령의 은사는 하나님께서 이방인들을 자신의 백성으로 받아들이셨음을 보여주는 눈에 보이고, 인식 가능하며, 의심할 여지가 없는 표징이었다. 이 사실 앞에서 가장 방대한 신학적 확신조차도 물러서야 했다. 성령은 신조의 마지막 항목일 수 있지만, 신약성경에서는 경험의 첫 번째 사실이다. 성령은 하나님의 임재를 나타내는 확신한 증인(예: 사도행전 15:8)이며, 따라서 모든 선험적 논리에 기반한 주장보다

우선권을 가진다.55)

성령의 이러한 '우선권(right of way)'을 중시한 초기 오순절주의자들은 '인간이 만든 신조(man-made Creeds)'를 경계하고 멀리했다. 이는 그들에게 기본적인 신념이 없었다는 것을 의미하지 않는다. 그들의 정기 간행물과 간증을 보면 명확히 알 수 있듯, 그들에게는 분명한 신념이 있었다. 그러나 그들은 신조주의(creedalism)가 분열을 초래하고, 주권적인 성령께서 그들 가운데 회복하고 계시는 새로운 축복을 거부한다고 보았다. 그들의 원시주의(primitivism)는 평범한 성도들 가운데 사도적 신앙, 능력, 성령의 나타남을 갈망하는 열망에서 비롯되었다. 성령의 임재가 교회를 구성한다. 오순절날처럼 메시지, 구조, 신앙, 질서가 모두 자리를 잡았더라도, 교회가 성령의 말씀, 능력, 그리고 나타남을 통해 증언하는 선교적 공동체로 세워지기 위해서는 새 시대, 즉 마지막 날의 성령 강림이 필요했다. 교회는 그리스도 안에서 성령으로부터 살아가며, 아버지의 영광을 위해 존재한다.56) 신조는 신앙을 지키기 위해 존재해야 하며, 성령의 주권적인 인도를 제한해서는 안 된다.

만약 하나님이 살아 계시다면, 삼위일체적 교제 안에 계신 하나님은 성령이시고, 만약 교회가 은사와 표징의 살아 있는 유기체라면, 구원이 이러한 하나님과 마지막 날의 기대와 긴박감 속에서 살아가는 사람들 사이의 살아 있는 관계라면, 신학은 이러한 살아 있는 실재와 신-인 관계에 대한 통찰력 있는 성찰이어야 한다.57) 신학은 단순히 논리적 추론에 그치지 않고, 은사의 교제 안에서 전인격적인 참여를 요구한다. 성령과 말씀의 공동체는 예배하고, 증언하며, 형성하고, 성찰하는 통합된 전체로 기능한다; 그러나 이 모든 것의 중심에는 공동체의 예전적 삶

(liturgical life)이 있다. 라나한(Ranaghan)은 오순절주의의 탄생이 단순히 은혜의 두 단계 신학(two works of grace theology)에만 기인한다고 볼 수 없다고 결론지었다. 그는 이를 '너무 협소하고 불완전한' 설명으로 간주하면서 다음과 같이 말한다:

> 웨슬리(Wesley)의 야외 설교에서부터 에이미 샘플 맥퍼슨(Aimee Semple McPherson)의 천막 집회에 이르기까지, 바로 이 예배 방식이 신학을 생동감 있게 만들고, 경험적 타당성을 부여해 왔다. 예배는 신학을 전달하는 도구가 되었다. 더 나아가, 신학은 항상 중심적 실재였던 예배에 대한 주석 역할을 해왔다고 말할 수 있다.58)

휠록(Wheelock)은 오순절 신학이 '건조하고(arid), 합리주의적(rationalistic)이며, 형식주의적(formalistic)이고, 감정이 없으며(enemotional), 경험적이지 않고(non-experiential), 은사적이지 않은(non-Charismatic) 종교적 삶의 접근 방식은 용납될 수 없음을 전달하려 한다'고 본다. 그는 이러한 생동감의 많은 부분이 아프리카계 미국인 문화에서 비롯되었다고 보며,

> 이 문화는 일반적으로 삶, 특히 종교의 비개념적 측면을 강조한다. 그는 '전체 인간이 이 과정에 몰입해야 한다'고 주장하며, 경험적 요소를 '자연스러운' 요소로, 열정적 참여를 적합한 종교 표현 방식으로 간주한다. 이러한 기대와 실천은 아주사(Azusa)에서 전수되었다.59)

미국의 회복-부흥주의(restoration-revivalism) 맥락에서, '미국에

서의 이전 노예들이 지닌 흑인 영성'과 이 운동의 '조부'로 간주되는 존 웨슬리(John Wesley)의 독특한 가톨릭적 영성이 만났을 때 오순절주의의 독특한 영성이 형성되었다.60) 웨슬리도, 아프리카계 미국인들도 전통적인 스콜라 방식으로 신학을 하지 않았다. 설교, 소책자, 찬송가, 간증, 컨퍼런스, 영가(spirituals) 등은 이 운동의 매체였다.

이는 초기 기독교 100년 동안의 상황과 크게 다르지 않다. 일부는 '교육받은 이들'이었지만, 그들 가운데는 강력하거나 지혜롭거나 귀족적인 자가 많지 않았다.61) 편지, 간증, 서신서, 복음서, 노래, 간단한 역사서, 그리고 한 권의 묵시록 — 이것이 1세기 가정교회의 도구였다. '민중 신앙(folk religion)'과 '대중 신학(populist theology)'은 광신주의의 모든 위험과 교회의 지속적인 갱신의 모든 가능성을 동시에 내포한다. 오순절주의는 이 두 가지 경향을 모두 경험하고 드러냈다. 그러나 신학이 학문적 중심지에서 체계적 논문, 단행본, 학문적 장치로만, 또는 주로 동일시될 수 없음을 인식하는 것이 중요하다. 신학은 하나님께 대한 기도와 응답에서 시작된다.

따라서 성령을 출발점으로 삼고 예배의 중심성을 우선적으로 인정한다면, 기도가 — 개인적이고 공동체적이며, 인간적이고 '천사적이며', 탄식과 신음, 찬양과 간구로 이루어진 — 이 영성의 중심에 있음을 인정해야 한다. 기도가 이 영성의 심장부라면, 신학적 과제를 이해하는 데 있어서도 중심적인 위치를 차지해야 한다. 호격(vocative)과 직설(indicative), 즉 기도와 신념의 언어는 함께 고려되어야 한다. 오순절주의자들에게는 기도 없이는 하나님과 하나님의 일을 아는 것이 불가능하다. 왜냐하면 기도 속에서 성령의 진리에 응답하기 때문이다. 기도하는 마음으로 열린 상태를 유지하지 않으면, 자신이 가진 진리나 신념의 빛조차 어두워지고 왜곡되며 곧 잊혀질 수 있다.

이와 같이 이해된 신학은 단순히 사변적 과업이 아니라, 긴급한 마지막 날의 사역이다. 오순절주의자들은 칼 바르트(Karl Barth)와 함께 다음을 확언할 수 있다: '기도는 하나님의 이름, 뜻, 통치를 인정하는 데 기반한 종말론적 외침이다. … 그것은 여기저기서 가능해지는 우리의 종말론적 실재의 실현이다…'62)

칼 바르트는 그의 저서 '개혁신학(*Evangelical Theology: An Introduction*)'63)에서 기도와 신학의 관계를 논의했다. 1949년에 출간된 바르트의 저서 '기도(*Prayer*)'의 두 번째 판 서문에서, 돈 샐리어스(Don Saliers)는 이 관계에 관한 네 가지 관련 주장을 논의한다.

1. 신학적 작업의 첫 번째 기본 행위는 기도이다. 신학은 역사적 지식과 개념적 추론을 요구하지만, 근본적으로 하나님께서 특정한 방식으로 말씀하심에 의존하며, 이에 자유롭게 응답할 수 있는 관계 속에서 이루어진다. 하나님에 대한 이해는 자기 계시하시는 하나님의 본성과 일치해야 하며, 이 계시는 하나님의 생명에 참여하라는 명령과 초대와 함께 이루어진다. 따라서 기도와 예배의 본질은 하나님을 인정하고, 자비와 심판 가운데 모든 창조물에게 은혜롭게 돌아서시는 하나님의 행위를 인식하는 데 있다. 이러한 응답은 은혜를 통해 피조물이 하나님을 사랑하고, 하나님이 누구이신지를 깨달으며 감사와 기쁨으로 반응할 수 있는 능력에서 비롯된다. 이는 신학이 단순히 학문적 작업을 넘어, 하나님과의 깊은 관계 속에서 형성되는 실존

적이고 종말론적인 행위임을 보여준다.

2. 둘째, 신학적 성찰의 대상은 '궁극적 하나님(Ultimate God)'이나 '존재의 근원(Ground of Being)'과 같은 개념을 이해하는 것이 아니라, 하나님과 직면하는 '당신(Thou)'이다. 하나님에 대한 교리적 언어는 실제로 하나님 안에서 식별된 무언가에 대한 응답이어야 한다. 이는 단순한 사변적 추론이 아니라, 하나님께 감사하고, 찬양하며, 부르며, 간구하는 것을 의미한다. 이러한 이유로 칼 바르트는 '신학적 작업은 진정으로 예배적 행위의 형태로 이루어져야 한다'고 말한다. 이는 우리가 단순히 예수께서 주신 말씀을 말하는 것에 그치지 않고, 그 말씀 안에서 그분을 받아들이고, 그분이 주시는 섬김의 삶을 받아들여야 함을 암시한다. 결국 신학은 하나님과의 대면을 통해 형성되며, 예배와 기도를 통해 하나님의 실재와 관계를 인식하고 경험하는 과정에서 그 의미를 발견한다.

3. 셋째, 하나님에 대한 신학적 성찰이 본질적으로 대화적(dialogical)이기 때문에, 우리는 이전 사상 체계의 확실성 위에 구축하는 것에 안주할 수 없다. 하나님을 살아 계시고 세상을 구속하시는 분으로 이해하는 것은 은혜를 통해 하나님의 현재 활동을 새롭게 받아들이는 것을 통해서만 인간적으로 가능하다. 신학은 단순히 인간의 논리적 작업에 그치지 않고, 하나님께 드리는 하나의 제물이 된다. 동시에, 이 제물이 하나님께 받아들여지기를 계속 간구하는 지속적인 기도의 행위가 된다.

4. 마지막으로, 신학은 진리를 보증할 수 없다, 이는 신학 자체가 하나님의 은혜를 보증할 수 없기 때문이다. 칼 바르트에 따르

면, 하나님에 대한 지식의 확실성은 공식화된 교리에 있는 것이 아니라, 하나님께서 참으로 하나님의 말씀과 존재를 우리에게 접근 가능하게 만들어 주시기를 인정하고, 부르고, 간구하는 것에 있다. 이는 신학이 인간의 노력과 논리만으로 진리를 확보할 수 없음을 강조하며, 신학이 전적으로 하나님의 은혜와 인도하심에 의존하는 행위임을 보여준다.64)

이 글을 읽으면 바르트(Barth)가 평생 동안 프리드리히 슐라이어마허(Friedrich Schleiermacher)의 신학에 대해 느꼈던 깊은 감사와 날카로운 반대가 떠오른다. 바르트는 슐라이어마허가 성령과 인간 영을 혼합하여 인간과 신적 영역의 구분을 흐릿하게 만들었다고 생각했다. 그러나 바르트는 자신의 신학적 작업을 다시 시작한다면 이번에는 성령에서 출발할 수 있을 것이라고 말한다. 기도와 신학에 대한 논의 속에는 이러한 출발점을 위한 씨앗이 담겨 있다.

이와 관련해 오순절주의자들은 바르트의 관점을 높이 평가할 만한 점이 있다. 첫째, 그는 하나님의 주도권을 인정한다. 둘째로 그는 인격적 말씀하심을 인정한다(하나님은 영이시다!). 셋째로, 그는 신조주의(creedalism)를 거부할 근거가 될 수 있지만, 신조 자체를 거부하지는 않는다. 마지막으로, 그는 성령의 주권을 강조한다.

오순절주의자들에게 하나님을 아는 것은 하나님과 올바른 관계에 있으며, 빛과 성령 안에서 행하는 것을 의미한다. 진리를 알고도 행하지 않는 것은 거짓이며, 모순된 상태로 존재하는 것이다. 그런 경우, 자신이 가진 빛마저도 어두워질 것이다. 예를 들어, '하나님이 우리와 함께 계신다'고 말하면서도 하나님과 함께 있지 않다면, 그것은 거짓말이거나 단순한 추측에 불과하다. 기독교 신학이 영성으로 작용하기 위해서는 그 근원과 대상인 살아계신 하나님과 일치하고, 그에 적합하며, 응답하는 것이어야 한다.

이는 교부(Apostolic Fathers)들의 신학과 매우 유사하다. 그들은 '본질적으로 실천적이었으며, 사변적 신학에는 관심이 없었고, 문화적 문제에 대해서도 무지했다.'65) 또한 이는 기도와 신학 사이에 구분이 없었던 후기 교부 및 수도원 신학과도 유사하다.

> 12세기 이전까지, 신학은 지식을 추구하는 방식이 아니라 기도하는 방식이었다. 신학은 학교에서 지적으로 분석하거나 논의할 교리가 아니었다. 신학의 목적은 하나님을 설명하는 것이 아니라, 묵상, 경배, 찬양, 감사를 통해 하나님을 아는 것이었다. 만약 신학이 과학이라면, 그것은 정서(affections)와 관련된 과학이었다. 이러한 기도로서의 신학 개념은 12세기 전반까지 유지되었다. …66)

따라서 신학을 한다는 것은 경험을 기준으로 삼는 것이 아니라, 기도하는 수용성 속에서 성령의 인식론적 우선성을 인정하는 것이다. 하워드 어빈(Howard Ervin)은 성령론적 인식론(pneumatic epistemology)을 언급하며 다음과 같이 주장한다:

> 성경은 성령과의 경험에서 비롯된 산물이며, 성경 저자들은 이를 현상학적 언어로 묘사한다. … 이러한 현상학적 언어를 해석하는 것은 단순한 의미론적 또는 기술적 언어학적 작업 이상의 것이다. 동일한 사도적 경험을 통해 성령을 만났을 때, 그리고 그 경험을

동반하는 동일한 은사적 현상을 경험했을 때, 비로소 사도적 증언을 진정으로 실존적(existential) 방식으로 이해할 수 있는 더 나은 위치에 놓이게 된다. … 이는 인간 존재의 수직적 차원을 인정하고 확증하는 의미에서 그렇다. 이러한 경우, 성경을 탄생시킨 신앙 공동체와 '성령론적(pneumatic)' 연속성 속에 서게 된다.67)

독특한 인식론 외에도, 다른 오순절 학자들은 '오순절이라는 이름에 걸맞은' 체계적 신학을 구축하기 위한 존재론(ontology)과 해석학(hermeneutic)을 요구하고 있다.68) 데이비드 니콜스(David Nichols)에 따르면, 이러한 접근은 사랑의 유비(analogy of love)를 중심으로 한 '영적' 존재론을 포함하며, 이는 믿음의 유비나 존재의 유비와는 대조된다.69) 이 존재론은 초월적 하나님이 현실의 네 번째 차원으로서 임재하심을 진지하게 받아들일 것이다. '타자(other)'이신 하나님은 시간, 공간, 물질 세계의 바깥에 계신 분이 아니다.70) 니콜스는 오순절 신학이 '배타적 합리주의(찰스 호지, 셰드, 워필드 등과 같은 전통의 수용)와 비합리주의의 속박에서 벗어나, 영적 진리에 대한 차원적 이해를 가지고 스스로 설 때'라고 주장한다.71)

이 모든 것은 성령을 영성으로서 신학에 접근하는 독특한 오순절 방식의 출발점으로 삼는 것의 중요성을 강조한다. 그러나 이것이 오순절주의자들이 성령을 말씀 위에 두고, 경험을 신학의 출처(source)에서 규범(norm)의 위치로 격상시키는 것을 의미하는가? 대답은 '그렇다'와 '아니다'이다. '그렇다'는 측면에서는, 성령이 기록된 하나님의 말씀에 앞선다. 그러나 성령은 그 말씀을 영감하고, 보존하며, 그 말씀으로 형성되고, 교정되고, 양육되고, 준비되는 공동체 안에서 그 말씀을 비추신다. 또한 성령은 단순히 성경을 조명하고 구원의 유익을 성도에게 적용하는 데 그치지 않는다. 공동체 내 개인들에게 은사를 주고 인도하며, 공동체 전체를 인도하는 것이 성령의 지속적이고 일상적인 과업이다. 교회가 권세들과 싸우고 죽음에 이르기까지 고난을 겪으려 할 때, 성령의 표적과 능력은 선택 사항이 아니라 필수적이다.

그러나 말씀과 성령의 관계를 고려할 때, 예수 안에서 살아 있는 하나님의 말씀은 당연히 성령과 동등하다. 성령의 인격과 사역은 그리스도의 인격과 사역과 구속적 연속성을 가지지만, 그것으로 완전히 소진되지는 않는다. 성령과 말씀의 변증법적 균형 또는 적절한 통합을 회복하는 것은 오늘날 교회의 권위의 위기를 해결하며, 또한 이는 오순절 신학의 중심적 특징을 표현한다. 이 통합은 다양한 기독교 전통에서 여러 방식으로 위배되었다.

로마 가톨릭 신학은 제2차 바티칸 공의회 이후에도 여전히 실질적으로 교회를 말씀 위에 두고, 전통을 성경과 같은 수준으로 두는 경향이 있다. 개신교 근본주의 스콜라주의는 성령을 성경에 완전히 종속시켜 성령의 유일하게 중요한 기능이 인간의 이성으로 해석된 성경을 증언하는 것에 지나지 않게 만들었다. 성령을 말씀 위에 두고, 성경을 넘어서는 개인적 '계시'를 발전시켜 성경을 모순되거나 수정하는 그룹들은 명백히 다른 극단의 오류에 빠져 있다. 또한 성령을 제한하거나 길들이려는 더 미묘한 시도들이 있다. 이는 성령이 교회의 활동에 활력을 제공하는 도구로만 간주되거나, 성례의 은혜를 주는 또 다른 이름으로 여겨지거나, 더 자유주의적인 신학에서 성령을 이성이나 공통의 인간 경험의 빛과 동일시하는 경우들이다. 이 모든 방식은 성령과 말씀의 관계에 대한 부적절한 이해와 관련이 있다. 칼빈과 루터에 동의하며, 제임스 존스(James

Jones)는 간과되었지만 중요한 한 저서에서 다음과 같이 말한다:

> 성령의 주권적 사역 없이는 성경은 거의 가치가 없다. 성경은 성령의 경험의 맥락에서 벗어나면 아무런 의미도 없다. 성령을 말씀 아래에 종속시키는 것을 거부함으로써, 성령은 본문을 확인하는 것 이상의 일을 할 수 있게 된다.72)

우리는 또한 성령이 성도를 확신하게 하고 침묵하는 것 이상의 일을 할 수 있도록 해준다고 덧붙일 수 있다. 그러나 존스는 계속해서 다음과 같이 지적한다:

> 성령은 성경을 모순되지 않지만, 그의 역할은 우리가 성경을 읽음으로써 발견할 수 있는 것을 반복하는 것 이상이다. … 요한은 주님께서 성령이 예수님의 가르침에 포함되지 않은 영역에서 교회를 인도하기를 기대하셨음을 나타낸다(요한복음 15:7-12). … 첫 번째 사도적 공의회는 구약의 노아 언약으로 돌아갔지만, 그들은 '성령과 우리에게 좋았다'(사도행전 15:28; 11:15-17)라는 말로 그들의 결정을 정당화했다.73)

존스는 또한 과거의 논쟁이 공동체 안에서 성경과 성령을 분리시켰고, 그 결과 기독교 신앙의 유효한 기초를 파괴했다고 주장한다:

> 개신교는 성경을 가지고 있지만, 성령과 공동체가 없는 성경은 메마른 스콜라주의를 낳는 죽은 글자가 된다. 가톨릭은 공동체를 가지고 있지만, 성령과 성경이 없는 공동체는 단지 제도적 껍질로 전락한다. 오순절주의자들은 성령을 가지고 있지만, 성령이 성경과 공동체 없이 존재하면 결국 주관주의와 광신주의로 이어진다.

> … 바울이 묘사한 완전한 성령충만한 그리스도의 몸에서는 이 세 가지 부분적 권위가 서로를 보완한다. 성령은 말씀에 영감을 불어넣고 공동체를 세운다. 말씀은 성령의 경험을 이해하게 하고 우리의 공동체적 삶의 형태를 가르쳐 준다. 공동체는 말씀이 이해되고 성령이 만나지는 맥락을 형성한다. 성경을 사용해 교회를 세우기보다 무너뜨리고, 교회를 사용해 성령을 억누르며, 성령을 복음의 경계를 넘어서는 구실로 사용하는 것은 현대 세계에서 무신론자들과 회의론자들의 외부 공격보다도 더 많이 기독교의 기초를 파괴해 왔다.74)

성령, 말씀, 공동체의 올바른 관계 속에서 주어진 그리스도의 몸의 완전성은 신념, 정서, 행동(앎, 존재, 행함)의 통합으로 이루어진 영성에 대한 관점과 상응한다. 이는 성령을 출발점으로 삼는 영성으로서의 오순절 신학(theology-as-spirituality)에 있어 필수적인 상관관계이다. 마크 맥클린(Mark McLean)은 이렇게 강조한다:

> 이제는 하나님의 백성 가운데 임재하시는 방식에 대한 오순절적 이해와 교회의 공동체적 삶에서 성경을 사용하는 우리의 방식이 주요한 점에서 비오순절적 정통 해석학 및 신학과 다르다는 사실을 인정해야 할 때이다. 지금 우리의 과제는 하나님께서 세상에서 지속적으로 활동하신다는 이해와 살아 계시며 행동하시고 말씀하시는 창조주께서 우리에게 주신 우리의 정체성과 사명에 대한 이해를 위해 이 사실의 함의를 인식하고 탐구하는 것이다.75)

이 신학적 과업은 신념, 정서, 행동의 지속적인 통합을 요구한다. 그렇지 않으면 영성과 신학이 각각 지성주의(intellectualism), 감성주의

(sentimentalism), 행동주의(activism)로 분열될 위험이 있다. *Theologia* 가 본래의 고대적 의미로 회복될 때, 신학과 영성 사이에 자주 발생하거나 인식되는 이분법을 극복할 수 있다. 삼위일체와 교회76) 안에서 상호성(mutuality)과 상호연결성을 가능하게 하는 성령의 경험은 신념, 정서, 실천의 통합을 지향하며, 이를 요구한다. 이 통합은 동시에 영성의 정의이자 신학적 과업의 본질이다.

이를 더 공식적으로 표현하자면, 바른 교리(orthodoxy), 바른 정서(orthopathy), 바른 실천(orthopraxy)은 삼위일체의 상호 관계와 유사한 방식으로 서로 연결된다. 성령이신 하나님은 인간 안에 인지적, 정서적, 행동적 특성을 동시에 포함하는 영성을 창조하신다. 이는 통합된 인식론, 형이상학, 윤리학을 지향하게 만든다. 이러한 실재의 완전한 실현을 말하고 갈망하는 것은 기독교 신학의 특권이자 고통이다. 이는 어느 정도 하나님의 나라에 대한 종말론적 삼위일체적 실현을 갈망하는 것으로, 위르겐 몰트만(Jürgen Moltmann)이 그의 저서 '삼위일체와 하나님 나라(*Trinity and the Kingdom*)'에서 웅변적으로 묘사한 바 있다. 이 실현의 의미를 발전시키는 과정에서 대화 상대가 되어온 인물로는 바른 교리에 대해 기여한 칼 바르트(Karl Barth), 바른 정서에 대한 기여로 존 웨슬리(John Wesley), 그리고 바른 실천에 대한 기여로 위르겐 몰트만(Jürgen Moltmann)이 있다.

바르트가 기도와 신학적 소명의 관계를 발전시킨 점은 이미 언급되었다. 그러나 그는 모든 행동이 하나님의 계시에 대한 인지적 인식에서 나와야 하며, 그에 따라 평가받아야 한다고 주장하면서도, 다음과 같은 논의에서 지식과 바른 교리에 대한 통합적 관점을 보여준다:

우리는 성경 언어에서 지식(*yada, ginoskein*)이 인간을 대면하는 존재에 대해 진술, 원칙, 체계로 표현될 수 있는 중립적 정보를 습득하는 것을 의미하지 않으며, 현상 세계 너머에 존재하는 존재에 대한 수동적 관조에 들어가는 것을 의미하지 않는다는 사실을 강력히 강조해야 한다. 지식은 인간이 전체적인 존재로서, 감각, 지능, 상상력을 사용하는 동시에 의지, 행동, '마음'도 사용하는 역사적 과정 속에서, 처음에는 외부로부터 낯선 역사로 다가오는 또 다른 역사를 인식하게 되는 것을 의미한다. 이는 인간이 그 역사를 중립적으로 대할 수 없을 정도로 강력한 방식으로 인식하게 되는 과정이다.77)

이 진술은, 때로 바르트와 견해를 달리하면서도 여러 면에서 그의 제자로 남아 있는 몰트만에 의해 활용되었다. 몰트만은 그의 저서 삼위일체와 '하나님 나라(*Trinity and the Kingdom*)'에서 삼위일체적 하나님의 역사를 종말론적 삼위일체적 하나님의 나라의 실현방향으로 발전시켰다. 그는 하나님의 역사 속에서, 역사 속의 하나님을 보되, 하나님을 역사 속에 용해시키지 않고, 역사에 의미 있는 자유와 책임을 부여한다. 그의 목표는 교회가 오시는 하나님의 나라의 빛 속에서 바른 실천(orthopraxy)에 참여하도록 돕는 것이다. 이 실천은 하나님의 나라를 기대하고(anticipation), 나타내며(representation), 저항하는(resistance) 행동을 포함한다.78) 진리는 믿어야 할 뿐만 아니라 실천되어야 한다. 이는 성령을 통해 지속적이고 동원하며 살아 있는 희망을 주시는 십자가에 달리신 부활하신 주님의 메시아적 공동체에 대한 열정적 헌신을 요구한다.

바르트가 복음적 신앙을 강조하고 몰트만이 급진적 희망을 강조했다면, 존 웨슬리는 하나님의 사랑의 신학자로 묘사될 수 있다. 그는 조나단 에드워즈와 함께 북미 복음주의 진영에서 아직 완전히 통합되지 않은 깊은 복음주의 사상의 흐름을 대표한다. 현대 감리교 신학자인 테오도어 러니언(Theodore Runyon)이 '바른 정서(orthopathy)'라고 부른 것에 대한 웨슬리의 관심은, 18세기 영국에서 각성, 갱신, 개혁의 최전선에 있었던 감리교 사회(societies), 그룹(bands), 소그룹(classes) 안에서, 그리고 그 가운데에서의 개인적 투쟁, 연구, 실천에서 비롯되었다. 러니언은 이 바른 정서(orthopathy)를 '바른 교리(orthodoxy)'와 '바른 실천(orthopraxy)'에 현재 결여된 필수적인 보완 요소로 본다. 그에게 바른 정서는 '신적 근원과 인간 참여자 사이에서 일어나는 지식의 사건으로서의 종교적 경험'이며, 다음의 네 가지 상호 관련된 요소를 포함한다:

1. 인간의 영적 감각에 인상을 남기는 경험의 신적 근원.
2. 경험의 목적(telos): 근원의 의도, 인간을 위한 목적과 목표.
3. 경험을 통해 이루어지는 변형.
4. 경험에 동반되는 감정.[79]

러니언의 이러한 필수적인 경험 요소에 대한 설명은

> 교회의 정체성, 동원, 그리고 사명에 기여하는 경험의 중요성, 강력함, 그리고 절대적 필요성을 인정하는 동시에, 경험을 가장 생산적인 경로로 안내하기 위해 필요한 균형과 견제를 강조한다. 경험은 올바르게 소통되기 위해서는 바른 교리(orthodoxy)의 말씀이 필요하며, 세상의 성화를 위한 도구가 되기 위해서는 바른 실천(orthopraxy)의 행동이 필요하다. 하지만 말과 행동 모두 성령의 신적 능력과 영향을 통해 충만해지고, 이러한 능력은 경험을 통해 중재되고, 받아들여지고, 전달된다. 감정은 우리의 에너지를

집중시키고, 우리를 동원하며, 열정을 불어넣는다. 불의, 편견, 부패에 맞서 싸우려는 이는 정의에 대한 감정과 불의에 대한 분노를 느끼지 않고는 그러지 않을 것이다. 다른 이들을 위해 희생하고 자비를 실천하려는 이는 연민을 느끼지 않고는 그러지 않을 것이다. 새로운 진리를 발견하거나 오래된 진리를 새롭게 확증하는 데서 오는 기쁨과 만족을 느끼지 않는 이는 현미경 앞에서, 또는 책을 탐독하며 긴 시간을 보내지 않을 것이다. 결혼 관계를 회복하기 위해 큰 감정적 비용을 치르며 열심히 노력하려는 이는, 그 관계가 영향을 미칠 모든 이들에게 얼마나 중요한지 느끼지 않고서는 그러지 않을 것이다.[80]

러니언의 관점을 기반으로 하면서도 이를 넘어, 본 연구는 '바른 정서(orthopathy)'를 마음을 동기 부여하고 성도의 특징을 이루는 정서를 지칭하는 데 사용한다. 살리어스(Saliers), 클래퍼(Clapper), 나이트(Knight)가 보여준 바와 같이,[81] 기독교 정서는 에드워즈(Edwards)와 웨슬리(Wesley) 영성의 중심이며, 오순절 영성에서도 중심을 이루고 있다.

바른 교리(orthodoxy)와 바른 실천(orthopraxy)의 개인적 통합 중심(intergrating center)은 바른 정서(orthopathy), 즉 신념에 의해 형성되고, 실천에 지향적이며, 사람의 특징을 이루는 독특한 정서들이다. 정서는 단순히 일시적인 감정 상태나 개인적인 감상적 감정이 아니다. 물론, 정서 속에서 시간이 지남에 따라 오고 가며 뒤섞이는 감정이나 감정 상태가 수반되기도 한다. 그러나 이러한 감정과 달리, 정서는 성경 이야기로 독특하게 형성되고 결정되며, 특정한 공동체적 및 역사적 맥락의 흔적을 드러낸다.

3장에서는 기독교 정서의 세 가지를 오순절적 구성을 중심으로 분석할 것이다. 그러나 이는 단순히 이성(reason)과 감정(emotion)의 균형을 맞추려는 시도가 아니다. 균형(balance)이라는 용어는 일반 문화와 복음주의 주류 교회에서 정신 건강이나 정상성의 기준으로 종종 사용된다. 균형은 이성과 감정에 동일한 비중을 부여하는 것을 의미한다. 그러나 이와 같은 용어를 사용하는 사람들은 종종 하층 계급, 권리를 상실한 자들, 아프리카계 미국인, 그리고 오순절주의자들의 종교를 단순히 '감정적'이며 심리적-운동적 발현으로 가득한 것으로 간주한다. 이들은 감정을 동기 부여와 흥분의 가치로 인식하면서도, 구원과 신학적 작업 전반에서 정서가 가지는 핵심적이고 근본적인 역할을 간과한다. 따라서 '균형(balance)'이라는 용어보다는 의도적으로 '통합(integration)'이라는 단어를 선택하고자 한다.

억압, 지배, 돌파의 특정 위기에서 통합은 수소폭탄의 융합과 비슷할 수 있다. 서구 사회, 특히 백인 중상류 계급은 종교 문제에서 통제와 조용함을 가치 있게 여기지만(물론 스포츠, 정치 캠페인, 디스코텍, 록 콘서트 등에서는 그렇지 않다), 악한 세력에 의해 억압받거나 인간에 의해 짐해되고 더럽혀진 사람들이 해방하고, 성화하며, 새로운 존재를 가능케 하는 하나님의 나라를 목격하게 될 때, 종종 강렬한 반응이 발생한다. 이는 거의 필연적이다. 이러한 수백만 명의 사람들의 기쁨과 열광, 깊은 슬픔과 갈망, 그리고 용감한 증언은 단순히 히스테리, 집단 정신병, 또는 값싼 도피주의로 치부될 수 없다.

오순절주의자들에게는 자신들의 신념, 정서, 실천을 신중하게 고려하는 것이 중요하다. 그렇지 않으면 비판적 검토 없이 문화를 수용하거나,

주류 교단에 동화되거나, 사회-정치적 이데올로기에 의해 이용당할 위험이 있다. 칠레의 오순절 목회자인 후안 세풀베다(Juan Sepúlveda)의 말처럼:

> 우리는 오순절적 맥락에서 신학적 성찰을 거부하려는 것이 아니라(사실, 우리가 여기서 신학적으로 성찰하고 있다), 오순절 경험의 풍부함과 특수성을 수용하는 신학적 성찰 형태를 위한 길을 보수하려는 것이다. 교리에 대한 강조는 오순절주의가 초월적 구원을 제안한다는 인식을 만들어냈다. 그러나 오순절 경험의 증언이 우리에게 보여주는 것은 무엇보다도 여기(here)와 지금(now)의 구원의 기회이다.82)

혹은 페루의 오순절 목회자인 베르나르도 캄포스(Bernardo Campos)가 최근 말한 것처럼:

> 우리는 오순절주의자들로서 항상 신학을 해왔다. … 오늘날 우리가 이해하는 바에 따르면, 신학은 믿음의 공동체로서 교회가 사회적 공간과 특정한 시간(맥락) 속에서 예수님 안에서 그리고 그분의 성령에 의해 세상에서 하나님의 행동(대상, 내용)에 관하여 행하는 살아 있는 경험과 성찰(방법)이다. 이는 다음의 두 가지 근본적인 목적을 경험하고 설명하기 위한 것이다:
>
> 1. 새 사람의 창조와 성장의 역동성 속에서 세상의 복음화와 하나님과의 화해.
> 2. 하나님의 나라가 역사를 통해 진보하는 역동성 속에서 새로운 사회(새로운 땅)의 창조…

기독교 교회는 두 가지 신학적 전통을 경험해 왔다. 이는 주목할 가치가 있다: 체계화된 전통(아퀴나스, 칼빈, 바르트) 그리고 경험적이고 비체계적인 전통(뮌처, 키에르케고르, 우나무노 등). 우리는 다음과 같은 질문을 던져야 한다. '체계화의 장점과 위험은 무엇이며, 체계화되지 않은 경험 신학의 장점과 위험은 무엇인가? 그리고 이를 분리하지 않고 어떻게 조화시킬 것인가?'[83]

캄포스는 오순절 경험을 무엇보다도 '공동체의 존재 방식, 행위 방식, 생활 방식'으로 묘사한다.[84] 이는 경험에서 증언, 교리, 신학으로 그리고 다시 돌아오는, 암시적(dynamic)이고 지속적인 역동성을 가지는 이해 방식이다. '아마도 보다 개혁주의적(특히 루터주의적) 접근 방식이 구원을 정서적 통합('사랑으로 역사하는 믿음')으로 이해하는 데 실패했기 때문에, 그들이 오순절주의자, 웨슬리안, 아프리카계 미국인, 그리고 제3세계 토착 교회의 수많은 공동체를 이해하고 신학적으로 조정하는 데 어려움을 겪었을 것이다.'

아마도 더 개혁주의적(특히 루터주의적) 접근 방식이 구원을 정서적 통합으로 이해하지 못한 점('사랑으로 역사하는 믿음')이 그들에게 오순절수의자, 웨슬리주의자, 아프리카계 미국인, 그리고 제3세계의 토착 교회 전체를 이해하고 신학적으로 조정하는 데 어려움을 주었을 것이다. 물론 이에 대한 주목할 만한 예외도 있지만,[85] 대체로 주요 현대 비판은 존 맥아더(John MacArthur)[86]와 같은 근본주의적 세대주의자들, 그리고 제임스 던(James Dunn)이나 프레데릭 데일 브루너(Frederick Dale Bruner)와 같은 훨씬 더 정통적이고 세련된 비평가들로부터 나왔다.[87] 이 연구는 이러한 비판에 직접적으로 반박하고자 하지는 않으며, 오순절주의자들이 이미 제기한 반박에 추가하거나 이를 확장하려는 목적도 아니다. 그러나 이 접근 방식이 오해와 엇갈린 대화를 초래한 몇 가지 이유를 명확히 하는 데 기여하기를 바란다.

근원적 신학으로서의 영성은 오순절주의를 분석하기 위한 이론적 관점을 형성하며, 이는 오순절주의자들에게 인식 가능한 분석을 제공하고 개정과 대화를 위한 기초를 마련할 것이다. 그러나 분석을 진행하기 전에 이 논문의 발전에 실질적으로 중요한 두 가지 관찰을 제시해야 한다. 하나는 제한점과 관련이 있고, 다른 하나는 전체적 맥락과 관련이 있다.

2) 기원과 연속성(Origins and Continuity)

본 연구는 월터 홀렌베거(Walter Hollenweger)와 함께 오순절 영성의 첫 10년을 그 '유아(infancy)' 단계가 아니라 중심(heart)으로 받아들인다.[88] 세계 오순절주의의 다양성과 역동성에 대한 최고 권위자 중 한 명인 홀렌베거는 '초기 오순절 영성을 이후 역사를 평가하는 기준으로 삼는다'고 주장한다.[89]

경건주의(Pietism), 청교도주의(Puritanism), 웨슬리주의(Wesleyanism), 아프리카계 미국인 기독교(African-American Christianity), 19세기 성결-부흥주의(Holiness-Revivalism)의 흐름들이 합류하여 오늘날 오순절 성도들의 바다를 이루었다.[90] 따라서 21세기에 접어들면서 오순절 교단은 매우 다양한 모습을 보이지만, 그럼에도 불구하고 원래의 또는 본질적인 영성은 모든 교파에 영향을 미쳤으며, 이 운동이 신학적 일관성과 지속성을 가지기 위해서는 다시 재조명되어야 한다. 이 역사적 초점 또는 구분은 아마도 오순절 운동의 창시자들을 형성한 두 가지 중요한 영성을 포착한다: 웨슬리안(Wesleyan) 영성과 아프리카계 미국인

(African-American) 영성.91)

웨슬리안 영성(Wesleyan spirituality)은 서방과 동방의 인물들을 포함한 특정한 변혁의 가톨릭 전통을 구현했다. 존 웨슬리(John Wesley)는 평신도 지도자들의 신앙 성장을 돕기 위해 이러한 자료들 중 많은 부분을 번역하고 요약하여 기독교 도서관(A Christian Library)이라는 형태로 제공했다.92) 그는 거듭남으로 시작하여, 그리스도 안에 머무르는 지속적인 실천을 통해 유지되는 두 번째 위기(second- crisis) 경험을 가르쳤다.

웨슬리(Wesley)의 뒤를 이어, 찰스 피니(Charles Finney), 무디(Dwight L. Moody), 해나 위탈 스미스(Hannah Whitall Smith), 아사 마한(Asa Mahan), 그리고 피비 파머(Phoebe Palmer)와 같은 19세기 성결운동 지도자들은 모두 웨슬리안과 개혁주의 배경에서 왔음에도, '성화(sanctification),' '성령세례(baptism in the Holy Spirit),' 또는 '승리의 삶(overcoming life)'이 모든 성도가 갈보리의 십자가를 통해 얻을 수 있는 것이라는 점에 의견을 같이한다.

초기 오순절 부흥이 칭의, 성화, 성령세례, 신유, 예수님의 전천년적 재림(premillennial return of Jesus)이라는 '오중복음(fivefold gospel)' 또는 '온전한 복음(full gospel)'을 받아들임으로써 이 웨슬리안-성결 기초 위에서 세워졌다는 것이 일반적으로 인정된다. 이 모든 것은 속죄로부터 흘러나오는 확실한 경험으로 간주되었다. 즉, 그리스도인은 믿음을 통해 다섯 가지 축복과 유익을 받을 수 있으며, 그리스도를 신뢰하고 주님을 찾으며, '대가를 지불'하는(즉, 구하고, 찾고, 두드리는) 자세를 가질 때 이를 경험할 수 있다고 여겨졌다. 1906년 '사도적 신앙(*The Apostolic Faith*)'에 인용된 다음의 찬송가는 이러한 갈망을 잘 보여준다:

'성령으로 세례 받으라'(F.E. Hill 작사)

1절
너는 기쁨으로 가득하고 자유롭기를 갈망하느냐?
하나님 안에서 강건하고 그분의 영광을 보기를 바라느냐?
그러면 그분의 말씀을 순종하라, 그러면 너는
성령으로 세례를 받을 것이다.

후렴
예수께서 말씀하시길, '너희는 세례를 받을 것이다'
성령으로 세례를 받을 것이다.
그럼 능력을 입을 때까지 기다려라,
성령으로 세례를 받을 것이다.

2절
나는 그분의 능력으로 세례를 받을 것이다,
성령으로 세례를 받을 것이다.
이것은 내가 구하는 선물, 아버지께서 나에게 약속하신 것이다,
성령으로 세례를 받을 것이다.

3절
지금 너의 모든 것을 그분께 기꺼이 바치겠느냐?
그분께 부르짖는 동안 그분의 길을 따르도록 하라,
믿음으로 기다리면, 능력이 임할 것이다,

성령으로 세례를 받을 것이다.

4절
이것은 성화된 자들에게 주어진 하나님의 선물이다,
그분은 우리를 위로하시고 인도하시며 우리의 안내자가 되실 것이다,
그리고 우리 안에 거하며 우리와 함께 거하실 것이다,
성령으로 세례를 받을 것이다.

5절
구주 발 앞에 기꺼이 엎드리겠느냐?
너의 의심을 모두 내려놓고 온전하게 되라,
평화와 달콤한 교제를 누리며 거하라,
성령으로 세례를 받을 것이다.

6절
지금 하나님의 찬송을 부를 수 있다, 그리고 언젠가는,
너희는 방언으로 말하며 예언할 것이다,
하나님의 능력으로 증언할 것이다,
성령으로 세례를 받을 것이다.93)

　만약 18세기 웨슬리안 운동과 19세기 성결운동이 없었다면, 20세기 오순절 운동도 없었을 것이다. 오순절 운동은 이러한 신학적 유산 없이는 설명할 수 없다. 오순절주의의 '비웨슬리안(non-Wesleyan)' 기원을 연구한 학자들조차 그 웨슬리안 계보를 인정한다. 예를 들어, 오순절주의의 비웨슬리안 선구자들을 다룬 박사 학위 논문을 작성한 에디스 L. 블룸호퍼(Edith L. Blumhofer)는 1910년까지 대부분의 오순절주의자들은 성령

세례에 앞서 기독교적 완전(perfection)의 경험이 있어야 한다는 주장에 의문을 제기하지 않았다고 말했다.94) 19세기 오벌린(Oberlin)과 '케즈윅(Keswick)' 운동의 비웨슬리안들은 '웨슬리화(Wesleyanized)'되었고, 결과적으로 '알미니우스화(Arminianized)' 되었다. 오순절 운동의 비웨슬리안 기원을 연구한 하나님의 성회 역사가인 윌리엄 멘지스(William Menzies)조차도 성결운동을 통해 웨슬리안주의가 오순절주의의 요람이었음을 언급했다.95)

오순절 영성을 이해하고 재조명하는 데 있어 웨슬리안 기원의 중요성은 아무리 강조해도 지나치지 않다. 이 주제는 역사학자인 빈슨 사이넌(Vinson Synan),96) 멜빈 디터(Melvin Dieter),97) 그리고 역사학자-조직신학자인 도널드 데이턴(Donald Dayton)에 의해 자세히 논의되었다.98) 도널드 휠록(Donald Wheelock)은 1983년 그의 논문 '미국 오순절 사상 안의 성령세례'에서

> 웨슬리안 및 비웨슬리안 오순절주의자들이 개인적 성결이 성령세례에 선행한다고 동의한다고 결론지었다. 웨슬리안 전통에서는 이는 죄의 뿌리가 뽑히는 결정적 위기 경험인 반면, 비웨슬리안 전통에서는 성령의 도움으로 유지되고 심화되는 승리의 헌신문제로 간주된다.99)

휠록은 또한 거의 모든 미국 오순절주의자들이 성령세례를 위한 다음의 조건들을 제시한다고 언급한다: 모든 알려진 죄로부터의 분리를 통한 하나님께 대한 순종, 기도 요청과 다른 이들과의 연합, 찬양으로 가득한 예배와 믿음으로 충만한 기대.

디터(Dieter)는 성결 교회와 오순절 교회 사이의 과거 치열한 갈등을 알고 있음에도 불구하고, 이를 동일하지는 않지만 형제 관계에 있는 쌍둥이 사이의 가족 분쟁으로 간주했다. 그는 심지어 가장 크고 상대적으로 '침례교적(baptistic)' 오순절 교단인 하나님의 성회도 역사적 캠프 미팅의 완전주의에서 기인한 영적 역동성을 고전적 개혁주의 범주보다 더 강하게 계승했다고 결론지었다. 그는 이를 다음과 같이 비유한다:

> '케즈윅(Keswick)'과 같은 로우교회(low-church) 성공회 및 기타 고등 생활 메시지를 미국으로 가져온 사람들의 신학적 틀은 … 성결의 포도주를 담기에 버거운 것으로 판명되었다. 또 다른 비유를 들자면, 우리 공통 조상인 성결 부흥 운동에 존재하는 역동적이고 그리스도 중심적인 성령론의 강력한 유전자는 모든 자손들에게 그러한 통합된 영성과 경험의 흔적을 남겼다. 이를 인정하지 않으면 모두 손해를 볼 것이다. 이 성결과의 연관성은 오순절주의자들에게 중요한데, 이는 성결운동이 19세기에 노예 해방, 금주, 여성의 권리, 그리고 하나님의 의로운 기준에 따른 사회 개혁에 대해 관심을 가졌기 때문이다. 오순절 운동과 성결 교회는 남북전쟁, 재건 시대, 성경의 새로운 고등 비평, '자유주의' 사회복음, 그리고 감리교의 점증하는 '중산층화(embourgeoisement)'로 인해 영향을 받았다. 그 결과, 근본주의와 현대주의 사이에서 선택해야 했다. 오순절주의자들이 근본주의를 선택함으로써, 웨슬리의 '땅 전체에 성경적 성결을 전파하라'는 의제는 구호 선교, 상점 교회, 무료 급식소 및 기타 개인 대 개인의 참여 형태로 축소되었다. 1940년대 미국 복음주의 협회의 설립에서 두 운동이 함께 참여했지만, 북미에서 '복음주의'라는 단어는 보통 성결-오순절 패러다임을 제외하거나 이를 더 장로교적-근본주의적 패러다임으로 재정의했다. 이는 두 운동을 성경 무오성 논쟁으로 끌어들였고,

근본적으로 변혁주의적 유산을 재고하고 더 나아가 적용하는 것에서 멀어지게 했다.100)

이 모든 웨슬리안 전통의 특징적인 관심사들은 1907년 아주사 거리 부흥의 목격자이자 참여자였던 프랭크 바틀맨(Frank Bartleman)의 다음 말 속에서 들을 수 있다:

우리는 다툼과 혼란으로부터의 해방, 더 깊은 헌신, 그리고 자기 자신에 대한 죽음을 필요로 한다. … 하나님의 불은 엘리야의 경우처럼 희생 제물 위에 내린다. 희생과 헌신이 클수록 불도 더 크다. 그러나 오늘날 선교 사역에는 아나니아와 삽비라가 있다. 그들은 돈과 영향력으로 베드로들을 죽이고 있다. 온전한 헌신의 대가를 지불하고 있는 사람은 회의에서 거의 목소리를 낼 수 없다. … '당파'를 기쁘게 하기 위해 설교하지 말고 기준을 세워라. … 하나님은 처음에 아주사에 많은 노련한 성도들을 모으셨다. 그들은 수개월의 기도와 하나님과의 수년간의 경험을 통해 정제되고 정결해졌다. 우리는 가볍고 재즈 같은 시대에 살고 있다. 사람들은 정결하게 하는 불과 마음의 거룩함을 거부한다. 우리는 혼란의 분위기 속에 있다. 너무 많은 '전문적인' 작업이 이루어지고 있으며, 마치 돌팔이 의사의 진료실처럼 구도자들을 빠르게 통과시키고 있다. 이것은 가짜 오순절을 만들어내며, 거짓된 방언을 낳는다. '성령 안에서의 찬양'도 모방된다. 사람들은 성령 없이 이러한 것들을 행하는 법을 배웠고, 다른 사람들에게 이러한 것을 모방하도록 제안한다. 우리는 심지어 지도자들이 사람들에게 원하는 모든 시연을 요청하는 것을 들었다. 베드로가 이러한 시연을 본다면 뭐라고 말했겠는가? … 우리는 '기적'과 훌륭한 설교자 등을 광고하며, 군중은 다음 큰 집회로 이어지는 게시판의 '표적'을 쫓는다.

그러나 '표적이 뒤따르고 있는가?' 사람들은 화려한 것을 사랑한다. 우리가 이해하지 못하는 것은 바로 그 '놀라운 것'이다.101)

디터(Dieter)와 바틀맨(Bartleman)은 각자의 방식으로 웨슬리안 뿌리를 고려하는 것이 왜 중요한지를 보여준다. 그러나 또 다른 흐름인 흑인 영성(black spirituality) 역시 중요하다. 이는 윌리엄 시모어(William Seymour)를 통해 아주사(Azusa) 부흥에 직접적으로 매개 역할을 한 영성이기 때문이다. 오늘날 북미에서 가장 큰 오순절 교단 중 하나인 하나님의 교회(Church of God in Christ)는 주로 아프리카계 미국인들로 구성되어 있다. 이 교단은 세계 최초의 오순절 신학교가 위치한 조지아주 애틀랜타에서 설립되었으며, 이는 C.H. 메이슨(C.H. Mason)의 이름을 따서 명명되었다. 흑인 영성은 찬송가 작사자와 전도자 등 수많은 인물들에 의해 대표되었다. 홀렌베거(Walter Hollenweger)는 오순절주의의 성장이 아프리카계 미국인 뿌리에 있다고 보며, 흑인 영성을 다음과 같은 특징들로 요약한다:

- 예배의 구술성(orality of liturgy)
- 신학과 증언의 서사성(narrativity of theology and witness)
- 기도, 숙고, 의사결정의 모든 단계에서의 최대 참여, 그리고 화해적 형태의 공동체.
- 꿈과 환상을 개인적 및 공적 예배 형태에 포함시키는 것. 이들은 개인과 공동체를 위한 일종의 아이콘으로 작용한다.
- 몸과 마음의 관계에 대한 이해는 몸과 마음 간의 상관관계 경험에 의해 형성된다. 이 통찰의 가장 두드러진 적용은 기도를 통한 치유 사역에 있다.102)

아프리카계 미국인 영성과 웨슬리안 영성의 합류가 바로 이 성령 안에서의 참여 운동을 일으켰다.

웨슬리안-성결(Wesleyan-Holiness) 전통의 매우 중요한 유산 중 하나는 여성들의 사역이었다.103) 19세기부터 성화(sanctification)를 성령세례(Spirit baptism)로 이해하는 언어는 이미 여성을 선지자로 포함하는 포괄성을 보여주었다. '아들들과 딸들이 예언할 것이다'라는 말씀처럼, 여성들은 성령의 능력으로 간증하고, 설교하며, 교회를 설립하고, 복음을 증언했다.104) 이에 대한 논의는 후에 더 다뤄질 예정이지만, 웨슬리안 뿌리의 중요성은 아무리 강조해도 지나치지 않다.

종말론적 평등은 하나님의 나라에 대한 비전과 실재가 선교적 긴박함과 영적 열정속에서 경험될 때마다 꽃피는 듯했다. 마지막 날의 교회를 상징하는 주요 은유는 '신부(Bride)'였다. 신부는 신랑을 맞이할 준비를 하고 있다. 성령에 의해 이루어진 교회의 이러한 '여성화(feminization)'는 사회에 대한 또 다른 도전이자, 하나님께서 새로운 일을 하고 계심을 교회 전체에 경고하는 것이었다. 주님의 임박한 재림 전에 모든 민족에게 증언해야 할 교회라면, 성령의 전략은 남성과 여성을 막론하고 모든 사람을 군대로 동원하는 것으로 보였다. 성령이 아들들과 딸들 위에 부어진 생생한 실재에 대해 분별력 있게 성찰한 결과, 오순절주의자들은 여성이 교회에서 '침묵'해야 한다는 성경 구절들을 재해석해야 한다는 사실을 깨달았다. 이 재해석은 이미 피비 파머(Phoebe Palmer)의 저서 '아버지의 약속(*The Promise of the Father*)'에서와 같이 성결운동(Holiness Movement)에서 시작되었지만,105) 새로운 '오순절 현실(Pentecostal reality)' 안에서 새로운 동력을 얻었다.

3) 종말론(Eschatology)과 일관성(Coherence)

오순절주의자들에게 성령은 하나님 나라의 대사(agent)이다. 그리스도는 왕이며, 성령은 활동하는 통치의 임재이다. 성령은 그리스도와 아버지를 알게 하며, 성령 안에서 성도들은 그리스도를 통해 아버지께 나아간다. 하나님 나라는 이미(already) 임하였지만 아직(not yet) 완성되지 않았다. 근본주의 세대주의가 하나님 나라의 시대와 교회의 시대를 명확히 구분하는 것과 달리, 오순절주의자들은 하나님 나라의 임재를 증언하며 기뻐했다. 따라서 사도 시대의 소위 표적 은사(sign gifts)는 사라지지 않았다. 어거스틴과 이후의 세대주의자들은 잘못되었다. 웨슬리와 함께 오순절주의자들은 은사가 철회되었거나 잘 드러나지 않았던 이유가 하나님의 세대적 구분 때문이 아니라, 콘스탄틴 이후 교회의 타락과 많은 이들의 사랑이 식었기 때문이라고 주장했다. 오순절주의자들은 성령이 '탄식하고, 부르짖고, 간구'하는 곳에 하나님의 표적과 기사를 다시 베푸실 것이라는 바르트의 주장에 동의할 것이다.[106] 오순절 성도들이 회복(restoration)을 말할 때, 그것은 초대 교회의 특정한 외적 특징을 회복하는 것이 아니라, 무엇보다도 사도적 능력(apostolic power)과 기대(expectancy)를 회복하는 데 초점이 맞춰져 있다.

'오순절의 회복'으로 여겨지는 성령의 부으심 속에서 하나님의 초월적 임재는 오순절적 증언, 실천, 정서에 일관성을 부여하는 요소이다. 늦은 비 회복(Latter Rain restoration)으로 여겨진 오순절의 권능은 마지막 시대 복음화를 위한 것이었다. 오순절의 사명은 교회가 회개하고, 헌신하며, 흰 옷을 입고, 등잔에 기름을 준비하도록 경고하는 것이다. 신랑이 나타나기 전에 말이다. 영원한 복음, 곧 하나님 나라의 복음은 올 시대의 능력을 맛본 입술과 그 능력이 그들 가운데서 역사하는 증거를 본 눈을 가진 증인들에 의해 선포되어야 한다.

하나님 나라의 시대가 이미 밝아오고 있었기 때문에, 남성과 여성을 어둠에서 빛으로 부르는 일은 시급한 과제였다. 성도들은 온전한 성화(entire sanctification)를 이루어야 했다. 웨슬리(John Wesley)와 함께 그들은 예수 그리스도를 믿는 믿음이 그들을 '천국에 들어갈 자격을 부여한다(qualified)'는 것과, 온전한 성화가 그들을 '천국에 합당하게 한다(fit)'는 것에 동의할 수 있었다.107) 만약 성도들이 마음에 죄악을 품고 있다면, 그들은 휴거(Rapture)를 준비하지 못하고 대환난(Great Tribulation)을 겪게 될 것이라고 여겼다. 더 나아가, 개인적인 삶에서의 저항과 고집은 성령을 받아들이는 데 방해가 될 뿐 아니라, 주님을 위한 증인으로서의 역할을 약화시킨다. '사랑의 법(law of love)'은 성도들이 자기 옷을 찢어 어린양의 피로 희게 됨을 요구한다. 의도적으로 이를 거부하면 결국 이름이 '생명책'에서 지워질 수도 있다.

성령세례는 성화된 삶 위에 임해야 했다. 죽은 자를 부활시키고 신부를 휴거시킬 성령은 배고프고 순종하는 구도자를 충만케 하신다. 이 충만은 더 많은 권능이 주어지고 한 사람이 '인치심'을 받고 '휴거 준비'를 마치는 또 다른 단계처럼 보인다.

신유는 모든 것의 최종적인 치유를 기대하며 이루어진다. 물질은 영적인 것을 위해 존재했고, 반대로도 그러하다. 치유는 모든 것이 회복될 천년왕국의 복원을 예고한다. 곧 하늘이 땅으로 임하고 더 이상 질병과 슬픔이 없는 시대이다. 이러한 보편적 치유에 대한 갈망은 다음과 같은 인기 있는 복음송 '우리 주님의 이 땅으로의 재림(Our Lord's Return to

Earth, 사도행전 2:9-11에 기반)' 을 통해 표현되었다:

1절
나는 기쁜 천년왕국의 날이 올 것을 기다리고 있다.
그날 복된 주님이 오셔서 기다리는 신부를 데려가실 것이다.
오, 내 마음은 기쁨으로 가득 차 일하며, 깨어 기도하고 있다.
우리 주님이 다시 땅으로 오실 것이기 때문이다.

2절
예수님의 재림은 세상의 슬픔 어린 부르짖음에 대한 응답이 될 것이다.
주의 지식이 땅과 바다, 하늘에 충만할 것이다.
하나님은 모든 질병을 없애고 고통받는 자의 눈물을 닦아 주실 것이다.
우리의 구주가 다시 땅으로 오실 때 말이다.

3절
그때 주님의 속량된 자들은 기쁨으로 시온에 이를 것이다.
그분의 거룩한 산에서는 아무것도 해치거나 파괴할 수 없다.
완전한 평화가 모든 마음에 다스릴 것이며, 순수한 사랑이 가득할 것이다.
예수님이 다시 땅으로 오신 후에 말이다.

4절
이 어두운 세상의 죄와 슬픔, 고통과 죽음이 그칠 것이다.
영광스러운 예수님과 함께 천 년 동안 평화의 통치가 이루어질 것이다.
온 땅은 그 달콤한 해방의 날을 갈망하며 울부짖고 있다.
우리의 예수님이 다시 땅으로 오실 날을 기다리며.

후렴
오! 우리 주님이 다시 땅으로 오실 것이다.
예, 우리 주님이 다시 땅으로 오실 것이다.
사탄은 천 년 동안 묶일 것이며, 우리는 더 이상 유혹자를 갖지 않을 것이다.
예수님이 다시 땅으로 오신 후에.108)

이미 신부는 준비되고 있었다. 성도들은 일하며 깨어 기도하는 가운데 마음이 '환희'로 가득 차 있었다. 성도들은 성령과 함께, 그리고 온 땅과 함께 '달콤한 해방의 날'을 위해 '탄식'했다. 이미 많은 질병이 치유되고, 죄를 용서받고, 슬퍼하는 자들의 눈물이 닦여졌다. 순수한 사랑으로 충만한 헌신된 마음에서 태어난 평화가 이미 성도들 안에서 다스리고 있었다. 오순절주의자들의 믿음, 세계관, 경험, 실천은 철저히 종말론적이었다. 그들은 이미 그러나 아직(already but not yet) 완성되지 않은 하나님의 나라의 긴장 속에서 살아갔다. 성령은 이 긴장의 중심일 뿐만 아니라 시대를 연결하는 다리(bridge) 또는 연결고리였다.

웨슬리에게 그러했듯이, 오순절주의자들은 성령 안에서 시간을 거슬러 올라가거나 앞으로 나아갔다: 시내산으로, 갈보리로, 오순절날로, 아마겟돈으로, 백보좌 심판으로, 어린양의 혼인 잔치로. 시간과 공간은 성령 안에서 융합되고 초월했다. 증언, 기대, 예배의 중심에는 구주(the Savior)이시며, 성화자(Sanctifier)이시며, 치유자(Healer)이시며, 성령으로 세례를 주시는 분(Baptizer)이며, 오실 왕이신 예수님(coming King)이 있었다. 하나님 아버지는 성령 안에서 예수님을 통해 모든 탕자를 받아들이셨다. 그리고 그들을 예수의 이름과 약속된 성령의 권능으로 보내어 그리스도의 복음을 모든 민족에게 전파하게 하셨다. … 그리고 그 후에 끝이 올 것이다.

이 종말론적 맥락을 적절히 고려하면, 이 영성은 분석과 재조명을 위한 이해와 유용성을 제공한다.

4. 개요

이 연구의 논지는 두 개의 상호 관련된 장(chapter)에서 전개된다. 먼저, 1장에서 다룬 이론적, 역사적, 개인적 관심사들을 고려하여, 2장에서는 오순절 영성의 정신(ethos)을 드러내며 서사적 신념(narrative beliefs)과 예배-증언적 실천(worship-witness practices)의 독특한 조화를 분석한다. 종말론적 비전의 특징인 '이미-아직(already-not yet)'의 긴장이 오순절 영성의 형태와 능력을 이해하는 데 결정적으로 중요하다는 주장이 제기될 것이다.

이 영성의 핵심(heart) 또는 통합적 중심(integrating center)은 정서(affections)에 있다. 3장에서는 감사(찬양-감사), 연민(사랑-갈망), 용기(확신-소망)라는 세 가지 본질적 정서가 구원, 예배, 증언, 그리고 무엇보다도 기도의 오순절적 이해와 경험에 어떻게 포함되어 있는지 보여준다. 이러한 정서는 특정한 '문법'에 따라 작동하며, 신념과 실천과 상호 조건적 방식으로 존재한다. 이는 오순절주의자들의 독특한 종말론적 실재와 비전에 의해 구성되었기 때문에 '묵시적 정서(apocalyptic affections)'라고 불릴 수 있다.

이러한 핵심적 신념(beliefs), 실천(practices), 정서(affections)를 제시한 후, 4장은 오순절 운동의 초기 영성과 연속성을 유지하는 가운데 오순절 영성을 재조명한다. 다음 장에서는 제기되는 내부적 긴장과 외부적 비판에 대해 간략히 응답한다. 이러한 긴장과 비판은 재조명을 위한 동기의 일부로도 작용한다. 이 연구에서 제시되는 새로운 구성은 기독교인의 삶, 역사, 교회, 그리고 선교의 비전을 명시적으로 삼위일체적 영성

(trinitarian spirituality)에 기초하려는 것이다. 이는 오순절 운동의 뿌리와 역사적으로 일관성을 유지하며, 주요 분열들을 내부적으로 치유하고, 에큐메니컬(ecumenically)하게 응답하며, 선교적(missionally)으로 더욱 깊이를 더하게 할 것이다.

따라서 이 논문의 구조는 영성과 신학적 과업에서 출발하여, 2장에서 신념과 실천에 대한 분석으로, 3장에서 정서를 통한 신념과 실천의 통합으로, 그리고 마지막 4장에서 삼위일체적 해석학(Trinitarian hermeneutic)을 활용한 영성의 재조명으로 이어진다.

제 2 장

묵시적 비전으로서의 오순절 영성: 서사-프락시스 분석

Pentecostal Spirituality as Apocalyptic Vision:
A Narrative-Praxis Analysis

초기 오순절주의자들은 1세기 오순절 성령 강림과 20세기 오순절 운동의 성령의 부으심을 하나님의 약속, 특히 요엘서의 종말에 대한 예언의 성취로 이해했다.[109] 이러한 경우, 성취는 동시에 아직 성취되지 않은 약속의 '넘침(overflow)'을 포함하고 있으며, 두 경우 모두 그 사건의 해석은 예수님과 종말에 관한 복음의 선포였다. 오순절 운동의 존재 이유는 성령의 능력 안에서 그리스도를 닮은 증인들이 마지막 때의 선교적 사명을 수행하는 데 있었다. 하나님의 나라는 하나님의 백성 가운데에 역사하고 있었으며, 그 증거는 20세기와 1세기 모두에서 동일했다. 예수님의 사역에서 나타난 성령의 기적과 은사가 반복되고 있어지만,[110] 초기 오순절주의자들이 관찰한 표적은 이것만이 아니었다. 다음의 초기 권면과 노래는 '시대의 징조'와 이에 대한 적절한 반응을 보여준다:

> 주님의 재림이 틀림없이 가까워지고 있다. 지금 많은 징조들이 나타나고 있으며, 이는 성경의 예언과 완전히 일치한다. 하지만 현재 특히 두 가지 징조가 두드러지게 나타나고 있으며, 깨어 있는 사람이라면 누구나 이를 알아챌 수 있다. 불법이 성행함으로 인해 많은 사람들의 사랑이 식고 있다(마태복음 25:12).

> 행동으로든 말로든, 많은 사람들이 이렇게 말하고 있다. '주인이 오시기를 더디하신다(누가복음 12:45).' 그들의 간증 속에서, 그들은 예수님이 곧 오실 것이라는 믿음을 표현하며, 하늘의 광채가 얼굴에서 빛나고, 그분을 만날 준비가 되어 있다는 사실에 매우 기뻐했다. 그러나 오늘날, 그들의 목소리는 그러한 선포에 침묵하고 있다; 깨어나세요, 사랑하는 이들이여. 당신이 잠들어 있는 동안 주님이 오실 것입니다. 깨어 일어나고 깨어 있어야 합니다. 그분은 당신이 예상하지 않은 시간에 오실 것입니다. 오십시오! 깨어나십시오! 준비하십시오! 당신은 준비될 수 있습니다. 기도와 금식, 간

증과 찬양으로 당신 안에 있는 은사를 일깨우십시오. 당신이 다시금 주님의 사랑으로 충만하고 넘치게 될 때까지 말입니다.

다른 이들이 무엇을 하든, 무엇을 말하든,
당신의 영혼에 불을 유지하세요, 불을 지피세요!
하나님께 진실하십시오, 그러면 심판 날에 보상을 받게 될 것입니다,
당신의 영혼에 불을 유지하세요, 불을 지피세요!
당신의 마음이 차가워질 때, 불을 지필 필요가 있습니다.
당신의 영혼에 불을 유지하세요, 불을 지피세요!
단지 윗방에서 머물며 당신의 마음이 움직일 때까지 기다리십시오,
당신의 영혼에 불을 유지하세요, 불을 지피세요!(Fire Up!)[111]

오순절 성도들의 종말론적 비전에서 비롯된 임박한 열망은 성령의 증언에 절대적으로 의존하는 예배와 증언을 통해 드러나며, 이는 끊임없이 예수 그리스도의 임재(presence)와 재림(parousia)에 대한 관심으로 이어진다. 오순절주의가 단순히 감정주의로 치부되거나, 다양한 기독교 전통으로 안전하게 이식된 경험으로 간주되곤 하지만, 이 장에서는 오순절주의의 신념과 실천이 지닌 독특한 논리가 어떻게 묵시적 실재(apocalyptic reality)를 표현하고 확인하며, 여전히 공동체의 집단적 삶을 형성하고 풍요롭게 하는지를 보여준다. 오순절주의의 묵시적 비전과 삼중적 경험(threefold experience)을 검토한 후, 이 영성은 네 가지 공식적 범주를 통해 더 분석적으로 살펴볼 것이다. 간증, 노래, 기사, 소책자, 책들이 이 서사-실천적 분석의 틀에 엮여 들어갈 것이다.

1. 오순절 임재(Pentecostal Presence): 마지막 시대에 임한 성령의 역사

영이신 하나님은 성령의 활동을 통해 성도들 안(in)에 그리고 성도들 사이(among)에서 삼위일체적 교제로 임재하신다. '자연적(natural)'인 간은 하나님을 알거나, 사랑하거나, 따를 수 없다.112) 영적으로 응답하는 사람만이 빛 가운데 걸어가고, 사랑 안에서 걷고, 성령의 능력 안에서 증인의 삶을 살 수 있다. 성령은 아버지와 아들이 성도 안에 거하도록 도우신다.113) 교회는 성령을 통해 하나님이 거하시는 처소가 된다.114) 성령을 통해 성도들은 장차 올 시대의 능력을 맛보고,115) 약속된 구속의 보증을 받는다.116) 성령은 예수님이 통치하는 하나님 나라에서 효과적인 통치 권능(reiging power)이자 주권적 행위자(sovereign agent)이다.117) 또한 성령은 '하나님의 손가락(finger of God)'으로 귀신을 내쫓고, 나병환자를 깨끗하게 하며, 복음 선포를 위한 능력을 주신다.118) 초기 오순절주의자들은 이러한 구체적이고 가시적인 성령의 역사가 예배와 증언 속에서 마지막 시대에 성취되고 있다고 보았다.

1) 사도적 신앙(Apostolic Faith): 종말론적 비전의 회복

역설적으로, 초기 교회에 대한 이러한 원시주의적(primitivistic)이고 과거를 돌아보는 관심이야말로 그들이 그리스도의 재림을 열망하게 만든 원동력이었다. 그들에게 원시적 신앙(privitive faith)의 회복은 만물의 회복을 위한 서곡이었다.

초기 오순절주의자들은 세 가지 종류의 원시주의(primitivism)를 드러냈다. 첫째, 교회적 원시주의(ecclesiastical primativism)는 인간이 만든(man made) 신조와 제도에 대해 의심을 품게 했다. 둘째, 윤리적 원시주의(ethical primitivism)는 거룩함에 대한 열정으로 그들을 이끌었으며, 하나님의 백성인 그리스도의 신부는 자신의 옷을 찢어 어린양의 피로 희게 만들어야 한다고 보았다. 셋째, 경험적 원시주의(experiential primativsm)는 앞선 두 가지 원시주의를 촉진하며, 모든 것을 주님의 속히 오심으로 향하게 했다. 초기 오순절주의자들은 초대교회 그리스도인들처럼 동일한 갈망과 권능을 드러낼 수 있고, 드러내야 하며, 반드시 드러내야 한다고 믿었다. 그렇게 함으로써 오순절 교회의 시작과 종말에 걸친 종말론적 연속성을 유지할 수 있었다. 사도적 신앙의 회복은 늦은비 시대에 그리스도의 재림을 기대하며 살아가는 것을 의미했다.

따라서, 오순절 성령의 부으심은 성령의 권능과 나타남을 통해 보편적 선교를 위한 종말론적 공동체로 교회를 세우는 사건이었다.119) 오순절 성령 강림 시 나타난 방언과 이후 베드로의 설교는 교회와 성령충만한 개개인이 하나님께서 인류를 구원하시는 능력의 행위를 증언해야 함을 의미한다. 이 증거는 예수 그리스도를 중심으로 하며, 성령의 능력 안에서 주어져야 그의 사역과 연속성을 가지며, 그리스도를 통한 아버지의 약속을 성취할 수 있다. 구세주, 성화자, 치유자, 성령세례를 주시는 분, 그리고 오실 왕이신 예수님에 대한 '온전한 복음(full gospel)'은 성령의 충만함 안에서 선포되어야 하며, 이는 세상 한가운데서 하나님 나라가 말씀과 행동으로 나타나도록 한다.

사람들이 오순절 집회에 참석하여 이러한 종말론적 능력과 사도 시대의 회복을 경험했을 때, 그들은 성경, 자신, 그리고 세상을 새롭게 보게 되었다: 예수의 부활이 그들 자신의 부활로, 첫 번째 오순절은 그들 자신의 오순절로, 예수의 십자가는 그들 자신의 십자가로 여겨졌다. 이 모든 사건들은 서로 결합되고 융합되었으며, '예수님이 곧 오신다!'라는 메시지를 오순절 운동 전체의 핵심으로 만들었다. 그렇다면 어떻게 이 성령의 부으심이 늦은비(Latter Rain), 곧 임박한 왕의 도래를 알리는 표적임을 알았을까? 이는 베드로와 함께한 사람들처럼, 그들이 다른 방언으로 말하는 것을 들었기 때문이다.[120] 방언뿐 아니라 표적과 기사는 역사 전반에 걸쳐 나타난 적이 있었지만, 이렇게 대규모로 사도적 신앙과 권능이 회복된 사례는 없었다.

외부인들은 방언을 비합리적이고 감정적이며, 소외받고 교육받지 못한 사람들의 집단적 히스테리로 간주하며 비판했다. 그것이 악령 들림(demonization)의 증거가 아니라면(일부 근본주의자들은 여전히 그렇게 본다), 그것은 기껏해야 정신착란(derangement)의 증거로 간주되었다. 이를 경험한 사람들의 반응은 극단적으로 나뉜다. 어떤 이들은 이를 '사탄의 마지막 토사물'이라고 비난하였고, 어떤 이들은 이를 단순한 퇴행적인 언어로 여겼다.[121]

그러나 종말론적 열쇠, 즉 묵시적 계시 경험은 오순절주의자들에게 운동 전체를 이끄는 원동력이자 비전으로 여겨졌다. 윌리엄 포펠(William Faupel)의 방대하고 세심하게 구성된, 그리고 매우 설득력 있는 논문 외에도,[122] 도미니크 수도회 소속의 존 밀스(John Orme Mills)와 같은 이들은 다음과 같이 이해하기 시작했다:

> 20세기 초 미국의 오순절 부흥을 중요하게 만든 것, 세계와 많은 현대 종교 관행과 대립하게 만든 것은 단순히 사람들이 '방언을

했다'는 사실이 아니었다. 방언 자체는 기독교 맥락에서 벗어나 생각할 경우 특별히 흥미롭거나 흔치 않은 현상이 아니며, 기독교 세계를 놀라게 하거나 당황하게 할 만한 것도 아니다.

20세기 초 오순절주의자들이 주목받은 이유는 방언과 다른 은사들이 주어졌다는 사실이 그들에게 새로운 성령의 부으심이 사도적 교회의 삶에 온전히 참여하도록 했다는 확신을 심어주었기 때문이다. 그들은 신약 교회의 비전을 너무도 생생하게 경험했기 때문에 초대 기독교인들이 가졌던 긴급하고도 절박한 기대감을 새롭게 느꼈다. 그들 사이에서 나타난 은사적 현상들—방언, 치유, 축사, 예언—은 그들이 '마지막 시대'를 가져오고 있다는 표적으로 해석되었다. 요엘서와 야고보서에서 말한 늦은비가 임하고 있으며, 이는 세상의 종말에 주님의 영광스러운 도래를 예고한다고 믿었다. 이로 인해 그들이 큰 확신과 희망을 가졌던 것은 놀라운 일이 아니다. 요한계시록에 기록된 대로, 모든 것이 새롭게 되어 가는 징조를 그들은 이미 보고 있었던 것이다.[123]

존 밀스(John Orme Mills)가 초기 오순절주의자들만큼 방언의 표적에 큰 중요성을 부여하지 않을 수도 있지만, 그는 이를 단순히 '방언 운동'으로 분류하는 관찰자나 해설자들과는 반대되는 입장에 있다. 오순절주의자들이 자신들을 그 일부로 보았던 묵시적 서사의 게슈탈트(구조) 안에서만 그 영성의 의미가 이해될 수 있다. 브루너(Frederick Dale Bruner)가 주장하듯[124] 오순절주의의 신학적 중심을 성령세례로 두거나, 오순절 영성을 성결운동이나 복음주의 운동과 구별짓는 유일한 특징으로 방언만을 보는 것은 핵심을 완전히 놓치는 것이다. 결정적 변화를 알리는 것은 성결운동 안에서 전천년주의로의 종말론적 전환이다. 데이턴(Donald Dayton)과 포펠(William Faupel)이 이 변화를 기술했지만, 여기서 중요한 점은 이것이 그리스도에서 성령으로, 사랑에서 능력으로, 점진적 변화에서 즉각적 변화로의 이동이 아니라는 점이다.125) 이러한 현실들은 나뉘거나 우선순위를 정하기보다는 하나로 융합되어 있다. 이는 성령의 부으심으로 인해 묵시록적 비전과 능력이 주입되어 그리스도, 교회, 기독교적 삶, 그리고 변화가 바라보는 방식을 변화시키는 것이다. 케제만(E. Käsemann)이 '모든 기독교 신학'에 대해 말한 것처럼, 오순절 신학에 대해서도 '묵시가 어머니였다...'라고 말할 수 있다.126) 오순절주의자들은 이 '어머니'에게 입양되었고, 이 어머니를 받아들여 늦은비 성령의 새 질서 속에서 아들과 딸, 예언자와 여예언자가 되었다.

로버트 앤더슨(Robert Mapes Anderson)의 분석 모델(예: Vision of the Disinherited: The Making of American Pentecostalism)은 사회적 박탈감과 심리사회적 긴장에 대한 적응을 다루며 유익한 정보를 제공하지만, 이는 이야기의 가장 명백하고 피상적인 부분만을 보여준다. 그랜트 와커(Grant Wacker)는 앤더슨의 책을 검토하며, 오순절주의자들이 초기 교회와 갖는 성령적 연속성을 이해하는 데 있어 종말론적 불연속의 중요성을 강조하며 다음과 같이 주장한다:

> 컴퓨터가 꺼지고 행동 과학자들이 집으로 돌아간 뒤에도, '새로운' 사회사학자의 진정한 작업은 여전히 남아 있다. 그것은 사회적 형태와 그 안에 있는 개인의 삶 사이의 변증법을 어떻게든 이해하는 것이다. 이는, 다른 것들 중에서도, 오순절주의와 같은 종교 운동의 기원을 풀어내고자 하는 역사가가 사회 체계 안에서 특정 위치에 갇혀 있는 평범한 남녀가 어떻게 역설적으로 혼돈 속에

> 서 질서를, 질서 속에서 혼돈을 인식함으로써 삶에 의미를 부여했
> 는지를 보여줄 책임이 있다는 것을 의미한다. 그들이 남긴 비전의
> 지속적인 의미는, 그 비전이 그 시대와 너무도 절박하게 맞지 않
> 았기 때문에 번성했다는 사실에 있을지도 모른다 …127)

> 오순절주의자들은 이 운동이 번성한 이유가 이 땅의 삶이 천국의
> 맛보기(foretaste of heaven)가 될 수 있다는 희열에 찬 비전을
> 제공했기 때문이며, 동시에 다가올 진노(wrath to come)에 대한
> 경고를 주었기 때문이라고 말했을 것이다.128)

부활 이후 공동체에 임한 성령의 부으심은 초기 교회와 초기 오순절주의자들을 특징짓는 종말론적 긴장과 비전을 형성하고 유지시켰다. 이제 모든 것은 임박한 주님의 재림(parousia)을 기준으로 고려되었다. 하나님의 초월적 임재 속에서 시간과 공간의 범주는 융합되었고, 예수님이 가까이 계시기에 종말도 가까웠다. 예수님을 부활시키신 성령은 그분을 구원, 표적, 기사 가운데 현존하게 하셨고, 장차 올 일을 보여주셨다. 강렬한 소망으로 불타오르게 하며 증인의 삶을 에너지로 채우시는 성령은 지속적인 선교를 감독하셨다. 성령 안에서 사는 것은 곧 하나님 나라 안에서 사는 것이었다. 성령이 종말론적 능력으로 임재하는 곳에 오순절 교회가 존재했다. G.F. 테일러(G.F. Taylor)는 '성령과 신부(*The Spirit and the Bride*)'에 관한 자신의 논문을 마무리하며, 봉사를 위해 준비되고 신랑의 나타나심에 대비하고자 하는 사람들에게 다음과 같은 조언을 남겼다:

> 이 지침을 따르면 큰 도움을 받을 수 있겠지만, 모든 형식성을 피
> 해야 한다. 어떤 문제에서든 하나님을 특정 형식에 가두려 해서는

안 된다. 결국 가장 좋은 조언은 '성령 안에 거하고, 성령 안에 머무르며, 어떤 대가를 치르더라도 성령을 따르라'는 것이다.129)

이러한 조언은 종말론(특히 묵시적 비전)이 신학의 서론이나 후기가 아니라 신학 전체의 구성적 요소임을 의미한다. 이는 '예수님의 하나님 나라 선포와 부활 후 나타나심이 규정한 개념화'이며,130) 묵시적 사고는 '십자가에 못 박히신 분의 부활과 그분의 부활 후 나타나심'이라는 특별하고 우연적인 역사를 출발점으로 삼아 이 하나님의 보편적 신성을 지향한다. 이는 하나님의 미래를 탐구하며, 그리스도를 선포함으로써 하나님의 오심을 선포하는 것이다.131)

최근 저서 '이스라엘의 거룩(*Holiness in Israel*)'에서 존 갬미(John Gammie)는 묵시적 저술가들이 제사장, 예언자, 지혜자들의 주제를 포착하여 그들의 종말론적 관심사에 통합시켰음을 밝혔다.132) 하나님의 거룩함과 종말 자체는 현재에 의해 조종되거나 장악될 수 있는 것이 아니다. 그러나 바로 이 거리감이 새로운 역사를 창조하며, 새로운 가능성을 하나님과 하나님의 말씀으로 살아가는 사람들에 의해 선포하고 앞으로 나아가게 한다.

2) 묵시적 신앙(Apocalyptic Faith): 마지막 날을 살아가는 삶

초대 교회의 경험 속에서 오순절(Pentecost)이 예수님의 가르침에 추가된 것처럼, 성령세례(baptism in the Holy Spirit)는 성결운동(Holiness movement)의 사중복음(fourfold gospel), 즉 예수님을 구세주(Savior), 성결케 하시는 분(Sanctifier), 치유자(Healer), 다시 오실 왕(coming King)으로 보는 신앙에 추가되었다. 성령세례는 교회 역사와 초기 오순절 성도들에게 단절(break)이자, 불연속(discontinuity)이며, 명확히 정의할 수는 없지만 결정적인 전환점이었다. 이 단절은 하나님의 개입과, 모든 민족에게 하나님 나라의 복음을 선포하는 선교적 사명에 대한 하나님의 충분하심을 알리는 신호였다. 이는 사회-정치적 인과관계, 악의적 또는 종교적 반대와 같은 어떤 것도 하나님의 계획에 대한 성취를 막을 수 없다는 것을 의미했다.

이것은 각 성도에게 새로운 소망을 주었다. 아버지께서는 그들에게 하나님 나라를 주시기를 기뻐하셨다.133) 이러한 소망은 그들을 순수하고, 철저히 진실하며, 사명에 헌신하게 했다. 성령의 부으심은 그들을 부활하신 주님에 대한 이차적 증인이 아닌, 일차적 증인으로 만들었다. 그들은 예수 그리스도의 계속되는 구원, 치유, 해방 등의 사역에 대해 자신들이 보고 들은 것을 증언할 수 있었다. 이 소망은 현재의 세속적 질서 속에서 주어지는 것도, 그것을 위한 것도 아니었다. 그렇다고 해서 그들이 이 세상을 경시한 것은 아니었다. 그들의 희망은 연속성을 지닌 것이었다—새로운 몸, 새로운 땅, 새로운 하늘. 그러나 동시에 이 희망은 단절적인 것이기도 했다. 왜냐하면 그것은 '새로운 창조'이기 때문이다. 오순절 성도들은 한 발은 창조 안에, 다른 한 발은 다가올 세대 안에 딛고 서 있었다. 그들은 잃어버린 영혼의 구원을 바라며, 예수께서 다시 오시기를 간절히 사모했다.

그리스도의 재림은 임박했지만, 그날과 그때를 정할 수는 없었다. 그러나 일상의 삶과 사건들은 우주적 의미를 지니게 되었다. 왜냐하면 하나님께서 모든 일 가운데 역사하고 계셨기 때문이다. 오순절 성도들에게는 '중립적인 것'(adiaphora)이 많지 않았다. 지금은 세상의 방식과 타협하며 어리석은 농담을 하거나 가벼운 태도로 살아갈 때가 아니었다. 주님은 가까이 오고 계셨다. 이러한 의식 속에서 19세기부터 이어져 온 거룩함의 실천과 엄격한 금욕적 규율들은 북미 오순절 성도들 사이에서 거의 반세기 동안 지속되었다. 물론 오늘날에는 과거와 비교할 때 이러한 규율들이 다소 완화되었지만, 여전히 대부분의 문제에 있어 보수적인 입장을 유지하고 있다. 이제는 과거에 '세상과의 타협'으로 여겨졌던 일부 생활의 편리함도 보다 쉽게 누릴 수 있게 되었지만, 그 본질적 태도는 크게 변하지 않았다.134) 그러나 단절의 감각, 새로운 소망, 권세와 통치자들과의 우주적 싸움에 참여하고 있다는 인식과 관련하여, 오순절 운동은 성령의 임재, 나타남, 그리고 능력을 통해 실존적으로 생생하게 드러나는 묵시적 존재 방식 속에서 살아왔으며 지금도 그렇게 살아가고 있다.135)

주님의 오심을 기다리는 갈망, 성령을 향한 갈망, 그리고 하나님의 나라를 향한 갈망은 모두 하나로 연결된 것이다. 이것은 하나의 열정이며, 오순절 성도들에게 그것은 모든 것을 변화시킬 수 있는 열정이다. 성령 세례는 이 종말론적으로 지향된 증인의 소명으로 들어가는 관문이었다. 그 관문을 통과하는 방식은 매우 강렬할 수도 있고, 대학 교육을 받은 N.J. 홈즈(N.J. Holmes)의 경우처럼 격렬할 수도 있으며, 또는 오순절 성결교회(Pentecostal Holiness Church)의 초기 지도자 중 한 명인 조셉 H. 킹(Joseph H. King)의 경우처럼 매우 온화할 수도 있었다. 홈즈는 자신의 경험을 다음과 같이 기록했다:

> 나는 삼일 동안 단식하며 아무것도 먹거나 마시지 않았다. 때로는 모든 것이 어둡고, 너무 어두워 내 경험에서 모든 것이 사라지는 것 같았다. 어느 날 밤, 성령을 향한 내 마음이 올라갈 때, 방 전체가 천국의 안개로 가득 차 있는 것 같았고, 내 온몸이 그것으로 스

며드는 것 같았다. 내 머리 위로는 폭포처럼 거대한 안개가 굽이치고 있었다. 내 혀가 약간 위아래로 움직이는 것을 느꼈고, 그 움직임이 점점 강해졌다. 나는 그것이 내가 한 일이 아니라는 것을 알고 있었고, 그것이 성령임을 확신했다. 곧이어 내 이가 내 노력이나 통제 없이 덜덜 떨리기 시작했다. 나는 이 모든 것에서 성령의 임재와 능력을 인식했으며, 내 입이 통제되는 것을 알아차리자마자 오순절을 위해 하나님을 증언하며 찬양했다.[136]

홈즈(N.J. Holmes)의 장로교에서 성결운동을 거쳐 오순절주의로 이르는 여정 자체가 흥미롭지만, 우리가 주목해야 할 점은 그가 자신의 '오순절(Pentecost)'을 경험했을 때 느낀 하나님에 대한 강렬한 갈망과 깊은 만족감이다. 교단 변경은 흔한 일이었으며, 오순절주의자들이 신조(creeds)를 궁극적인 권위로 여기지 않은 것도 놀라운 일이 아니다(이는 신조에 대한 오해에서 비롯된 것이기도 하다). 그러나 중요한 점은 성령의 임재가 너무나 분명하고 깊어서, 그 축복과 능력, 즉 '오순절'을 받기 위해서라면 어떤 변화도 가능하다는 것이었다. 어떤 이들은 캔자스의 한 감리교 목사처럼 반응하기도 했다. 그는 오순절 성도들이 '흑인들을 그들의 자리에 두지 않는다'며 반대했다. 그러나 그는 성령세례를 받기 전에, 대부분이 아프리카계 미국인들로 이루어진 캠프 미팅을 온전히 거쳐야만 했다. 이후 그는 자신의 경험을 간증했다. '하나님께서 분명히 내 편견의 수레바퀴를 부수셨다.'[137]

인종적, 문화적, 그리고 교단적 정체성과의 연속성은 성령세례라는 불연속적인 경험으로 인해 방해받거나 변화될 수 있었다. 초대교회 오순절의 경험적이고 성령 중심적인 연속성을 확립하려면, 모든 인종, 언어, 민족으로 구성된 거룩한 신부(Bride)로서의 종말론적 교회와의 일치를 고려해야 했다. 초기 오순절주의자들은 역사 속에서 성령의 부흥과 은사의 나타남을 주목했지만, 이는 자신들의 실천을 정당화하거나 합법화하려는 목적이 아니었다. 오히려 그들은 세월을 뛰어넘어

> '다시 오순절로 돌아가자(Back to Pentecost)'는 외침을 내세웠다. 그들은 어떤 교리나 관습도 주님의 사도들(Apostles)에게서 시작된 근원적인 교회 제도(primal source of church institution)로 거슬러 올라가지 않으면 권위 있는 것으로 여기지 않는다. 우리의 삶이 신약성경(New Testament)에 맞도록 그렇게 정돈할 수 있다면, 과거에 종교의 대다수가 그렇게 했다는 증거가 부족한 것에 대해 신경 쓰지 않는다. 마찬가지로 오늘날 대다수가 그렇게 하지 않는다는 압도적인 증거에도 신경 쓰지 않는다.138)

이 글에서 오순절 개척자인 B.F. 로렌스(B.F. Lawrence)는 일부 사람들이 오순절 운동의 비역사적 성격이라고 부르는 특징, 혹은 시간을 뛰어넘어 초대교회의 오순절로 돌아가려는 열망을 보여준다. 그러나 다른 관점에서 보면, 이것은 뿌리로, 즉 원래의 언약으로 돌아가려는 예언적 관심이라고 할 수 있다. 마치 이스라엘의 예언자들이 자신들의 시대에 종교적 기득권층을 향해 끊임없이 외쳤던 것처럼 말이다. 미래는 먼저 하나님의 말씀이 있어야만 비로소 약속이 될 수 있다. 곧, 죄와 의와 심판에 대한 묵시적 확신이 있어야 하며, 이것이 소외된 자들의 외침을 드러내고 그들을 위한 공간을 만들어 준다. 그 소외된 자들은 하나님과의 즉각적인 연결로부터 멀어졌다고 느끼며, 역사적 과정마저 가로막는 문화적·교회적 세력들에 의해 희생당하는 고통받는 대중이다.139)

기성 체제와 그 과정들을 상대화하는 것은, 하나님을 갈망하고 잃어버

린 세상을 위한 고통의 소리를 드러내며 이를 돌파하기 위해 필요하다. 급진적인 성결운동(Holiness movement) 그룹에 참여했던 수천 명의 사람들에게 거듭남과 성화된 사랑으로 충만해지는 경험은 이 갈망을 더욱 강렬하게 만들었다. "오순절로 돌아가자"는 외침은 성령으로 돌아가는 것이며, 동시에 하나님께서 곧 주실 미래를 향해 나아가는 것이었다. 이는 진화적 낙관주의, 비판적 실재론, 그리고 상류 계층의 '귀족화된(embourgeoised)' 엘리트 문화에서 비롯된 예측과 통제 기술의 산물이 아니었다. 오순절주의자들은 기독교의 근본적인 신념(beliefs)에 헌신했지만, B.F. 로렌스(B.F. Lawrence)의 말을 빌리자면,

> 우리는 옛 시절에 종교가 가졌던 초자연적인 특성을 얻기 위해 애쓰고 있다. 우리는 중생(new birth)을 믿는 다른 이들이 이를 완전히 잃어버렸다고 주장하지 않는다. 그러나 우리는 논쟁의 여지 없이 교회가 살아 계신 그리스도의 살아 있는 몸임을 증명했던 신약성경(New Testament)의 능력과 관습으로 돌아가길 원한다. 우리는 병의 치유, 귀신 추방, 다른 언어로 말하는 현상이 초기 시대에 성령의 활동 결과였으며, 교회와 세상을 향한 하나님의 태도와 직접적으로 일치했다고 믿는다. 더 나아가, 이것이 하나님의 본성과 일치하는 유일한 태도라고 주장한다. 만일 이 말이 사실이라면, 히브리서의 저자와 함께 이렇게 말한다. '예수 그리스도는 어제나 오늘이나 영원토록 동일하시니라.' 그리고 변함없는 본성이 변함없는 태도를 유지하며 동일한 영광스러운 결과를 동반하리라고 기대한다.[140]

하나님은 변하지 않으신다. 그 약속은 자녀들과 그들의 자녀들, 곧 하나님께서 부르시는 모든 이를 위한 것이다.[141] 오순절의 능력 회복은 확

실하고 가시적인 역사적 사건이었으며, 이는 교회의 전 세계적 선교 사명을 수행하기 위해 필요한 아버지의 약속의 성취였다. 이 과업이 이루어지고 모든 민족이 성령의 능력과 증거로 복음을 들은 뒤, 만왕의 왕이신 예수 그리스도께서 신부를 데려가기 위해 오실 수 있었다.

앞서 제1장에서와 본 장의 시작에서 강조했듯이, 오순절주의자들은 약속의 백성들이다. 물론 19세기 성결운동 또한 아버지의 약속에 대해 많이 이야기했다. 그러나 오순절주의자들에게 오순절의 약속이 가시적이고 구체적이며 전 세계적으로 나타난 것은, 하나님께서 새로운 일을 행하고 계시며 또 행하려 하신다는 선포였다. 이것은 역사에 대한 인식과 개인의 삶에 대한 방향성을 부여했다. 현재는 지나가고 있으며, 미래는 기대되고, 추구되며, 고대되었다. 성령 안에서의 의와 평강과 기쁨의 나라가 이미 역사하고 있었으며, 곧 완성될 것이었다. 따라서 현재의 삶은 소망과 순종, 그리고 거룩함 속에서 살아가야 했다. 변하지 않으시는 하나님은 신적 약속을 지키시며, 성령의 은사를 통해 앞으로 나아가는 길목마다 놀라운 역사와 예표, 암시, 그리고 미래의 한 조각을 보여 주실 것이었다. 성도가 성령으로 충만할 때마다, 새로운 공동체나 나라에서 성령의 능력이 임힐 때마다, 역사는 그 궁극적 완성을 향해 더 가까이 나아가고 있었다.

이 종말은 예수의 삶과 죽음, 그리고 부활과 함께 시작되었다. 콘스탄틴 시대 이후 교회의 타락 속에서도 묵시적 신앙의 요소들이 부분적으로 회복되었지만, 이제는 모든 성도의 보편적 '예언자적 사명'과 증언이 회복되고, 사도적 은사와 능력이 다시 나타나며, '성결한 삶 위에'[142] 임하는 성령 세례를 통해 교회의 총체적 동원이 가능해졌다. 역사는 곧 선교가 되었고, 교회는 본질적으로 선교적 운동으로 형성되었다. 성도들은 희생자가 아니라 사명이 부여된 존재였으며, 다가오는 하나님 나라의 전령이었다. 신부는 단순히 교회 안에서 신랑을 기다리는 것이 아니라, 다른 이들을 혼인 잔치에 초대하기 위해 밖으로 나아갔다. 그리고 모든 예배는 그 잔치를 미리 경험하고 기대하는 예행연습이었다.

20세기 오순절의 회복이라는 역사적 사건과 아직 완전히 성취되지 않은 하나님 나라의 현실은 모두 '약속'이라는 범주 안에서 하나로 연결된다. 약속된 성령, 약속된 하나님 나라, 약속된 성령충만, 약속된 은사 등, 이 모든 약속은 오순절 성도들이 믿고 받아들인 것들이었다. 이 모든 약속들을 믿음으로써 성도는 하나님의 성품에 참여하는 자가 되었으며, 현재와 다가올 하나님 나라의 시민이 되었고, 또한 역사적 과정에 참여하는 존재가 되었다. 그리고 그 역사적 과정의 끝은 하나님께서 모든 것을 합력하여 선을 이루신다는 확신 속에서 보장된 것이었다.

이는 '하나님의 운명(fate of God)' 앞에서 체념할 순간이 아니었다. 오히려 하나님과 함께 걷고자 한다면, 이제는 빛 가운데 행하고, 사랑 안에서 행하며, 성령의 능력 안에서 걸어가야 했다. 다가오는 하나님 나라는 의와 완전한 사랑, 성령 안에서의 충만한 기쁨, 열방을 위한 치유, 그리고 죽음과 사탄에 대한 최후의 승리가 이루어질 나라였다. 그 하나님 나라를 믿는 것은 곧 그 왕의 성품과 뜻, 그리고 목표에 따라 살아가는 것이었다. 구원은 은혜로 말미암은 믿음을 통해 변화됨으로써 하나님의 생명에 참여하는 것이었다. 역사는 하나님의 이야기였으며, 각 사람은 그 이야기 속에서 맡은 역할이 있고, 드려야 할 은사가 있으며, 증언해야 할 메시지가 있었다. 이러한 신앙 속에는 몰트만(Jürgen Moltmann)이 말한 '선한 묵시적 신앙(good apocalyptic),' 즉 '세상의 역사화'와 '역사의 보편화'라는 요소가 담겨 있었다.143)

그러나 '선한 묵시적 신앙'(good apocalyptic)이 있었다면, '나쁜' 형태도 존재했다. 오랫동안 수동적인 태도에 익숙했던 사람들은 때때로 예언을 운명론적으로 받아들이는 경향이 있었다. 특히 문화적 배척과 박해의 시기에, 하나님을 세상과 완전히 대립하는 존재로만 인식하기도 했다. 그들은 예언을 역사적 맥락에서 이해하지 못하고, 때로는 지나치게 추측적이며 개인적이고 환상적인 해석을 만들어내기도 했다. 이러한 해석은 사람들에게 흥분을 불러일으키기는 했지만, 실제로 행동을 이끌어내지는 못했다. 그리고 자신들을 근본주의적 보수주의자로 여기면서 현대주의적 자유주의자들과 대립하는 위치에 서는 한, 그들은 19세기 성결 운동이 가졌던 '성경적 거룩함을 온 땅에 전파한다'는 본래의 유산을 상당 부분 잃어버리게 되었다.144) 무료 급식소, 고아원, 구제 사역 등이 활용되었지만, 하나님 나라의 더 넓은 사회적, 세계적, 우주적 차원은 오직 한 가지, 즉 모든 민족에게 복음을 전하는 일로만 제한되었다.

처음에 묵시적 영성의 깨달음은 자신을 희생자로 여기던 많은 이들에게 소속감, 존엄성, 그리고 능력을 부여했다. 오순절 성도들은 모두 억압받는 자들의 범주에 속하지만, 그들 중 다수, 어쩌면 대부분은 가난한 이들이었다. 그러나 오순절 메시지를 들은 가난한 사람들 중 대다수는 그것을 받아들이지 않았다. 따라서 단순히 사회적 위치만으로는 당시나 최근에 오순절 운동에 참여한 사람들의 동기나 운동의 확산을 충분히 설명할 수 없다.

그러나 논란의 여지가 없는 사실은, 초기 오순절 성도들에게 교회는 마지막 때에 성령의 능력으로 증인이 되어야 한다는 것이었다. 그들은 하나님을 갈망하는 사람들이었으며, 전천년주의적 기대(premillennial expectancy) 속에 살아갔다. 오늘날, 사회적 지위의 상승은 분명 묵시적 열정과 긴박감을 약화시키고 있다. 특히 현대의 더 부유한 북미 지역의 오순절 성도들에게 세상은 이전보다 덜 절망적으로 보인다. 그들은 종종 죄책감을 느끼고, 자신들의 뿌리에 대해 갈등을 겪는다.145) 반면, 초기 오순절 성도들이 가졌던 종말론적 기대와 열정적인 증언 활동은 급성장하는 제3세계 오순절 운동에서 더욱 순수한 형태로 나타난다. 그들은 초기 오순절 성도들처럼, 각 선교 공동체가 예배와 증언을 통해 하나님의 나라를 설명하고 나타내는 데 사용하는 이야기와 실천을 통해 지속적으로 '불타오르는(fired up)' 상태를 유지하고 있다.

2. 오순절 내러티브(Pentecostal Narratives): 하나님의 이야기에 참여하기

1) 성경적 드라마와 그리스도인의 삶

첫 번째 오순절 날, 예배와 증거는 교회와 각각의 성도들이 구속의 구원 역사 드라마의 새로운 국면에 들어섰음을 보여주었다. 베드로가 이 사건의 의미를 묻기 위해 모여든 무리들에게 행한 설교는 '이것(this)이 곧 그것(that)이다(행 2:16)'라는 구체적인 성취 선언을 통해, 이 사건이 복음서 예수 그리스도의 복음에 대한 순종을 요구하는 성경적 예언의 성취임을 드러낸다. 이 사건은 부활하신 주님의 높임을 확증하며, 동시에 그의 재림을 예견하는 것이었다. 성령의 임재와 구세주의 재림이라는 약속은 창조 세계의 구속이라는 하나님의 단일 약속의 일부였다.146)

오순절 날, 베드로는 예수께서 십자가에 못 박히셨던 그 도시, 로마가 지배하던 그 도시, 그리고 자신이 예수를 부인했던 바로 그 도시에서 새로운 장이 쓰이고 있다고 선언했다. 십자가, 부활, 오순절, 재림은 모두 하나의 위대한 구속 이야기를 이루며, 참여자들은 각자 맡은 역할을 가지고 이 이야기에 참여했다. 오순절은 십자가에 못 박히신 분의 부활에서 목격된 승리와 약속된 재림이 단순히 수동적으로 주님의 속히 오심을 기다리는 사람들에 의해 전파되는 것이 아님을 의미했다. 다가올 시대의 능력이 교회에 부어져 예수 그리스도의 특별한 구속을 보편적으로 선포하게 하며, 이는 말과 능력, 그리고 성령의 나타남으로 이루어졌다.

초기 오순절 성도들은 자신들이 그 오순절의 현실을 회복하고 다시 그 안으로 들어가고 있다고 여겼다. 성령의 생생한 임재는 기대를 고조시키고, 선교로 나아가게 하며, 예배를 활력 있게 만들고, 추수의 주님을 맞이할 준비로서 헌신을 더욱 깊게 했다. 어린양의 혼인 잔치에서 자신의 자리를 당연하게 여길 수 있는 사람은 아무도 없었다. 슬기로운 처녀들은 등잔에 기름을 준비하며, 성령으로 충만하고, 신랑을 기다리며 깨어 있고, 그를 위해 일하고 있었다.147) 갑작스러운 사건을 기대하면서도 그때를 알지 못하는 역설—곧 준비된 상태로 기다리면서도 불확실함 속에 머무르는 긴장—은 예배와 증언에서의 활발한 활동(성도들과 세상을 주님의 오심에 대비시키는 일)과 성도들이 누리는 영원한 안식 사이에서 균형을 이루고 있었다.148) 깨어 있으면서도 안식하고, 증언하면서도 예배하며, 주님을 찾으면서도 기다리는 것—이러한 리듬이 초기 부흥의 특징이었다. 그리고 이 모든 것은 하나님께서 행하셨고, 지금도 행하고 계시며, 마침내 완성하실 일의 관점에서 의미를 가진다.

성령 안에서 이루어지는 이 구속의 이야기는 성도들이 경험하는 일상의 '기복'에 의미를 부여했다. 성령 안에서 그들은 이스라엘 자손, 예언자들, 사도들, 그리고 초대교회 성도들과 함께 걸어갔다. 성령 안에서 마지막 날의 어린양의 혼인 잔치를 기대했다. 성령 안에서 매일의 축복과 시련을 구속의 큰 이야기 안에서 해석했다. 이처럼, 성경의 중요한 사건들을 통해 일상과 예배를 이해함으로써, 그들의 삶과 행동은 의미를 부여받았다. 모든 사람이 갈보리와 자신이 그리스도와 함께 경험한 십자가를 증언하는 자가 되었고, 성경의 오순절과 자신의 개인적 오순절을 연결했으며, 제자들이 경험한 치유와 자신의 치유를 동일한 이야기 속에서 해석했다. 이러한 이해는 찬양 속에서도 반영되었다. 성경의 사건들이 지금도 유효한 기준(normativity)이라는 인식은 그것을 단순히 기억하는 것이 아니라, 실존적으로 받아들이고 적극적으로 참여해야 한다는 필연성을 강조했다.

> 십자가에서, 십자가에서
> 처음으로 빛을 보았네
> 내 마음의 짐이 다 사라졌네
> 거기서 믿음으로 시야를 얻었네
> 이제 나는 하루 종일 행복하네.149)

따라서 그들에게 갈보리는 단순한 역사적 사건이 아니라, 삶 속에서 지속적으로 증언하고 집중해야 할 중심이었다. 그들은 반복해서 말하길, 그리스도의 속죄의 피로부터 모든 은혜가 흘러나온다고 믿었다.

이 완전한 구속의 은혜는 이미 구약의 약속, 모형, 그리고 그림자로 나타나 있었다. 1907년 9월의 '사도적 신앙(*The Apostolic Faith*)'은 '구약의 절기가 오늘 우리의 영혼에서 성취되었다'고 선포한다:

> 우리는 구약에서 하나님께서 예배를 위해 정하신 절기에 대해 읽을 수 있다. 네 가지 절기, 즉 유월절, 초실절, 오순절(또는 칠칠절), 초막절이 있었다. 이 절기들은 모두 우리가 십자가를 통해 얻는 의롭다 함, 성화, 성령세례, 그리고 지속적인 잔치를 상징한다. 이 모든 절기가 합쳐져 완전한 구속을 대표한다.150)

초기 성령운동 성도들에게 말씀 안에 거한다는 것은 곧 예수님 안에, 그리고 기록된 말씀 안에 거하는 것이었다. 윌리엄 시모어(William Seymour)는 '여러분이 하나님의 말씀 안에 거하는 한, 하나님은 항상 함께하실 것이다'라고 말했다.151) 구속의 사건들은 성도들 안에서 살아 있으며, 성도들은 그 사건들 안에서 살아간다. 이는 그들이 그리스도 안에 있고, 그리스도가 성령의 능력으로 그들 안에 계시기 때문이다. 성령의 말씀으로서 성경은 구원과 선교라는 삶의 여정을 비추는 빛이다. 성경은 과거에도, 지금도 성령의 감동으로 기록된 책이다. 예배와 증언, 찬양과 선포의 공동체 안에서 말씀은 기록되고, 살아 있으며, 전파된다. 그러나 성경은 단순한 교리적 명제들의 교과서라기보다, 성령을 통해 그리스도 안에서 이루어진 구속의 이야기이며, 성령 안에서 그리스도를 통해 아버지께 나아가는 여정이다. 말씀의 영감과 무오성에 대한 교리는, 사실상, 하나님의 말씀에 대한 훨씬 더 깊고 풍성한 교리를 실천하는 영성의 결과로 나타난 것이었다.

말씀 안에 거한다는 것은 신념(beliefs)과 실천(practice)을 평가하는 기준으로 성경을 사용하는 것을 의미한다. 초기 오순절 성도들은 광신과 억측을 다루는 과정에서 성경의 이야기 자체를 고수하는 것을 매우 중요하게 여겼다. 만약 어떤 것이 성경에 없다면, 그것을 행해서는 안 된다는 원칙이 있었다. 이는 교회와 개인이 성령의 일상적인 구체적 인도를 받지 않는다는 뜻이 아니었다. 오히려 성경이 그 인도를 분별하고 방향을 제시하며 경계를 설정하는 역할을 해야 한다는 의미였다. 새로운 경험들은 종종 성경을 새롭게 통찰하는 계기가 되기도 했다. 익숙한 성경 구절이 새로운 의미로 다가오기도 했다. 그러나 모든 신념, 정서(affections), 그리고 실천은 반드시 말씀을 통해 검증되어야 한다.

따라서 오순절 영성의 핵심은 단순히 하나의 경험이나 여러 차례의 경험을 갖는 것이 아니다. 비록 그들이 구별된 영적 경험들을 말하기는 했지만, 더 중요한 것은 자신의 삶을 하나님의 역사에 참여하는 성경적 드라마의 일부로 경험하는 것이다. 교회는 바깥뜰에서 성소로, 그리고 지성소로 나아가는 여정이며, 이집트에서 광야를 지나 요단을 건너 가나안에 이르는 길이다. 또한, 예루살렘에서 유대와 사마리아를 거쳐 땅끝과 세상의 마지막 때까지 확장되는 운동이고, 칭의에서 성화로, 그리고 성령세례로 나아가는 과정이다. 그리고 궁극적으로, 칭의, 성화, 성령세례를 통해 추수의 사역에 참여하는 것이 오순절 영성의 방향이다.

이것이 성경적 세대론의 언어로 표현되든, 개인의 구별된 영적 경험으로 설명되든, 혹은 선교 여행의 맥락에서 이야기되든, 모든 것은 성경 속에서, 그들의 삶 속에서, 그리고 세상 속에서 이루어지는 하나님의 강력한 구속의 역사를 말하는 것이다. 이 모든 것은 하나의 끊김 없는 직물처럼 연결되어 있다. 실제로, 이 구속의 이야기 안에서 순종하며 참여하는 것은 마치 성도들이 입는 의의 옷과 같다. 그들은 지금 주님의 사역에 동행함으로써, 장차 영광 가운데 그와 함께 걸을 것이다. 따라서 그들의 관심은 구원의 순서(ordo salutis) 자체보다, 구원의 길(via salutis)에 더 있다. 즉, 구원을 하나의 고정된 순서로 이해하기보다, 하나님의 선교적 역사 속에서 형성되고 참여하는 여정으로 본다. 이 구원의 이야기가 바로 선교적 운동 속에서 성도들이 형성되는 구조이다.

온 회중이 영성 형성의 과정에 참여했다. 찬양, 설교, 증언, 간증, 성례(세례, 성찬, 세족식),152) 제단으로의 부르심, 기도 모임, 성령의 은사—이 모든 공동체 예배의 요소들은 사람들을 중생, 성화, 성령세례, 그리고 선교적 증인의 삶으로 준비시키고 초대하는 역할을 했다. 이러한 방식으로 성경의 말씀을 기억하는 것은 곧 성경적 현실을 경험하는 매개가 되었다. 이것은 일종의 오순절적 성례성(Pentecostal sacramentality)153)으로 작용하여, 지식과 삶의 경험이 끊임없이 서로 영향을 주고받는 역동적인 관계를 형성했다. 즉, '하나님에 대해 배우는 것과 하나님을 직접

경험하는 것이 지속적으로 서로를 형성하고 의존하는 관계'속에서 오순절 성도들은 성장해 갔다.154)

이러한 앎의 방식과 오순절 증인을 형성하는 과정은 구약의 '알다(yada)'라는 단어에서 볼 수 있는데, 이는 단순히 '대상의 개념화(conceptualization of an object)'를 넘어 '관계의 실제화(actualization of a relationship)'를 지향한다.155) 예를 들어, 이 단어는 부부 관계(창세기 4:1)와 언약적 친밀함(예레미야 1:5; 22:16; 31:34)을 묘사할 때 사용된다.156) 오순절 집회에서 이러한 경험이 종종 강력하게 일어나는 것은 변화를 목표로 한다는 것을 보여준다. 예배는 살아계신 하나님과 만나는 위기의 순간이며, 이는 성도가 구원의 여정에서 어디에 있느냐에 따라 각기 다른 위기를 촉발시킨다.

성도의 삶에서 경험하는 이러한 위기들은 예수 그리스도의 구속 사역으로부터 흘러나와 파루시아(Parousia, 재림)와 하나님의 나라의 완성을 향해 나아가는 과정이다. 예수님께서 십자가에서 '다 이루었다(It is finished)'라고 말씀하셨을 때, 그것은 하나님이나 성도들이 해야 할 모든 일이 끝났다는 의미가 아니다. '갈보리에서 완성된 사역(finished work of Calvary)'은 예수의 지상 생애, 가르침, 그리고 희생적 제사의 완성을 의미한다. 성령의 사역은 이 생명의 헌신 안에서 그리고 그로부터 역사하지만, 동시에 그것만이 아니라 성령의 독자적인 주권적 목적을 가진다. 이러한 관점은, 갈보리에서 이루어진 완전한 사역을 하나의 단순한 완료된 사실로 보고, 그 은혜가 그리스도와의 개인적 동일시를 통해 적용된다고 보는 개혁주의적 관점과 대조된다. 후자의 견해에서도 갈보리의 사역은 하나의 중요한 사건이지만, 변혁적 사건이라기보다는 단순한 법적 선언으로 이해되며, 하나님 나라를 향한 역동적인 추진력을 포함하지 않는 경우가 많다.

초기 오순절 성도들은 전가(imputation)와 칭의(justification)의 의미를 분명히 이해하고 있었지만, 그들이 더 중요하게 여긴 것은 의의 내면화(impartation of righteousness)와 성화(sanctification), 삶의 변화, 그리고 성령의 능력을 받은 교회의 동원이었다. 그들에게 구원의 초점은 '상태(standing)'보다는 '움직임(movement)'에 있었다. 구원은 단순히 그리스도와 동일시되는 것이 아니라, 그리스도를 닮아가는 것(conformity)이다. 또한, 구원은 '위치(position)'의 문제가 아니라 '참여(participation)'의 문제이다. 이러한 관점은 18세기 웨슬리안(Wesleyan) 전통의 직접적인 영향을 받은 것이었다. 물론, 19세기 미국에서 웨슬리안 신학이 어느 정도 희석되고 왜곡되었지만, 여전히 알미니안적(Arminian) 관점에서의 개인적 능동성과 책임(응답능력)을 유지하고 있었다.157)

하나님께로의 여정(toward God)은 하나님과 함께(with God) 하나님 안에서(in God)의 여정이다. 이는 예수와 성령 안에서 아버지를 향해 나아가는 것이다. 그러니 이 여정은 본질적으로 하나님을 아는 신비적이고 수도적인 여정이기도 하다. 하나님을 아는 것은 하나님의 뜻에 의해 인도되고, 하나님의 사랑에 의해 동기부여되며, 하나님의 능력에 의해 강건해지는 것을 의미한다. 예수께서 아버지의 뜻을 이루기 위해 오셨던 것처럼, 성도는 의를 이루기 위해 보냄을 받았다. 중요한 것은 단지 새롭게 태어나고 매일 죄 사함을 받는 데 그치지 않고, 동시에 의를 증언하는 것이다. 아버지는 성도를 예수 안에서 성령을 통해 자신에게로 이끄셨다. 그러나 그분은 성도를 올바른 길과 생명의 길로 이끌기 위해 부르셨으며, 죄와 죽음의 길에서 벗어나도록 하셨다. 성도는 회개하고, 거듭나며, 의의 길을 걷기 시작해야 한다.

초기 오순절 성도들은 자신이 받은 모든 빛 안에서 살아가는 것의 중요성을 끊임없이 강조했다. 오순절 신앙을 갖지 않은 다른 성도들(비오순절 신자)이라 할지라도, 그들이 받은 만큼의 빛 안에서 살아가고 있다면 정죄 받지 않을 것이라고 여겼다. 물론, 그들은 오순절의 충만한 축복을 누리지 못할 것이지만, 그럼에도 불구하고 여전히 그리스도인이었다. 일부 오순절 성도들은, 비오순절 성도들이 성령의 충만으로 인침을 받지 않았기 때문에 휴거(Rapture)에 참여하지 못할 수도 있지만, 예수 그리스도를 믿는 신앙을 통해 환난(Tribulation)을 통과할 수 있을 것이라고 보았다.

여기서 논쟁의 일관성 부족이 명확히 드러난다. 윌리엄 시모어(William Seymour)는 성령세례가 그리스도의 신부로서 휴거에 참여하기 위해 필수적이라고 가르치면서도, 다른 성도들에게 자부심이나 남용의 유혹에 빠지지 말라고 다음과 같이 권면했다.

> 사람들을 이기고자 한다면 그들의 교회나 목사를 비난해서는 안 됩니다. 당신이 그리스도를 설교하는 한, 영혼들을 먹일 수 있습니다. 그러나 설교 중에 목사를 비판하기 시작하면 성령을 슬프게 할 것입니다. 교회들을 비난하기 시작하면, 부러워하지 않고, 자랑하지 않으며, 교만하지 않고, 악을 생각하지 않으며, 오래 참고 친절한 그리스도의 달콤한 영이 부족하게 될 것입니다. 대신 거칠고 판단적인 영이 자리잡을 것입니다. 당신이 그리스도로부터 그들을 먹이면, 당신은 그들 마음속에 타오르는 같은 영을 발견할 것입니다.

가장 중요한 것은, 당신이 그리스도 안에 있는가 하는 것입니다. 교회들은 분열에 대해 비난받을 필요가 없습니다. 사람들은 빛을 찾고 있었습니다. 그들은 더 나은 방법을 알지 못했기 때문에 교단을 세운 것입니다. 우리는 그리스도 외에는 다른 것을 설교할 시간이 없습니다. 성령께서도 우리 주 예수 그리스도의 피 외에는 다른 것을 드러내실 시간이 없습니다. 산 자와 죽은 자 사이에 서 있는 우리는 주님의 죽음을 그렇게 전해야만 사람들이 우리 안에서 오직 그리스도만을 볼 수 있으며, 우리 자신을 볼 기회를 얻지 못하도록 해야 합니다. 우리는 단지 '보라, 하나님의 어린양이시라!'라고 외치는 음성일 뿐입니다. 다른 것을 외치기 시작하면, 그리스도는 우리 안에서 사라질 것입니다...

사람들이 하나님의 사랑에서 벗어나면, 그들은 다른 것을 설교하기 시작합니다. 옷, 음식, 인간의 교리, 교회를 비판하는 설교를 하게 됩니다. 이 모든 교단은 우리의 형제들입니다. 성령께서는 그들을 몰아내어 지옥으로 보내지 않으실 것입니다. 우리는 피를 존중하는 모든 사람을 인정해야 합니다. 그러므로 혼란이 아니라 평화를 추구합시다. 진리를 가진 우리는 그것을 매우 신중하게 다루어야 합니다. 우리가 모든 진리를 가지고 있거나 다른 누구보다 더 많은 진리를 가지고 있다고 느끼는 순간, 우리는 추락할 것입니다.158)

윌리엄 시무어(William Seymour)는 그리스도를 중심으로 집중할 것을 촉구했으며, 각자가 받은 빛에 따라 책임이 주어진다고 강조했다. 초기 오순절 성도들에게 '빛이 비추는 길(lighted pathway)'은 '거룩함의 대로(highway of holiness)'였으며, 이 길에는 간증의 지도(testimony maps)위에 명확하게 표시된 이정표가 있었다. 이를 통해 새로운 순례자들은 올바른 길을 찾아갈 수 있었다. 이 이정표들은 신앙의 단계 또는 과정을 나타냈으며, 성도들이 기대해야 할 '영적 경험들'을 의미했다. 이러한 경험들은 서로 연결되고 상호작용하며 누적되어 궁극적으로 '오순절 경험(the Pentecostal experience)'을 형성하는 요소들이었다.

오순절 성도들이 개인적인 경험을 갈망한다는 점은 내부자와 외부자 모두 자주 지적하는 부분이다. 그리고 이와 병행하여―암묵적으로든 명시적으로든―오순절 예배에서 하나님의 임재가 중심적이라는 인식이 뒤따른다. '경험(experience)'이라는 단어는 다양한 방식으로 사용되는데, 때때로 이는 단순히 일시적인 감정을 의미하며, 결국 감정적 카타르시스(catharsis)로 이어지는 것으로 이해되기도 한다. 그러나 가장 좋은 의미에서 볼 때, 경험은 하나님의 살아 계심과 그의 백성 가운데 임재하심의 중요성을 나타낸다. 오늘날 일부 학자들은 오순절 신앙의 가장 중요한 공헌이 은사적 차원(charismatic dimension)에 대한 인식과 성도들의 사명적 능력 부여(vocational enablement)에 있다고 주장한다.[159] 즉, 이미 존재하는 신앙을 더욱 강화하거나, 세례 때 심겨진 은혜를 자유롭게 활성화하는 역할을 한다는 것이다.[160]

어떠한 용어를 사용하든, 오순절주의자들에게 있어 위기(crisis)라는 범주는 매우 중요하다. 이는 새로운 하늘과 새 땅을 여는 위기로서의 종말 관점과, 그리스도인의 삶을 일련의 위기로 보는 관점 사이의 유사성을 보여준다. 거듭남, 성화, 성령충만, 치유, 예언, 사역에 대한 부르심 등은 일련의 분명한 위기 혹은 하나님의 개입으로 간주된다. 이러한 모든 사건은 다가올 하나님 나라의 생명을 현재에 나타내는 것이다. 물론 각각의 위기는 이전에 있었던 것들과 일정한 연속성을 가지며, 특히 모든 것의 종말론적 목표와 연결된다. 그럼에도 불구하고, 이러한 위기는 종종 과거에 대한 새로운 통찰과 보완적인 이해를 가능하게 하며, 미래에 대한 새로운 기대를 제시하고, 따라서 현재에 대한 새로운 자기 이해를 가져오게 된다.

이 종말론은 성령의 은사, 이른바 '표적의 은사(sign gifts)'가 사도 시대에 한정되었다고 믿는 전통적인 근본주의 세대주의자들의 관점과 대조를 이룬다. 어거스틴(Augustine), 워필드(B.B. Warfield) 등의 관점을 따르는 세대주의자들은 이러한 은사가 현재의 '교회 시대(church age)'에 더 이상 작용하지 않는다고 본다. 이 세대주의적 구분은 교회와 하나님 나라, 그리고 성경 속 산상수훈의 하나님 나라 말씀과 교회를 위한 바울 서신의 규정들 사이에 명확한 경계를 설정한다는 것을 의미한다.

엄격한 세대주의 근본주의자들에게는 한 시대가 다른 시대와 상호 침투할 수 없다고 본다. 하지만 오순절주의자들에게는 이러한 구분선이 다르게 그려진다. 이들은 스코필드식 세대주의(Scofieldian dispensationalism)의 영향을 받았지만, 이를 다르게 해석하였다.161) 많은 오순절주의자들은 7개나 12개의 세대가 아닌, 세 개의 세대로 나누어 보았다. 즉, 성부의 시대, 성자의 시대, 성령의 시대라는 관점을 가졌다. 이 세 시대는 각각 이스라엘의 역사, 예수의 생애와 사역, 죽음, 부활, 승천, 그리고 성령 강림으로 시작된 현재의 성령 시대와 대략적으로 일치한다. 이 시대들(dispensations) 간에는 중복과 상호 침투(overlap and interpenetration)가 있었고, 일종의 점진적이고 논리적인 발전이 이루어졌다. 이러한 발전에 대한 이야기(간증, testimonies)는 단지 과거와의 연속성을 제공했을 뿐만 아니라, 특히 미래의 묵시(apocalypse)와의 연속성을 강화했다.

사실, 세계 곳곳의 성소에 설치된 30피트 길이와 7피트 높이의 차트에 시각적으로 펼쳐지곤 했던 사건들의 전체 전개는 하나의 연속적인 신적 계시의 과정이었다. 성경의 마지막 책인 요한계시록은 마치 미스터리 소설의 마지막 장을 알고 나면 이전의 모든 장들을 다르게 읽게 되는 것처럼, 전체를 되돌아볼 수 있는 관점을 제공했다. 여전히 많은 신비가 남아 있었지만, 결국 의롭고 사랑이 많으며 강력한 하나님의 승리가 확실했다. 하나님의 편에 서서 그를 사랑하며 그의 능력으로 살아가는 모든 이들도 함께 승리했다. 반면에 짐승, 거짓 선지자, 적그리스도는 패배했다. 이 종말론적 인물들과 관련된 영들은 이미 활동하고 있었으며, 이들의 표현이나 예견은 세계 정치 무대뿐만 아니라 가까운 일상에서도 발견될 수 있었다. 다가올 시대의 능력은 전통적인 시대구분 역사에서 설정한 '시대의 벽'을 넘어 이미 부어지고 있었다. 교회는 새로운 이스라엘이었으며, 하나님께서 그녀에게 약속하신 것들로 인해 민족적 이스라엘에 대해 특별한 관심을 가지고 있었다. 그러나 민족적 이스라엘과 교회 사이에는 차이가 있었지만, 그들의 영적 운명은 동일했다. 하나님의 약속은 예수께서 천년왕국에서 열방을 다스릴 때 회복될 같은 하나님 나라와 '다윗의 왕좌(throne of David)'를 향하고 있었다.

그래서 하나님 나라는 미래로부터 돌파하며 임하고 있었고, 성령은 부어지고 있었다. 그러나 오순절 성도들은 모든 것을 팔아 산에 올라가 주님의 오심을 기다리지도 않았고, 기도 굴로 숨지도 않았으며, 재림의 날짜를 정하지도 않았다. 물론, 초대교회 성도들처럼 그들도 주님의 재림이 임박했다고 확신했지만, 그들이 해야 할 일은 따로 있었다. 그것은 바로 열방에 복음을 전하고, 신부(교회)를 신랑(그리스도) 맞을 준비가 되게 하는 것이었다. 이 종말론적으로 지향된 과정 속에서 경험하는 영적 위기(crisis experiences)들은 단순한 개별적인 체험이 아니라, 결혼식장으로 나아가는 복도에 세워진 이정표와 같다. 즉, 그리스도와의 연합과 어린양의 혼인잔치를 향한 길목에 놓인 필수적인 단계들이다. 이 경험들은 그 자체가 목적이 아니라, 하나님의 나라를 위한 필연적 준비 과정이다. 그 나라는 여호와께 거룩한 것(holiness unto the Lord)이 되는 곳이며, 지금 이 순간에도 성령 안에서 의와 평강과 기쁨으로 역사하는 나라이다.

이 과정에는 공로나 행위적 의(works righteusness)에 대한 고려가 없다. 믿음은 은혜로 말미암은 하나님의 선물이다. 그러나 의롭게 하는 믿음은 사랑으로 역사한다. 하나님께서 성도에게 선포하신 의로움에 대한 응답으로 성도는 모든 의를 선포하고 그 안에서 살아가야 한다. 예수를 사랑하는 이들은 교회와 이웃을 사랑해야 한다. 하나님의 능력으로 구원을 받은 이들은 모든 민족에게 해방의 복음을 전할 능력을 받아야 한다.

이것은 교회가 선교적 공동체(missionary fellowship)가 되는 것을 의미한다. 이 공동체 안에서는 간증(testimonies)이 끊임없이 나누어졌으며, 이를 통해 듣는 이들이 간증하는 사람들의 덕목, 기대, 태도, 그리고 영적 경험을 함께 형성해 나갔다. 초기 오순절 집회나 잡시에는 늘 이러한 간증들이 가득했으며, 전형적인 간증은 다음과 같은 형태이다. '나는 주님께서 나를 구원하시고, 성결케 하시며, 복된 성령으로 충만케 해주심에 감사드립니다. 하나님의 교회의 일원이 되었고, 천국을 향해 가고 있음에 감사드립니다.'[162] 이후에는 최근의 일들이나 다가올 사건들에 대한 언급이 이어졌으며, 이것들은 공동체가 함께 찬양하거나 중보기도를 드려야 할 제목이 되었다. 치유, 시험, 유혹, 승리에 대한 이야기가 회중 가운데 나누어졌다. 이러한 간증을 듣고 나누는 과정에서, 성도들은 열린 구조를 가진 신학적 성찰의 실천(praxis of theological reflection)에 참여했다. 비록 이 성찰은 완전히 체계화된 교리적 논의는 아니었지만, 공동체 안에서 자연스럽게 신앙의 일치를 형성하며, 각자의 삶과 긴밀하게 연결된 신앙적 적용을 만들어냈다.

또한, 회중은 '광신(wildfire)'이나 과도한 열광주의(fanaticism)를 스스로 조절하기도 했다. 다음은 1907년 2월 27일, 당시 큰 영향을 미쳤던 전도자이자 교회 지도자인 G.B. 캐시웰(G.B. Cashwell)이 노스캐롤라이나 던(Dunn, North Carolina)에서 보낸 편지에서 발췌한 내용이다:

> 나는 북쪽, 남쪽, 동쪽, 서쪽에서 매일 나의 집회를 참석한 사람들로부터 편지를 받고 있습니다. 그들은 자신들이 성령 강림의 체험을 받았고, 방언을 한다고 말합니다.
>
> 사람들은 '믿음으로 받아라', '다시 헌신하라', '불세례', '다이너마이트(dynamite)'와 '리다이트(lyddite)' 같은 이야기로 속아 넘어가 신앙이 거의 사라질 지경에 이르렀습니다. 하나님께 찬양을! 성령 강림을 받으십시오. 먼저 여러분의 의롭게 된 경험을 확실히 하고, 그다음 깨끗한 마음을 위한 성결의 경험을 받으십시오. 그런 다음 믿음이 아버지와 아들의 약속과 하나님의 말씀을 붙잡을 때, 올리벳에서 예루살렘으로 올라갔던 사람들처럼 큰 기쁨을 얻게 될 것입니다. 그때 여러분은 하나님을 찬양할 수 있고, 성령께서 직접 알려지지 않은 방언으로 하나님을 찬양하실 것입니다. 그러면 어떤 일이 있더라도, 심지어 화형을 당하거나 목이 잘리더라도 더는 의심하지 않을 것입니다. 성령께서 스스로 증거하실 것입니다. 우리가 약속을 놓치지 않도록 합시다.163)

몇 차례 '열광의 소용돌이'를 겪은 전도자들과 회중은 곧 '영들을 시험'하고 성경적이지 않거나, 교회를 세우지 못하거나, 교회의 연합을 해치지 않는 것이 무엇인지 식별하는 법을 배우게 되었다. 그러나 가짜 체험이 있다는 것은 진정한 체험이 얼마나 놀라운지를 반증하는 것에 불과했다.

2) 삼중(Threefold) 오순절 체험(Pentecostal Experience)

이제 성도가 경험하는 '성령체험'을 하나님에 대한 관점, 사용된 방법, 추구되는 증거, 그리고 원하는 결과와 연관지어 살펴보고자 한다. 루니언(Theodore Runyon)의 경험 분석에서 제시된 출처, 목적(telos), 동반되는 변화, 그리고 관련된 감정에 대한 논의를 상기하면, 이 논의는 그의 통찰을 기반으로 약간의 수정과 함께 전개된다. 하나님은 이 체험들의 근원이자 실질적인 목적(telos)이다. 하나님은 이러한 체험을 통해 선교적 교제 안에서 사람들을 형성하시며, 완성된 하나님 나라에서 자신과 영원한 교제를 위한 준비를 이루신다. 이러한 형성의 궁극적인 목표는 선교적 사역을 위한 준비 또는 적합성을 갖추는 것이다.

초기 오순절 신앙은 그리스도인의 삶을 칭의(justification), 성화(sanctification), 성령세례(Spirit baptism)라는 세 가지 '축복(blessings)' 또는 '체험(experiences)'으로 조직화하였다. 각각의 '체험'은 다가오는 하나님 나라의 한 측면을 미리 실현한 것이며, 하나님의 속성과 연결된다. 이러한 체험들은 하나님의 구원의 경륜이 점진적으로 펼쳐지는 것을 되풀이하는 것이다. 성령의 은사들이 나타나는 것은, 1세기 초대교회의 능력이 여전히 주어지고 있다는 것을 확인시키며, 하나님께서 여전히 능력의 근원임을 보여준다. 무엇보다도 종말의 능력이 지금 작동하고 있으며, 모든 것을 그리스도 안에서 완성으로 이끌고 있음을 드러낸다. 그렇다면, 그리스도의 임박한 재림을 염두에 둔 상태에서 칭의, 성화, 성령충만은 각각 어떤 의미를 가질까?

칭의 (Justification)

칭의를 체험한다는 것은 동시에 용서받고(forgiveness), 거듭나며(new birth), 중생하고(regeneration), 하나님의 자녀로 입양되며(adoption), 새로운 세상에 들어감(being in a new world)을 증언하는 것이다. 오순절 맥락에서 '구원받는다'는 것은 죄 사함을 받고, 빛 가운데 행하며, 자신이 상처를 주었을지 모를 사람들과 관계를 바로잡고(배상), 자신에게 죄를 지은 사람들을 용서하는 선교적 교제의 훈련 프로그램에 참여하는 것을 의미한다. 하나님은 의로우신 하나님이며, 의는 그와 올바른 관계를 맺거나 빛 가운데 행하기 위해 요구되는 모든 것을 설명하는 단어였다. (두 사람이 합의하지 않고서야 어찌 함께 걷겠는가?)164) 의롭다함을 받은 사람은 더 이상 어둠 속에서 죄를 지으며 걷지 않는다. 이제 성령의 능력을 통해 마귀를 대적하고, 육체를 부인하며, 세상과 분리되어 걸을 수 있다. 성도는 '말하는 대로 행하고(walk the talk),' '행하는 대로 말해야(talk the walk)' 하며, 그렇지 않으면 최소한 위선자이거나 최악의 경우 타락자(배교자)가 될 수 있다. 모든 '체험'은 상실 가능하며, 지혜와 지식, 그리고 힘에서 성장함에 따라 증가할 가능성도 있다.

칭의란 성경 전체에 나타난 하나님의 뜻을 인정하고, 그것을 삶의 방향으로 삼는 것이다. 예수께서 아버지의 뜻을 이루고 모든 의를 성취하기 위해 오셨듯이, 각 성도도 의 가운데 행하며, 그리스도 안에서 하나님의 의가 되어야 한다. 이를 통해 어둡고 죽어가는 세상 속에서 빛으로 빛나야 한다. 특히 마지막 때가 가까워질수록 어둠은 더욱 깊어지고, 선과 악이 함께 자라날 것이기에, 빛을 비추는 것은 더욱 긴급한 사명이다.

의의 규범과 거룩한 실천(holiness practices)은 19세기 성결 운동(Holiness movement)에서 이어받은 것으로, 교회와 세상, 성도와 죄인을 구별하는 역할을 했다. 성경의 빛이 말씀과 성령을 통해 길을 비추는 만큼, 성도는 그 빛 안에서 걸어가야 했다. 만약 그렇게 하지 않는다면, 그는 뒤로 물러가는 것이었다. 선택지는 분명했다. 끝까지 나아가든지, 아니면 뒤로 돌아가든지. 이러한 기독교 신앙을 여정으로 이해하는 관점은 복음성가 'I Feel Like Traveling On(나는 계속 나아가고 싶네)'에서도 잘 드러난다:

1. 내 하늘 집은 밝고 아름다워,
   난 여행을 계속하고 싶어.
   고통도, 죽음도 들어올 수 없는 곳,
   난 여행을 계속하고 싶어.
2. 그 빛나는 탑은 태양을 능가하고,
   난 여행을 계속하고 싶어.
   그 하늘의 집은 내 것이 될 거야,
   난 여행을 계속하고 싶어.
3. 다른 사람들은 아래에 집을 찾겠지만,
   난 여행을 계속하고 싶어.
   불에 타거나 물결에 휩싸일 집,
   난 여행을 계속하고 싶어.
4. 더 복된 내 집을 얻으리니,
   난 여행을 계속하고 싶어.

보좌 가까이에 있는 하늘의 집으로,
난 여행을 계속하고 싶어.
5. 주님께서 내게 너무나도 선하셨으니,
난 여행을 계속하고 싶어.
그 복된 집을 볼 때까지,
난 여행을 계속하고 싶어.

후렴
네, 난 여행을 계속하고 싶어,
난 여행을 계속하고 싶어.
내 하늘 집은 밝고 아름다워,
난 여행을 계속하고 싶어.165)

다른 많은 찬송가들은 구주께 '삶의 폭풍우 속 바다를 건너도록 이끌어 주소서(Lead me all the way across the stormy sea of life)'라고 간구하며 계속 나아가야 함을 노래한다.166) '이 세상에 적응하고 싶지 않다(did not want to get adjusted to this world)'라고 노래하며,167) '주님께 거룩함(Holiness unto the Lord)'을 자신들의 신조로 삼았다.168) 의롭게 산다는 것은 '늦은비가 내리고 있는 동안(Latter Rain Is Falling)' 하나님의 음성을 긴박감 있게 따르는 것이었으며,169) '세상의 종말이 오늘이라면(If the End of the World Were Today)'이라는 태도로 사는 것이었다.170)

초기 오순절 신앙의 정신과 그들의 사회적 위치는 다음 복음성가 '그렇게 행동하는 사람들에게 얼마나 부끄러운 일인가(What a Shame on People Who Do that Way)'에서 잘 드러난다:

1. 어떤 사람들은 하나님을 사랑하여 집회에 가고,
   순례자들이 걷던 길을 따라간다네;
   평안이 있다네, 평안이 있다네, 그렇게 행동하는 사람들을
   위한 평안이.

2. 어떤 사람들은 집회에 가서 그 안에서 기쁨을 느끼고,
   아침부터 밤까지 예수님을 찬양하기를 사랑한다네;
   평안이 있다네, 평안이 있다네, 그렇게 행동하는 사람들을 위
   한 평안이.

3. 어떤 사람들은 집회에 가서 불평하고 소리치다가,
   얼마 지나지 않아 다른 성도들에게 내쫓긴다네;
   부끄럽다네, 부끄럽다네, 그렇게 행동하는 사람들에게는.

4. 어떤 설교자들은 집회를 열며 긴 외투를 입고,
   염소를 몰아내는 것 외에는 아무 쓸모가 없다네;
   돌아서라, 돌아서라, 그렇게 행동하는 설교자들에게서.

5. 어떤 사람들은 집회에 가서 앞자리에 앉지만,
   집회가 끝난 뒤에는 여전히 담배를 피우고, 욕을 하고,
   씹는다네;
   부끄럽다네, 부끄럽다네, 그렇게 행동하는 사람들에게는.

6. 어떤 사람들은 집회에 가서 화려한 옷을 입지만,
   진정한 복음에는 코를 찡그린다네;
   돌아서라, 돌아서라, 그렇게 행동하는 사람들에게서.[171]

그들은 자신들을 신앙 공동체로서 언약을 맺고 훈련받는 성도들의 모임으로 강하게 인식했다(마치 종교개혁의 재세례파처럼). 이러한 정체성과 소속감이 그들 안에서 형성되었지만, 당연히 그러한 정신 속에 들어오는 사람들에게는 큰 불편함을 줄 수도 있었다! 이 충실한 성도들의 무리는 악인을 지친 자(weary)와 안식 없는 자(restless)로 이해했으며, 자신들은 매우 활동적이었음에도 불구하고 하나님께서 주신 영혼의 안식을 누리고 있다고 여겼다. 이는 다음 찬송가 '남아 있는 안식(There Remaineth a Rest)'에서도 잘 드러난다.

'남아 있는 안식(There Remaineth a Rest)'

1. 선하고 복된 자를 위한 안식이 남아 있네,
   신실하고 시험을 견디며 진실한 자를 위해.
   그 안식은 우리를 위한 것이니, 우리가 길을 걸으면,
   예수께서 우리에게 해야 할 일을 가르치시네.

2. 우리가 길을 걷다가 흔들릴까 두렵도다,
   모두를 위한 안식이 있네.
   그 시간의 은혜, 오 놀라운 능력이여,
   위로자가 머물러 계실 때.

3. 문 앞에서 부르면 너무 늦을 수 있네,
   시간을 헛되이 보내면.
   그는 지금 너를 부르네, 너는 겸손히 무릎 꿇겠는가?
   그는 죄의 어두운 길에서 너를 구원하시리.

4. 내가 말하노니 위험이 있도다, 그를 외면하면,

그는 지금 너를 달콤하게 부르고 계시네.
네가 대심판 날까지 그를 외면하겠는가?
어찌 지금 그 앞에 나오지 않겠는가?

후렴
안식이 있네, 가장 달콤한 안식이 있네, 선하고 복된 자를 위한.
언젠가 하늘의 집에서;
풍성한 보상이 우리를 기다리네, 그렇게 아름다운 저택 안에서,
우리가 온 길을 따라가면.172)

1908년 찬송가 '오순절 능력의 노래'에 수록된 '예수께서 오실 때까지 일하리'는 이러한 안식과 일의 역설을 더욱 선명하게 보여준다.

1. 안식의 땅이여, 너를 위해 한숨 쉬노라,
   그 순간이 언제 올 것인가;
   내가 갑옷을 벗어놓고,
   집에서 평화롭게 거하리.

2. 니는 이 땅에서 고요한 기쁨을 알지 못하네,
   평화로운 피난처도 없네;
   이 세상은 고통의 광야라,
   이 세상은 내 집이 아니네.

3. 나는 예수 그리스도께 안식을 구하러 달려갔네;
   그는 내 방황을 멈추게 하시고,
   그의 가슴에 의지하게 하시며,
   나를 집으로 인도하시네.

4. 나는 즉시 내 구주 곁으로 갔네,
  더 이상 내 발걸음은 방황하지 않으리;
  그와 함께 죽음의 차가운 물결을 맞서고,
  내 하늘의 집에 도달하리.

후렴
우리는 예수께서 오실 때까지 일하리,
우리는 예수께서 오실 때까지 일하리,
우리는 예수께서 오실 때까지 일하리.
그리고 우리는 집으로 모이리.173)

이 노래에서, 오순절 신앙은 세상을 피곤함과 고통의 장소로 묘사한다. 그러나 이 같은 세상은 추수의 밭이자, 천년왕국에서 완전히 새로워질 운명을 가진 곳이다. 현재의 세상은 육신의 정욕, 안목의 정욕, 이생의 자랑에 의해 움직이는 상호 연결된 영적-제도적 현실의 체계이다.174) 다시 태어난 사람은 더 이상 '세상의 무리(world's crowd)'를 따르지 않고, 의로움 속에서 예수님을 따르게 된다.

이 도덕적 혼돈의 시대에 제자가 된다는 것은 의의 길을 따라가는 것이며, 특정한 삶의 규칙이나 훈련에 따라 사는 것을 의미한다. 이것은 단순히 성경의 원칙을 다양한 상황과 결정에 적용하는 것을 넘어섰다. 이는 성령 안에서 예수님을 분별하며 개인적으로 따르는 삶이다. 이 길을 충실히 계속 걸어가려면 충족해야 할 조건들이 있으며, 그중 가장 중요한 조건은 겸손이다.

'하나님과 동행하며 겸손하라'

1. 만약 하늘에서 오신 사랑하는 구세주께서
   아침부터 저녁까지 너와 동행하시길 원한다면,
   매일 따르도록 요구되는 규칙이 있으니,
   하나님과 동행하며 겸손하라.

2. 세계의 초창기 시대에
   주님께서 예언자들과 현자들과 함께
   동행하시고 교제하셨던 것처럼,
   지금도 조건을 충족한다면 오실 것이다.
   하나님과 동행하며 겸손하라.

3. 낮고 겸손한 길을 찾아 흐르는 시냇물처럼,
   예수님께서는 순결하고 거룩한 이들과 동행하시니,
   너의 교만을 내던지고 진심으로 뉘우치며,
   하나님과 동행하며 겸손하라.

후렴
겸손하면 주님께서 네게 가까이 오시리라,
겸손하면 주님의 임재가 너를 위로하리라;
주님께서는 교만하거나 조롱하는 이와는 동행하지 않으시리라,
하나님과 동행하며 겸손하라.175)

의롭다함(칭의)을 받은 성도들은 겸손히 빛 가운데서 걸어야 했으며, 이는 손전등이 배터리를 필요로 하듯이 성령을 반드시 필요로 했다. 성령 안에서, 그리고 예수님의 임재 안에서 걷는 것에 대한 관심은 죄를 매우 개인적인 문제로 인식하게 했다. 이는 이 운동이 오늘날까지도 중요한 기여를 하는 부분 중 하나였다. 죄는 단순히 율법을 어기는 행위일 뿐

만 아니라, 성령에 대한 개인적인 모욕이며, 성령의 감독 아래 하나님 나라를 향해 나아가는 역사적 과정을 방해하는 행위로 여겨졌다. 죄는 범법일 뿐 아니라, 성령께서 죄, 의, 심판에 대해 확신시키는 일을 거부하는 더 근본적인 태도였다. 성령께서 가르치시는 이러한 진리를 따라 매일의 삶을 살지 않는다면 설득력 있는 증인이 될 수 없었다. 성령은 슬퍼하실 수 있고, 거역당할 수도 있으며, 모욕당하거나 소멸될 수도 있고, 거짓말로 속일 수도 있다. 가장 심각한 경우에는 모독당할 수도 있다.176) 하지만 빛 가운데서 걷기 위해서는 성령과 동행해야 했으며, 성령께서는 모든 진리로 인도하시고, 앞으로의 일을 보여주시며, 그리스도의 것을 알리시는 역할을 했다.177) 성령 안에서 걷는 것은 단순히 조명을 받는 것 이상의 의미를 가졌으며, 이는 진리를 실천하고 하나님의 나라를 향해 나아가는 삶의 본질적인 요소이다.

성령 안에서 걷는 것은 단지 조명(illumination)만이 아니라, 이는 모든 것의 기초였지만, 더 나아가 성령의 부르심, 임명, 인도, 지혜, 그리고 타이밍도 필요로 했다. 성경적인 행동은 주권적 성령의 지속적이고 구체적인 활동을 요구했으며, 성령은 성도들의 주님이자 지도자로서 역할을 하셨다. 이러한 점은 간증을 통해 섭리의 이야기와 하나님의 일, 성도들, 그리고 세상이 얽힌 대화로 표현되었다. 오순절주의 경건은 웨슬리안 영성과 마찬가지로 요한복음적인 질서(Johannine order)와 매우 일치했다. 즉, 빛 가운데 걷고, 교제를 나누며, 모든 불의로부터 지속적으로 깨끗하게 되는 삶이었다.178)

성령에 의해 삶을 정돈하고 인도받으며, 그 명령과 방향에 따라 걷는 것이 곧 의로움(righteousness)이다. 이러한 걸음은 성도를 새로운 생명의 원천으로 이끄는 거듭남의 행위에서 시작된다. 이제 성도는 육신이 아닌 성령을 따라 걷게 된다. 오순절 성도들은 의의 첫 행동으로 '침례를 통해 그리스도를 따르며' 공개적으로 자신이 이제 '모든 의를 이루기 위해' 준비되었음을 선언한다.179) 이 행위는 공동체적인 축제이며, 특별한 축복과 기쁨의 증대를 가져온다. 이는 신앙 고백에 근거해 거의 항상 침수 방식으로 이루어졌으며, 운동 초기 10년 동안에는 보편적으로 성부, 성자, 성령의 이름으로 시행되었다. 침례를 받는 것은 단순히 회심(conversion)을 의미하는 것이 아니라 주님께서 명령하신 모든 것을 따르겠다는 의지를 나타낸다. 일상의 궁극적인 목표는 빛 가운데 걷는 것이다.

성화(Sanctification)

칭의의 서사는 주로 성도의 삶에서 하나님께 대한 저항과 마음속 숨겨진 부분들을 고백하며, 하나님의 뜻을 이루고자 하는 갈망을 포함한다. 하나님의 뜻을 행하고, 빛 가운데 걷고, 마귀를 대적하며, 자신을 부인하는 것은 모두 선한 일이다. 그러나 성화는 단순히 하나님의 뜻을 행하는 것을 넘어, 자신의 모든 것을 바쳐 하나님의 뜻을 적극적으로 구하고, 마음을 다해 주님을 사랑하며, 불평 없이 기꺼이 짐을 지는 것을 의미한다. 초기 성화(initial sanctification)는 칭의와 거듭남과 함께 이루어지지만, 완전 성화(entire sanctification)는 기대되고, 갈망하며, 추구해야 한다. 칭의와 거듭남의 경우와 마찬가지로, 성경 읽기, 간증 듣기, 찬송가를 부르는 과정이 이러한 길을 준비한다. '당신의 모든 것을 제단에 바쳤는가?(Is Your All on the Altar?),' '나를 정결하게 하소서(Cleanse Me),' 피비 팔머(Phoebe Palmer)의 '정결의 물결(The Cleansing Wave),' 그리고 물론 찰스 웨슬리(Charles Wesley)의 '거룩한 사랑(Love Divine)'과 같은 찬송가들이 불려졌다. 이 과정에서 거룩함에 대한 설교와 가르침, 노래와 간증의 노출로 인한 효과는 그래함(E. M. Graham)의 서사적 찬송가 '우리는 거룩함을 노래하고 전파하리라(We Will Sing and Preach Holiness)'에 잘 담겨 있다.

'우리는 거룩함을 노래하고 전파하리라'

1. 내가 처음 거룩함에 대해 들었을 때, 나는 그것이 옳다고 생각했네.
성경과 잘 맞아 보였고, 그리스도인의 빛처럼 보였네.
나는 사람들이 노래하고 간증하는 것을 들었네.
그들은 그들의 구세주를 사랑하는 것 같았고,
그리스도인이라면 마땅히 그래야 하듯 그렇게 했네.

2. 나는 그들과 합류할 생각은 하지 않았네.
그들, '거룩한 무리'라고 불리는 이들 사이에 있을 수 없다고 말했네.
세상은 그들을 낮춰 보았고, 그들은 너무 과격하다고 말했네.
그들은 종종 그들에 대해 험담하며, 쓰레기 같다고 말했네.

3. 그러나 내가 그들을 들으러 갔을 때,
그들이 살아가는 방식을 보았네.
그들은 세상 사람들이 모르는 보물을 가지고 있었네.
그들은 매우 행복해 보였고, 그리스도인의 사랑으로 가득 차 있었네.
사람들이 그들에 대해 이야기할 때,
그들은 단지 하늘을 바라보았네.

4. 내 마음은 굶주리기 시작했네,
그리고 안에서 갈망과 불타오름을 느꼈네.
나는 온전한 구원을 원했네, 모든 죄로부터의 자유를.

나는 거룩함을 위해 하나님께 나아갔고,
그의 이름을 불렀네.
그는 내 마음을 완전히 정결케 하셨고,
동일한 것으로 내 안을 채우셨네.

5. 이제 나는 그 이름을 가진 사람들 중 하나라네,
그 행복한 거룩한 무리의 하나라네.
나는 요단강을 건넜고,
가나안 땅에 있다네.
그곳의 대기는 쾌적하고,
각종 열매가 풍성하네.
여러분이 천국의 문에 도달할 때,
나는 여러분 바로 뒤에 있을 것이라네.180)

의로움(righteousness)이 삶의 올바른 관계와 방향을 의미한다면, 거룩함(holiness)은 삶의 기준이자 기독교 삶의 본질이다. 죄에 대한 욕망은 십자가에 못 박히고, 육체의 행위는 죽임을 당하며, 죄로 인한 오염과 성향은 정결케 되어야 한다. 칭의가 세상과의 근본적인 단절을 의미한다면, 성화는 육체, 옛 본성, 즉 육적인 자아와의 근본적인 처리 과정을 의미한다. 자아는 칭의에서 부인되고, 이후 매일 그렇게 되어야 한다. 그러나 성화에서는 자아가 완전한 사랑의 새로운 통합으로 들어가 지속적인 영적 호흡 속에서 유지되어야 한다. 완전 성화는 내적 정결의 완성을 의미하며, 이는 지속적인 기쁨, 감사, 기도하는 삶으로 나타나게 된다. 성결(Holiness)의 실천은 더 이상 감정과 상관없이 지켜야 할 의로운 한계로 여겨지지 않는다. 이제 그것은 단지 첫 단계, 즉 마음과 삶의 거룩함을 위한 의로움의 훈련을 위한 기본적인 연습으로 간주된다. 사랑 안에서, 하나님의 계명은 더 이상 무겁거나 괴로운 짐이 아니다.

그렇다면 성화의 은혜를 체험하는 두 번째 명확한 경험은 무엇일까? 아주사(Azusa)에서도 성화와 성령세례 사이에 간격이 없었고, 두 경험을 동시에 받은 사람들이 있었다. 그러나 특히 시모어(W.J. Seymour)를 포함한 아주사 지도자들에게는 성령세례를 '성화된 삶 위에 임하는 성령의 부으심'으로 묘사하는 것이 중요했다.181) 칭의와 성화는 각각 은혜의 별개의 역사로 간주되었다. 칭의는 루터교 종교개혁을 통해, 성화는 웨슬리주의 종교개혁을 통해 교회에 회복된 은혜의 역사였다. 성령세례는 성화된 삶 위에 임하는 것으로 이해되었고, 성령은 인간의 영과 함께 증거하여 그 역사가 이루어졌음을 확신시켰다.

칭의에서는 성도가 모든 빛 가운데서, 곧 아버지의 뜻 안에서 걸어야 한다. 성화에서는 성도가 예수님의 완전한 사랑 안에서 걸어야 한다. 그 사랑은 마음을 채우며, 그 사랑 없이는 아무것도 유익하지 않다.182) 예수님이 제자들과 그들을 따를 자들의 성화를 위해 기도하셨기에, 성도들도 자신의 성화를 위해 기도해야 한다. 예수님께서 죽음에 이르는 완전한 자기 헌신을 통해 자신을 성화하셨듯이, 성도 역시 육신의 정욕을 십자가에 못 박고 온전히 아버지의 손에 안식해야 한다.183) 성화의 수단은 성령, 말씀의 씻음, 그리고 궁극적으로 예수님의 보혈이다. 성령은 성도가 하나님의 뜻에 반하는 내적 저항을 깨닫도록 인도하신다. 성도 안에 하나님의 거룩함에 해당하는 의지와 본성의 조화가 있어야 한다. 참으로 사랑 안에서 그 조화와 평안에 이르는 것이 성화의 본질이다. 이는 하나님의 뜻과 임재를 기뻐하며, 모든 일에 주님을 기쁘시게 하려는 전심의 열망이다. 성화될 때, 성도들은 그 간증을 듣고 기뻐하며, 육신의 저항

없이 이루어질 성화의 성장 과정에서 서로 돕는 역할을 감당한다.

믿음은 세상을 이겼고, 십자가는 '육신'을 죽였다. 하지만 교회 생활의 핵심인 사명을 향한 마귀와 그의 반대는 어떻게 해결할 수 있을까?

성령세례(Spirit Baptism)

성도들이 원수의 견고한 진을 무너뜨리고 잃어버린 영혼들을 구원하기 위해 영적 전쟁을 수행할 수 있도록 성령세례는 세 번째 체험으로 주어진다. 그렇다면 성령의 능력은 앞서 언급된 마음과 삶의 순결과 어떻게 연결되어 있을까? 1908년에 발행된 '사도적 신앙(The Apostolic Faith)'은 기독교 생활의 다양한 측면에 관한 질문들에 답변했으며, 이 중 많은 질문이 성화, 성령세례, 그리고 그 증거에 관한 것이었다.

질문 & 답변

성령세례를 받기 전에 성화를 추구해야 하나요?

예, 성화는 우리를 거룩하게 합니다. 그러나 성령세례는 성화된 후에 우리가 봉사할 수 있도록 능력을 주며, 구원의 날까지 우리를 인치십니다. 성화는 죄의 몸, 즉 옛사람 아담을 파멸시킵니다(로마서 6:6-7). 사람이 실제 죄에서 구원을 받으면, 그는 성화를 위해 자신을 하나님께 헌신하고, 그렇게 함으로써 죄의 몸이 파멸되거나 십자가에 못 박힙니다.

사람이 성령세례를 받았다는 진정한 증거는 무엇인가요?

신적인 사랑, 즉 사랑(자선, charity)입니다. 사랑은 예수님의 영입니다. 성령세례를 받은 사람은 성령의 열매를 맺게 됩니다(갈라디아서 5:22). '성령의 열매는 사랑과 기쁨과 화평과 오래 참음과 자비와 양선과 충성과 온유와 절제니, 이 같은 것을 금지할 법이 없느니라. 그리스도 예수의 사람들은 육체와 함께 그 정과 욕심을 십자가에 못 박았느니라.' 이것이 그들의 일상과 대화에서 나타나는 진정한 성경적 증거입니다. 외적으로는 방언을 말하거나, 귀신을 쫓아내며, 병자에게 안수하여 치유되는 등의 표적도 나타납니다. 또한, 그들의 마음에는 영혼에 대한 하나님의 사랑이 더욱 강렬해집니다.

성령을 받기 위해 안수를 받아야 하나요?

아닙니다. 당신은 기도 골방에서도 성령을 받을 수 있습니다. 성령의 은사는 하나님의 말씀에 대한 믿음으로 주어집니다. 만약 당신이 성화되었다면 지금 당장 성령을 받을 수 있습니다. 성령세례는 성화된 삶 위에 주어지는 능력의 은사이며, 성령을 받은 사람은 늦든 이르든 성령께서 주시는 방언을 말하게 될 것입니다. 성령세례를 받은 사람이 일주일 동안 방언을 하지 않을 수도 있지만, 기도하거나 성령 안에서 하나님을 찬양할 때 방언이 나타날 것입니다. 방언은 구원이 아닙니다. 방언은 하나님께서 성령과 함께 주시는 은사입니다. 성령세례를 위해 고통스럽게 몸부림치거나 애쓸 필요는 없습니다. 우리의 모든 노력이 멈출 때, 하나님께서 오십니다. 이는 안식의 시대인 천년왕국을 예표하는 것입니다.

순결하고 거룩한 삶을 살기 위해 성령세례가 필요한가요?

아닙니다. 성화가 우리를 거룩하게 합니다(히브리서 2:11). 성령은 우리의 죄를 위해 죽으신 적이 없습니다. 우리의 죄를 위해 죽으신 분은 예수님이십니다. 우리의 죄를 속죄하신 것은 그분의 피입니다(요한일서 1:9, 7). 피가 우리를 정결하게 하고 거룩하게 하며, 그 피를 통해 우리는 성령세례를 받습니다. 성령은 언제나 예수님의 피에 응답하여 임하십니다.

방언을 말하는 것이 오순절 성도들과의 교제 기준인가요?
아닙니다. 우리의 교제는 은사나 외적인 표적으로 이루어지는 것이 아니라, 그리스도의 영을 통한 예수님의 피로 이루어집니다. 어떤 사람이 구원을 받고 하나님의 말씀에 따라 살아가고 있다면, 그는 성령과 방언을 받지 않았더라도 우리의 형제입니다.184)

'잃어버린 오순절(lost Pentecost)'의 회복 가능성과 '오순절 성령체험 후 성령의 기름부음을 유지하는 방법'에 대한 두 가지 질문이 제기되었다. 편집자는 첫 번째 질문에 대해, 사람이 '회개하고 처음 행위대로 행하며, 성화를 받기 위해 헌신하고, 다시 성령세례를 기다릴 수 있다'고 답했다.185) 이는 오순절 경험이 '유혹에 빠지고 사탄에게 넘어감으로써' 잃어버렸다는 전제를 담고 있었다. 성령의 기름부음을 유지하는 방법에 대한 질문에는 '하나님의 말씀 안에서 완전한 순종으로 살아감으로써' 그것을 유지할 수 있다고 답했다. 여기에는 율법폐기론(antinomianism)의 여지가 없었다! '성령을 받은 후에도 성경을 공부해야 하는가?'라는 질문에 대해서는 편집자가 다음과 같은 주의를 주었다:

네, 필요합니다. 그렇지 않으면 광신적으로 변하거나 종종 기만적인 영에 이끌려 말씀과는 반대되는 계시와 꿈을 가지게 되며, 예언을 하거나 자신을 다른 성도들보다 더 위대한 존재로 여길 수 있습니다. 그러나 성경을 기도로 읽으며 하나님의 앞에 머물 때, 우리는 단순하고 겸손한 아이처럼 되며, 하나님의 성도들 중 가장 작은 이보다도 더 나은 존재라고 느끼지 않게 됩니다.186)

이 질문과 답변은 한 세기 전 웨슬리(John Wesley)가 그의 목회자들과 나눈 대화들을 떠오르게 한다. 이는 부흥 초기에 이미 그들 가운데 살아 계신 하나님의 현실에 대한 지속적인 공동체적 성찰이 있었음을 보여준다. 성경, 간증, 찬송, 철야 기도, 시, 영적 은사, 경건한 삶 등이 모두 하나의 공통된 이야기를 나누는 사람들을 형성하는 데 기여했다. 이 모든 것 가운데 가장 높은 권위는 성경이었다.187) 성령은 창세기에서 요한계시록까지 성경을 펼쳐 보이며, 성도들은 '따라가기만 하면 된다'고 여겼다. 성경에 따르면, '자유연애주의(freelovism)'와 성적인 부적절함과 관련된 모든 것은 '지옥의 구덩이'에서 온 것으로 정죄되었다. 이는 말씀을 벗어난 이들을 삼키려는 '용'과 같다고 여겨졌다. 하지만 하나님은 '이 영들을 분별할 수 있는 지혜'를 그의 자녀들에게 주셨다. 성경에 알 수 없는 언어로 글을 쓰는 것에 대한 언급이 없기 때문에 아주사(Azus) 집회에서는 이러한 행위가 권장되지 않았다. 모든 것은 '말씀에 따라 판단되어야 하며, 그로써 모든 광신(fanaticism)이 사역에서 배제되어야 한다'고 강조한다.188)

아주사 부흥 초기에 신앙고백(statement of faith)이 작성되었으며, 이는 여러 차례 '사도적 신앙(*The Apostolic Faith*)'에 게재되었다. 이 신앙고백은 간결한 문구, 성경 인용문, '사도적 신앙(*The Apostolic Faith*)'의 회복에 대한 확언, 그리고 야영 집회, 부흥, 선교, 노상 및 감옥 사역, 전 세계적인 기독교 연합과 같은 '옛 신앙(old-time religion)' 실천들로 구성되어 있다. 이러한 신념, 선언, 실천의 결합은 자신들을 작지만 중요한 순례자 집단으로 여긴 이들이 내놓은 독특한 목록이었다.189)

3) 하나님 나라의 길(The Way of the Kingdom)

칭의, 성화, 성령세례를 통해 성도들은 각각 빛 가운데 행하고, 완전한 사랑 안에서 거하며, 성령의 능력과 나타남 속에서 살아갈 수 있었다. 이것이 곧 하나님 나라의 길이었다. 이 길은 의롭고 거룩하며 강력하신 하나님과 함께하는 여정이었으며, 하나님은 복음의 능력을 통해 성도들과 세상을 변화시키며, 최후의 계시를 준비하고 기대하게 하셨다. 성경의 드라마, 교회의 역사, 개인의 역사—이 모든 것은 하나님의 역사적 계시가 펼쳐지는 과정이었다. 성경은 이러한 사건들의 규범적 지침이자 묘사였지만, 성도들의 삶 또한 살아 있는 서신이자 등불로서 중요한 의미를 지녔다. 그들의 삶은 저녁 빛 가운데 빛나며 오래된 시대의 황혼과 새로운 시대의 여명을 알리는 표징이었다. 이 모든 과정을 통해 지배적이고 결정적인 요소는 하나님의 최종 계시였다. 그것은 모든 역사, 모든 민족, 모든 사람의 목표였다. 하나님 나라의 의, 평강, 성령 안의 기쁨을 믿는다는 것은 그 목표를 향해 그리스도 안에서 성령을 통해 변화되는 것을 의미했다. 예수님의 불확정적이지만 임박한 재림은 초대교회 1세기 당시와 마찬가지로, 오늘날 오순절 성도들 가운데 초창기 선구자들과의 성령적 연속성을 통해 여전히 결정적인 신념이자 예배와 증거의 실천을 위한 일상의 환경이 되었다:

> '예수님이 곧 오신다(Jesus is coming soon)'는 메시지는 오늘날 성령세례를 받은 거의 모든 사람에게 성령께서 말씀하시는 것이다. 많은 경우 알 수 없는 언어로 말한 메시지의 해석이 주어지기도 하고, 다른 이들이 그 언어를 이해하기도 한다. 많은 사람이 예수님에 대한 환상을 보며, 예수님이 '내가 곧 오겠다(I am coming soon)'라고 말씀하신다. 최근 미니애폴리스(Minneapolis)에서 두 명의 성도가 성령의 능력 아래 넘어져 하늘로 올라가 새 예루살렘과 차려진 식탁을 보았으며, 그곳에서 많은 성도들을 보았다. 그들은 예수님이 곧 오신다고 말하며 우리에게 시간이 얼마 남지 않았으니 열심히 일하라고 전했다.[190]

오순절 내러티브 신념은 이러한 임박한 성취에 대한 묵시적 비전의 영향을 받아 독특한 실천을 이끌어냈다. 이러한 실천은 신념의 능력과 정당성을 확인하고 기념하며 때로는 신념을 정제하고 보완하는 토대가 되기도 했다. 예배와 증거는 내러티브 신념을 표현하고 내면화하는 수단이었다. 19세기 성결운동, 복음주의 부흥주의, 그리고 미국과 영국 초기 감리교 운동의 모든 실천(개인 간증, 방언, 감정적·운동적 발작, 쓰러짐, 자발적 기도, 결단의 자리로의 초대, 기도실, 예언, 악수, 예배와 사역에서의 광범위한 공동체적 참여)191)이 오순절주의 안에 나타났으며, 많은 전통적 예전적 실천도 포함되었다. 차이를 만든 것은 바로 전체적 구조(gestalt)이다. 이는 성령의 나타남과 함께 종말론적 긴박감, 기대감, 그리고 성령의 역사가 한데 어우러진 독특한 조합으로 나타났다. 이러한 구조는 사도행전 2장 16절에서 언급된 '이것이 곧 그것이다(this is that)'라는 늦은비(Latter Rain)의 선언을 통해 성결운동(Holiness Movement)의 구성원들을 전 세계를 향한 오순절 선교적 공동체의 일원으로 변화시켰다.

3. 오순절 실천(Practices): 종말을 바라보는 예배(Worship)와 증언(Witness)

1) 마지막 시대에 온전한 복음(Full Gospel)의 회복(Restoration)

19세기 동안 방언과 치유가 지속적으로 발생해 왔다. 실제로 오순절 성도들은 이후 방언과 기타 은사들이 오순절(Pentecost)에서 시작해 현재까지 역사 속에서 산발적으로 나타났음을 제한적으로나마 보여주었다. 또한, 주님의 전천년적 재림에 대한 신념은 이미 널리 퍼져 있었다. 그러나 방언과 치유가 하나님의 나라가 종말론적으로 침입한 징표이며, 그리스도의 임박한 재림을 알리는 표징으로 해석된 경우는 드물었다. 더욱이, '오중복음'(fivefold gospel)이 온 땅에 하나님 나라의 복음을 선포하기 위해 마지막 시대에 회복된 것으로 이해된 적은 20세기 오순절 부흥 이전에는 전혀 없었다.

이는 19세기 성결운동(Holiness Movement) 신학에서 종말론이 전혀 역할을 하지 않았다는 것을 의미하지는 않는다. 웨슬리(John Wesley)의 설교 '혼인 예복에 대하여(On the Wedding Garment)'192)에서 보듯이, 웨슬리안 성화(Wesleyan sanctification)를 가르치는 사람들 사이에는 항상 준비(preparation)와 대기(readiness)라는 주제에 대한 관심이 존재했다. 치유의 은사는 예수의 사역을 회고하며 바라보는 동시에, 병이 사라질 예수의 천년왕국을 내다보게 하는 19세기의 두드러진 현상이었다. 그러나 전반적으로 성령의 은사들은 드물게 나타나는 것, 또는 여기저기 산발적으로 일어나는 것으로 간주되었으며, 그것이 그리스도인의 삶, 교회의 본질, 그리고 선교적 증언에 대한 이해에 있어 종말론적 중요성을 지니거나 의미를 부여하는 경우는 거의 없었다.

동일한 논의는 예배를 위한 '능력(power)'이라는 더 일반적인 개념에도 적용될 수 있다. 19세기 성결론에서 말하는 순결(purity)과 능력(power)은 마치 동전의 양면과 같다. 이 둘은 개인 경건과 거룩한 삶을 위한 능력에 대한 필요성을 다루는데, 후자는 복음 전도와 다양한 사회 개혁 프로그램을 통해 성서적 성결을 전파하는 것을 포함한다. 개인적 헌신과 사회적 증언을 실천함으로써 성결운동의 강조점을 표현하고 전파했으며, 이는 성결 신념을 적용한 것이었다. 그러나 성결운동의 이른바 더 급진적인(radical) 측면에서 종말론적 긴장이 더해지면서, 이러한 실천들은 종말에 대한 준비와 기대로 간주되었다.

그렇다면, 성결(sanctification)과 성령세례(Spirit baptism)를 구별할 필요성을 무엇이 초래했을까? 무엇이 이 운동에 새로운 추진력과 방향을 제공했을까? 물론, 종말론적 관점이 후천년주의(postmillennialism)에서 전천년주의(premillennialism)로 전환되었다. 또한, 성결에서 성령세례로, 순결-능력(purity-power)에서 봉사를 위한 능력(power for service)과 거룩한 삶으로 강조점이 이동했다. 방언(tongues)은 성령세례로 간주된 성결의 증거로 이해될 수도 있었고, 반대로 성령세례가 성결의 증거로 이해될 수도 있었다. 이미 정결과 능력 사이의 차이에 대한 인식이 존재하고 있었던 것이다.

성화(sanctification)와 성령세례(Spirit baptism)를 구분하는 주된 신학적 이유는 예수 그리스도의 사명과 성령의 사명 간의 차이를 인식하는데 기반을 두고 있다. 성령은 이제 단순히 그리스도의 영일 뿐만 아니라 주권적 주님이기도 하다. 성도들의 삶은 그리스도를 닮아야 하지만, 그들의 증언은 성령의 증언을 닮아야 한다. 이는 예수 자신의 증언이 성령의 능력으로 이루어진 것과 병행된다. 하지만 이것은 또한 성도들이 성령의 인도, 이해, 능력을 위해 성령과 대면하고 기다리며 추구해야 한다는 것을 의미한다. 이 변화는 본질적이고 기능적으로 이원론적(binatarianism)관점에서 더 삼위일체적(trinitarian)실천으로의 전환을 나타내며, 이는 성령 중심의 새로운 단일신론(unitarianism)의 위험성을 동반한다.

아이러니하게도, 부흥 운동 특유의 '예수 중심적(Jesus-centric)' 논리와 함께 발전한 단일신론은 삼위일체의 세 번째 위격이 아닌 두 번째 위격에 대한 것이었다. 초기 오순절주의 내에서 발생한 '예수 이름만(Jesus name)' 또는 '예수 유일론(Jesus only)' 분열은 삼신론(tritheism)의 위험성을 암묵적으로 인정하고, 초기 오순절주의와 이전 부흥 운동에서 강력했던 예수 중심 경건을 반영한 것일 수 있다. 이는 또한 오순절주의가 예수는 구세주, 치유자, 성결케 하시는 분, 성령세례를 주시는 분, 다시 오실 왕으로서의 '오중복음(fivefold full gospel)'에 초점을 맞춘 논리적 결론일 수도 있으며, 이 과정에서 성령은 단순히 도구적(instrumental)으로 이해되었다.

오순절주의가 성결운동과 분리되는 과정에서 나타난 패러다임 전환의 역사적 연구 결과나, 그 전환에 내재된 신학적 이유나 우려에 대한 평가는 무엇이든 간에, 이러한 변화로 인해 오순절주의자들 사이에서 하나님의 종말론적 임재가 초래한 결과는 분명하다. 이는 성령의 권능과 나타남 안에서, 그리고 이를 통해 마지막 날 교회의 보편적 사명을 수행하기 위한 보편적 증언의 소명을 회복한 전례 없는 결과를 낳았다. 교회의 선교적이고 은사적인 본질, 그리고 따라서 기독교적 삶의 본질이 이제 중심적이고 규범적인 쟁점이자 과제가 되었다.

초자연적인 증거, 인도하심, 그리고 나타남은 새로운 운동의 특징이었다. 오순절주의자들이 주장한 핵심은, 모든 성도 개개인과 보편적인 교회가 성령의 능력과 나타남 속에서 그리스도를 닮은 증인이 되어야 한다는 것이다. 이 사명은 종말론적 긴박함과 열정으로 채워져 있다. 오순절주의자들이 이전 세기 부흥 운동과 각성 운동의 성도들보다 더 감정적이었다는 것은 사실이 아니다. 그들은 새롭게 나타나는 경험, 실천, 그리고 성경적 통찰에 보다 더 적합한 신학적 통합을 찾기 위해 노력하고 있었다.

오순절의 실천(Pentecostal practices)이란 신념(beliefs)에 기초하여 이루어지는 행동이며, 정서(affections)를 표현하고 형성하는 동시에, 하나님의 나라가 영적 능력과 나타남(manifestations) 속에서 뚫고 들어오는(inbreaking) 영향 아래 있는 행위였다. 즉, '말한 대로 행하고(walk the talk), 행한 대로 말하는(talk the walk)' 것이 중요했다. 오순절 영성을 이해하려면, 종말론적 영향 아래에서 이루어지는 공동체적, 개인적 예배와 증언의 실천을 직접 경험해야 한다. 오순절 신앙에서는 성경, 재림(Second Coming), 성령(Holy Spirit), 기독교적 삶, 그리고 예배 자체에 대한 신념이 이러한 실천들 속에서 표현되며 형성된다. 1장에서 언급했듯이, 오순절 신학적 과제(theological task)가 삶의 현실에 대한 영적 분별과 성찰로 이해된다면, 오순절 신앙 역시 해방신학(liberation theology)과 유사한 점을 갖고 있다(물론 본질적으로 차이점도 존재한다). 즉, 오순절 신앙에서 신학적 성찰이란 특정한 실천(praxis)을 반영하는 것이며, 그것은 종말론적(apocalyptic) 관점에 의해 형성된 실천이라는 점에서 필수적인 요소가 된다.

오순절주의자들의 실천을 단순히 나열하기보다는, 본 연구는 이들의 영성과 종말론적 경험을 설명하는 네 가지 범주로 선택된 몇 가지 실천을 묶어 분석할 것이다. 이 네 가지 기술적-분석적 범주는 다음과 같다:

a. 융합-분열 긴장 (Fusion-Fission Tensions)
b. 구술-서사 형성 (Oral-Narrative Formation)
c. 성령-몸의 상관성 (Spirit-Body Correspondence)
d. 위기-발전 변증법 (Crisis-Development Dialectic)[193]

이 중 '융합-분열(fusion-fission) 긴장'의 범주는 오순절 종말론적 영성의 핵심적인 '이미-아직(already-not yet)'의 긴장을 가장 직접적이고 결정적으로 나타내기 때문에 우선적으로 다룬다. 이 긴장은 다른 세 가지 범주에도 반영되어 있으며, 오순절적 실천을 설명하는 데 기본적인 역할을 한다. 융합(fusion)은 영성 안에서 동등하게 중요한 개념을 가진 쌍(pairs)이나 양극성(polarities)이 종말론적 불길 속에서 현상적으로 융합되는 것을 가리킨다. 반면, 분열(fission)은 성도들에게 동등한 가치를 가지지 않거나 때로는 상호 배타적인 요소나 동력을 분리하거나 구별하는 것을 의미한다. 융합은 통합을 표현하는 반면, 분열은 분리 또는 중요한 구별을 나타낸다. 이러한 긴장은 오순절적 실천의 본질을 이해하는 데 있어 기본적인 설명틀이 된다.

2) 융합(Fusion): 하나님 나라의 침노(Inbreaking)와 변혁(Transformation)

성령에 의해 창조되고 유지되는 예언적 인식 속에서 공간과 시간이 융합된다. '이미-아직'의 긴장은 성령을 통해 여기(here)와 지금(now), 저기(there)와 그때(then)를 압축하고 넘나들게 하여 성도의 정서적 반응과 행동에 개인적인 영향을 미친다. 성령의 깊고 강력한 감동을 받은 오순절 성도들은 웃으며 울고, 춤추며 고요히 기다린다. 성령 안에서 그들은 '이미' 혼인잔치에 참여하지만, 또한 '아직' 잃어버린 세상 속에서 살아간다. 앞서 논의된 바와 같이, 성령은 말씀을 통해 일종의 '타임머신(time machine)' 역할을 하여 성도들이 구원의 역사 속에서 과거와 미래를 오가며 이미 이루어진 사건들과 앞으로 이루어질 사건들에 상상적으로 참여할 수 있게 한다. 그리스도를 죽음에서 일으키신 능력이 모든 것을 주님의 재림(parousia)으로 향하도록 움직이고 있다. 오순절 성령 강림 때 부어주신 성령은 각 성도를 충만케 하며, 일상의 시간을 카이로스(kairos)로 만들어, 모든 성도들이 이 시대의 끝자락에서 살도록 인도한다.194) 하지만 모든 성취, 즉 '이미'에는 여전히 '아직'의 약속이나 남은 부분이 있다. 세상과 성도들은 타락했지만, 구속받고 있다. 육신은 죽어가고 있지만, 지금은 성령의 전이며, 그리스도의 몸의 일부이다.

이 겹쳐진 시대의 '이미-아직' 속에서 성도들은 방언으로 말하고, 일상 언어로 하나님의 위대한 행사를 선포할 수 있다. 찬양은 지금과 그때를 위한 것이며, 교회의 예배(worship)와 증언(witness)의 융합을 반영한다. 제3세계의 오순절 성도들은 오전 내내 예배를 드린 후, 종종 예배를 거리로 옮겨간다. 오후에는 거리에서 찬송을 부르고, 간증하며, 사람들을 위해 기도하는데, 이는 예배($\lambda\epsilon\iota\tau o\upsilon\rho\iota a$[leitourgia])와 증언($\mu a\rho\tau\upsilon\rho\iota a$[martyria])의 융합이다. 올 하나님 나라의 능력은 성령을 통해 모든 시간과 장소가 하나님의 영광을 위해 쓰이게 하는 힘으로 역사하고 있다.

이 기쁨의 심화는 동시에 슬픔이나 갈망의 심화를 의미한다(3장에서 논의된 바 참조). 이 갈망은 '아직'에 대한 정서적 인식으로, 잃어버린 영혼들과 세상 전체를 위한 것이다. 그래서 성령 안에서 신음하며 탄식하는 자연의 비관과 성령 안에서 기뻐하는 은혜의 낙관이 공존한다. 오순절 성령운동의 선교적 실천은 마치 후천년설(postmillennialism)의 낙관론('우리가 복음을 선포하여 하나님 나라를 이룰 것이다')처럼 보인다. 하지만 오순절 예배는 어떠한 인간적 노력도 하나님 나라를 이루지 못할 것이라는 전천년설(premillennialism)의 비관론을 증언한다. 낙관일까, 비관일까, 아니면 둘 다일까? 오순절 성도들에게 있어, 하나님은 그들의 행위에 기반해 세상을 구원하지 않으시지만, 그들과 무관하게 세상을 구원하시지도 않을 것이다. 하나님 나라는 이미 임재해 있으며, 결국 완성될 것이다. 이를 믿는 것은 교회의 예배-증언 실천(praxis)을 지시하고 강화하시는 성령의 능력 안에서 살아가는 것이다.

이 기쁨과 슬픔의 근원이자 본질은 성령 자신이다. 성령은 온 창조세계와 성도 안에서 신음하며 탄식하신다. 또한 이 갈망을 창조하고 지속시키신다. 성령은 분명 종말을 알고 계시며, 이를 성취할 충분하고 효과적인 수단이심에도 불구하고, 그 안에는 여전히 신적 갈망이 존재한다. 이러한 성령으로 충만한 상태에서 수동적으로 남아 있는 것은 불가능하다. 이것은 절망이나 순진한 낙관을 낳는 원인이 아니다. 오히려 이는 절제된 기쁨이자, 눈물 어린 환희이며, 현실적 희망이다.

융합(fusion)은 개인과 공동체의 관계를 설명하는 데도 적용된다. 그리스도의 몸은 성령을 통해 하나님의 거처로 세워진 살아 있는 돌들로 이루어진 성막이다(에베소서 2:22).[195] 성령 안에서의 교제(communion) 가운데, 성령의 근본적이고 우선적인 응답에 따라 성령의 임재에 반응하며 서로와 세상에 응답한다. 회중은 하나님의 주권적인 성령의 움직임에 전체적으로 응답한다. 오순절 집회에서의 공동체적이고 상호작용적인 예배는 깊이 체험되고 쉽게 관찰될 수 있다. 성령의 은사는 성령의 뜻에 따라 전체의 유익을 위해 나누어진다. 모든 성도들이 동일한 내주하시고 충만케 하시는 성령께 응답하고 있다는 사실이 공동체적 분별과 수용성을 가능케 한다. 은사의 나타남은 항상 성도의 현재 재능, 성격, 문화적 배경의 흔적을 담고 있지만, 이는 동시에 성령과 그의 은사가 가진 명백한 '아직'이라는 종말론적 성격과 융합된다. 성령은 이미 부어졌고 몸에 은사를 주셨지만, 성도들은 아직 시대의 완성 속에서처럼 충분히 수용적이고 표현적이지는 않다. 성령의 사랑으로 충만하고, 성화되었으며, 주님의 도구로 합당하게 된 성도들조차도 타락이 이해, 의지, 그리고 정서에 미치는 영향을 여전히 느낀다.

오순절 성도들은 성경이 기록된 하나님의 말씀임을 믿는다. 대부분은 어떤 형태로든 언어적 영감(verbal inspiration), 무오성(infallibility)을 믿으며, 특히 북미 성도들은 질문을 받을 경우 성경의 무류성(inerrancy)을 주장할 것이다. 하지만 공식적인 신앙 고백서들은 성경이 '성령-말씀(Spirit-Word)'으로서의 실재를 정확히 반영하지 못한다. 성경을 영감하고 보존하신 성령은 오늘날에도 그 말씀을 통해 조명하고, 가르치고, 인도하고, 책망하며 변화를 일으키신다. 말씀은 성령의 사역으로 인해 살아 있고, 능력이 있다. 성령과 성경의 관계는 성령과 그리스도의 관계에 기초한다. 성령이 마리아 안에서 그리스도를 형성하신 것처럼, 성령은 성경을 사용하여 성도 안에 그리스도를 형성하신다. 반대로, 그리스도를 통해 성경의 의미가 깊어지기도 한다. 성령의 기름 부으심을 받은 설교, 가르침, 증거는 이러한 전체성, 즉 성령과 말씀, 성령과 그리스도의 융합을 드러낸다.

성령은 그리스도의 영이며, 성경적으로 말씀하시지만 성경 이상의 것을 말씀하시기도 한다. 성령-말씀(Spirit-Word)은 성도와 교회가 모든 진리로 인도받으며 살아가는 일상과 증거를 이끈다. 성령과 말씀은 융합되었고 결합되어 있으며, 이를 분리하거나 단절하는 것은 교회와 성도에게 큰 위험과 대가를 초래한다. 말씀은 단지 말뿐 아니라 성령의 능력과 나타남 속에서 온다. 만약 그것이 성령의 충만함에서 비롯되지 않는다면, 그 전달은 온전한 성경적 전달이 아니다. 또한, 그것이 성경적이지 않다면, 아무리 외견상 은사적이라 해도 그것은 영적이지 않으며 성령께 속한 것이 아니다. 이러한 분별력은 하나님의 온전한 뜻에 의해 성령 안에서 형성된 공동체를 필요로 한다.196) 각 성도는 성령을 지닌 자로서 말씀을 듣고, 동시에 말씀을 지닌 자로서 성령의 음성을 듣는다. 모든 말씀의 지닌 자들은 교회에 말씀하시는 성령의 음성을 들어야 한다. 오순절 회중이 설교자에게 반응하지 않는 경우, 이는 설교자가 기름 부음 받지 않았거나 말씀을 전하지 않는다는 뜻일 수 있다. 이 융합이 깨질 때, 회중은 '아멘'을 생략함으로써 이를 드러낸다.197)

초기 오순절 성도들의 사역적 실천(ministry practices)은 성직자(clergy)와 평신도(laity), 남성(males)과 여성(females), 인종(races)과 계층(classes)의 경계를 허무는 융합을 보여주었다. 오순절 공동체에서 성직자와 평신도의 구분은 단순한 기능적 차이에 불과했다. 모든 성도는 각자 성령께 받은 은사를 가지고 있으며, 어떤 은사도 다른 것보다 더 귀하거나 필수적인 것이 아니었다. 성령께서 모든 은사를 허락하셨다면, 그것들은 모두 필요한 것이었다. 성령은 남성과 여성 모두에게 부어졌으며, 따라서 각자는 예배하고, 증언하며, 하나님의 은사와 은혜를 나타낼 사명을 받았다. 여성들도 설교하고, 병자에게 안수하며, 교회를 개척하고, 예언하고, 방언을 말하며, 모든 사역의 영역에서 헌신적으로 섬겼다. 모든 성도는 종말론적 관점에서 서로에게 순종하고, 함께 목표를 향해 나아가도록 돕는 역할을 감당해야 했다. 이를 상징적으로 나타내는 것이 바로 세족식(foot washing)이었다. 그들은 서로의 발을 씻으며, 종말을 준비하는 정결함을 갖추고, 서로를 섬기는 종의 자세를 실천해야 했다.198)

구원과 거룩한 삶의 여정(daily walk of holiness)에서 믿음과 행위, '말과 행함'(talk and walk), 사랑과 순종, 복음과 율법은 하나로 결합되었다. 사랑은 순종한다. 복음으로 인해 자유를 얻은 자들은, 복음의 관점에서 율법을 바라보며 율법이 자신을 은혜에 의존하게 하고, 의로움으로 인도하는 역할을 하도록 허용해야 한다. 다가오는 하나님 나라는 의의 나라이므로, 성도들은 지금 이곳에서 의를 실천해야 한다. 즉, 타인에게 저지른 잘못을 바로잡으며(restitution), 정의로운 삶을 살아가야 한다. 오직 믿음으로 은혜 안에서 칭의(justification)를 받는다. 그러나 칭의하는 믿음은 결코 홀로 존재하지 않으며, 성령 안에서 사랑을 통해 역사하는 믿음(faith which works through love)이 된다. 믿음 안에 거한다는 것은 곧 신실(faithful)하다는 것이며, 신실하지 않다는 것은 하나님에 대한 사랑을 잃고 배신한 영적 간음자가 되는 것을 의미한다.

오순절 성도들은 그리스도인이 타락하거나(backslide) 믿음을 저버릴(defect) 수 있다고 믿는다. 그래서 타락한 자들에 대해 교제 단절(difellowshipping)과 회복(restoration)이라는 실천을 행한다. 그들은 그리스도와 함께 십자가에 못 박힌 자들에게 '정서(affections)와 욕망(lusts)'을 십자가에 못 박을 것을 촉구한다. 오순절 신앙에서는 객관적인 것과 주관적인 것이 결합되어 있다. 그러나 이것을 행위에 의한 의

(works-righteousness)로 보지 않는다. 믿음은 의를 행하지만, 그것이 자동적이거나 필연적인 것은 아니다. 사람은 성령의 인도와 말씀의 빛을 거부할 수 있으며, 그 결과 뒤로 물러날 수도 있다. 오순절 성도들은 1906년 아주사 부흥(Azusa Revival) 이후로, 요한계시록에 기록된 아시아 교회들에 대한 그리스도의 메시지를 매우 중요하게 여겨 왔다. 이는 성령께서 교회들에게 하시는 말씀을 듣는 것이 얼마나 중요한지를 보여준다. 왜냐하면, 개인 성도뿐만 아니라 교회 공동체도 타락할 수 있으며, 과거의 명성에 의존한 채 모든 것이 잘되고 있다고 착각할 위험이 있기 때문이다.199)

이 강조점 때문에, 오순절 성도들은 매우 엄격한 규율을 실천했으며, 소위 '중립적 문제(adiaphora)'에 해당하는 사안을 거의 인정하지 않았다. 춤, 영화관(세속적 오락), 보석 착용(세속적 사치와 치장, 허영심의 표현) 등에 대한 거룩함의 금지 규정은 더 이상 논의와 성숙을 위한 문제가 아니라, 교제의 기준이 되었다. 교회를 거룩하고 준비된 상태로 유지하기 위한 노력에서, 많은 이들이 상처를 받거나 교회 규율을 '지금 당장 전부 또는 아무것도 아닌 방식(all or nothing, now)'으로 가르침을 받았다. 물론 종말론적 열정이 높았던 시기에는 대부분의 사람들이 이러한 규율이나 거룩한 실천 목록에 기꺼이 순응했다. 하지만 열정이 식고, 소득이 증가하면서 더 많은 것을 감당할 수 있게 되자, 3세대와 4세대 성도들 중 많은 이들이 더 관대한 교회로 떠나게 되었다. 그러나 대부분의 초기 성도들에게 이러한 실천은 거룩함 운동(Holiness movement)으로부터 계승된 것이었고, 사랑 안에서 자신을 거룩하고 흠 없이 보이기 원하시는 하나님께 온전히 헌신하는 삶과 일치한다고 여겨졌다.200) 이러한 실천은 또한 교회와 세상 사이의 사회적 징체싱과 구별감을 부여했다. 이러한 구분은 특히 초기 핍박—신체에 대한 폭력과 재산 파괴를 포함하여—의 결과로 더욱 강화되었다. '성령에 도취된 자들(holy roller)'과 같은 비난은 사람들을 더욱 긴밀히 묶고, 하나님께 헌신된 생활 가운데 실천되는 것들을 위해 더 많은 성경적 근거를 찾게 했다. 단순하고 소박한 삶, 희생, 헌신, 그리고 증거의 삶은 하나님 나라에 대한 비전을 충실히 반영하는 것이었다. 이는 세상을 주목하게 만드는 교회 안에서 빛을 발해야 할 사명이었다.

성령의 열매와 성령의 은사는 거듭남(regeneration), 성화(sanctification), 성령세례(Spirit baptism)라는 구원의 체험과 마찬가지로 융합되어 있다. 이는 단순히 성화에 성령세례를 추가하여 별도의 운동을 만들려는 것이 아니다. 또한 둘을 분리하는 것도 적합하지 않다. 성령세례가 성화된 삶 위에 부어지는 하나님의 능력으로 여겨졌는데, 이는 초기 거룩함 운동에서 강조했던 순결과 능력을 동전의 양면으로 보던 견해를 재확인한 것이다. 논리적으로나 경험적으로는 구별될 수 있으나, 동시에 발생할 수도 있으며, 신학적으로는 분리되어서는 안 된다고 여겨졌다. 존재와 행위, 성령의 열매와 은사, 성품과 인격은 통합된 전체로 간주되었다. 하나님은 헌신적이고 배려심 깊으며 깨어 일하며 기다리는 신부를 준비시키고 있었다. 기독교 삶의 이러한 요소들의 융합은 종말론적 성취와 일치했다. 부활에서 몸의 구속을 기다리지 않아도 거듭남, 성화, 성령세례로서 구원의 충만함을 경험할 수 있었다. 성령의 열매와 은사는 함께 복음의 능력을 온전히 증언하는 것이었다. 성령은 내면과 외면을 통합시키는 역할을 했다. 이러한 표징과 증거는 단지 개인적인 확신을 위해서만이 아니라, 목회적 돌봄과 교회의 공적 증언 및 영향력을 위해서도 필요했다.

그리스도와의 융합 또는 연합 안에서, 성도는 성부와 성령과 연결되었다. 사실 성령은 이러한 융합의 중재자였다. 의롭고 거룩하며 능력 있는 하나님과의 연합은 적절한 변화를 요구했고, 그 변화를 초래할 수밖에 없다. 이와 관련하여 칭의는 성화를 요구하고, 성화는 전 세계적인 복음 전도와 선교를 위한 성령충만을 요구한다. 하나님의 정의와 사랑, 능력은 성도들 안에서 하나님 나라를 향한 깊고 강력한 열정으로 나타난다.

3) 분리(Fission): 타락한 세상 속에서 하나님 나라에 참여하기

융합이 긴장의 '이미(already)' 측면을 강조하는 경향이 있다면, 분리는 '아직(not yet)' 측면에 기울어져 있다. 여기서 대조되는 요소들은 독특하며, 명확히 분리되고, 어떤 경우에는 상호 배타적이다. 하나님과 사탄, 빛과 어둠, 성도와 죄인, 교회와 세상이 그 예다. 이러한 대조는 특히 귀신 들린 사람이 성령의 능력으로 악령이 쫓겨남으로써 귀신으로부터 분리되는 축사(驅邪)의 실천에서 가장 분명히 드러난다. 그렇게 되면 그 사람은 복음을 듣고 그리스도와 연합할 수 있다.

'세상'은 사회적, 정치적, 경제적, 영적 요소들이 얽혀 있는 체계로 간주되었으며, 이는 곧 사라질 것이었다. 사람들은 세상에 속하거나 말씀에 속하거나 둘 중 하나이다. 세상에 속한다는 것은 육신의 정욕, 안목의 정욕, 이생의 자랑에 의해 동기 부여된다는 것을 의미한다.201) 세속성(worldliness)과 경건(godleness)은 상호 배타적이다. 그리스도인이 된다는 것은 하나님의 영을 받고 세상의 영을 거부하는 것을 뜻한다. 남성과 여성은 세상에서 벗어나도록, 모든 속박의 악습에서 해방되도록, 세속적 사치품과 술, 해로운 습관(흡연 등)을 버리고, 거룩함의 성령에 반하는 외설적 행위가 있는 세속적 오락 장소에 출입을 멈추도록 요청 받는다.

오순절 성도들은 다가올 하나님 나라에 순응함으로써 현 세상과의 분리를 실천한다. 이를 통해 세상과 세속적 관여를 급진적으로 상대화한다. 세상이 그들을 거부했고, 그들 역시 세상을 거부한다. 성도는 세상 속에 있지만 그 체계의 일부로서가 아니라 증인으로 존재한다. 초기에는 평화주의가 꽤 일반적이었으며, 그들이 하나님 나라의 시민임을 강조하는 것이 흔했다.202) 아미쉬(Amish)처럼 별도의 지리적 장소로 물러나지 않았기 때문에, 대화, 복장, 예배, 증언등에서의 차이점이 그들의 정체성과 소속감을 형성하는 데 더욱 중요한 역할을 했다. 그들은 하나님의 초월성과 다가오는 하나님 나라에 대한 강렬한 인식을 가지고 있었으며, 이러한 믿음은 그들이 일상생활 속에서 이를 증언할 방법을 찾도록 이끌었다.

세상에서 오순절 공동체로 들어오는 사람들은 종종 강렬한 영적 에너지를 경험한다. 극적인 회심과 해방이 일반적이고, 이는 선명한 구분과 치러야 할 대가로 인해 더더욱 의미 있는 사건이 된다. 새로운 '세상'으로 탄생하며 눈물과 고통이 뒤따르지만, 동시에 큰 기쁨이 있다. 이러한 눈물과 기쁨은 새로 믿음을 갖게 된 성도를 공동체와 강하게 연결하고, 공동체의 결단력을 강화시킨다. 공동체는 새롭게 회심의 감격을 체험하며 성화의 길로 나아가고, 다가올 시대의 능력을 새롭게 느낀다. 증언은 교회와 세상 사이의 경계를 분명히 하고, 세상이 그 선을 넘어오도록 초대하는 역할을 한다.

그러나 다른 유형의 분리도 있다. 이 경우에는 상호 배타적인 대립을 나타내는 것이 아니라, 첫 번째 항목이 두 번째 항목보다 더 가치 있고 우선순위를 가지는 것을 나타내기 위해 구분한다. 예를 들어, 계시와 이성, 마음과 머리, 성경과 '신조(creeds)' 등이 이에 해당한다.

오순절주의자들은 사역을 위한 사람들을 훈련시키기 위해 성경학교와 교육기관을 설립했다. 이러한 학교들은 세월이 흐르며 발전하면서 이성이 계시를 섬기는 장소가 되었다. 이성은 계시를 만들어낼 수 없으며, 계시 없이는 진정으로 중요한 것을 발견할 수 없다. 세속적 학문의 '진리'는 더 큰 진리, 즉 '하나님의 나라'라는 우주적 현실 속에서 상대화되고 해석되어야 한다. 어떻게 모든 존재의 목적과 목표에 대한 이해 없이 과거와 현재의 중요성을, 혹은 특정 발견의 의미를 진정으로 알 수 있으며, 더 나아가 그것을 올바르게 활용할 수 있겠는가? 실제로, 학문은 위험할 수 있다. 교육받은 많은 사람들이 성령의 일을 거부했기 때문이다. 그들 중 다수는 소위 '기독교' 학교에 다녔지만, 그곳에서 하나님과 성경, 그리고 교회를 불신하도록 가르침을 받았다.

마음(heart)은 인간의 중심으로, 정신(mind), 의지(will), 정서(affections)의 자리(seat)이다. 온 존재가 성령과 하나님의 말씀에 의해 움직여야 한다. 만약 마음이 하나님의 사랑으로 뜨겁게 타오르지 않은 상태에서 머리만 커진다면, 이는 오직 교만으로 이어질 뿐이다.203) '마음에서 나오는 것을 입으로 말한다.'204) 사회적 위치, 증가하는 다원주의, 그리고 모든 가치의 상대화는 오순절 성도들의 교육에 대한 반응에 영향을 미친다. 그러나 가장 중요한 우선순위는 하나님의 말씀, 즉 '주께서 이르시되'라는 명령을 존중하는 것이다.

성경의 성령-말씀(Spirit-Word)은 교회와 신조보다 우선된다. 신조는 마치 전투에서 기동성과 적응성, 유연성이 요구되는 상황에 고정된 요새와 같다. 아주사(Azusa)에 참석했던 프랭크 바틀만(Frank Bartleman)은 필립 샤프(Philip Schaff)의 말을 인용하며 이를 긍정적으로 언급한다:

기독교의 분열은 결국 그리스도가 핵심이 되는 더 깊고 풍성한 조화를 이루기 위한 도구로 사용될 것이다. 그리스도 안에서 그리고 그리스도를 통해 신학과 역사의 모든 문제는 해결될 것이다. 최선의 경우 인간의 신조는 계시된 진리를 대략적으로, 그리고 상대적으로 정확하게 표현한 것이며, 교회의 진보적 지식에 의해 개선될 수 있는 반면, 성경은 완전하고 오류가 없다. 신조의 권위를 더 높게 보는 어떤 견해도 비개신교적이며 본질적으로 로마 가톨릭화 된 것이다.205)

프랭크 바틀만(Frank Bartleman)은 신조가 아닌 그리스도 안에서의 연합을 원했다. 이는 모든 하나님의 백성이 인종, 피부색, 사회적 지위, 혹은 신조와 상관없이 하나가 될 수 있는 기반이었기 때문이다.206) 그는 어떤 유명 설교자가 몇몇 오순절 성도들에게 '외부인'으로서 말한 내용을 인용하며 경고했다: '하나님께서 영혼을 채우고 성령으로 놀랍게 세례를 주시기 위해 계획하신, 약속으로 가득한 이 아름다운 오순절 사역은 사랑의 부족으로 인해 깨어지고 훼손되고 망가지고 있다.'207) 또한 그는 존 웨슬리(John Wesley)가 '견해'와 '편협함'에 대해 논의한 내용을 인용하며, 초대 성도들이 처음 성령충만을 받았을 때 '한 마음과 한 뜻이 되었다'는 점을 상기시킨다.208)

초기 오순절 성도들에 따르면, 신조(creeds)는 사람들을 배제하고, 교회를 분열시키며, 하나님이 무엇을 할 수 있고 할 수 없는지를 규정하려는 목적으로 설계되었다고 여겨졌다. 신조는 성령의 주권을 제한하고, 오순절 성도들이 성령 안에서 마지막 때의 사명을 위해 통합된 교회를 세우고자 하는 열망을 좌절시키는 것처럼 보였다. 일상적인 결정과 상황에 성경적 통찰을 신중하게 적용하는 것은 필요했다. 그러나 신조는 성경과 동등한 위치로 격상되는 경향이 있었고, 이는 용납될 수 없는 일이었다. 성령은 교회보다 우선이고, 성령은 성경보다도 선행된다. 따라서 권위의 순서는 성령, 성경, 교회이다. 성령 없이는 성육신하신 말씀이나 기록된 말씀이 있을 수 없으며, 말씀이 없이는 교회가 있을 수 없다. 실제로 이는 설교와 예언(혹은 그에 해당하는 방언과 통역)을 성령으로 충만하고 은사를 받은 성도들의 공동체 안에서 성경으로 검증해야 한다는 것을 의미한다. 이러한 방식으로 교회는 이해를 계속해서 확장하고, 잘못된 길로 나아갈 경우 교정받을 수 있다.

아이러니하게도, 이러한 반(反)신조주의는 일종의 신조처럼 되어버렸고, 그 결과 일부 오순절 성도들은 자신들만이 순수한 말씀을 가지고 있으며, 다른 이들은 인간이 만든 신조와 조직만을 가지고 있다고 믿었다. 이들은 성령의 주권과 우위를 보존하려 했으나, 그 과정에서 종종 매우 경직되고 배타적이 되었다. 그러나 그 본래 의도는 개방적이고 선교적 사명을 위한 성령의 연합을 추구하려는 것이었다. 결국, 오순절 성도들은 내부 분열과 외부의 비난에 대응하기 위해 '근본 진리의 진술(Statement of Fundamental Truths)' 또는 '신앙 선언(Declaration of Faith)' 같은 이름으로 자신들만의 신조를 발전시켜야 했다.[209]

오순절 성도들은 신조(creeds)가 그들에게 기대하게 하거나 추구하도록 이끌지 않았던 어떤 경험을 하게 되었다. 아니, 단순한 '어떤 것'이 아니라 '어떤 분,' 즉 성령(The Holy Spirit)을 경험하게 된 것이다. 그리고 그분은 새로운 용기, 확신, 능력을 주셨다. 따라서, 분열을 초래하는 신조보다, 연합을 이루시는 성령을 신뢰하는 것이 더 낫다고 여겼다. 그들은 자신들에게도 신념(beliefs)이 있으며, 그것들 대부분이 다른 기독교인들과 공통된 것이라는 사실을 알고 있었다. 그러나 성령의 역동적 임재가 그들의 삶을 통해 역사하지 않는다면, 신조는 텅 빈 껍데기에 불과하며, 교회의 선교적 연합을 가로막는 장벽이 될 뿐이었다. R.G. 스펄링(R.G. Spurling)—훗날 테네시주 클리블랜드의 하나님의 교회(Church of God)로 발전한 기독교 연합회(Christian Union)의 초기 지도자—는 이렇게 말했다. 교회가 구속의 황금 사슬(golden chain of redemption)에서 사랑의 연결고리를 잃어버렸을 때, 신조주의(creedalism)에 빠지게 되었다. 그는 또 다른 비유를 사용하여, 하나님과 이웃을 향한 사랑이야말로 교회가 마치 기차처럼 달려야 할 두 개의 황금 레일(golden rails)과 같아야 한다고 주장한다.210)

많은 사람들이 오해하는 것과 달리, 오순절 성도들은 제한적인 신조(creeds)에 대해 의심을 가졌지만, 그렇다고 해서 신학적 논의에 무관심했던 것은 아니었다. 오히려 그들 내부의 토론과 분열의 역사만 보더라도, 그들은 신학적 문제에 매우 철저하게 관심을 기울였음을 알 수 있다. 윌리엄 J. 시무어(W.J. Seymour)는 오순절 성도들에게 '순수하지 않은 교리(Impure Doctrine)'의 위험성을 경고한다.

> 우리는 오늘날 많은 그리스도의 백성들이 영적인 간음과 육체적인 간음을 저지르며 얽혀 있는 것을 발견한다. 그들은 '우리가 교리에서 하나가 아니더라도 영적으로는 하나가 될 수 있다'고 말한다. 그러나 사랑하는 이들이여, 우리는 하나님의 말씀을 통해서만 하나가 될 수 있다. 하나님께서는 '그러나 네게 이것이 있으니, 네가 니골라당의 행위를 미워하는구나. 나도 그것을 미워하노라'라고 말씀하신다. 나는 에베소의 사도적 교회가 하나님의 말씀에 굳건하지 못하고 올바르지 않은 교리를 가르치는 사람들을 자신들

의 교제 안에 남겨 두었다고 생각한다. 그러나 예수께서는 적은 누룩이 전체를 부풀게 할 수 있음을 보셨고, 그의 손가락은 그 순수하지 않은 교리 위에 있었다. 그것이 교회에서 제거되지 않으면, 그는 교회의 빛으로 남아 있지 않고 교회를 흩으실 것이다. 우리가 성경에 반하는 것을 발견하면, 아무리 그것이 소중하다 할지라도 제거해야 한다. 우리는 아각(Agag, 사탄 자신, 육신적 본성 또는 옛 사람을 상징)을 데려올 수 없다. 그러나 사무엘은 아각이 죽어야 한다고 말하며 그의 칼을 뽑아 그를 죽였다. 그리스도의 귀한 말씀, 곧 사무엘의 칼은 모든 육신성과 죄를 죽인다. 이 마지막 날들에 많은 사람들이 성경에 근거한 구원을 살지 않을 것이다. 그들은 위험을 무릅쓰고 선택할 것이다. 그러나 하나님께서 도우셔서, 만약 그들의 오른손이나 오른눈이 그들을 실족하게 한다면 그것을 제거하게 하시기를 바란다. 불구의 상태로 생명에 들어가는 것이 혼과 몸이 지옥 불에 던져지는 것보다 낫다.

주님께서 말씀하시기를, '귀 있는 자는 성령이 교회들에게 하시는 말씀을 들을지어다. 이기는 자에게는 내가 하나님의 낙원 가운데 있는 생명나무의 과실을 주어 먹게 하리라.' 오 사랑하는 이들이여, 우리가 주님이신 구주 예수 그리스도와 함께 이 땅에서 통치하기를 기내한다면, 우리는 세상과 육신과 악마를 이겨야 한다. 우리가 기꺼이 한다면 주께서 이길 수 있는 능력을 주실 것이다. 그의 거룩한 이름을 찬양하라.211)

논의가 이루어진 종말론적 맥락에서, 순수하지 않은 교리는 결국 순수하지 않은 삶으로 이어지고, 그 끝은 파멸이거나 보상의 상실이다. 어떤 성도들은 고백하지 않은 죄, 교만한 태도, 또는 육신적 욕망에 빠져 대환난을 겪게 될 것이다. 이로 인해 보상의 상실이 발생할 수 있다. 따라서 웨슬리안 전통에서 강조하는 두 번째 은혜의 확실한 체험(성화)을 배경으로 하든 그렇지 않든 간에, 성도는 '세상과 육신과 악마를 이기기' 위한 능력이 필요하다. 주요 목회적 관심사는 특정한 신조가 아니라, 누군가가 말씀 안에서 굳건히 서 있으며, 올바른 교리를 가르치는지—말씀에서 곧바로 나오는 교리를 가르치는지—이다.

그러나 시간이 지나면서 이러한 목회적 관심은 경직되었다. 종말론적 비전의 영향과 힘 아래에서, 성경에 명시적으로 금지되지 않았지만 성경적 가르침에 위배된다고 여겨지는 의심스러운 것들조차 금지하는 거룩한 삶을 위한 규칙들이 발전했다. 이러한 규칙들은 형제나 자매를 실족하게 할 수 있는 행위와 관련이 있다. 예를 들어 흡연을 하는 회원에 대한 처리는 목회적 권면과 함께 논의되고, 보통 육신적이거나 미성숙하거나 약한 성도들에 대해 자비롭고 오래 참으라는 조언이 함께 제시된다.212) 그러나 시간이 지나면서, 이러한 기준들은 즉각적으로 시행해야 할 엄격한 규율로 자리 잡았다. 이것들은 교제의 기준이 되었으며, 온전한 신앙 공동체의 일원이 되기 위한 필수 조건으로 요구되었다. 즉, 이는 성결 교리문답(holiness catechism)과 같은 역할을 하여, 언약 공동체에 온전히 참여하려면 반드시 믿고 순종해야 했다. '적은 누룩이 온 덩어리를 부풀게 하듯이(A little leaven could leaven the whole lump),' 작은 타협도 공동체 전체에 영향을 미칠 수 있었다. 마음의 순결은 곧 교리와 삶의 순결을 요구한다. 그리고 거룩함(holiness)을 추구하지 않고서는 결코 주님을 볼 수 없다.

이러한 가르침에서 분명히 드러나는 것은 성령, 그리스도, 그리고 성경 말씀 사이의 관계이다. 예수께서 아시아의 교회들에 대한 잘못, 타협,

신실함, 그리고 견고함을 구체적으로 아셨던 것처럼, 성령을 통해 오늘날의 교회들의 특정 상황에 대해 말씀하시고, 모든 사람의 마음과 삶을 살피시며 성경적 가르침을 적용하신다는 점이다.

목회적 관심은 때때로 교리에 대한 논쟁을 불러일으키기도 했다. 윌리엄 더럼(William Durham)은 웨슬리안적 관점을 따르지 않는 '완성된 사역(finished work)' 교리를 발전시켰다. 이는 성결(sanctification)의 분명한 위기(crisis) 경험 없이도 성령세례를 받은 사람들을 설명하기 위한 것이었다. 그러나 웨슬리안 오순절 성도들이 더럼의 새로운 가르침을 거부하고, 윌리엄 J. 시무어(W.J. Seymour)가 아주사(Azusa) 선교 본부에서 더럼의 출입을 막았던 것 역시 목회적 관심에서 비롯된 것이었다. 웨슬리안 오순절 신앙에서는 성령의 능력이 '성결한 삶(sanctified life)' 위에 임하며, 그것을 위한 것이었다. 따라서 성화를 단순히 중생(regeneration)과 동일시하고, 이후 점진적인 성장으로만 이해하는 것은 웨슬리안 신학의 독특성, 역동성, 그리고 사건성(event-fulness)을 잃어버리는 것이다. 위기(crisis) 없는 성장은 단순히 영적 감동이 부족한 것에 그치는 것이 아니라, 실제로 위험한 것이다. 왜냐하면 이는 구체적이고 결정적인 변화를 향한 소망을 약화시키기 때문이다.

이러한 분열은 많은 사람들에게 신조(creeds)가 몸된 교회의 분열을 나타낸다는 것을 확인시켜 주었으며, 사랑 안에서 새로운 합의에 도달함으로써만 치유될 수 있음을 보여주었다. 성화가 모든 두려움을 내쫓고 교회를 하나로 묶는 완전한 사랑으로 여겨졌기 때문에, 초기 오순절 성도들은 이 고통스러운 논쟁을 선교적 일치와 주님의 재림을 위한 준비라는 두 가지 가장 중요한 원칙을 위협하는 것으로 보았다. 그러나 건전한

교리를 위한 목회적 관심은 신조의 필요성을 피할 수 없게 만든다. 시무어는 다음과 같이 언급한다:

> 그리스도의 교회에서 지옥의 거짓되고 사악한 영들을 몰아내는 유일한 방법은 건전한 교리를 가지는 것이다. '성벽을 강화하라.'213)

하지만 시무어(W.J. Seymour)와 다른 이들이 한 손에 '건전한 교리(sound doctrine)'를 내세웠다면, 다른 한 손에는 보통 이 운동 전체의 정당성을 판단하는 더 실용적인 시험 기준도 가지고 있었을 것이다:

> 이 늦은비(latter rain)가 하나님의 영광으로 세상을 물들이고 있다는 것을 우리가 주님으로부터 온 일임을 알게 만드는 것은, 마귀가 이런 일을 하지 않는다는 사실 때문이다 … 이 사역은 어떤 거대한 기계를 만들거나 어떤 위대한 무엇이 되는 것이 아니라, 영혼을 구원하고 그들이 그리스도와 일치 속에서 살아가도록 하는 것이다.214)

교회는 본질적으로 인간이 만든 기계나 조직이 아니라, 하나의 유기체(organism)이다. 오순절 신앙에서는 성직자(clergy)와 평신도(laity), 남성과 여성, 성령의 열매와 은사가 하나로 융합(fusion)되지만, 교회와 세상은 분리(fission)된다. 그리고 교리는 그 경계를 정의하는 역할을 한다. 이러한 경계가 없다면, 교회의 정체성과 건강성을 유지할 수 없다. 오순절 운동 내에서는 다양한 교회 정치(polity)가 발전했지만, 결국 회중제(congregational), 장로제(presbyterian), 감독제(Episcopal) 등 어떤 형태든지 간에, 오순절적 성령의 임재가 가져온 역동적인 평등에 의해 조정되었다. 즉, 모든 성도가 제사장, 예언자, 성인, 그리고 증인으로 세워지는 것이었다. 교회의 직분—목사(pastor), 사도(apostle), 교사(teacher), 예언자(prophet) 등의 사역적 은사(ministry gifts)—은 공동체에 의해 인정되어야 했으며, 공동체가 해당 은사를 확인해 줄 때만 효과적으로 기능할 수 있었다. 오순절 운동은 처음에는 영적 증거(evidences)와 결과(results)를 중시하면서, 질적 요소보다 양적 요소로 초점을 이동시키는 경향을 보였다. 그러나 곧 사기꾼(charlatans)과 신비주의적 운동이 흔히 끌어들이는 이상한 인물들에게 속고 나서, 오순절 성도들은 아주사 부흥(Azusa revival) 초기부터 분별의 기준을 빠르게 개발했다. 이 기준은 건전한 교리와 성령의 열매를 중심으로 하였으며, 이에 대한 논의는 3장에서 다룰 것이다.

4) 구술-서사적(Oral-Narrative) 형성: 하나님 나라의 언어(Speech)

성령과 인간의 영 사이의 구분(fission)을 명확히 하는 것은 매우 중요하다. 성령 체험을 강제로 유도하는 것은 오순절 성도들에게 혐오스러운 일이다. '사도적 신앙(*The Apostolic Faith*)'에서는 이렇게 권면한다.

> 성령님을 존중하라. 누군가 말할 수 있다. '당신이 방언을 할 수 있다면, 한번 들어보자.' 절대로 그런 식으로 하려고 하지 마라. 성령님은 그런 방식으로 말씀하지 않으실 것이다. 방언으로 말하는 것은 당신이 아니라 성령님이며, 성령님이 원하실 때 말씀하신다. 절대로 방언으로 말하려고 시도하지 말고, 그 능력이 당신에게 있다고 말하지 말라. 이는 나의 영으로 되는 것이라 주께서 말씀하시느니라. 방언으로 말할 때 당신의 마음은 아무런 역할을 하지 않는다. 성령님은 당신이 통역을 위해 기도하기를 원하신다. 그래야 성령으로도, 깨달음으로도 말할 수 있다(고전 14:16).[215]

윌리엄 시모어(W.J. Seymour)와 다른 이들도 자신들이 말하고 있다는 사실을 분명히 인식하고 있었지만, 성령님이 주권적 원천이라는 점을 지나치게 강조하는 것이 매우 중요했다. 이것은 방언에만 해당되는 것이 아니라 모든 은사, 나아가 전체 그리스도인의 삶에도 적용된다. '내가 아니요, 오직 그리스도. 나의 영이 아니라 성령님.' 이 말은 초기 오순절 성도들의 관심과 신앙을 적절히 요약한 표현이다. 방언은 성령과 인간의 영(human spirit), 교회와 하나님 나라가 가장 개인적이면서도 동시에 공동체적으로 '이미 아직'의 역동적 긴장 속에 공존하는 지점을 보여주는 상징이다. 방언은 외부 사람들에게 가장 분명히 드러나는 행위이고, 오순절 운동의 구술적-서사적 성격을 상징적으로, 극적으로 강조하는 실천이다. 방언은 표적(sign), 은사(gift), 그리고 증거(evidence)이다. 통역될 때에는 예언과 동일한 표적이 되어 불신자들이 이를 듣고 자주 회개하기도 한다. 이는 사도적 권능과 은사가 '늦은비'로 선교 활동을 위해 회복되고 있다는 표적이자, 성령세례의 증거이다.

세월이 흐르며, 악령의 역사나 정신적 이상이라는 비난에 대응하기 위해 오순절 성도들은 방언을 성령세례의 초기 증거(initial evidence)로 더욱 단호하게 주장하게 되었다. 초기에는 방언 없이도 성령세례를 받을 수 있다는 인식이 있었고, 방언의 은사는 대개 이후에 따르는 것으로 간주되었다. 그러나 초기 오순절 성도들은 성령세례의 초기 증거 교리를 한층 더 보완하며, 성령의 열매(fruit of the Spirit)가 성령세례의 확실하고 지속적인 증거라는 점을 강조했다.

방언은 개인적이고 공동체적인 표현이다. 개인적인 면에서 방언은 성도 각자에게 가능한 종말론적 기도 언어로, 하나님께서 모든 것이 되시는 하나님 나라의 도래에 대한 즉각적인 반응이다. 이 언어는 성령의 임재를 통해 불타오르는 마음에서 나오는 언어로, 하나님의 불가해성과 경이로움을 강조하며, 인간의 마음과 하늘의 언어로 표현하기 어려운 것들을 표현할 수 있는 수단이 된다.

만약 사랑이 성령의 열매로 들어가는 샘(fount)이자 관문(gateway)이라면, 방언은 성령의 은사와 관련하여 유사한 역할을 한다. 여기에서 우리는 이 세상과 다음 세상, 신적인 것과 인간적인 것이 하나로 융합되는 강렬한 성령의 교제를 볼 수 있다.

이 교제는 성령의 인도하심 아래에서 이루어지는 춤(dance)처럼, 시작과 반응이 하나로 융합된다. 방언과 성령의 은사는 명백히 영(spirit)과 몸(body)의 상응 관계를 드러낸다. 언어처럼 인간적이며 공동체를 구성하는 가장 본질적인 요소는 교회 관료제나 세속적 체제에 의해 틀에 박히는 것을 허용하지 않는 새로운 언어를 요구한다. 방언, 통역, 지혜, 지식, 예언, 가르침, 간증, 찬양 등은 모두 지극히 개인적이며 동시에 강렬하게 공동체적이고 종말론적 지향성을 지닌다. 오순절 예배와 증언의 형상은 이러한 요소들 없이는 이해할 수 없을 것이다.

따라서 간증(testimonies) 속에서, 묵시적 목적(apocalyptic telos)은 간증하는 사람(testifier)을 이끌어 가는 강력한 추진력이 되었다. 그들은 하나님의 섭리적 역사, 기적적인 사건, 그리고 의와 거룩함과 능력의 하나님 나라를 향한 여정 속에서 경험한 사건들을 나누었다. 이 하나님 나라는 이미 지금 이곳에서 역사하고 있었으며, 모든 사람은 그 간증을 듣고 동일시하며, 소망 어린 갈망(hopeful longing)으로 응답했다. 그리고 이러한 과정은 공동체를 증인의 몸(body of witnesses)으로 거룩하게 하고 형성해 나갔다. 각자의 이야기는 하나님의 큰 이야기(the Story) 속으로 녹아들었다. 외부인들에게는 온갖 소리가 뒤섞인 혼란과 마치 무질서한 축제처럼 보일 수도 있었겠지만, 오순절 성도들에게 그것은 기도의 합주(concert of prayer), 입체적 찬양의 성전, 그리고 하나님 나라의 예비된(proleptic) 춤이었다. 성령이 계신 곳에는 자유가 있었다.

고린도전서 12-14장의 지침 아래에서 행해지는 방언, 환상, 꿈 등은

> 하나님의 백성을 비인간화하는 문화적, 경제적, 사회적 힘으로부터 자유케한다. 이러한 은사들은 구술 신학적 논의를 위한 공간을 창출하며, 경직된 예배 형식, 신학적 공식, 사회·정치적 공식을 해체하고, 수입된 이데올로기를 대체하여 하나님의 모든 백성이 참여하는 정치적 문해력(political literacy)을 형성한다. 이러한 문해력은 온 회중이 책임을 지는 구술적 예배(oral liturgy)의 틀 안에서 실천되고 학습된다. 이는 지위, 교육, 재력, 법적 권한에 기반을 둔 권위와 충돌하는 말씀, 이야기, 소통에 기반한 권위이다.216)

기쁨의 춤과 말씀의 축제는 억압받는 사람들이 해방되어 구원의 역사에 참여하는 증인이 됨을 보여주는 증거이다.217) 음악은 그러한 축제에서 매우 중요한 역할을 하며, 기쁨을 표현하고, 인도하며, 심화시킨다. 많은 노래의 리듬감과 반복적 구조는 이러한 기쁨의 축제, 즉 오순절의 잔치를 종말의 빛에서 기념하는 것이다. 이를 다른 관점에서 보면, 그것은 매번 성찬식에서 선취적으로 나타나는 어린양의 혼인 잔치에 대한 기대이기도 하다. 오순절 성도들은 부흥운동, 성결운동, 웨슬리안 갱신 운

동의 찬송가를 부르며, 동시에 새로운 복음성가도 불렀다. 이 복음성가는 대개 간증, 권면, 혹은 하늘 본향(home)을 향한 여정의 이야기이다. 오순절의 구술적 예배와 증언은 하나님 나라를 위한, 하나님 나라의 연습이다. 그들은 역사의 마지막 사건, 즉 주님의 재림을 준비하며 이를 연습한다. 그들의 노래, 간증 등은 그 여정 속에서 성화를 이루고, 격려하며, 동원하고, 방향을 제시하는 은혜의 수단(means of grace)이다.

5) 영(Spirit)과 몸(Body)의 상응: 하나님 나라의 행위

회중이 예배를 위해 모일 때, 그들은 성령의 인도에 따라 몸(body)-혼(mind)-영(spirt)이 하나로 움직인다. 이는 아프리카 영성과 19세기 부흥운동의 상호작용 패턴을 이어받은 것으로, 부흥이 퍼진 곳 어디서나 이미 자리 잡고 있던 것이다. 이것은 사람들에 의한, 사람들을 위한 예배이다. 영과 몸의 상응은 매우 다양한 심리운동적 축제(psychomotor celebration)에서 분명히 드러난다. 오순절 성도들은 창조와 완성 사이, 곧 영광스러운 몸으로 변모하여 성령과 완벽히 상응하게 되고, 타락의 모든 영향을 벗어나게 될 종말을 향해 나아가는 과정에서 성령 안에 존재한다.218) 몸은 죄로 인해 죽었으나, 동시에 성령의 정결한 성전이다. 그리스도의 보혈로 이루어진 정결함은 성령의 내주를 가능케 하며, 이는 기독교적 존재를 구성한다. 그리스도 안에 있다는 것은 성령의 증거를 지니는 것이다. 하지만 성령의 지속적이고 의식적인 내주를 유지하려면 내적인 수용성을 방해하는 것들을 제거하고, 죄와 저항의 경향에서 벗어나 성령을 근심케 하는 것을 끊임없이 갱신해야 한다. 이는 성화를 통해 이루어지며, 여기에는 죽음(mortification)과 소생(vivification)이 포함된다. 즉, 옛 사람을 벗어버리고 그리스도 안에서 새 사람을 입는 것이다.219) 속죄(Atonement)는 그리스도의 몸을 통해 교회라는 그의 몸을 구속하기 위한 것이다. 이는 몸으로 이루어진 사건이며, 그리스도와 연합된 자들에게 약속된 영광스러운 부활을 바라보게 한다. 몸은 주님의 것이며, 지금 여기서 살아 있는 제사로 드려져야 한다.

오순절 성도들의 예배는 몸의 전인적 삶(total body life)이다. 온 몸이 반응하며, 각 사람은 자신의 몸을 수용과 헌신의 표현으로 주님께 드린다. 손은 찬양과 주님의 재림을 갈망하며 하늘의 영광의 구름이 임하길 기대하며 들려진다. 손은 예수님께 다가가 성령을 통한 치유와 도움을 받기 위해 뻗는다. 손뼉은 하나님의 위대하고 놀라운 행위와 임재를 기뻐하며 울려 퍼진다. 손은 축복을 붙잡으며 경외심으로 하나님을 의지하는 모습으로 모아진다. 교제의 오른손은 교회의 정회원으로 들어오는 이들에게 환영의 표시로 내밀어진다. 몸은 하나님의 보좌에서 불어오는 하늘의 바람속에서 흔들린다. 손은 치유를 구하거나, 격려가 필요하거나, 특별한 사역으로 보내질 이들을 위해 안수하기 위해 사용된다.

치유의 은사는 치유 복음전도자에게만 제한되지 않는다. 대부분의 치유는 교회의 공동 사역 내에서 이루어진다. 치유 복음전도자는 단지 이 은사의 대표자로, 그들을 통해 이 은사가 불신자들에게 표적으로 나타난다. 장로들의 손은 기름을 바르기 위해 내밀어지고, 갈보리(Calvary)의 치유의 향유가 성령(Holy Spirit) 안에서 상처받고 지친 이들에게 임하게 된다. 구원과 치유는 몸, 즉 전인(person) 전체를 위한 것이며, 속죄(atonement)의 은혜로 주어진 것이다.[220] 모든 이가 치유받을 것을 기대하지만, 그렇지 않을 경우 성도들은 단순히 계속 기도하며 주님의 오심을 기다린다.

장례식은 슬픔과 기쁨이 공존하는 시간이다. 따라서 웃음과 눈물, 종말론적 기쁨과 잃어버린 영혼들에 대한 갈망이 공존하던 정기적인 예배 시간들은 죽음이라는 상실을 준비하는 시간이 된다. 장례식에서 주님의 신실하심에 관한 말씀이 전해지며, 종종 성령의 은사들이 역사하여 성도들에게 확신을 주곤 한다. 하나님은 죽은 자를 일으키실 수 있고, 실제로 그런 사례들이 많이 보고되었다. 그러나 하나님께서 지금 죽은 자를 일으키지 않으신다면 곧 그렇게 하실 것이라고 믿는다.

몸은 주님의 것이기에, 금식은 전 존재로 하나님께 가까이 나아가기 위한 시간이다. 이러한 신체적 헌신은 필수적인데, 이는 영성(spirituality)이 전인과 그의 모든 삶을 포함하기 때문이다. 금식은 벌이 아니라 주님을 먹고 성령을 마시는 행위이다.

영과 몸의 상응은 성례전에서도 나타난다. 세례의 씻음, 주의 만찬의 먹고 마심, 그리고 어떤 경우에는 성도들의 발 씻음 등이 그것이다. 세례는 개인의 회심(conversion)을 인정하는 동시에 모든 의를 이루기 위한 것이다. 세례식은 대개 호수, 강, 바다에서 진행되었으며, 이는 필수가 아니었지만 일반적인 관행이다.[221] 세례시에는 큰 기쁨과 축제가 동반되고, 하나님의 영이 임재하며, 모든 사람이 하나님을 찬양하며 또 한 사람이 하나님 나라를 향한 선교적 여정에 합류하게 되었음을 축하한다. 세례는 구원의 성사(sacrament)가 아니라, 빛 가운데 행하며, 공적인 증언을 하고, 교회와 연대하여 그리스도를 따르는 것을 나타내는 은혜의 수단이다. 아이들은 주님께 드려지지만, 세례를 받기 전에 죽더라도 잃어버림을 당하지 않을 것이라고 믿는다.[222] 세례는 개인적인 것이면서도 공동체적인 것이다. 이는 성령의 능력으로 거룩한 증인이 되라는 부름을 받아들인 것이다. 세례는 죽음과 부활을 기억하며 소망하는 의식이다. 많은 경우, 세례는 회심 전에 세례를 받았거나 신앙에서 멀어졌던 사람이 다시 세례를 받는 것이다. 만약 다른 교회가 재세례(rebaptism)에 대해 불쾌함을 느낀다면, 오순절 성도들은 초대 재세례파(Anabaptists)와 같은 답변을 내놓을 것이다. 즉, 첫 번째 세례는 세례가 아니었다는 것이다. 세례가 구원을 가져다주지는 않는다. 사실, 인간이 할 수 있는 어떤 것도 구원을 가져다주지 못한다. 오직 복음을 믿는 모든 이에게 구원을 주시는 하나님의 능력이다.

세례가 주님을 위한 봉사의 시작이나 하나님 나라로 가는 길의 표식이다면, 성만찬(The Lord's Supper)은 지속적인 양육과 교제를 나타내는 표식이다. 하나님의 실재적인 임재(the real presence)는 논쟁의 대상이 아니다. 성령을 통해 하나님 아버지와 아들이 주의 만찬 가운데 성도들과 만난다. 성만찬이 회심을 일으키는 의식은 아니지만, 그런 일이 일어날 수도 있으며, 매일의 영적 건강에 절대적으로 필요한 것은 아니기에, 대다수의 주류 교회(mainline churches)에서처럼 자주 거행되지는 않았다. 대부분의 경우 매주일 행하지는 않으며, 몇몇 예외적인 경우만 있다.223) 성령의 역사로 인해 그리스도는 효과적으로 임재하신다. 하지만 죄의 고백 없이 먹거나 마시는 것은 위험, 병, 심지어 죽음을 초래할 수 있다. 오순절 성도들은 고린도인들에게 주어진 경고를 마음에 깊이 새기며, 이는 주의 만찬으로 하여금 영혼을 성찰하고 헌신을 새롭게 하는 엄숙한 시간으로 만들었다.224) 그러나 동시에 올바르게 준비한다면 이는 기쁨이 가득한 기대의 시간이기도 하다. 자기 성찰을 위한 질문, 권면적인 지침, 그리고 기쁨으로 가득한 기대가 다음의 복음 찬송에서 잘 드러나 있다:

어린양의 영광스러운 혼인 잔치
(The Glorious Marriage Supper of the Lamb)

1. 세상의 목소리 속에서
   그대의 음성을 들을 이 없을 때,
   그대의 음성은 속량의 시편으로 울려 퍼질 것인가?
   피로 씻겨 깨끗하고 흠 없는 옷을 입은 그대의 영혼이
   어린양의 영광스러운 혼인 잔치에 나타날 것인가?

2. 부정하지 않은 자들의 무리 속에 그대도 있을 것인가?
   땅의 갈등에서 불러내어 하늘의 평안으로 이끌린 자들 속에.
   그대는 아들의 속죄로 인해 하나님과 화목하게 될 것인가?
   영광스러운 어린양의 혼인 잔치 전에.

3. 이제 혼인 예복을 입고 부름을 받을 준비를 하라.
   갈보리(Calvary)의 치유의 향유로 상처를 치유받은 그대의 죄.
   복된 예수 앞에 무릎을 꿇고 그를 만유의 주로 선포하라,
   어린양의 영광스러운 혼인 잔치에서.

후렴
오, 어린양의 영광스러운 혼인 잔치여,
오, 어린양의 영광스러운 혼인 잔치여;
눈처럼 흰 예복을 입고, 빛의 성도들을 만날 준비가 되었는가?
어린양의 영광스러운 혼인 잔치에서.[225]

사람들은 성만찬을 통해 회심하고, 치유받으며, 성결케 되고, 성령충만을 경험할 수 있다. 왜냐하면 이는 교회의 지속적인 선교적 예배와 증

언의 일환이었기 때문이다. 하지만 이는 분명히 '미사(the mass)'나 기독교 존재의 필수조건(*sine qua non*)은 아니다. 성만찬이 중요한 이유는 예수께서 성령 안에서 유월절을 지키시며 다시 오심(parousia)을 약속하셨기 때문이다.

세족식(foot washing)을 시행하는 공동체들은 요한복음 13장에 대한 순종의 표현으로 이를 실천했으며, 이를 서로를 깨끗하게 하고 섬기는 시간으로 여겼다. 이러한 실천을 통해, 갈보리(Calvary)가 가져온 평등의 역사가 구현되었으며, 죄로부터의 날마다의 정결함과 섬김에 대한 인정, 기도, 그리고 그 은혜를 받는 과정이 이루어졌다. 성도들은 서로에게 잘못이 있을 경우, 이를 고백하도록 격려받았으며, 특히 상대방과의 관계에서 거리낌이 있을 때 더욱 그러했다. 교회의 모든 성도들, 그리고 모든 믿는 이들이 참여할 수 있었으며, 세족식은 '성도들의 발을 씻는 예식(washing of the saints' feet)'으로 불렸다. 이 예식은 종종 성만찬과 함께 시행되었으며, 이 두 가지가 결합되어 정결함, 섬김, 그리고 주님의 명령에 대한 순종 속에서 신앙을 양육하는 축복의 시간이 되었다.

이것을 단순히 기억하거나 의무를 수행하는 행위로 축소하는 것은, '명령(ordinance)'이라는 단어가 암시하는 것처럼, 실제 실천의 깊은 의미를 놓치는 것이다. 오순절 성도들은, 날마다 기뻐하고, 성령을 받으라는 명령과 마찬가지로, 이러한 실천들도 하나님께서 명령하신 것이라고 믿었다. 따라서 이것들은 큰 축복과 영적 성숙이 이루어지는 시간이었다. 아주사(Azusa) 부흥 당시, 성만찬은 단순한 기념(memorial) 이상이었다. 그것은 장차 올 하나님 나라를 기대하는 예표(anticipation)이자, 치유(healing)의 시간이었다. 윌리엄 J. 시무어(W.J. Seymour)는 이에

대해 다음과 같이 증언한다:

> 우리는 이 의식을 행할 때 믿음으로 주님의 몸을 분별하면 우리의 육신이 치유됨을 발견합니다. 또한 이 의식은 우리에게 피를 통한 구원과 성결을 가르칩니다. 우리의 영혼이 강건해지며, 우리는 그분의 살을 먹고 그분의 피를 마십니다.226)

성례전(sacrament)이라는 단어는 기계적인 의식을 연상시키는 로마 가톨릭의 비성경적 용어로 간주되었다. '명령(ordinance)' 역시 성경적 용어는 아니었으나, 예수님의 구체적인 명령을 따르는 것에 더 가깝다고 여겨졌다. 먹고, 마시고, 세례를 베풀고, 발을 씻는 것은 주님을 위해 행하는 일이었으며, 주님은 이러한 행위 안에서(in), 함께(with), 아래에서(under), 그리고 통해(through) 임재하셨다. 이 예식 중에는 간증이 나누어졌으며, 이를 통해 과거로부터 현재를 거쳐 미래의 하나님 나라를 향해 나아가는 신앙의 서사적 여정(narrative journey)이 회고되고 선포되었다.

6) 위기(Crisis)-발전(Development) 변증법: 하나님 나라의 과정

오순절 성도들의 서사적 여정은 종말론적 비전을 비추어 볼 때 위기-발전 변증법으로 특징지을 수 있다. 일부 기독교인들은 성례전을 통해 여정을 표시하였는데, 이는 일종의 위기(crisis)였다. 그러나 오순절 성도들에게 위기란 '하나님이 결정적으로 행하시는 시점'으로, 전에는 개인적 또는 공동체적으로 불가능했던 발전이 가능하게 되는 시간이다. 예를 들어, 개인이 치유받았을 때(이는 거의 모든 오순절 성도들이 공통적으로 간증하는 내용이다), 그들의 삶은 급격히 변화된다. 이제 그들은 놀라움과 하나님의 찾아오심이 일상적으로 일어나는 세계 속에서 살게 되며, 하나님의 일상적인 지지를 경험하게 된다. 더 이상 초대교회 시대에 은사를 국한시키는 엄격한 세대주의적 관점을 고수할 수 없게 된다. 그 결과 그들은 종말의 시대에 살게 된다.

거듭남(regeneration), 성결(sanctification), 성령세례(Spirit baptism), 그리고 다양한 성령의 은사들은 종말론적 발전을 향한 위기적 사건들이었으며, 이는 역사 속에서 끊임없이 이루어지는 하나님의 구속 행위가 펼쳐지는 과정이다. 구원의 역사는 단순히 사상, 조명, 또는 신념의 문제가 아니다. 그것은 본질적으로 구원(deliverance), 회심(turning), 듣기(listening), 주시(watching), 걷기(walking), 그리고 하나님께서 과거에 행하셨고, 현재 행하시며, 앞으로 행하실 일을 기다리는 과정이다. 하나님의 활동이 성도의 행동의 기초이자 근거가 된다. 개인들은 '오직 은혜로 말미암아 얻는 구원'이라는 교리가 행위를 전혀 쓸모없거나 심지어 부정적으로 여기는 상태로 그들을 소외시키지 않는다. 성도들은 하나님이 역사하고 계시기 때문에 행하는 것이다. 행위는 하나님께서 그의 백성 안에서, 그리고 그들을 통해, 그들 가운데 역사하고 계심을 표현하는 것이다.

구원의 역사는 지속적인 계시의 역사이다. 성경은 닫힌 정경(canon)이지만, 계시는 계속된다. 왜냐하면 하나님은 아직 만유 안에 모든 것(all in all)이 되지 않았기 때문이다. 계시된 모든 것이 성경에 기록된 것은 아니지만, 성경에 위배되지 않는다. 구속사의 진행은 초대교회 시대를 넘어섰기 때문에, 성령께서 말씀하시는 모든 것은 성경적이지만, 성경 속에 기록된 것이 전부는 아니다. 성령의 역할은 단지 성경을 반복하는 것에 그치지 않는다. 인도하심과 은사는 주권적인 성령에 의해 교회를 세우고 세상에서 증언하는 데 사용될 것이다.

역사는 단절된 에피소드들의 연속이 아니며, 또한 변화하는 계절 속에서 씨앗에서 열매로 자연스럽게 펼쳐지는 생명의 부드러운 전개도 아니다. 사람은 어둠에서 빛으로 구원받아 그 빛 가운데 걷게 된다. 빛 가운데 걷는 동안 더 많은 빛이 주어진다. 사람은 회개에 합당한 열매를 맺으며227) 죄를 버리고 가능한 한 잘못을 바로잡아야 한다. 성결(sanctification)의 과정에서는 온전한 사랑에 대한 위기가 발생하며, 이는 교회의 주님이 성령의 주권적 행동을 통해 맡길 어떤 사명에도 완전히 자신을 드리고 순복하는 것을 의미한다. 그리고 하나님의 때에, 성령충만을 받아 말과 행동, 성령의 능력과 증거로 증언할 수 있도록 준비될 것이다.

이 세 가지 위기는 성도를 하나님의 빛, 사랑, 능력 안에서 의, 순결, 증인의 삶으로 헌신하게 만든다. 하나님이 구속사의 성경적 전개 속에서 성부(Father)-창조자(creator), 성자(Son)-구속자(redeemer), 성령(Spirit)-지속자(sustainer)로 자신을 드러내신 것처럼, 성도의 삶도 인간 경험 안에서 하나님의 임재를 재현하는 성경적 질서나 순서를 따르게 된다. 교회는 콘스탄티누스 시기에 타락했지만, 루터(칭의), 웨슬리(성결), 오순절주의(성령충만)의 위기를 통해 차례로 회복되었다. 이 모든 과정은 언젠가 그리스도의 재림으로 인해 급격히 변하게 될 것이며, 이는 역사를 끝낼 뿐 아니라 새로운, 상상할 수 없는 경배와 기쁨의 과정을 가능하게 할 것이다.

위기-발전 변증법은 성경적 드라마, 교회의 역사, 그리고 개인 성도의 여정에 대한 이러한 관점을 특징으로 한다. 이에 대한 비판은 4장에서 다뤄질 예정이지만, 적어도 지금은 오순절 성도들이 전통과의 부드러운 연속성도 아니고 완전한 단절성도 아닌 무엇인가를 옹호하고 있음을 알 수 있다. 이는 아마도 *단절 속의 연속성*으로 가장 잘 설명될 수 있을 것이다. 교회와 개인은 틀릴 수 있고, 전제가 잘못될 수 있으며, 전통적인 관점이 하나님의 개입으로 인해 근본적으로 변할 수 있다. 지금 요청되고 있는 것은 개혁하고 새롭게 하는 실천이다.

4. 오순절 프락시스(Praxis):
성령 안에서의 행동(Action)과 성찰(Reflection)

지금까지 하나님의 임재에 대한 오순절적 이해의 중요성이 평가되었고, 이어서 오순절 신앙의 서사적 신념이 설명되었다. 종말론적 비전의 영향을 받은 오순절적 실천은 긴급성과 초점을 가지고 움직였으며, 이러한 실천은 범주화되고 간략히 기술되었다. 종말의 성령의 임재는 이야기를 나눌 사람들을 움직이게 한다. 그 이야기의 각 장은 그들이 부름받아 나아가는 끝을 반영하며, 모든 사람을 그 여정에 초대한다.

'이미-아직(already-not yet)'의 긴장은 유지되어야 한다. 이 긴장이 어느 한쪽으로라도 해소되면, 그 사명은 방해받거나 심지어 포기될 위험이 있기 때문이다. '아직(not yet)'으로 도피할 수는 없다. 그것은 하나님의 때에, 언제든지 올 것이다. 반대로, '이미(already)'를 절대화하여 지금 여기에서 하나님 나라를 완성하려는 태도—곧, 하나님의 급진적인 개입(radical inbreaking) 없이 인간이 적당히 타협하며 이루어내려는 승리주의적(triumphal) 시도—도 있을 수 없다. 현재, 개인과 교회, 그리고 세상은 성령의 역사와 영향력 아래 있으며, 성령께서는 모든 것을 마지막을 향해 밀어가고 계신다. 즉, 성령의 임재는 곧 세계의 역사와 구원의 역사 사이에서 지속적으로 일어나는 위기(crisis)의 신호이며, 이 긴장은 여전히 진행 중이다.

성령의 종말론적 실천 속에서, 성령은 모든 것을 알려주시고, 만들어 가시며, 변화시키신다. 오순절 성도는 그리스도를 닮아야 하고, 성령을 닮아야 한다. 더 정확히 말하면, 성령을 닮음으로 그리스도를 닮아야 한다. 성령을 닮아야 하는 이유는 성도들이 자신이 아닌 그리스도를 증언해야 하기 때문이다. 성령의 열매는 성령의 사역으로, 성도들의 성품 속에서 그리스도를 드러낸다. 성령의 은사는 복음 사역의 전도와 교회를 세우는 사역 속에서 하나님의 능력을 드러내기 위해 주어진 것이다. 그리스도처럼, 성도들은 자율적 인간 이성이나 인간의 힘이 아니라 성령에 의존해야 한다. 오직 성령만이 교회로 하여금 원수를 이길 수 있게 한다. 오직 성령만이 그리스도의 평안 안에서 몸의 연합을 유지할 수 있다. 오직 성령을 통해서만 빛을 보고, 그 빛 가운데 행하며, 그리스도가 걸으셨던 것처럼 걸을 수 있다.

따라서 오순절적 실천은 단순히 은사를 사용하는 것이나 열정적인 예배를 의미하지 않는다. 성령세례나 방언에 대한 몇 가지 독특한 신념을 진술하는 데 그치지도 않는다. 오히려, 오순절 실천은 성령 안에서 공동체적으로 이루어지는 행동(action)과 성찰(reflection)로, 성령의 능력과 나타남을 통해 복음을 선포하며 그리스도를 증언하려는 시도이다. 초기에는 방언이 외국어를 배우지 않고 모든 민족을 전도하기 위한 도구가 될 것이라고 확신했는데, 이는 종말 전에 가능한 '지름길(short cut)'처럼 여겨졌다. 그러나 이 생각은 곧 잘못임이 증명되었다. 그러나 하나님께는 무엇이든 가능하다는 믿음은 여전히 존재했다. 성경을 위배하거나 그리스도답지 않은 것을 제외하고는 무엇이든지 가능했다.

성령의 실천(praxis of the Spirit)―곧, 성령의 역사 안에서 이루어지는 행동을 통한 배움(action-learning)―은 단순한 실천이 아니라, 하나님의 나라를 드러내는 선교적 프락시스(missionary praxis)이다.[228] 성령은 최고의 선교 전략가이고, 이 실천은 예배와 증언에서 나타났으며,

지난 두 세기에 걸친 부흥과 개혁에서 이어받은 실천들을 통해 드러났다. 이러한 실천은 종말론적 비전의 독특한 표식을 가지고 있으며, 성령의 인(seal)은 반응(responsiveness), 기쁨(joy), 머뭄(tarrying), 갈망(longing), 그리고 긴급한 선교적 증언(witness)에서도 볼 수 있다. 성령의 실천, 곧 하나님의 초월적 임재 속에서 사는 것은 역설(paradox) 속에서 사는 것을 의미한다: 세상 안에 있으나 세상에 속하지 않고, 이미 구원을 받았으나 아직 부활하지 않았으며, 이미 치유를 받았으나 여전히 죽음을 향해 가고, 이미 충만하나 하나님께서 모든 것 안에서 모든 것이 되실 날을 갈망하며, 매우 제한된 능력을 가지고 있으나 하나님의 무한한 능력과 은사를 가진 상태이다. 또한 조직을 만들고 신앙 진술을 작성하면서도 신조와 조직을 비난하고, 그리스도의 임박한 재림을 대면하며 기대 속에서 준비하지만 그 시기를 알지 못하는 삶이다.

'사람과 천사의 방언'으로 말한 이들에게 생존하고 번영하며 앞으로 나아갈 수 있는 유일한 길은 하나님의 사랑 안에 거하는 것이다. 그들은 함께 모여 '성벽을 강화(fortified the walls)'하고, 종말론적 비전을 가진 선교적 교제 속에서 제자를 양육한다. 성령의 임재로 형성된 신념과 실천은 하나의 살아있는 전체(whole)이다. 성령의 강력한 임재는 구주, 성결케 하시는 분, 치유자, 성령세례를 주시는 분, 그리고 다시 오실 왕으로서의 그리스도에 초점을 맞춘 분명한 증언으로 이끈다. 그러나 이러한 신념과 실천은 본질적으로 성도들을 특징짓는 오순절적 정서에 뿌리를 내리고 있다. 이러한 정서는 신념에 의해 규범화되고, 형성되며, 변화된다. 실천은 이러한 정서에서 나오며, 동시에 정서를 더욱 풍요롭게 한다. 그러나 이러한 정서가 없다면, 20세기 내내 오순절적 정체성과 존재는 지속되지 못했을 것이다. 성도는 이러한 정서를 더욱 불러일으키기 위해 편안히 쉬지만, 항상 사역하고 '주님을 기다리는' 사람들이다.

   1. 주님을 기다리며 주신 약속을 위해;
      하늘로부터 보내실 주님을 기다리며;
      믿음으로 받으며 주님을 기다리며;
      마가의 다락방에서 기다리네.

   2. 주님을 기다리며 모든 것을 예수께 드리며,
      죄에서 우리를 자유케 하시길 기다리며;
      천국의 바람을 기다리며,
      마가의 다락방에서 기다리네.

   3. 주님을 기다리며 더 높이 오르기를 갈망하며;
      주님을 기다리며 큰 소망을 가지고;
      천상의 불을 기다리며,
      마가의 다락방에서 기다리네.

   후렴
   그 능력! 그 능력!
   죄를 이기고 내 안에 정결함을 주는 능력!
   그 능력! 그 능력!
   오순절에 그들이 가졌던 능력![229]

제 3 장

선교적 교제로서의 오순절 영성: 정서적 통합

Pentecostal Spirituality as Missionary Fellowship:
An Affective Integration

1. 오순절 정체성(Identity): 하나님 나라를 위한 해방(Liberation)

1) 밑바닥에서부터 '기도로 돌파하기(Praying through)'

오순절 성도들은 감정의 강도를 강조하지는 않지만, 그들의 강한 정서적 표현을 변호하거나 설명해야 할 때가 종종 있다. 계몽주의의 이성(reason) 대 감정(emotion)의 대립이라는 관점과 근본주의에서 강조하는 '균형(balance)'이 결합되어 오순절 성도들에 대한 문화적 의심, 심지어 노골적인 폄하를 낳았다. '성령에 사로잡힌 사람들(holy rollers)'이라는 표현이 그것을 반영한다. 감정은 신체적 느낌이나 움직임과 관련이 있는데, 이는 중상층 계급의 사적인 신앙과는 부적절한 것으로 여겨졌다. 따라서 사회와 죄에 억눌린 한 사람이 '하나님 나라' 안에서 새로운 정체성을 위해 억압을 뚫고 기도하며 강렬한 감정을 동반할 때, 이는 때로 기자나 여론 주도자들에 의해 '혼란스러운 종교'로 비난받기도 한다. 가난한 아프리카계 미국인들과 교육받지 못한 백인들 모두가 조악하고 무질서한 것으로 간주되었다. 이는 문화적 배경을 가진 사람들이 때때로 그들의 노래를 듣거나 열정적인 축제를 지켜보는 것을 즐길지라도 마찬가지였다. 저명한 북미 사회학자인 빈스 패커드(Vance Packard)는 '미국에서 오순절주의(Pentecostalism)와 성공회(Episcopalianism)는 거리가 멀다'고 말한다.230) 따라서 이는 단순히 계몽주의적 종교 관점뿐만 아니라 사회 계층 문제와 관련이 있다. 이러한 요인들이 결합되어 가난한 계층 전반, 특히 오순절주의에 대한 계급-문화적 편견을 형성했다.

하지만 포스트모던 시대에는 아마도 미국 역사 서술의 많은 부분에서 특징 지어졌던 이성과 감정의 이분법을 초월하고, 더욱 새롭고, 전체적이고, 통합적인 범주를 고안할 수 있을 것이다. 오순절 성도들은 다른 어떤 그룹보다도 이른 시기에 단순한 감정주의의 위험성을 인식하게 되었다. 강렬한 감정과 그 위험성에 대한 인식은 19세기 부흥운동의 유산 중 일부였다. 하지만 사회적, 정치적, 경제적, 교육적, 계층적, 인종적 구조에 의해 규정된 존재로 스스로를 보았던 사람들(그리고 다른 이들에 의해서도 그렇게 여겨졌던 사람들)이 성령의 능력으로 새로운 자유와 소속의 존재로 돌파했을 때, 기도의 진영에서는 보통 기쁨의 눈물과 승리의 외침이 있었다. 그들은 단순히 정보를 얻은 것이 아니라 진정으로 해방되었다. 그들을 해방하신 하나님은 곧 그리스도의 재림 때 온 세상을 해방시킬 것이다. 그리스도의 임박한 하나님 나라를 바라보며 성령의 능력으로 선행을 행하고 증언하는 삶을 살아야 한다. 그러나 '나는 어떤 사람이 되어야 하는가?'라는 질문도 함께 제기되어야 한다. 오순절 성도를 특징짓는 것은 무엇이어야 하는가? 분명 단순한 감정적 사건들의 연속은 아닐 것이다. 오히려 예수 그리스도를 증언하는 것뿐만 아니라 '존재'에 대한 특정한 비전이 있다. 그리고 이 비전에는 하나님의 성품과 성도의 성품 사이, 사랑에 대한 거룩의 언어와 능력의 오순절 언어 사이의 암묵적인 상관성이 포함되어 있다.

2) 오순절 증인(Witness)이 되는 것

이 장에서는 오순절의 독특한 경험을 종교적 정서의 관점에서 분석한다. 이러한 정서는 오순절 성도들의 특징을 나타내며, 더 나아가 운동의 종말론적 비전과 능력의 흔적과 영향을 지니고 있음을 보여준다. 하나님의 초월적 임재는 성도들을 정서적으로 움직이고 변화시켜 자신에게 일치시키며, 이를 통해 그들을 다가올 하나님 나라에 적합하게 만든다.

1장에서 언급한 바와 같이, 영성은 신념(beliefs), 실천(practices), 정서(affections)의 통합을 의미한다. 오순절 성도들이 구현한 기독교 영성은 하나님 나라의 비전에 비추어 분별 있는 성찰을 요구한다. 이러한 성찰은 오순절 성도들에게 핵심적인 신학적 과제이다. 1장은 또한 이 운동의 거룩함(holiness)-변혁주의적(transformationist) 뿌리와 하나님 나라의 새로운 '오중복음(fivefold gospel)'의 설명을 통해 그 기원을 추적했다. 2장에서는 성령의 종말론적 임재의 능력과 그 능력이 오순절적 삶의 각 경험적이고 실행적인 측면에 미친 영향을 논의했다. 오순절적 서사의 신념은 교회에 '오중복음'의 회복과 그 복음을 받아들이고 믿으며 삶의 방식으로 실천한 사람들의 양육에 관한 이야기를 전달했다. 노래, 간증, 은사, 그리고 다양한 예배와 증언의 실천들을 분류, 분석하여 '이미-아직'이라는 긴장의 영향을 보여주었다. 사랑의 언어와 능력의 언어는 구원론과 종말론, 교회와 하나님 나라, 그리스도와 성령을 새로운 통합으로 연결하려는 번역 또는 융합을 모색하고 있었다. '오중복음'은 성령의 증언, 능력, 임재로 인해 그리스도 중심적이다. 이러한 특징이 오순절 운동의 형태, 방향, 그리고 신학을 제공했으며, 성결운동 안에서 종말론적 심화와 성령론적 강조를 나타냈다.

　성화와 성령세례의 동일시는 두 가지의 경험적, 신학적 구분에 대한 새로운 이해로 이어지지만, 기대와 준비의 종말론적 지평 속에서 이 둘의 상호 관계는 새로운 운동을 정의하는 데 여전히 매우 중요하다. 오순절 성도의 성품과 소명은 각각 성화와 성령세례 교리에 깊이 연관되어 있다. 이러한 성품과 소명은 아주사에서 성도들에게 주어진 다음과 같은 권면들에 잘 드러나 있다:

방언은 성령세례를 받은 사람에게 나타나는 표적 중 하나이지만, 그것이 매일의 삶에서 성령세례의 진정한 증거는 아니다. 당신의 삶은 성령의 열매에 걸맞아야 한다. 만약 화를 내거나, 악을 말하거나, 뒷담화를 한다면, 방언을 얼마나 많이 하든지 나는 상관하지 않는다. 당신은 성령세례를 받은 것이 아니다. 당신은 구원을 잃었다. 당신은 당신의 영혼에 피가 필요하다.

많은 사람이 이 구원 안에서 출발할 수 있지만, 경계하고 예수님의 피 아래 거하지 않으면 그들은 예수님의 영, 곧 신적 사랑을 잃게 되고, 단지 은사만 남게 될 것이다. 그러면 그 은사는 울리는 놋쇠나 쟁쟁거리는 꽹과리와 같아질 것이며, 결국 이것들마저 빼앗길 것이다. 성령 안에서 살고 싶다면 매일 성령의 열매 안에서 살아야 한다.231)

사도 바울이 고린도인들에게 말하는 듯한 어조로 시무어(Seymour)는 다음과 같이 권면한다:

오 사랑하는 여러분, 우리의 다스릴 때는 아직 오지 않았습니다. 우리는 구유에서 왕좌까지 아기와 함께 있어야 합니다. 우리의 다스릴 때는 예수님께서 왕좌에서 큰 능력으로 오실 때에 올 것입니다. 그때까지 우리는 매를 맞고, 침 뱉음을 당하고, 조롱을 받아야 합니다. 우리는 그분의 아들과 같아야 합니다.232)

시무어에 따르면, 초기 박해받던 증인들을 특징짓는 성령의 성품 또는 열매는 이 장에서 오순절 정서로 분석된다. 이번 장(3장)에서는 다음을 다룰 것이다: (1)정서의 기저에 하나님의 구원과의 암묵적인 상관성이 존재했음을 보여준다. (2)기독교 정서에 대한 일반적인 정의를 간략히 논의한다. (3)오순절 성도들의 종말론적 정서를 묘사한다. (4)참된 정서를 식별하고 양육하며 보존하는 데 있어 분별과 훈련의 중요한 역할을 언급한다. (5)기도가 정서를 형성하고 표현하는 것으로 이해하는 오순절적 관점을 논의한다. (6)하나님 나라에 대한 열정이 지배적인 정서임을 보여준다. (7)예배와 증언을 통해 오순절적 선교적 교제가 정서를 불러일으키고, 형성하며, 강화하고, 방향을 제시한다는 점을 전반적으로 논증한다.

2. 오순절 정서(Affections): 하나님 나라를 구현(Embodying)하며 갈망함(Longing)

1) 암묵적 상관성: '세 가지 축복'의 '신학적 논리(Theo-Logic)'

오순절 서사와 실천에 참여하는 것은 정서적 변화를 가능하게 하며, 이는 특정한 하나님의 속성, 종말론적 비전, 그리고 개인적 간증과 암묵적으로 연결시킨다. 아래 표는 이러한 상관성을 보여준다.

하나님(God)-구원(Salvation)-하나님 나라(Kingdom) 상관성

하나님(God)	의(Righteous)	사랑(Loving), 거룩(Holy)	강력한(Powerful)
그리스도(Christ)	구원자(Savior)	성화자(Sanctifier)	성령세례자(Spirit Baptizer)
구원(Salvation)	칭의-거듭남(Justification-Regeneration)	성화(Sanctification)	성령세례(Spirit Baptism)
성령 안의 하나님 나라(Kingdom in Spirit)	의로움(Righteousness)	평화(Peace)	기쁨(Joy)

간증, 전도지, 그리고 찬송가에는 그리스도를 닮고, '경건한 삶'을 살고자 하는 갈망이 담겨있다. 의(righteousness), 사랑(love), 능력(power)이라는 세 가지 속성은 그리스도를 구원자, 성화자, 성령세례를 주시는 분으로 이해하는 관점과 연결되며, 이는 또한 기독교인의 신앙고백에서 칭의, 성화, 성령세례와 암묵적으로 연결된다.

의에 대한 관심은 회심이나 그 길을 계속 따르는 것과 관련하여 표현된다. 아주사에 있는 '사도적 신앙(*The Apostolic Faith*)' 선교회의 초

기 신앙 고백은 다음과 같은 입장을 나타낸다:

> 성도들에게 전달된 신앙의 회복
> 회개에 대한 가르침―막 1:14-15
> 하나님께 대한 죄의 애통함, 예시―마 9:13; 고후 7:9, 11; 행 3:19; 행 17:30-31
> 죄의 고백, 예시―눅 15:21; 눅 18:13
> 죄된 길을 떠남―사 55:7; 욘 3:8; 잠 28:13
> 잘못에 대한 보상―겔 33:15; 눅 19:8
> 예수 그리스도를 믿는 믿음
> 첫 번째 사역―칭의는 하나님의 자유로운 은혜의 행위로, 이를 통해 우리는 죄의 사함을 받는다. 행 10:42-43; 롬 3:25
> 예수님의 피는 사람과 사람 사이에서 바로잡을 수 있는 죄를 덮지 않는다. 그러나 우리가 잘못을 바로잡을 수 없는 경우, 그 피는 은혜롭게 덮어준다(마 5:23-24).233)

이 진술에 따르면, 예수 그리스도에 대한 회개와 믿음을 통해 하나님께서 은혜롭게 베푸시는 칭의 또는 죄사함은, 가능하다면 (접근 가능한 범위에 있고 여전히 살아 있다면) 사람들 간의 보상과 화해의 필요성을 전혀 제거하지 않는 것으로 보인다. 성도는 하나님 앞에서 자신이 지은 죄에 대해 애통하며 '경건한 슬픔(godly sorrow)'을 가지게 된다. 그러나 죄에 대한 고백과 회개는 단순히 그리스도 안에서 하나님의 의를 믿는 것에 그치지 않고, 빛 가운데 행하며, 세상에서 의롭게 걷겠다는 선언이기도 하다. 실제로, '하나님의 백성에게 그분이 명하신 모든 것을 지키도록 가르치며 ... 모든 명령을 실행하고 하나님의 입에서 나오는 모든 말씀에 따라 사는 것'234)이 바로 '온전한 복음'을 믿는다는 의미이다.

따라서 '온전한 복음(full gospel)'은 단순히 오중복음의 공식에 국한되지 않는다. '온전한 복음'은 '온전하게 나누어진 전체 성경,' 즉 하나님의 온전한 교훈이다. 앞서 언급했듯, 구약과 신약의 성경은 의의 길을 확립하는 데 사용된다. '만군의 여호와는 공의로 높임을 받으시며, 거룩한 하나님은 의로움 가운데 자신을 거룩하게 나타내신다(사 5:16).' 월터 브루그만(Walter Brueggemann)의 이사야 본문에 대한 결론은 초기 오순절 신앙에도 적용될 수 있다. 그는 이렇게 말한다. '의로운 사회적 실천은 하나님의 성품에 영향을 미친다. 야훼와 이스라엘 사이의 언약의 회복은 올바른 사회적 실천에 달려 있다.'235)

오순절주의자들은 일부 교회의 실천이 반율법주의나 행함이 없는 죽은 믿음으로 이어진다고 믿는다. 실제로, 어떤 교회는 형식적이고 기계적인 접근 방식으로 인해 의로운 자들을 죄인으로 만들었고, 결과적으로 의로운 자의 의를 제거해 버렸다.236) 이에 반해, 오순절 공동체는 이사야서에 나타난 신앙의 발전을 반영하며, '성경 주변에 모여들어(gathered around the text)' 하나님의 의를 받아들이고 실천함으로써 성숙해졌다.237)

그러나 이 신앙의 발전은 개혁과 새로운 시작에 가까웠으며, 그들이 더 성경적인 모델이라고 믿었던 상태로의 회복이었다. 이러한 회복은 강한 단절의 움직임 속에서 충격적으로 나타난다. 왜냐하면 이는 기존의 권력 구조와 자기 중심적 가치를 깨뜨리는 '가혹한 전환'을 요구하는 새로운 발전이기 때문이다.238) 이 단절이나 전환은 강렬한 내적 갈등과 갈망을 동반했으며, 이는 새롭게 회심한 사람이든, 다른 교회에서 새 빛을 찾아 들어온 사람이든 마찬가지였다. 처음으로 돌아가 새롭게 시작하는 것은 그리스도를 따라 그분이 어디로 인도하시든 가겠다는 헌신이다. 또한 하나님께서 주시는 모든 빛 안에서 걸어가겠다는 동의이다. 칭의는 죄의 용서이지만, 결코 불의에 대한 정당화는 아니다. 구원은 하나님을 닮아가는 것이다. 구원은 빛을 향해 돌이키고 빛 가운데 걷는 것으로 시작하며, 시작된 방식 그대로 지속되는 것을 의미한다.

칭의의 빛과 의로우신 하나님의 요구 이후에는 하나님의 거룩함과 성도의 성화에 관한 더 많은 빛이 주어진다. 이는 19세기 성결운동에서 나온 사람들에게 익숙한 용어로 이해되었다. 아주사에서 '사도적 신앙(*The Apostolic Faith*)'은 다음을 확언한다:

> 두 번째 은혜의 역사—성화는 은혜의 두 번째 역사이자 마지막 역사이다. 성화는 하나님의 자유로운 은혜의 행위로, 이를 통해 우리를 거룩하게 만드신다. 요 17:15, 17—'진리로 그들을 거룩하게 하소서; 주의 말씀은 진리니이다.' 살전 4:3; 살전 5:23; 히 2:11; 히 12:14
>
> 성화는 거룩하게 하기 위한 정결이다. 제자들은 오순절 날 이전에 성화되었다. 성경을 면밀히 연구하면 지금도 그러하다는 것을 발견할 것이다. '내가 너희에게 이른 말씀으로 너희는 이미 깨끗하였으니' (요 15:3; 13:10); 그리고 예수께서 그들에게 성령을 불어 넣으셨다(요 20:21-22). 그들이 깨끗하지 않았다면 성령을 받을 수 없었을 것이다. 예수님은 영광으로 돌아가시기 전에 교회에서 모든 의심을 제거하고 깨끗하게 하셨다.239)

같은 호의 '사도적 신앙(*The Apostolic Faith*)'에는 다음과 같은 순결에 대한 권면이 실려 있다:

> 마음이 청결한 자는 복이 있나니. 우리는 하나님께서 말씀의 가장 충만한 의미로 그분의 뜻을 이루시도록 내어드리기 전까지 이 순결함을 얻지 못한다. 우리는 토기장이의 손에 있는 진흙과 같다. 성령을 받기 위해서는 자기 의지(원문: self well [sic, will])가 제거되어야 한다. '나는 이것이 마음에 들지 않는다'고 말하는 무언가가 있는 한 우리는 성령을 받을 수 없다.240)

성화는 하나님께 완전히 항복하고 자신을 온전히 내어드리는 것을 포함한다. 거룩함은 하나님의 본질적 속성이고, 따라서 이렇게 주장할 수 있다:

> 모든 귀한 성경의 목적과 끝은 성령에 의해 우리의 마음속에서 확실한 역사가 이루어지도록 하는 것이다. 하나님은 모든 시대와 모든 인류를 향한 사역을 통해 자신의 본질—사랑을 타락한 인류에게 심으려는 계획을 가지셨다.
>
> 사랑하는 이들이여, 우리는 잃어버린 영혼들에 대한 불타는 열정을 가지고 있는가? 우리가 하나님의 말씀으로 인해 박해받고 시험을 당할 때, 우리 마음속으로 '주님, 그들을 용서하소서. 그들은 자기들이 하는 것을 알지 못합니다'라고 말할 수 있는가? 예수님의 약속과 예수님의 성품이 그분의 피와 성령의 능력으로 우리의 삶과 마음속에 이루어지는 것은 달콤한 일이다. 그분의 사랑과 온유함, 겸손함이 우리의 삶 속에서 드러나는 것도 마찬가지다. 왜냐하면 그분의 성품은 곧 사랑이기 때문이다.
>
> 사랑하는 이들이여, 우리는 하늘로부터 내려오는 그 순결한 사랑을 가져야 합니다. 이는 손해를 기꺼이 감수하는 사랑이며, 교만하지 않고, 쉽게 화내지 않으며, 온유하고, 겸손하며, 유순한 사랑

입니다. 우리는 매일 도살당할 양으로 여겨집니다. 우리는 자신과 세상, 육체, 그리고 모든 것에 대해 십자가에 못 박혀야 하며, 우리의 몸 안에 주 예수의 죽음을 나타냄으로써 우리의 기쁨이 충만하게 되도록 해야 합니다. 이는 그분께서 충만하신 것과 같이 우리도 충만해지기 위함입니다.241)

성화는 중생에서 시작되며, 이후 분명한 역사로 실제화된다. 이는 분명하고도 역동적인 실체이기에 확정된 역사로 여겨진다. 구원은 하나님의 생명에 참여하고 동참하는 것이다. 거룩함의 본질은 성도 안에서의 사랑이다. 이는 정결하고 비워진 그릇을 채우는 완전한 사랑이며, 이 사랑 없이는 성도의 은사, 희생, 그리고 의로운 행위도 아무 소용이 없다. 중생에서 주어진 사랑의 분량과 그 안에 심어진 은혜들은 성화에서 온전히 열매를 맺게 된다. 이 온전한 성화는 잃어버린 영혼들에 대한 '불타는 열정(burning passion for souls)'이며, 이를 통해 박해자들을 용서할 수 있게 한다. 성화에서 나타나는 피의 능력은 성령세례에서 나타나는 능력의 필수적이고 논리적인 선행 조건이다. 초기 오순절 신앙의 발전 논리에서, 순결은 능력에 앞선다. 이는 성도가 성품과 행위에서 증인이 되어야 하기 때문이다. 하나님의 의는 성도의 신실함과 연결되며, 하나님의 거룩함은 성도들의 사랑과 연결된다. 의의 길과 사랑의 불타는 열정은 하나님의 능력을 나타내는 증언을 효과적으로 하기 위해 능력을 요구한다.

성령세례는 구원의 한 측면으로, 하나님의 능력이라는 속성과 상응한다. 이는 '성화된 삶 위에 임하는 능력의 선물'이다.242) 그러나 성령세례는 성도가 의의 빛 가운데 걷지 않으면 사라질 수 있다. 성령은 어둠 속에서 걷는 자에게 능력을 계속 부여하지 않으며, 하나님의 완전한 사랑 안에 거하지 않는 자를 계속 충만케 할 수 없다. 성령으로 세례를 받은 자는 '날마다 죽어야 하며, 그리스도가 너희 안에 거하시게 해야 한다. 우리가 교만해지기 시작하면, 하나님은 우리를 제쳐두실 것이다. 그러나 우리가 모든 영광을 하나님께 돌린다면, 하나님은 이 빛을 퍼뜨리기 위해 우리를 사용하실 것이다.'243) 모든 은혜의 경험은 유지되어야 하며, 매 순간 지속적인 거함(abiding)이 요구된다. 아무것도 성도를 그리스도의 손에서 빼앗아갈 수 없지만, 그들은 주어진 은혜와 능력으로 사랑의 순종 안에서 그리스도 안에 거해야 한다. 성령의 능력은 특정 목적을 위해 주어진 것이다:

> 우리가 성령세례를 받으면 전할 것이 있다. 그것은 예수 그리스도의 피가 모든 죄를 깨끗하게 한다는 것이다. 성령세례는 부활하신 구세주를 증언할 능력을 준다. 우리의 정서는 세상 죄를 제거하시는 하나님의 어린양 예수 그리스도께 있다. 오늘도 내가 그분을 예배한다! 모든 죄를 정결케 하시는 그 피를 찬양한다!244)

찬양과 선포, 예수와 성령의 임재, 그리스도 안에서의 정서와 성령의 능력은 모두 기독교적 성품과 소명의 부르심 속에서 융합된다.

초기 부흥의 문헌 전반에는 하나님의 의, 거룩함, 능력과 성도의 의, 사랑, 능력 간의 명시적인 상관성이 드러난다. 이는 형식적 구원의 순서라기보다는 성도가 의, 사랑, 능력에서 점진적으로 발전하는 경험적이고 시대적인 논리에 가깝다.

복음과 기독교인의 삶에 대한 기술에서 사용된 강한 표현은 신학, 기도, 구원의 암묵적인 상관성을 보여준다. 예를 들어, '빛 안에서 걷기'는 하나님의 의로움을 나타내고(하나님은 모든 빛이시고 그 안에는 어두움이 없으시다), '온전한 복음'은 그리스도 안에 있는 하나님의 충만을 뜻하며, '온전한 성화'는 하나님은 거룩하시고 사랑이시라는 점을 나타낸다. '성령으로 충만함'은 하나님은 전능하시다는 사실을 드러낸다. 하나님과 올바르게 관계를 맺고, 곧 하나님을 알고 따르는 것은 점진적이고 변혁적인 발전을 요구한다. 오순절 예배와 증언에 지속적으로 참여하는 것은 성도들의 삶을 하나님의 경험에 의해 '형성되고 빚어지도록 하는 정서적 변화'를 가져온다.245)

이러한 오순절적 간증과 하나님에 대한 상관적 관점은 하나님의 나라, 곧 성령 안에서의 의, 평화, 기쁨으로 이해되는 하나님 나라와 목적론적으로 연결되어 있다. 칭의의 의는 은혜를 통한 믿음으로 빛 가운데 걷는 삶을 통해 유지된다. 완전한 사랑의 평화('사랑은 두려움을 내쫓는다' 요일 4:18)는 내적 저항이나 남겨둔 죄 없이 사랑 안에서 걷는 삶을 유지케 한다. 성령의 충만함으로 인한 기쁨은 성도들에게 육체를 따르지 않고 성령 안에서 걷는 힘과 격려가 된다. 하나님 나라를 믿는 것은 여기(here)와 지금(now), 저기(there)와 그때(then) 모두에서 빛과 의, 거룩함과 사랑, 성령의 능력과 나타남으로 충만한 하나님의 나라를 갈망하는 것이다. 성령은 의(rightousness)로 인도하며, 마음을 살피고 말씀을 통해 그리스도와 같지 않은, 곧 육적인 것을 지적하신다. 성령은 능력 있는 증언으로 충만케 하시고, 은사와 열매를 통해 자신을 드러내신다. 열매는 신적 생명에 참여함으로 성도 안에서 형성되는 하나님의 성품을 나타낸다. 성부, 성자, 성령은 성령을 통해 성도 안에 거하신다.

은사와 열매가 외적인 증언이라면, 성령의 증언은 칭의, 성화, 성령충만의 내적 확신과 증거이다. 방언은 하늘의 종말론적 언어임과 동시에 내적이면서도 외적인 증언, 증거, 그리고 확신이다. 이는 교제와 대화, 곧 기독교인의 본질을 나타내는 실질적이고 존재적인 증명이다. 방언은 세상의 불의한 바벨을 찬양으로 해체하고, 억눌린 자들의 사랑하는 이를 향한 갈망의 외침이며, 이미 시작되었지만 아직 완전히 해석되지 않은 종말적 성취의 외침이다.

이러한 방식으로 초기 오순절 성도들은 암묵적으로나마 하나님 나라, 기독교인의 삶, 그리고 하나님에 대한 그들의 비전을 상관시켰다. 그들의 믿음과 실천은 교회의 예배, 교제, 그리고 증언을 통해 특정한 오순절적 정서를 표현하고 결정지었다. 이러한 정서를 설명하기 전에, '정서(affections)'의 일반적인 특성을 논의하고 기독교 정서가 자연적 정서나 단순한 '감정(feelings)'과 어떻게 구별되는지를 보여주는 것이 유익할 것이다.

2) 기독교 정서(Christian Affections): 일반적 설명

정서에 대한 논의는 각 정서에 부여된 의미와 감정의 폭넓은 범위 때문에 복잡하다. 다음 예시를 통해 이를 살펴볼 수 있다.

수 스미스(Sue Smith)는 자신의 고양이, 남편, 그리고 초록색 2도어 자동차를 사랑한다고 말한다. 그녀는 고양이와는 10년을, 남편과는 5년을, 초록색 스바루 세단과는 1년을 함께했다. 수는 고양이 사만다(Samantha)를 항상 데리고 다니며, 날씨가 춥거나 고양이가 아프면 집에 머물며 돌본다. 남편 샘(Sam)은 수와 사만다가 함께 있든 없든 자유롭게 움직인다. 샘에게는 자신의 작은 차가 있다. 수는 샘에게 2만 마일을 채운 후에는 모든 차를 교체한다고 말했지만, 샘은 그녀가 이 차를 사랑하며 아무에게도, 자신에게조차 운전하게 하지 않는다는 것을 안다. 이 차는 자기 자신과 그녀의 고양이를 위한 개인적이고 사적인 공간이다.

수와 같이 대부분의 사람들은 여러 가지 '사랑(loves)'을 가지고 있다. 각각의 사랑은 그녀의 삶에서 의미 있고 즐거운 무언가를 나타내며, 이는 그녀가 그 대상에 부여한 중요성, 투자한 시간, 사랑의 대상이 그녀에게 보인 반응, 그녀의 기대, 그리고 그로 인한 고통과 기쁨에 의해 형성된다. 수는 또한 초콜릿 아이스크림이나 동물원 방문과 관련해서도 '사랑'이라는 단어를 사용한다. 이런 '사랑'들은 종종 서로 충돌하며, 각기 다른 중요성을 가진다. 예를 들어, 사만다가 죽고, 수가 샘을 떠난다면, 이는 그녀의 고양이에 대한 '사랑'과 남편에 대한 '사랑' 사이에 어떤 차이가 있음을 말해주는가?

수의 삶과 '사랑'은 감정, 느낌, 그리고 정서의 언어가 종종 얼마나 혼란스럽게 사용되는지를 보여준다. 대개 수에게 돌아오는 반응은 그녀가 비합리적으로 행동하고 있다는 것이다. 그녀의 감정은 통제되지 않거나 균형이 깨졌다고 여겨진다. 이러한 이성 대 감정의 이분법적 접근은 근대 서구 문화 대부분이 가진 특징이다.

공적(public) 삶은 대개 이성(reason)에 의해 좌우되며, 사적(private) 삶은 특이하고(idiosyncratic) 비합리적인(irrational) '감정(feelings)'에 맡겨진다. 이러한 이성과 감정의 관점은 종교적 전통의 평가에서도 나타난다. 예를 들어, 사람들은 오순절 성도가 감정적이고 성공회 신자는 이성적이라고 말한다. 동물적 열정에서부터 온화한 이성에 이르기까지 종교적 정신(ethos)의 스펙트럼은 진단과 처방을 위한 일반적이고 보편적인 기준으로 통제, 균형, 온건함, 그리고 고요함을 통해 표현된다.

만약 정서의 대상이 고양이, 배우자, 또는 자동차가 아니라 하나님이라면, 상황은 더 복잡해진다. 하나님은 보통 궁극적 관심사로 여겨지며, 최상의 충성을 요구하는 분으로 이해되기 때문이다. 만약 다른 신들과 다른 해석 또는 궁극적 관심사가 있다면, 정서도 달라질 것이다. 앞서 영성은 신념, 실천, 정서의 통합으로 정의했다. 이러한 영성은 지식, 행동, 그리고 정서가 통합된 삶의 방식(a way of life)이다. 이러한 정서들은 행동과 신념에 의해 유발되고 표현된다.

기독교인들은 하나님이 사랑이심을 고백한다. 이 사랑은 하나님께서 말씀하셨고 행하셨으며, 지금도 말씀하시고 행하시며, 앞으로 말씀하시고 행하실 일들을 통해 드러난다. '하나님이 세상을 이처럼 사랑하사 독생자를 주셨으니(요 3:16)'라는 말씀은 사랑의 대상인 세상과 사랑의 근원인 하나님에 대해 잘 말해준다. 주어진 은사(gift)의 본질은 동시에 그 출처, 대상, 그리고 은사 자체에 대해 무엇인가를 말한다. 이 정서와 사랑을 이해하는 것은 은사(gift)를 떠나서는 불가능하다. 성경은 또한 기독교인들이 서로 사랑할 것을 명령한다. 이는 예수님께서 지상에서 사역하실 동안 제자들과 다른 이들을 사랑하신 것과 같다.246) 이러한 사랑은 성령에 의해 인간의 마음에 부어지며, 성령은 기독교인들을 그리스도를 따라가는 연민의 길로 인도하신다.247) 만약 마음(heart)이 정신(mind), 의지(will), 감정(emotions)의 통합 중심으로 이해된다면, 정서는 단순한 감정을 넘어서는 것이며, 기독교적 정서는 성도의 삶을 특징짓는 것이 되어야 한다.

존 웨슬리(John Wesley)와 조나단 에드워즈(Jonathan Edwards)는 진정한 종교, 곧 참된 기독교 신앙은 종교적 정서에 중심을 두고 있다고 말한다. 웨슬리는 에드워즈의 '종교적 정서에 관한 논고(*Treatise on the Religious Affections*)'를 축약하여 감리교 목회자와 지도자들을 위한 『기독교 도서관』에 포함시켰다. 웨슬리에게 있어서 하나님과 이웃을 사랑하는 것은 참된 종교의 핵심이었으며, 이것이 없다면 기독교인이 아니라고 보았다.248) 그의 온전한 성화 교리는 성령의 은혜를 통해 그리스도 안에서 이루어진 정서적 변화를 강조하는 방식이다. 이 사랑의 충만함은 하나님에 대한 은혜와 지식에서 지속적이고 영원한 성장으로 이어지며, 성령의 열매의 성숙한 표현과 통합을 포함하는 삶으로 이어진다. 현대 기독교 학자인 로버트 로버츠(Robert Roerts), 돈 살리어스(Don Saliers), 그리고 할 나이트(Hal Knight)는 기독교 삶을 이해하는 데 있어서 종교적 정서의 중요성과 중심성을 다양한 방식으로 강조해왔다.249) 이는 단순히 머리와 마음, 사고와 감정의 균형이 아니라, 통합과 기독교 존재에 대해 본질적인 정서적 이해를 의미한다. 이 믿음은

> 마음의 새로운 성향에 의해 형성되며, 이는 감정, 지각, 의지, 그리고 이해의 모든 능력을 정돈한다. 참된 믿음에서 영향을 받은 마음과 지성은 서로 대립하지 않으며, 단순히 의지의 행위로 결합된 두 가지 능력도 아니다.250)

조나단 에드워즈는 이러한 정서적 이해를 다음과 같이 정리한다:

> 한편으로는, 열렬한 마음뿐만 아니라 이해 안에 빛이 있어야 한다. 열정은 있지만 빛이 없는 마음에는 신적이거나 천상의 것이 있을 수 없다. 반대로 빛은 있지만 열정이 없는 경우, 개념과 추측으로 가득한 머리와 차갑고 무관심한 마음에는 신적인 것이 있을 수 없다. 그러한 지식은 신적 사물에 대한 진정한 영적 지식이 아니다.251)

여기에는 신학적 관점뿐만 아니라 인식론적 관점도 포함되어 있으며,

이 모든 것의 밑바탕에는 예수님과 성령의 관계가 놓여 있다. 예수님은 성령의 역사로 성경의 증언을 통해 개인에게 나타난다. 성령은 개인이 그리스도를 받아들이도록 움직이는 분이다. 성령의 증언을 받아들이는 것은 그리스도를 받아들이는 것이다. 그러나 이는 또한 성령을 받아들이는 것을 의미한다. 빛과 열정, 진리와 사랑은 분리될 수 없다. 이는 성령과 그리스도의 사역이 하나의 구원 사역이기 때문이다. 진리를 아는 것은 사랑하는 것이며, 진리를 아는 것은 진리를 행하는 것이다. 따라서 사랑을 거부하고 사랑을 보류하는 것은 거짓을 말하는 것이다.252) 이성주의자와 열광주의자 모두에게 이러한 성경적 및 신학적 관점은 기독교적 존재에 대한 더 깊은 이해를 제공한다. H. 리처드 니버(H. Richard Niebuhr)는 날카로운 통찰력을 가지고, 다음과 같이 표현한다:

> 에드워즈의 발자취를 따라 더 나아가 감정의 영역을 확신에 찬 가설을 가지고 탐구하고자 한다. 감정(emotions)에 대한 일반적인 의견과는 반대로, 감정은 개념적이거나 관찰자적 이성으로는 접근할 수 없는 방식으로, 신뢰할 수 있고, 확고하며, 실제적이고 지속적인 것에 우리를 연결해 준다.253)

결론적으로,

> 기독교 신앙은 깊은 감정들(emotions)의 패턴(pattern)이다. 이는 하나님의 창조와 구속에 대한 감사, 신적 위엄에 대한 경외와 거룩한 두려움, 죄에 대한 회개와 슬픔, 하나님의 변함없는 사랑과 자비에 대한 기쁨, 그리고 하나님과 이웃에 대한 사랑이다. 하나님을 믿는다는 것은 이러한 감정들(emotions)로 특징지어진 삶을 사는 것이다.254)

이러한 '깊은 정서(deep emotions)'는 예수 그리스도의 복음을 믿고 그에 따라 세상을 바라보는 사람 안에서 성령께서 형성하시는 열매(fruit of the Holy Spirit)이다. 감사(gratitude), 긍휼(compassion), 확신(confidence)과 같은 특성들은 단순한 감정이 아니라, 그 사람이 진정한 그리스도인임을 나타내는 요소이며, 기독교 영성(Christian spirituality)의 정의라고 할 수 있다.255)

앞선 논의를 바탕으로 다음과 같이 요약해 볼 수 있다: 기독교 정서(Christian affections)는 객관적(objective), 관계적(relational), 그리고 성향적(dispositional)이다. 기독교적 정서가 객관적이라는 것은 정서가 대상을 가진다는 것을 의미한다. 이 경우, 대상은 동시에 주체이기도 하다: 하나님은 기독교 정서의 근원이자 대상이다. 의로우신 하나님은 의를 명하신다. 사랑이신 하나님은 사랑을 불러일으킨다. 구속의 능력을 나타내신 하나님은 힘과 능력을 주신다.256) 하나님께서 말씀하셨고 행하셨으며, 말씀하시고 행하고 계시며, 앞으로 말씀하시고 행하실 일은 정서의 근원이자 목적이다.

하나님의 의(righteousness), 사랑(love), 능력(power)은 성도 안에서 이와 상응하는 정서의 근원이다. 하나님의 이러한 속성을 묘사하는 서사는 성도의 정서를 불러일으키고, 제한하며, 방향을 제시한다. 하나님은 의로우시고, 사랑이 넘치시며, 능력이 있으시다. 하나님은 기독교 존재의 목표이자, 기독교적 정서의 목적(*telos*)이기도 하다. 하나님을 믿는 것은 성령 안에서의 의와 평화, 그리고 기쁨의 하나님 나라를 받아들이고, 그 완성을 기다리는 것이다.

하나님을 믿고 그로 인해 하나님 나라를 받아들인다는 것은 기독교 정서가 관계적(relational)임을 인정하는 것이다. 기독교적 신념과 실천은 이러한 정서를 형성하고 표현한다. 기독교 정서는 올바른 시작과 지속적인 표현을 위해 하나님, 교회, 그리고 세상과의 관계를 필요로 한다. 이는 특히 사랑이라는 정서에서 가장 명확히 드러난다. 사랑은 또한 최고의 신학적 덕목이다. 그러나 다른 정서들도 마찬가지라는 점을 곧 확인할 수 있을 것이다. 기독교 정서는 마음대로 소환할 수 없으며, 감정적 발달의 뷔페식 선택이 아니다. 그것은 교회의 통치자인 주님께서 시작하고 유지하며 이끄시는 역사에 의존한다.

존 웨슬리(John Wesley)는 온전한 사랑을 하나님에 대한 전심전력의 헌신으로 보았으며, 기독교인의 삶은 처음부터 끝까지 매 순간 성령의 역사라고 인정한다. 그는 이렇게 주장한다: '우리는 매 순간 그리스도의 능력이 우리 위에 머물러 있는 것을 느낀다. 이 능력 없이는, 우리가 지금 아무리 거룩하다 할지라도, 다음 순간 우리는 악마와 같을 것이다.'[257] 웨슬리에게 신앙의 관계적 이해는 영적 교만이 하나님의 법을 의도적으로 어기는 어떤 죄보다 더 깊은 죄로 여겨지는 것을 포함한다.[258] 믿음, 순종, 사랑의 관계는 웨슬리와 18세기 감리교 전통에서 신앙의 의미를 형성했다. 웨슬리는 야고보서, 바울서신, 특히 요한서신에서 이러한 통합을 발견했다.[259] 구원을 받는 것, 곧 기독교인이 된다는 것은 하나님과 올바른 관계를 맺는 것이며, 따라서 이웃과도 올바른 관계를 맺는 것이다.

기독교 정서가 객관적이고 관계적이라면, 또한 성향적(dispositional)이어야 한다. 다시 말해, 사랑이신 하나님은 자신과 이웃을 사랑하라고 명령하셨으며, 사도 바울이 말한 '항상 있는 사랑(abides)'은 기독교인의 삶을 특징짓는 것이어야 한다. 사랑 없이는, 아무리 많은 믿음이 있거나, 가난한 자들에게 아무리 많은 것을 베풀거나, 성령의 은사를 아무리 많이 나타내거나, 커다란 희생을 감수하더라도, 아무 유익이 없다.260)

특히 사랑과 기독교 정서는 단순히 지나가는 느낌(feelings)이나 감각적 사건(sensate episodes)이 아니다. 정서는 지속적인 성향(abiding dispositions)으로, 사람을 하나님과 이웃을 향하도록 이끈다. 이는 하나님 안에서 시작되고 하나님을 목표로 하는 방식이다. 느낌(feelings)은 중요하지만 일시적이고, 혼합되며, 강도도 다양하다. 기분(moods) 역시 가변적이지만, 정서(affections)는 사람의 삶을 특징짓는다. 예를 들어, 아찔한 도로 상황을 가까스로 피한 후에 아드레날린이 솟구치고 심장이 뛰며 기분이 좋아진 상태에서 조용히 감사의 기도를 드릴 수 있다. 그러나 이는 그 사람이 감사하는 사람, 더구나 감사하는 기독교인임을 의미하지는 않는다. 기독교인들은 종종 이런 점을 상기받는다. 일요일에 연민을 권면하는 메시지를 듣고 동의하며 눈물을 흘리는 것과, 화요일에 그 연민을 실천하는 것은 별개의 문제이다. 중요한 점은, 연민을 가진다는 것은 연민이 많은 사람이 된다는 것이다.

더 나아가, 긍휼(compassion)을 가진다는 것은 단순한 감정이 아니라, 세상을 다르게 바라보는 방식을 의미한다. 예를 들어, 장 보는 길에 시장 밖에 앉아 있는 노숙인의 처지를 바라볼 때, 성도는 예수의 삶과 가르침, 그리고 성령의 역사에 의해 깨우침을 받고(convicted), 개인적·사회적으로 책임 있는 방식으로 행동하도록 요청받는다. 이는 단순한 느낌(feeling)이 아니다. 이것은 하나의 태도(dispositional)이며, 동기 부여(motivational)가 되는 관계이다. 즉, 성도와 노숙인, 그리고 그리스도께서 성령에 의해 서로 연결되며, 책임 있는 행동(responsible action)으로 부름받는 관계이다. 정서(affections)는 단순한 감정이 아니라, 세상을 해석하고(construals), 그에 대한 관심과 책임을 가지게 하는 요소이다. 따라서 정서는 행동을 일으키는 '이유(reasons)'가 된다. 만약 누군가에게 '왜 노숙인을 돕는가?'라고 물으면, 그는 '나는 긍휼(compassion)을 가졌기 때문'이라고 답할 것이다. 반대로, 그를 무관심하게 외면하는 것은 비합리적인 행동이며(irrational), 곧 로고스(Logos)의 논리에 모순되는 일이다. 성경이 그리는 하나님과 세상의 정체성—곧, 하나님 나라를 향해 가는 여정 속에서 하나님과 세상이 맺는 관계—이 정서를 형성하고, 방향을 제시하며, 표현되도록 이끌어 가는 것이다.

3) 종말론적(Apocalyptic) 정서(Affections): '본향으로 가는 길(On the Way Home)'

루터교와 로마 가톨릭의 차이는 신학적 차이뿐만 아니라 정서적 차이이기도 하다. 루터교인과 로마 가톨릭 신자는 세상을 다르게 이해하며, 기독교적 정서가 서로 다른 방식으로 조합된다. 예를 들어, 서로 다른 낙농장에서 생산된 우유를 마시면 기후, 사료, 소의 품종, 가공 방식의 차이로 맛이 다르게 느껴진다. 마찬가지로, '말씀의 순전한 우유(sincere milk of the Word)'도 유사한 이유로 각기 다르게 느낄 수 있다.261) 재세례파 목사와 동방 정교회 사제가 서로를 기독교인으로 인정할 수 있을지라도, 성찬에 참여할 때 자신들이 다르다는 것을 분명히 느낄 것이다.

오순절 성도들은 단순히 다른 기독교인들보다 더 열정적인 것이 아니다. 모든 기독교 정서는 오순절 신앙에 존재하지만, 그 특징과 조화는 다르다. 종말론적 비전(apocalyptic vision)과 다가올 시대의 초월적 능력의 임재는 정서적 화학 작용의 본질적 변화를 일으킨다. 선교적 과제의 긴박성과 하나님 어린양의 임박한 재림에 대한 준비는 정서를 단순히 강렬하게 만들 뿐만 아니라, 정서의 질적 조합과 특징적 구조에도 영향을 미친다.

2장에서 묵시적(apocalyptic) 신앙이 단절(break), 소망(hope), 그리고 우주적 드라마(cosmic drama)로 특징지어질 수 있다고 언급한 것을 떠올려 보면, 예언과 통제를 통해 권력을 행사하는 데 익숙한 이들(사회든 교회든)이 이러한 영성에 불편함을 느끼는 이유를 이해할 수 있다. 예수 그리스도를 통한 하나님 나라의 침노(inbreaking of the kingdom of God), 그리고 개인의 삶 속에서 이루어지는 그 침노의 경험은 역사의 불가피한 흐름, 내적 조건들, 또는 사회적 지배 구조에 의해 결정되는 역사적 과정보다 은혜가 우선한다는 사실을 확증한다. 이러한 급진적인 소망은 믿음을 보호하는 역할을 한다. 믿음이 직면하는 가장 미묘하고도 강력한 위협은 근본적인 의심이나 신학적 오류 자체보다, 현대 사회에서 신앙이 사소한 것으로 전락하거나, 세속적 질서에 흡수되는 위험이다. 특정한 사건들—예배 중에 나타나는 성령의 은사든, 일상의 시장에서 이루어지는 증언이든—이 모든 것은 단순한 개인적 경험이 아니라, 훨씬 더 큰 우주적 드라마 속에서 이루어지는 사건들이다. 그리고 성도들은 이 거대한 이야기의 희생자(victim)가 아니라, 적극적인 참여자(participant)이다. 하나님의 주권적인 성령께서는 모든 일을 선하게 이끌어 가시며, 하나님을 사랑하는 자들의 믿음을 지키시는 분이시다.

하나님과 이웃에 대한 반응은 그 사람이 종말에 대해 진정으로 믿는 것을 표현한다. 의(righteousness) 가운데 걷는 것은 의의 하나님 나라를 믿고 그 나라로 인도받는 것이다. 온전한 사랑 가운데 걷는 것은 완전한 사랑과 평화의 하나님 나라를 믿고 그 나라로 인도받는 것이다. 성령의 능력 가운데 걷는 것은 모든 반대에도 불구하고 하나님이 모든 것 안에 계시는 하나님 나라를 향해 기쁨과 확신, 용기로 걷는 것이다. 성도는 성령을 통해 이미 믿는 자들 안에서, 그리고 그들 사이에서 역사하고 있는 하나님 나라에 영향을 받고 그 나라를 향해 나아간다. 그러나 아직 이루어지지 않은(not yet) 하나님 나라는 지금 미리 맛보는(foretaste) 것이고, 성령의 보증(down payment)으로 주어졌지만, 여전히 미래에 완성될 새로운 나라이다. 이는 창조, 성육신, 또는 거듭남처럼 완전히 은혜로 주어지는 사건이다. 인내와 재림 모두 필연적이지는 않다.262) 둘 다 은혜로 주어진 것이다. 오순절 성도에게 성령의 능력은 삶의 모든 시련과 유혹을 통해 정서를 강화하고 유지하며, 하나님 나라라는 목표를 향해 인도한다.

모든 오순절 정서를 논의하는 것은 불가능하다. 또한 영성의 '본질'을 하나 또는 몇 가지 정서로 규정하려는 유혹을 우리는 경계해야 한다. 로버츠(Robert Roberts)는 다음과 같은 경고를 명확히 제시한다:

> 기독교 영성이 단순성, 미래에 대한 개방성, 진정성, 사회 정의와 같은 단일한 '본질'에 초점을 맞출 때 겪게 될 왜곡. 이런 개념들은 아마도 기독교 영성에 대한 어떤 측면을 포착할 가능성이 있지만, 이러한 본질 추구가 성경적 개념의 풍부함을 보존할 가능성은 낮다.263)

따라서, 이 논의는 포괄적 분석과 환원주의적 본질화(essentialization)를 피하고; 대신 이 장에서 논의된 하나님, 하나님 나라, 그리고 구원에 대한 관점과 연결된 세 가지 중요한 정서에 초점을 맞출 것이다. 이 세 가지 정서는 전통적인 신학적 덕목인 믿음, 사랑, 소망과 각각 연관된다. 세 가지 정서(affections)는 다음과 같으며, 각각 특정한 동의어나 밀접하게 관련된 정서들을 동반한다:

1. 감사(찬양, 감사)
2. 연민(사랑, 갈망)
3. 용기(확신, 소망)

분명히 모든 기독교인은 이러한 정서들로 특징지어져야 한다. 여기서는 각각의 정서들(affections)을 독특한 오순절적 정신(Pentecostal ethos) 안에서 묘사해볼 것이다. 다음 표는 오순절 정서의 구조와 상호 관계에 대해 잘 보여준다.

오순절 정서들(Pentecostal Affections)

	감사(감사, 찬양) Gratitude (thanks, praise)	연민(사랑, 갈망) Compassion (love, longing)	용기(확신, 소망) Courage (confidence, hope)
하나님 안의 근원 (Source in God's):	의 (Righteousness)	사랑 (Love)	능력 (Power)
증언됨 (Testified to as):	'구원받은'(Saved) 거듭난 (Regenerated)	성화된 (Sanctified)	성령세례를 받은 (Baptized in Spirit)
대적됨 (Opoosed by):	세상(World)	육체(Flesh)	악마(Devil)
극복 방법 (Which are overcome by):	믿음(Faith) (요일 5:4)	십자가(Crucifixion) (갈 5:24, 롬 8:13)	저항(Resistance) (약 4:7)
행보 (Walk):	빛 안에서 (In Light)	사랑 안에서 (In Love)	성령의 능력 안에서 (In Power of Spirit)
불러일으키고 표현됨 (Evoked and Expressed in):	예배 (Worship)	기도 (Prayer)	증언 (Witness)
그리스도 (Christ as):	구원자 (Savior)	성화자 (Sanctifier)	성령세례자 (Spirit Baptizer)

감사(Gratitude)

모든 축복이 하나님의 은혜로운 행동에서 흘러나오기 때문에, 감사(gratitude)는 그리스도인의 초기(initial) 정서이자 지속적으로 중요한 정서이다. 감사는 기억(remembrance)과 감사(thanksgiving)를 통해 성도를 망각(forgetfulness)과 교만(presumption)이라는 상호 영향을 주는 죄로부터 지켜준다. 그러나 오순절 성도들은, 모든 그리스도인과 마찬가지로, 하나님이 성경 역사 속에서 행하신 일들, 즉 하나님과의 교제를 위해 백성을 창조하고, 부르시며, 구원하고, 보존하신 것에 대해 감사를 드린다. 그들은 모든 선한 것이 갈보리(Calvary)를 통해 자신들의 삶에 들어오며, 잃어버린 자를 찾고 구원하시는 하나님의 지속적인 은혜로운 행동에서 흘러나온다고 고백한다. 하나님의 지속적인 행동은 결정적이고 중한 역할을 한다. 이는 하나님 나라를 향한 과정 속에서 일련의 사건 또는 위기(crises)로 경험된다. '구원받는다'는 것은 용서받고, 중생하며, 양자로 입양되고, 깨끗해지고, 성령이 내주하며, 세상 속에서 하나님의 백성으로 통합되는 것을 의미한다. 구원은 근본적으로 하나님의 성품과 목적에 부합하는 변화이다. 하나님은 의로우시며, 성도들이 빛 가운데 걷고, 세상이 창조되기 전에 예정된 선한 일을 행하도록 구원하신다(엡 2:10).264) 하나님의 의는 하나님께서 행하신 일을 통해 드러나고 효력을 발휘하며, 성도들의 의는 사랑을 통해 역사하는 믿음과 함께 선물로 주어진다.265) 의는 전가(칭의)를 통해 성도들에게 전달(성화)되며, 칭의가 죄에 대한 변명이 될 수 없다는 점이 분명하다.266) 사람은 회개하고 믿음을 통해 은혜로 구세주이신 그리스도를 받아들일 때 구원을 받는다. 사람은 의롭다고 선언되고, 동시에 은혜로 하나님의 의를 위해 선언한다. 의는 공의롭고 거룩하신 하나님과의 관계를 위해 필요한 모든 것이며, 이 관계의 중심에는 사랑의 법이 있다.

아이들, 청소년, 그리고 성인은 모두 그리스도를 받아들일 수 있다. 유아(infants)는 보통 주님께 헌아되며 언약 공동체의 일부로 인정된다. 그러나 '책임지는 나이(age of accountability)'에 도달해서 옳고 그름을 구분하고, 주님의 권고와 감동을 의식적으로 경험하게 될 때, 그들은 그리스도를 받아들이고 거듭나야 한다.267) 유아와 정신적으로 장애가 있는 사람들만이 믿음과 회개를 통한 그리스도 영접에서 면제된다. 사람은 자신이 가진 빛에 대해서만 책임이 있다. 그리스도의 속죄는 이들과 이와 유사한 모든 사람들에게 유효하다.

감사는 하나님의 행하신 일, 즉 죄를 속죄하기 위해 그리스도 안에서 행하신 일, 잃어버린 영혼의 세상에서 한 사람을 부르신 일, 성도를 보존하고 온전하게 하시는 현재의 일, 하나님 나라를 이루시기 위해 행하실 미래의 일을 기억함으로 불러일으켜진다. 감사는 망각에 대한 방어막이다. 하나님의 거룩함과 은혜로운 돌보심은 성도를 감사와 경외, 두려움으로 채운다. 감사는 언어적, 신체적 감사 행위를 통해 표현된다. 오순절 예배에서는 '주님, 감사합니다' 또는 '주님을 찬양합니다'와 같은 말이 자주 들린다. 사실, 이것은 가장 빈번히 반복되는 표현일 것이다. 오순절 예배의 모든 요소―간증, 찬송, 기도, 설교, 가르침, 성례전 등―는 감사와 찬양을 불러일으키고 형성하는 도구로 사용된다. 하나님은 그의 백성의 찬양 중에 거하시며, 은혜의 다양한 수단(찬송, 간증, 설교, 기도, 성례전 등)을 통해 하나님은 그들을 감사하는 사람으로 빚어 가신다.

하지만 감사는 말로만 표현되는 것이 아니라 행위로도 표현된다. 과대망상을 방지하기 위해, 감사는 하나님이 주시는 모든 빛을 따라 걸으며, 성령이 그 빛을 순례자의 길에 비추어 주는 방식으로 나타난다. 이는 행

위의 의로움이 아니다. '사도적 신앙(*The Apostolic Faith*)'은 다음과 같이 선언한다:

> 이것은 '행하라, 행하라'는 종교가 아니다. 이것은 주 예수 그리스도의 종교다. 사람은 거듭나야 한다. 도덕적 교양, 세련됨, 포기 등을 통해 얻을 수 있는 것이 아니다. 거듭나야만 한다. 이는 하나님의 사랑하시는 아들을 통해서만 가능하다. 그분이 당신을 씻기고, 정결케 하시며, 하늘에 적합한 존재로 만드신다.268)

성도들은 찬송으로 기억한다: '사랑이 나를 들어 올리셨다 … 거친 파도 속에서 … 아무것도 도울 수 없었을 때.'269) 주님께서 그들을 구원하셨을 때, 그들은 '새로운 세상' 안에 있었다.270) 하나님께 감사하며, 성도들은 성령의 빛으로 조명된 성경이 그들의 길을 비출 때 '앞으로 나아가야 하며, 그렇지 않으면 뒤로 물러날 것'이라고 다짐했다.271) 성령의 '더 많은 은혜'를 받을수록, 그 은혜가 진정한 것이라면, 그들은 더 큰 사랑, 겸손, 그리고 찬양으로 표현해야 할 것이다.272)

하나님은 각 개인과 각 교회를 위한 목적과 계획을 가지고 계신다. 감사는 성경의 빛과 성령의 일상적인 음성에 귀 기울이는 것을 의미한다. 이를 통해 교회의 주인이신 하나님이 기독교적 섬김과 증언 속에서 일반적인 방향과 구체적인 명령을 실현할 수 있도록 한다. 믿음의 삶은 은혜로 태어나며, 그 끝은 항상 감사에 있다.

하나님의 은혜와 성도의 감사는 개인적이다. 성령은 하나님의 은혜로운 임재이며, 하나님의 적극적인 호의이자 성도 안에서 역사하시는 하나님의 효과적인 사역이다. 성령은 감사하는 마음을 정돈하여 개인으로 하여금 예수 그리스도를 닮도록 만든다. 오순절 예배에서는 '감사합니다, 아버지,' '감사합니다, 성령님'과 같은 말도 흔히 들리지만, 가장 빈번히 들리는 표현은 '감사합니다, 예수님'이다. 이는 모든 복이 성령 안에서 아버지로부터 예수님을 통해 흘러오기 때문이다.

감사는 자신이 어디에서 왔는지를 기억하는 것이기도 하다. 1907년 1월 발행된 '사도적 신앙(*The Apostolic Faith*)' 잡지는 독자들에게 자신들이 한때 스스로의 눈에 '가난하고 추한 존재(pour and ugly)'였던 때를 기억하라고 권면한다. 바로 그때 하나님이 그들을 '높이고 사용하신다'고 말한다. 하지만 그들이 '위대한 느부갓네살'처럼 되면, 하나님은 그들을 내쫓아 '소처럼 풀을 먹게'하실 것이다. '겸손하라. 그러면 하나님이 너를 사용하실 것이다.'273) 겸손은 감사의 동반자이다.

성도는 하나님의 거룩한 백성의 일부가 된 것과 눈이 멀고 속박된 세상에서 벗어난 것에 대해 감사한다. 세상과의 우정은 결국 하나님께 대한 감사와 찬양을 무디게 하고 파괴한다. 세속적인 사람의 주된 특징 중 하나는 감사하지 않는다는 점이다.

하나님의 길은 세상의 길과 다르다. 하나님의 방법과 세상의 방법은 다르며, 세상은 예수님을 거부했을 뿐만 아니라 역사를 통해 그분의 제자들을 박해해왔다. 오순절 성도는 20세기 기독교인들 중에서 가장 박해받고 순교한 집단 중 하나이다. 예를 들어, 몇몇 중미 국가에서는 그들이 '우파'와 '좌파'에 의해 모두 박해받았다. 이는 그들이 현 상태를 묵인했다는 것을 의미하지 않는다. 오히려 이는 그들이 세상의 방식을 거부하고 제3의 길을 택했음을 의미한다.

감사와 찬양의 깊은 원천 중 하나는 살아 계신 하나님의 교회에 속해 있고, 더이상 세상의 일부가 아니라는 사실에서 나온다. 오순절 성도는 자신이 언제 어디에서 구원을 받았는지 구체적으로 기억하지 못하더라도, 세상에서 불러내어 교회로 인도되고, 의의 하나님 나라로 가는 여정에 있음을 분명히 느낀다. 교회에서 누군가가 거듭날 때마다, 성도들은 기억하고, 기뻐하며, 최종적인 귀향을 기대한다. 감사의 원천은 하나님의 의로움이며, 그 길은 빛 가운데 걷는 삶이고, 목표는 의가 거하는 새 하늘과 새 땅이다. 이러한 '신실한 믿음'이 세상을 이기는 승리이다.

감사는 증언의 강력한 이유이자 동기이다. 교회와 세상 사이의 뚜렷한 구분은 교회와 성도가 느끼는 분리의 고통을 더욱 부각시킨다. 성도는 악을 미워하고 세상의 친구가 아니지만, 하나님께서 그들이 세상에 있을 때조차 그들을 사랑하셨음을 기억한다. 사실, 그들은 지금 세상 안에 있지만 세상에 속하지 않는 존재로, 하나님께서 세상을 사랑하신 것처럼 세상을 사랑하기 위해 존재한다. 세상은 사랑해야 할 적(enemy)이다. 니버(Niebuhr)의 용어를 사용하자면(그의 모든 결론에 동의하지는 않더라도), 성도는 세상에 반대함으로써 세상을 변화시키기 위해 존재한다. 그리스도는 문화에 반대하는 동시에 문화를 변화시키는 분이다.[274]

대부분의 오순절 예배에서는 잃어버린 자들—이웃, 친척, 동료들-을 위한 기도 요청이 이루어진다. 이웃은 잃어버려지고 미혹되어 있지만, 하나님은 은혜롭게도 그들을 책망하시고, 축복하시며, 심판하시고, 예수 그리스도께로 이끄시는 일을 하고 계신다. 사탄의 속박에 대한 분노, 잃어버린 자들의 상태에 대한 슬픔, 그들의 구원에 대한 기쁨, 교회의 사명과 생명을 축하함, 이 모든 것이 오순절 예배에서 드러난다. 누군가가 구원을 받을 때, 20세기 동안 수백만 건의 간증이 있듯이, 엄청난 기쁨이 넘친다.

요약하자면, 감사는 거룩하고 자비로우신 하나님의 은혜로운 의와 신실하심에 뿌리를 두고 형성된다. 구원받고, 용서받고, 칭의를 받고, 거듭난다는 것은 불의한 세상에서 벗어나 그리스도의 몸 안에 거하는 것이다. 그리하여 성도는 모든 믿는 자들과 함께 하나님 안에서 세상을 향한 하나님의 의가 된다. 성도는 빛 가운데 걷고, 빛이 되며(기독교적 성품), 의로운 행위를 함으로써 다른 이들이 믿고 하나님께 영광을 돌리게 한다. 감사는 오순절 예배의 특징으로, 감사와 찬양은 오순절 예배와 증언의 형태와 내용을 형성하는 강렬한 이유이다. 하나님을 은혜로우신 분으로, 세상을 잃어버린 상태로, 자신을 구원받은 존재로 이해한다는 것은, 하나님께 예배하며 증언하기 위해 하나님께 감사하는 마음을 품는 것이다.

연민(Compassion)

감사가 오순절 정서 구조의 기초라면, 건물의 내부는 연민(긍휼, Compassion)과 갈망(longing)이 담긴 사랑(love)이다. 오순절 운동은 19세기 성결운동에서 비롯되었으며, 완전한 사랑(perfect love) 또는 하나님께 대한 전심전력의 헌신으로서의 거룩함에 대한 깊은 관심을 가지고 있다. 비록 그들이 치열한 교리적 논쟁으로 주목받기도 했지만, 오순절 교회들은 하나님과, 성도들, 그리고 잃어버린 자들에 대한 깊은 사랑을 가지고 있다는 점이 널리 인정된다. 그들은 하나님이 사랑이시며, 그러므로 성도는 하나님처럼 사랑해야 하고, 그만큼 거룩해야 한다는 것을 인정한다. 이것이 그리스도의 마음을 가지는 것이다.275) 만약 의로움이 본질적으로(하지만 독점적으로는 아님) 하나님 아버지의 창조에 대한 언약적 신실함과 관련된다면, 연민으로서의 사랑은 주로 예수님과 관련된다.

오순절 성도들에게, 존 웨슬리(John Wesley)와 마찬가지로, 그들의 죄는 예수님을 십자가에 못 박았으며, 만약 다시 죄로 돌아간다면 지금 이 순간에도 하나님의 아들을 다시 십자가에 못 박는 것을 의미할 수 있다.276) 하나님께서 은혜로 의로움을 행하사 자신에게 속한 새로운 백성을 창조하시는 것처럼, 하나님은 거룩한 사랑으로 새 마음을 창조하신다. 그 마음은 거룩한 열정과 하나님 나라를 향한 갈망으로 타오르게 된다. 세상의 불의한 악행을 보고 의로운 분노를 느낄 때, 이에 더하여 잃어버린 자들의 구원과 그리스도의 재림을 위한 연민 어린 갈망이 더해진다. 하나님 나라의 충만함 속에서 모든 것은 여호와께 거룩한 것이 될 것이며, 거룩함 없이는 아무도 주님을 보지 못할 것이다.277) 이 거룩함은 죽음의 순간이나 성도의 부활과 영화에서 주어지는 것이 아니다. 오히려 그것은 마음의 정결함,278) 의복의 씻음, 그리고 '육체와 영의 모든 더러움을 씻어내며, 하나님을 두려워하는 가운데 성화를 완성하는 것'이다.279) 세상은 포기되었지만 여전히 악한 생각, 성품, 욕망, 그리고 방식의 형태로 남아 있다.

웨슬리가 말한 것처럼, 죄는 여전히 남아 있으나 더 이상 지배하지 않는다. 성도는 올바른 일을 행하고 빛 가운데 걷기를 원한다. 오순절 성도들은 성령의 능력 안에서 증언하기를 원한다. 그러나 거룩함 또는 성화에 대한 갈망은 본질적으로 하나님 자신을 향한 갈망이며, 사랑 안에서 그리스도를 닮으려는 열망이다. 이 사랑을 가지려면 자기 부정(self-denial)이 필요하다; 사실, 자기 의지(self-will)는 종종 문제의 핵심으로 간주된다. 죄된 욕망과 성품은 하나님의 사랑에 의해 죽여지고, 벗겨지고, 제거되어야 한다. 그리스도의 보혈, 말씀, 성령은 함께 정결케 하는 도구이다. 사람들이 잃어버린 자들과 고통받는 인류를 향해 나아가는 것을 막는 것은 무엇인가? 내적 저항, 이생의 염려, 육적인 욕망, 이 모든 것이 연민과 성령충만을 가로막는 장애물이다.

마음의 정결함은 성도가 '그분이 말씀 그대로 자신의 뜻을 이루게 하도록' 전적으로 내어드릴 때 주어진다. 그때 성도는 '토기장이의 손에 있는 진흙'처럼 되고 … '자아'는 제거된다.280) 이러한 비움은 성령충만을 위해 필수적이다. 성령충만이 일어날 때 가장 먼저 알 수 있는 것은, '예수 그리스도의 보혈이 모든 죄를 깨끗하게 하신다'는 것이다.281) 성도는 세상의 죄를 지고 가는 하나님의 어린양이신 예수 그리스도 안에 자신의 정서를 두어야 한다.282) 십자가 안에 거하며 매일 자신을 죽여야만 능력이 성도의 삶과 증언 위에 머물 수 있다.283) 성화는 아주사(Azusa)와 이후 수백만 명의 성도들에게 '성경적 구원'의 중심이자 핵심이다. 이는 '타락한 인류 안에 자신의 성품—사랑을 심으려는' 하나님의 '시대와 역사를 초월한 계획'이었다. 성도는 그 사랑의 섬세한 떨림이 자신의 존재의 모든 부분을 통과하는 것을 느낄 때, 그것이 달콤하다고 고백한다.284)

예수님은 연민 어린 사랑의 중심이자 모델이다. 연민을 가진다는 것은 예수님처럼 다른 사람들을 향해 움직이는 것이다. 성령은 비워지고 헌신된 자들 위에 역사하셔서 사랑의 성품을 나타내게 하시는데, 이는 다음과 같은 아주사의 짧은 권면에서 묘사된다:

사랑(love)의 성품(Character)

예수님의 약속과 성품이 보혈과 성령의 능력으로 우리의 삶과 마음 속에 이루어지는 것은 달콤한 일이다. 그 동일한 사랑과 온유, 겸손이 우리의 삶에서 나타나는 것은, 예수님의 성품이 사랑이기 때문이다. 예수님은 사랑의 사람이셨다. 사람들은 그분의 말씀을 듣기 위해 몰려들었다. 여인들은 뜨거운 태양 아래 아이들을 데리고 와서 며칠 동안 예수님의 말씀을 들었다. 남자들은 배를 타고 바다를 건너 예수님을 만나고 그분의 귀한 말씀을 들으러 갔다. 물론, 떡과 물고기를 바라고 따랐던 이들도 있었지만, 많은 이들이 치유를 받기 위해 그분을 따랐다. 그렇다. 예수님은 사랑의 사람이셨다. 그분은 아버지의 정확한 형상이자, 육신으로 나타나신 하나님이셨다.

사랑하는 여러분, 우리는 하늘로부터 내려오는 순수한 사랑을 가져야 한다. 손해를 기꺼이 감수하는 사랑, 교만하지 않고, 쉽게 성내지 않는 사랑, 온유하고, 겸손하며, 유순한 사랑! 우리는 날마다 죽임을 당할 양으로 여겨진다. 우리는 자아, 세상, 육체, 모든 것에 대해 십자가에 못 박혀야 한다. 그리하여 우리의 몸 안에 주 예수님의 죽으심을 지니고 다니며, 우리의 기쁨이 충만해지고, 그분처럼 충만하게 될 수 있다.285)

만일 그리스도의 교리를 세상에 전하며 그분의 임박한 재림에 대비하려 한다면, 초창기 오순절 성도들은 자신들의 증인으로서의 헌신과 성품을 방해할 만한 모든 것으로부터 비워져야 한다는 것을 깨달았다. 믿음이 성도를 의로움 안에서 빛 가운데 걷도록 확보하는 세상에 대한 승리라면, 십자가에 못 박히는 것은 방해가 되는 열정과 욕망을 가진 육체를 대적하는 성경적 전략이다. 그리스도께서 우리의 죄를 위해 가지신 열정은, 우리가 그 동일한 죄와 싸울 때, 연민이 된다. 죄로 묶이고 열정에 속박된 자들에 대한 연민은 오직 그리스도 안에서만 가능하다.

모든 기독교 정서와 마찬가지로, 연민은 그리스도 안에 거함으로 지속된다. 그리스도의 연민 없이는 자신의 죄된 열정과 대면하고 이를 고백하며 죽이는 것이 불가능하다. 사랑이 자라날수록, 이러한 열정에 대한 미움과 목자 없는 양처럼 흩어진 자들에게 다가가고자 하는 열망도 자라난다.286) 자신의 마음도 세상에 있는 이들과 같은 악한 열정, 이기적인 동기, 그리고 은혜에 대한 무의미한 저항을 가지고 있다고 이해한다는 것은 겸손으로 세상에 다가가는 것이다. 저항이나 은혜를 거부하는 마음이 전혀 없는 상태, 오직 사랑의 의식만이 있는 상태에서도, 그것은 여전히 상처받은 사랑이다. 이 사랑은 자라날수록, 자신이 하나님의 신실함, 오래 참음, 그리고 사랑에 얼마나 완전히 의존하고 있는지를 더 깊이 깨닫게 된다. 인간의 연약함, 신경증적인 두려움, 억압된 저항들은 여전히 남아 있다. 이러한 것들을 피하려면, 즉 자기기만이나 마비되는 절망에 빠지지 않으려면, 하나님의 자비로운 사랑에 끊임없이 마음을 열고, 성령의 탐구를 통해 성도들과의 신실한 교제를 유지해야 한다.

연민은 그리스도의 본을 따라 반응하도록 이끈다. 연민은 성령 안에서, 그리고 성령을 통해 그러한 반응을 하게 만드는 이유이자 동기이다. 연민은 모든 이가 하나님의 사랑을 알기를, 그리고 하나님의 나라가 오기를 갈망한다. 연민은 갈보리에서 이루어진 평화에 근거한 하나님과의 내적 평화(inner peace)에서 비롯되고, 그 평화로부터 흘러나온다. 연민은 마음을 치유하여 성도를 하나님처럼 만들어주며, 따라서 타인을 위한 존재가 되게 한다.287) 연민은 고통받는 자들로 인해 상처받는 사랑이다. 그들은 그리스도를 알지 못하거나 거부한 자들이다.

오순절 성도들이 자신의 저항이나 남겨둔 부분에 대해 '기도로 돌파'하고, 부적절한 정서를 '죽일' 때, 하나님의 사랑이 그들의 마음을 사로잡는다. 이는 보통 눈물과 웃음, 슬픔과 기쁨, 사랑하는 자에 대한 기쁨과 갈망으로 나타난다. 이러한 감정은 오순절 성도들 사이에서 흔한 경험이다. 이렇게 함으로써, 성도는 감정적으로 자아의 죽음과 그리스도와 함께 십자가에 못 박힘, 그리고 부활을 인정한다. 이는 거듭남에서 시작된 변화들이 더 깊어지는 과정이다.

구원론의 진행 또는 논리는 정서 속에 반영된다. 칭의와 거듭남은 성화를 요청하고, 성화는 성령세례를 요청한다. 따라서, 성령으로 인해 하나님의 사랑이 마음에 부어진 초기 구원에 따른 감사와 찬양은 완전 성화라 불리는 사랑의 충만함을 요청하거나 지향한다. 행위와 육적인 정서를 십자가에 못 박고 제거하는 것은 완전 성화를 얻기 위한 공로가 아니다. 오히려, 이는 사랑으로 충만하게 되거나 사랑에 의해 결정적으로 움직이기 위해 필요하다. 거듭남과 동반되는 실질적인 변화와 관련된 초기 성화는 완전 성화에서 그 목표에 도달한다. 거듭남과 연관된 자유의 충만함은 성경의 빛 가운데 걷는 동안 완전 성화 안에서 사랑의 충만함으로 나아간다. 죄의 경향, 즉 저항, 남겨둔 영역, 자기 의지 등은 인정되고, 고백되고, 미움받고, 죽임당하며 제거되어야 한다. 이는 성도가 말씀을 읽고, 성령의 탐구에 순복하며, 자신이 할 수 있는 모든 선한 일을 행할 때 이루어진다. 옛것은 새것으로 대체된다.

잃어버린 자들, 고통받는 자들, 억압받는 자들을 향한 감사에 의한 움직임은 선한 일이다. 이것은 성도가 감사함을 나타내는 방식이다. 필요한 이들을 기억할 때, 자신이 어디에서 왔는지를 떠올리게 된다. 그러나 연민은 십자가에 못 박히신 예수님과 잃어버린 자들에게 더욱 깊이 묶이는 것이다. 연민은 긴급함과 연민, 그리고 잃어버린 자들에 대한 갈망과 함께 움직인다. 연민은 성도를 세상을 향해 움직이게 하고, 세상을 구속의 영역으로 이끈다. 감사는 끊임없이 하나님을 바라본다. 연민은 갈망으로 잃어버린 자들을 바라본다. 감사가 자만, 망각, 의무감에 대한 방어막이라면, 연민은 마음의 완고함, 자기만족, 감상주의에 대한 방어막이다. 연민은 이렇게 노래한다: '멸망해가는 자들을 구하라 … 죽어가는 자들을 돌보라.'288) 그리스도 안에 있는 하나님의 거룩함은 성령에 의해 정결케 하고, 거룩한 열정으로 불타오르게 한다. 연민을 갖는다는 것은 자신의 몸 안에 매일 주님의 죽으심을 지니고 다니는 것이다.289) 오순절 성도의 특징은 잃어버린 자들, 고통받는 자들, 억압받는 자들을 위해 기도하며 애통해하는 것이다.

오순절적 찬송은 '제단 예배(altar service)' 시간 동안 성도들을 기도로 부르고, 그 기도를 헌신과 정결을 향하도록 이끄는 데 사용된다. 연민은 거듭난 자들을 움직일 수 있으며, 모두가 증인이 되도록 요청받는다. 그러나 육적인 본성은 증언을 방해하고, 구원을 위태롭게 하며, 다른 이들에게 걸림돌이 될 것이다. 다른 사람들을 향한 연민이 온전히 표현되려면, 하나님을 향한 사랑이 가능한 한 완전해야 한다. 이 사랑의 능력은 증가할 수 있지만, 방해 요소는 제거되어야 하고 이기심은 뿌리 뽑혀야 한다.

몇 가지 대표적인 찬송은 성화되고, 완전히 헌신하며, 주님께 쓰임받기 위해 준비되기를 원하는 갈망을 보여준다. 다음은 하나님의 성회(Assemblies of God)에서 발행한 찬송집 '찬양의 멜로디(*Melodies of Praise*)'290)에서 발췌한 찬송 '예수님, 내가 갑니다.(Jesus I Come)'의 내용이다. 회중은 이렇게 노래한다:

> 불안과 교만한 자아에서
> 예수님, 내가 갑니다, 예수님, 내가 갑니다;
> 축복된 당신의 뜻 안에 거하기 위해
> 예수님, 내가 당신께 갑니다.
>
> 내 자신을 벗어나 당신의 사랑 안에 거하기 위해
> 절망에서 위로 오르는 기쁨으로
> 비둘기처럼 날개를 펴고 영원히 위로 오르기 위해
> 예수님, 내가 당신께 갑니다.291)

헌신과 성령충만의 결합은 성도들에게 다음과 같이 권면함으로써 분명히 드러난다:

> 성령으로 충만하라
> 너를 정결케 하고 온전케 하신
> 그분께 완전히 내어드려라;
> 성령으로 충만하라
> 너의 마음을 채우고 넘치게 할
> 하나님의 귀한 사랑이 필요하니;
> 육적인 자아가 자리 잡을 공간이
> 더 이상 없을 때까지.292)

'그릇을 많이 가져오라(Bring Your Vessels Not a Few)'라는 찬송은 주님의 충만한 은혜와 축복을 구하는 이들에게 다음과 같이 가르친다;

> 너의 빈 질그릇을 가져오라,
> 예수님의 귀한 피로 깨끗해진 그릇을,
> 오라, 모든 필요한 자여;
> 그리고 인간의 헌신으로
> 하나님의 보좌 앞에 기다리라,
> 성령께서 임하실 때까지.293)

성도들이 '오순절 축복(Pentecostal Blessing)'을 간구할 때, 그들은 하나님께서 '죄된 누룩으로부터 마음을 정결케 하기'를 기도한다.294) '주님을 기다림(Waiting on the Lord)'이라는 찬송에서는 아버지의 약속을 기다리며, 오순절의 능력이 '죄에 대한 승리와 내면의 정결함을 준다'고 고백한다.295) 오순절 성도는 매일 예수님의 사랑 안에서 '더 높은 땅'296)을 열망하며, '더 깊이, 더 깊이' 나아가기를 갈망한다.297)

> 예수님의 사랑 안에서 더 깊이, 더 깊이
> 매일 나아가게 하소서;
> 지혜의 학교에서 더 높이, 더 높이
> 더 많은 은혜를 알게 하소서.
>
> [후렴]
> 오, 주여, 더 깊이 가기를 기도합니다,
> 매일 더 높이 올라가게 하소서,
> 복된 주님, 더 지혜롭게 하소서,

당신의 귀하고 거룩한 말씀 안에서.

더 깊이, 더 깊이! 복된 성령님,
나를 더욱 깊이 이끄소서,
내 삶이 온전히 예수님 안에서 사라지고
그분의 완전한 뜻 안에 머물도록.

더 깊이, 더 깊이! 힘든 시련이 있더라도
더 깊이 나아가게 하소서!
예수님의 거룩한 사랑에 뿌리내려
열매 맺는 삶을 살게 하소서.

예수님 안에서 매일 더 깊이, 더 높이
모든 갈등이 지난 후에,
나를 정복자로 만드시고 그분의 형상 안에서
마침내 온전하게 하소서.

예수님을 믿는 믿음 안에서 더 깊이, 더 깊이,
거룩하고 진실한 믿음 안에서,
그분의 능력과 영혼을 기쁘게 하는 지혜 안에서
나로 평화를 추구하게 하소서.298)

이 찬송은 여러 가지 이유에서 중요하다. 거룩한 삶은 하나님의 말씀에서 오는 지혜를 요구하며 매일 추구해야 하는 것임을 보여준다. 성령께서 하나님의 깊은 것을 살피시며, 성도를 그리스도 안으로 더 깊이 이끄실 때, 그 삶은 그분 안에서 잃어버려지고 그분의 완전한 뜻 안에 거하게 된다. 이러한 과정은 '힘든 시련'을 요구할 수 있지만, 열매를 맺기 위해 깊이 뿌리내리는 것이 필요하다. 사랑은 모든 성령의 열매가 솟아나는 기초 또는 토대로 나타난다. 사랑 안으로 더 깊이 나아가는 것은 예수님의 믿음 안으로 더 깊이 나아가는 것이며, 평화를 추구하는 것을 의미한다. 이는 오순절 성도들 사이에서 자주 인용되는 히브리서 12장 14절의 말씀을 연상케 한다: '모든 사람과 더불어 화평함과 거룩함을 따르라 이것이 없이는 아무도 주를 보지 못하리라.'

1908년 초부터, 오순절 성도들은 다음과 같은 찬송을 불렀다: '당신의 모든 것을 제단 위에 바쳤습니까?(Is Your All on the Altar?),' '나의 자아는 없고, 당신만이 모두입니다(None of Self and All of Thee),' '당신과 함께하는 주님의 길(His Way with Thee),' '정결케 하는 물결(The Cleansing Wave),' '더 높은 땅(Higher Ground).'299) 이 찬송들에는 웨슬리안 전통의 성화 개념과 다른 성화에 대한 이해 사이의 긴장이 담겨 있다. 그러나 이 찬송들을 통해, 하나님을 향한 깊고 지속적인 갈망과 사랑의 충만함을 표현하려는 풍성함과 투쟁이 드러난다. 이는 초기 오순절 신앙고백서의 단순하고 빈약한 진술만으로는 충분히 이해될 수 없는 부분이다.

하나님을 향한 이 모든 것을 삼키는 사랑은 궁극적으로 주님의 재림을 향한 갈망으로 이어진다. 오순절 성도들의 사랑은 모든 갈등이 끝나는 '주의 날'의 새벽을 갈망하는 사랑이다.300) 이 정서의 대상은 대부분 그리스도 자신과 옛 성도들과 함께하는 위대한 '공중에서의 만남'이다.301) 그들은 '오, 그를 보고 싶네(O, I Want to See Him)'302)를 부르며 구주께 간구했다: '오 주님, 얼마나 오래입니까?(O Lord, How Long?'303) 그동안, 성도들의 과제는 다음과 같은 찬송들에서 드러난다: '주님이 가

라 하시는 곳으로 가겠나이다(I'll Go Where You Want Me to Go)
,'304) '예수님의 발 아래 앉아(Sitting at the Feet of Jesus),' '예수님
오실 때까지 일하리(We'll Work till Jesus Comes).'305)

이러한 갈망은 성도를 세상과 분리시키는 동시에 잃어버린 자들을 향해 움직이게 했다. 성화의 평화는 자기만족으로 이어지지 않았다. 왜냐하면 성화로서의 사랑은 반드시 잃어버리고 고통받는 세상에서 연민으로 표현되어야 하기 때문이다. 이러한 세상에서, 치유 사역은 연민과 갈망을 표현하고 일깨우는 역할을 했다.

아주사(Azusa)에서 시모어(Seymour)는 혼(soul)과 몸(body)의 성화를 연결지으며, 구원의 모든 축복과 함께 이 둘이 속죄를 통해 제공된 것이라고 주장한다. 시모어는 치유에 대해서는 문자적 해석을 따르는데, 그는 이렇게 말한다: '하나님께서 유전된 질병으로부터 몸을 성화시킬 것이다. 우리가 어머니로부터 받은 피 한 방울 한 방울은 불순하다. 병은 원죄가 아이에게 태어나는 것처럼 아이에게서 나타난다. 그분은 마귀의 일을 멸하기 위해 나타나셨다. 모든 병은 마귀로부터 온 것이다.'306)

비록 이후 모든 오순절 성도가 이러한 형이상학적 관점을 공유하지는 않았지만, 대부분은 여전히 혼(soul)과 육체(body)를 위한 통합된 사역을 고백하고 실천했다. 병자들이 기도를 받기 위해 앞으로 나올 때, 회중은 종종 '치유의 물(The Healing Waters)'를 부르는데, 이 찬송은 육체적 치유보다는 용서, 기쁨, '귀하고 완전한 사랑과 쉼'에 초점을 맞추고 있다.307) 전 세계적으로 수많은 치유 간증이 있다.

어떤 사람들은 치유를 오순절 운동의 주요 강조점 중 하나, 혹은 운동의 특징적인 측면으로 본다. 그러나 그렇다 하더라도, 누군가 치유될 때 기쁨과 슬픔이 함께했다. 그 기쁨은 분명히 고통받는 자들에게 주어진 기적적인 도움과 모든 증인들에게 주어진 확신 때문이었다. 그러나 모두가 자신의 죽을 운명(mortality)을 상기해야 했다. 모든 사람이 치유된 것은 아니었다. 일부는 치유를 받았지만, 치유받지 못한 사람들도 항상 상당수 존재했다. 이로 인해 최후의 구원(final salvation)과 보편적 치유(universal healing)의 위대한 날을 갈망하는 공동체의 소망이 커져 갔다. 치유 복음 전도자들은 왜 특정인이 치유받지 못했는지에 대한 나름의 이론을 가지고 있었겠지만, 대부분의 성도들은 그것이 신비(mystery)라고 받아들였다.308) 그들은 연민을 가진 목회자들과 함께, 고통받는 이들을 돌보고 위로하며, 그들과 함께 치유받은 자들을 축하했다. 그 당시에도, 그리고 지금도 믿음의 공식(formulas of faith)이 만들어낸 의심과 갈등은, 성도들의 연민을 통해서만 극복될 수 있다. 그들은 개인적으로나 공동체적으로, 모든 사람이 결국에는 죽을 것임을 알고 있다. 병자와 고통받는 자들을 향한 연민은, 특히 의료 혜택을 가장 적게 받거나 감당할 수 없는 사람들 사이에서 가장 강렬했다. 이 연민은 육체의 창조, 육체의 부활, 새 하늘과 새 땅의 천년왕국, 그리고 무엇보다도 예수님의 사역이라는 근본적인 개념에 뿌리를 두고 있었다.

거듭남에서 성도들의 마음에 부어진 하나님의 사랑은, 영적으로 갈급한 자들에게서 자라나 하나님을 향한 갈망(longing)과 잃어버린 자들을 향한 연민(compassion)으로 채워졌다. 찬송, 간증, 설교, 제단 예배(altar services), 치유 예배, 구제 사역, 급식소, 고아원, 선교 활동등은 이러한 사랑, 갈망, 연민을 불러일으키고 표현하는 역할을 했다. 감사(gratitude)

는 성도를 세상을 향하게 하며, 감사와 함께 복음을 전하려는 갈망을 불러 일으켰다. 연민(긍휼, compassion)은 성도를 잃어버린 자들, 고통받는 자들, 죽어가는 자들에게로 움직이게 했다. 이 모든 것은 그리스도의 사역의 본을 따르며 이루어졌다. 믿음은 개인의 승리이자 공동체의 헌신으로, 세상을 이기는 힘이었다. 육체는 십자가에 못 박히고, 헌신과 정결을 통해 연민은 성도를 그가 왔던 세상으로 다시 움직이게 했다.

그러나 악한 영들은 감사나 연민으로 물러가지 않는다. 세상의 거부, 적대감, 그리고 박해는 곧 연민을 소진시킬 수 있다. 상처받고 지친 이들은 대면해야 할 진정한 위험과 극복해야 할 악한 세력이 있음을 깨달았다. 거듭남의 은혜는 내부의 악한 성향과 외부의 유혹에 저항할 힘을 준다. 완전 성화(entire sanctification)의 은혜는 하나님의 뜻을 기뻐하며 세상의 구원을 갈망하는 내적자유(inner freedom)를 준다. 그러나 빛 가운데 걷는 것 또는 의 가운데 걷는 것, 그리고 사랑 안에서 걷는 것은 성령의 능력 안에서 걷는 것과 동일하지 않다. 성도들은 권세와 세력들에 맞서 싸움을 지속하기 위해 용기와 대비가 필요하다. 성령의 권능 안에서 말씀과 능력과 시연을 통해 복음을 전하기 위해 은사와 은혜의 완전한 전신갑주(full panoply)가 필요하다. 이 권능—하나님의 권위 있는 능력-은 성도들에게 증거할 용기와 필요할 때에는 고난을 견디고 죽을 용기도 주었다.

이 용기를 통해 성도들은 온 세상으로 나아가, 잃어버린 자들에게 증거하며 교회에게 의와 평화와 기쁨의 하나님 나라가 곧 세상에 도래할 것을 준비하라고 경고했다. 감사와 연민의 삶을 넘어, 새로운 능력, 용기, 그리고 자신감을 통합하여 활동적 감사와 연민의 삶을 이루려는 움직임은 1908년 '사도적 신앙(*The Apostolic Faith*)' 신문에 실린 미스 앙투아네트 무메안(Antoinette Moomean)의 다음 간증에서 잘 나타난다. 그녀는 네브라스카주(Nebraska) 유스티스(Eustice)출신으로, 중국 선교지에서 아주사 거리(Azusa Street) 부흥회로의 여정을 이야기한다. 이 간증은 정서적 분위기, 오순절적 감정 구조, 그리고 감정적 변화를 이끌기 위해 사용된 수단을 보여준다. 이 간증에서 명확히 알 수 있는 것은, 성령세례는 그녀의 기독교적 성장에서 모든 것을 강화시켰고, 그녀에게 '순교자들의 인내의 비밀'을 발견하게 했다는 것이다. 이 이야기는 교리, 정서, 은사, 실천, 자기 고백을 흥미롭게 엮어낸다. 이런 간증은 수십만 건에 이르며, 이 간증은 감사와 연민에 대한 논의에서 용기라는 마지막 정서로 넘어가는 좋은 전환점이 된다:

> 1906년 10월, 중국을 떠나며, 로스앤젤레스에서 옛 성령의 은사(고전 12:8-10)가 나타났다고 주장하는 사도적 신앙 운동(Apostolic Faith Movement)을 조사해달라는 요청을 받았다. 서로 모순되는 보고들을 들었기에 한동안 가까이 가지 않았지만, 하나님께서 이 놀라운 은사를 위해 나를 붙들고 계셨다. 직접 듣고 보고 경험할 때까지 마음의 안식을 얻을 수 없었다.
>
> 첫 모임이 시작된 후 얼마 지나지 않아, 그것이 하나님으로부터 온 것임을 알 수 있었다. 제단으로 부름이 있었을 때 앞으로 나갔다.
>
> 그 전까지 하나님의 크신 빛으로 내 마음을 비춰 달라고 간구했었는데, 내 안에 이렇게 많은 세속적 마음, 영적 교만, 허영심, 불성실, 사랑의 부족, 이기심 등이 존재하고 있음을 발견하고 놀랐다. 7년 전 해외 선교지로 떠날 때만 해도 모든 것을 내려놓았다고 생

각했다. 그러나 성령께서 충만함을 주시기 위해 준비시키실 때, 여전히 자아가 강하게 살아 있음을, 사실 거의 자아를 죽이기 시작조차 하지 않았음을 알게 되었다. 하나님께서 내 삶에서 놀라운 승리를 주셨고, 내가 받았다고 생각했던 성령세례도 있었지만, 하나님께서 전례 없이 깊이 살피시기 시작했을 때, 내가 결코 성화되지 않았음을 고백해야 했다.

나는 억제 이론(suppression theory)을 배웠고, 때때로 '옛 자아'가 더 강하거나 약하게 나타나곤 했다. 때로는 격한 말이 밖으로 나오지 않았지만, 내면에서는 그것들이 끓어오르는 것을 느꼈다. 그러나 하나님께서는 그분의 말씀이 있는 그대로 의미한다는 것, 속죄를 통해 우리의 죄뿐만 아니라 우리의 죄성, 즉 옛 아담적 본성(롬 6:6, 18, 22)을 위한 대책이 마련되었음을 보여주셨다. 마침내 내 마음의 갈망—죄에서 완전히 자유로워지기를 원하는 갈망—이 만족될 것임을 알았을 때 얼마나 기뻤는지 모른다. 나는 세 번 성령세례를 구했으나, 성령께서 내 몸을 완전히 소유하시기 전에 내가 먼저 성화되어야 한다고 주님께서 말씀하셨다. 마치 예수님께서 제자들을 떠나시기 전에 그들을 성화시키셨던 것처럼(요 17:17, 19). 그들이 성령세례를 받을 준비가 되게 하시기 위해서였다.

성도들 중 몇 명이 나를 위해 기도한 후, 한 사람이 히브리서 10:14-15에 따라 내 성화에 대한 성령의 증거를 가졌는지 물었다. 몇 년 전부터 성령께서 '주님과의 짧은 거래(short accounts)'를 유지하도록 가르치셨고, 회복(restitution)에 필요한 일들이 모두 끝난 상태였다. 제단 위에 모든 것을 내려놓았고, 내가 조건을 충족했음을 알았다. 그리고 하나님께서 그분의 약속을 이루셨음을 확신했다. 비록 그 외의 어떤 감정도 없었지만, 하나님의 말씀 때문에 하나님께서 그 일을 이루셨다는 확신이 있었다. 그때 나는 하나님께 소리를 내어 찬양하기 시작했고, 몇 분 후 영광의 물결로 충만해졌다. 성령께서 나를 통해 하나님께 찬양을 노래하셨다. 이 성령의 증거 외에도 열매의 증거가 있었다. 어떤 도발 아래에서도 일어나려고 하는 것이 없었다. 왜냐하면 일어날 것이 아무것도 없기 때문이다. 예수님께 영광을!

성화되었을 때, 나는 너무나도 큰 영광으로 충만해져, 그것이 성령세례라고 확신했다. 그러나 실제로 성령세례를 받는 데에는 3주가 걸렸다. 그동안 하나님의 능력이 거의 끊임없이 임했다. 가끔 몇 시간 동안 능력 아래 누워 있으면서 이전에는 경험하지 못했던 헌신을 하나님께 드렸다.

마침내 지상에서는 결코 가능하리라고 생각하지 못했던 진정한 죽음을 경험한 후, 아주사 미션의 다락방에서 아버지의 약속이 내게 실현되었고, 나는 하나님의 능력으로 충만해졌으며, 내 영혼은 영광으로 가득 찼다. 성령께서 하나님께 찬양을 노래하셨다. 예수님께 영광을! 그분께서는 내게 성경적 경험을 주셨고, 다른 방언으로 나를 통해 말씀하셨다. 주님께서는 십자가가 앞으로 나에게 이전과 전혀 다른 의미를 가질 것임을 보여주셨다. 어느 날 아침, 성령께서 나를 다루시며 나를 통해 다음 찬송을 부르게 했다:

예수님께서 홀로 십자가를 지셔야 하는가?

그리고 온 세상이 자유로워질 수 있는가?

아니, 모든 사람을 위한 십자가가 있고,

그 중 하나는 나를 위한 것이다.

마지막 구절은 성령께서 반복적으로 부르게 하시며 그것을 내 영혼 깊숙이 새겨 넣으셨다. 때로 성령께서 한 구절을 노래하시고, 다음 구절을 흐느껴 부르셨다. 나는 눈물을 흘리며 영혼의 고통을 겪었지만, 모든 것이 성령 안에서 이루어진 일이었다.

예수님의 삶이 내 앞에 지나갔고, 예수님은 내가 다른 이들에게 사역하는 일에 전적으로 헌신하며 예수님을 따를 준비가 되었는지 물으셨다. 나는 중국에서 그 의미를 조금 알았다고 생각했지만, 이제 성령의 능력과 나타내심으로 영원한 복음을 전하고, 믿음의 선을 따라 나가서 때로는 굶주린 무리에게, 혹독한 반대 속에서도 낮과 밤으로 사역하는 것이 이전보다 훨씬 더 큰 의미가 있음을 알게 되었다. 그러나 그분은 나에게 '주의 은혜로 나는 이 십자가를 지겠다'고 말할 수 있게 하셨다.

정원의 장면이 내 앞에 떠올랐고, 성령께서 다시 노래하시며 '예수님만 십자가를 져야 하는가?'라고 부르셨고, 그분은 말씀하시듯 이렇게 말했다. '너의 친구들은 너를 버릴 것이고, 너의 가족도 너를 오해할 것이다. 너는 광신자, 미친 사람이라고 불릴 것이다. 이 십자가를 지겠느냐?' 다시 나는 대답했다. '주의 은혜로, 나는 지겠네!'

그 다음에 십자가에 달리신 장면이 떠올랐고, 내 마음은 슬픔으로 찢어질 것 같았고, 나는 그저 침묵 속에서 기다릴 수밖에 없었다.

그때 나는 말했다. '주님, 만약 그것이 순교라면 나는 할 수 있습니다.' 그러나, 나는 더 이상 말할 수 없었다. 그 후, 주님은 다시 내게 말씀하셨다. 내가 성령의 능력 안에 있을 때였다. 내 영혼이 고통 속에서 멸망할 것 같았고, 나는 주변에 있는 일꾼들을 전혀 의식하지 못했다. 마치 예수님께서 내 곁에 서서 나를 내려다보시는 것 같았다. 나는 '예수님, 예수님, 예수님. 나는 하겠다. 나는 하겠다. 나는 하겠다.'라고 말할 수밖에 없었다. 그분의 약속은 마치 들리는 것처럼 분명히 내게 다가왔고, '내 은혜가 네게 족하다.'라고 말했다. 그리고 순식간에, 그분은 나에게 천국의 영광을 얼굴에 지고 화형당한 순교자들이 고통 없이 견디는 비밀을 이해하게 해주셨다. 그리고 나는 말할 수 있었다. '예, 주님, 주님의 은혜가 내게 족합니다.'

그때 성령께서는 기쁜 노래로 반복적으로 마지막 가사를 부르셨고, 나는 거의 그 왕관을 볼 수 있을 것 같았다:

나는 헌신된 십자가를 지리라,

그리스도께서 나를 자유롭게 하실 때까지;

그리고 집에 가서 왕관을 쓰리라,

나를 위한 왕관이 있기에.

결국, 성령세례는 내가 천국에서나 꿈꿀 수 있었던 것 이상을 의미한다: 승리(victory), 내 영혼의 영광(glory in my soul), 완전한 평화(perfect peace), 안식(rest), 자유(liberty), 그리스도와의 친밀함(nearness to Christ), 이 세상에 대한 죽음(deadness to this old world), 그리고 증거하는 능력(power in witnessing). 영원히 그 이름에 영광을 돌리기를!309)

용기(Courage)

감사하는 자들의 신실함과 긍휼히 여기는 자들의 열정은 성령세례와 관련된 용기에 의해 더욱 깊어지고 강화된다. 거듭남(regeneration)에서 하나님의 새로운 백성에 속하게 되고 감사하게 된다. 성화(sanctification)에서는 하나님과 다른 이들을 향한 자비로운 사랑의 새 마음을 받게 된다. 성령세례(Spirit baptism)에서는 말씀과 성령의 임재로 담대한 증인이 될 수 있는 '권위 있는 능력'을 받게 된다.310) 하나님의 새로운 백성의 믿음은 세상을 이기며, 구속된 자들은 성령-하나님의 인도를 따른다. 십자가의 훈련 또는 육체적 소욕의 죽음은 성화의 본질인 사랑과 자비의 충만함에 대한 내적인 장해물을 무력화시킨다. 성령충만은 성도와 교회가 마귀를 저항하고 영적 무기(spiritual weapons)로 영적 요새를 공격할 수 있게 한다.311)

우리는 이미 의(righteousness)와 성화(sanctification), 그리고 그에 따른 감사(gratitude)와 긍휼(compassion)의 정서들이 철저히 계시적인 성향을 가진다는 것을 보았다. 성화에서 사랑의 깊이는 의의 하나님 나라의 완성을 향한 갈망이 더욱 강화되는 결과이다. 이 나라는 모든 것이 하나님의 언약적 목적에 따라 질서있게 정렬될 것이다. 완전한 사랑은 모든 하나님의 자녀들이 주님과 함께 집으로 돌아가기를 갈망한다. 그래서 오순절 천국 비전은 하나님 중심적(theocentric)이고 인간 중심적(anthropocentric)이다.312) 육체적 소욕(carnal desires)의 죽음과 사랑의 충만함과 관련된 하나님과의 더 깊은 평화는 새로운 하늘과 땅과 관련된 완전한 평화(*shalom*)를 기대하며 이를 미리 맛보는 것이다.

성령세례를 통해 주어진 능력은 성령의 다른 모든 열매들을 강화하며, 하나님에 대한 확신에서 나오는 용기와 담대함을 부여한다. 이것은 믿는 자에게 큰 기쁨을 가져다준다. 왜냐하면 믿는 자는 복음을 위해 서고 고난을 견디는 것 외에도 불의, 증오, 압제의 세력과 싸우며 기도, 섬김, 증언을 통해 공격할 수 있기 때문이다. 이 용기의 확신은 하나님이 하신 일과 이미 하고 계신 일을 바라본다. 하나님의 성취된 약속과 지속적인 인도하심으로 인해 생겨난 하나님에 대한 이 확신은, 하나님이 '만유 안에 모든 것(all in all)'이 되실 날을 고대하는 소망을 형성한다.313) 성령이 성화된 성도를 충만하게 하여 그들이 하나님을 찬양하고 선포하게 하는 것처럼, 언젠가는 모든 것과 모든 사람이 하나님을 찬양하게 될 것이다.

이 세 가지 정서는 특정한 위험으로부터 보호하는 역할을 한다. 감사하며 빛 가운데 걷는 삶은 교만하거나 단순히 기계적인 의무 수행으로 전락하는 것을 막아준다. 은혜는 주어진 것과 약속된 모든 것의 기초이며, 매일을 용서, 정결, 그리고 능력의 선물로 경험하게 한다. 감사는 순종으로 이끈다. 반면, 성경적 한계와 지침을 방종하고 방탕하게 무시하는 것은 참으로 감사하는 마음을 가질 때 방지될 수 있다. 그리스도를 통해 드러나는 자비롭고 온전한 사랑은 감상주의, 무관심, 그리고 완고한 마음으로부터 영혼을 지켜준다. 십자가를 통해 평화를 누리는 성도는 자비를 통해 평화를 이루는 자가 된다. 의를 구하며 감사와 자비로 충만한 이들에게 주어지는 용기는 절망에 대한 방어책이 된다. 성도들은 자신의 십자가를 지고 따르라는 부름을 받았으며, 단순히 희생자가 되는 것이 아니라 담대히 따를 것을 요청받는다. 그러나 성령의 주권적인 인도하심을 기다리는 것이 중요하다. 성령의 인도 없이 나아가는 것은 성령의 능력 없이 나아가는 것과 같다. 기술적 방법으로 '능력의 감각'을 유도할 수는 있지만, 진정한 능력은 오직 성령께 속한 것이다. 능력은 성화, 사랑, 은혜와 마찬가지로, 성도가 소유할 수 있는 것이 아니라 파생적이고 관계적인 의미에서만 성도의 것이다.

성령은 '신실한 인도자(Faithful Guide)'314)이자 '교회의 감독자(Bishop of the Church)'315)이다. 성령의 직분과 사역은 '땅에서 하나님의 모든 일을 주관하는 것(요한복음 10:3)'이다. 예수님은 성령을 '최고 감독자'로 보내셨으며, 이는 사람이 아니라 성령이 이 역할을 맡는다는 뜻이다(요한복음 14:16; 15:26; 16:7-14). 성령은 신적인 능력을 부어주고 하늘의 권위를 부여하는 분으로, 성령의 임재와 활동 없이는 어떤 '종교적 모임'도 정당성을 가질 수 없다. 성령은 '선생들의 선생(Teacher of teachers)'이다. 오늘날 많은 하나님의 백성이 신적 능력과 체험적 구원(experiential salvation)을 경험하지 못하는 이유는 성령을 그들의 선생, 인도자, 위로자로 받아들이지 않기 때문이다. 성령의 능력은 오늘날 감독과 장로들에게 그들의 권위를 부여한다. 그들의 마음에 성령의 '신임장(credentials)'이 새겨져야만 성령과 협력자가 되고 성령을 함께 나눌 수 있다. 능력을 힘입는 것이 직분을 맡는 데 가장 중요한 자격 요건이다. 이 능력이 없다면 지도자들은 백성과 함께 땅끝까지 증언할 수 없다. 성령은 '교회에 사람들을 인도하며... [그들이] 죄를 짓기 시작하면, 성령은 회장, 감독, 장로로서 그들을 내쫓는다.' 성령이 주목받지 않는다면, 교회와 그 구성원들 안에 능력이 있을 수 없다. 성령만이 그 자리를 차지할 수 있다:

오늘날 많은 사람들은 우리가 새로운 교회가 필요하다고 생각한다. 벽돌 건물, 현대적인 개선, 새로운 성가대, 음악 학교에서 훈련을 받은 가수들, 연간 7백에서 1천 5백 달러를 지불하는 합창단, 좋은 좌석, 좋은 샹들리에, 사람들의 마음을 사로잡아 영혼을 구하기 위해 회중을 유혹할 수 있는 모든 것들이 요즘 시대에 사용된다. 우리는 그들이 절정에 달했다고 생각하지만, 그 모든 것이 신적 능력과 구원을 소중한 영혼들에게 가져다주지 못했다는 것을 발견한다. 죄인들은 회중에 가서 예수님이나 특정 교회, 혹은 어떤 유명한 사람에 대한 멋지고 훌륭한 연설을 들었다. 사람들은 그곳에서 큰 부유함을 보고, 최신 스타일의 의상과 보석으로 꾸며진 사람들을 보았고, 교회 음악은 아름다웠다. 많은 교인들이 사랑으로 가득한 것처럼 보였지만, 항상 능력이 부족했다. 우리는 왜 죄인들이 회심하지 않으며, 왜 교회가 항상 개선을 거듭하면서도 그리스도가 그녀에게 맡기신 일을 하지 못하는지 궁금해한다. 그 이유는 사람들이 그리스도와 성령의 자리를 대신했기 때문이다.316)

성령은 교회를 전투로 이끄시며, 하나님께 영광을 돌리고 죄인들을 하나님 나라로 인도하기 위한 효과적인 전략을 마련하시는 주님이다. 오순절 성도들은 자신을 '주님의 군대'로 여기는 경향이 있다. 모든 성도는 '왕의 군대의 군사(Soldier in the Army of the King)'로서 교회는 강한 군대처럼 '환난의 길'을 걸으며, '하늘의 집으로 행진' 한다.317) 용기와 희망 속에서 교회는 '축복을 기다리며,' '시온의 군대'에서 섬긴다.318) 각 군사는 '천국에서 이름이 불릴 때'319) 자신이 그곳에 있을 것을 확신한다.

확신과 소망은 용기의 '이미-아직'에 대한 양극성을 나타낸다. 사람들이 하나님 나라에 새롭게 태어나고, 치유와 축사, 그리고 다른 기도 응답을 목격할 때, 성도들의 확신은 점점 커진다. 공동체 예배는 '말할 수 없는 기쁨과 영광으로 충만하다.'320) 성령의 인도하심과 임재에 대한 확신이 커질수록, 성도들은 '오, 그 기쁨이 어떨까(O, What Joy It Will Be)'라고 찬양하며 소망의 비전을 품는다.321)

많은 오순절 성도들은 체포되었고, 감옥에 갇혔으며, 고문을 당하거나 목숨을 잃었다. 그러나 그들은 감옥 안에서도 찬송하고, 설교하고, 증언하며, 심지어 감옥 교회를 세우기도 했다. 아주사에서 감옥에 갇혔던 오순절 성도들부터, 중국, 아프리카, 남미 및 중앙아메리카 성도들까지, 모두가 박해를 받았고 목숨으로 대가를 치르기도 했다. 니카라과 하나님의 교회(Church of God)의 감독인 페드로 파블로 코스티요(Pedro Pablo Costillo)는 산디니스타 정권(Sandinista regime) 하에서 투옥되었으나, 그가 수감된 감옥에서 죄수들에게 설교하고 세례를 베풀었다. 그는 석방된 후에도 나라를 떠나지 않고 니카라과 사람들의 필요를 위한 '복음 전도와 사회 사역'을 이끌기로 선택했다.322)

'우익'과 '좌익'을 거부하고, 평화의 '제3의 길'을 찾는 데는 용기가 필요하다. 가장 억압받는 환경에서도 오순절 성도들의 기쁨에 찬 찬양이 들린다. 그들이 '대중들의 피난처'를 제공한다는 것은 사실이지만, 그들의 용기는 결코 수동적 체념에서 비롯된 것은 아니다. 아주사에서 말했던 것이 오늘날 제 3세계 전역에서도 여전히 메아리친다— '우리는 감옥에 가는 것뿐만 아니라 예수를 위해 목숨을 바칠 준비도 되어 있다.'323)

오순절 운동이 시작되었을 때처럼, 가난한 사람들, 젊은이들, 공식적인 신학 교육을 받지 않은 사람들이 지역과 해외 선교지로 나아가 섬기고 있다. 1906년 10월자 '사도적 신앙(*The Apostolic Faith*)' 신문에 실린 짧은 기사는 성령의 이러한 민중적 부흥을 잘 담아내고 있다:

다시 오순절로(Back to Pentecost)

도대체 왜 이 땅의 월급받는 설교자들은, 일정한 금액의 급여를 받지 않으면 설교하지 않는가? 사람들은 옛 이정표에서 벗어났다. 돌아가야 한다. 시간을 낭비할 여유가 없다. 우리 모두는 주변에 죽어가는 영혼들을 위해 무엇인가 해야 한다. 하나님께 인정 받고 싶은가? 인류를 섬기는 종이 되십시오. 우리 주님께서 배고픈 사람들에게 나눔을 시작하시기 전까지 떡과 물고기는 그의 손에서 늘어나지 않았다.

하나님은 단지 신학적 지식의 파편과 부스러기만 줄 수 있는 대단한 신학적 설교자가 필요하지 않다. 하나님은 벌레라도 들어 올려 산을 치실 수 있다. 약한 것들을 들어 강한 것들을 부끄럽게 하신다. 하나님은 거리에서 자갈을 집어 들어 그것들을 다듬으셔서 당신의 일을 위해 사용하신다. 하나님은 심지어 아이들조차도 복음을 전하는 데 사용하신다. 한 어린 자매가 열네 살에 구원받고 성화되었으며 성령으로 세례를 받고, 일군들로 이루어진 무리를 이끌고 나아가 부흥회를 열어 190명의 영혼이 구원을 받았다. 복음을 거부하는 월급받는 목사들은 더 이상 설 자리가 없을 것이다. 하나님께서는 돈 없이, 대가 없이 나아가는 자들을 보내고 계신다. 영광이 하나님께 있기를! '이 사도적 날'을 찬양하라.324)

전 세계의 신실한 성도들은 지금도 여전히 '표적이 따르는 것'을 보고

하며, 이로 인해 증인들의 믿음과 소망, 확신과 용기가 유지되고 있다.325) 개인들은 꿈과 환상을 통해 선교지로의 부르심을 받곤 했다. 1906년 뉴욕시의 루시 레더맨(Lucy Leatherman)은 '사도적 신앙(*The Apostolic Faith*)'에서 자신이 베이루트로 부르심을 받았다고 보고한다. 하나님은 그녀에게 '광야의 아랍인들과 함께 가겠느냐'를 물으셨고, 그녀는 '예'라고 대답했다.326) 그럼에도 불구하고, 꿈이나 성령의 나타남, 방언에 의존하는 사람들은 이러한 것들이 그들의 확신의 기초가 될 수 없다는 경고를 받는데, 이는 성령이 개인이나 교회의 영구적인 소유물이 아니기 때문이다:

> 성령으로 세례를 받고 방언을 말하게 된 자들이 이 상태에서 멀어지게 되면, 하나님의 사랑이 사라진 후에도 한동안 방언을 유지할 수 있으나, 이 은사는 점차 사라지게 된다. 형제에 대해 약간의 냉혹함이나 비판적이고 의심스러운 발언조차도 이 온유하고 민감한 성령을 근심하게 한다. 육신이 일어나 성령과 함께 걷는 이 향기와 달콤함을 파괴하지 않도록 주의 깊고 지속적인 경계가 필요하다. 설교자들이 종종 지나치게 감정적으로 성령께서 하신 좋은 말씀을 강조하려고 하는데, 이러한 모든 행동은 성령의 부드러운 책망을 받을 것이며, 진심으로 회개하면 곧 극복될 것이다. 이는 하나님 능력의 더 큰 확증을 삶에서 가져오게 한다.327)

세상에서 악령에 맞서 증인으로 살아가는 용기는 성령의 권능에서 비롯된다. 성령은 그의 지속적이고 깊이 탐구하는 임재를 통해 정서를 강화하고, 필요한 은사를 나타내며, 귀신 들린 자로부터 원수를 내쫓고 성도를 보호하신다. 용서와 자비의 은혜는 성도들에게 세상과 자신의 죄를 책임감과 겸손으로 직면할 용기를 준다. 성화의 은혜는 육신과의 내적 투쟁에서 승리를 거두게 하며 확신과 기쁨을 제공한다. 성령충만의 은혜는 성도들의 대적자를 분별하고 대항할 수 있는 용기와 힘을 끊임없이 공급한다.328)

감사, 연민, 그리고 용기는 하나님의 의로움, 사랑, 능력에서 비롯되며, 이는 성령 안에서 의와 평화와 기쁨의 하나님 나라의 빛 속에서 세상을 이해하는 방식이다. 성도들은 하나님께 지속적으로 감사하고, 그리스도를 통해 연민을 품으며, 성령 안에서 담대해야 한다. 그러나 우리는 여전히 세상에 속하지 않았으나 세상 안에 있고, 육신에 속하지 않았으나 육신 안에 있고, 교활하고 간교한 적에게 사방에서 우겨쌈을 받고 있는 현실 앞에 서 있다. 이런 상황에서 문화적, 육적, 악마적인 요소들은 오직 성령을 통해서만 분별될 수 있다.

4) 훈련된 분별력(Disciplined Discernment): 말씀(Word)과 성령(Spirit)

초기 오순절 성도들은 악마적이다, 정신 이상이다, 현혹되었다, 또는 분열적이다는 비난을 받았다. 이러한 비난을 가한 사람들은 보통 오순절 성도들이 주장한 영적 은사들이, 적어도 그들 관점에서는, 1세기에만 국한된 것이라는 근거로 그러한 주장을 폈다. 또한 강렬한 감정 표현, 인종 간의 교류, 남녀 모두의 예언 활동 역시 비판의 대상이 되었다.329) 이에 대해 1907년 조지아주(GA) 로이스턴(Royston)에서 발행된 '사도적 복음(*The Apostolic Evangel*)'은 '현대의 오순절이 하나님으로부터 온 것임을 보여주는 몇 가지 확실한 증거'라는 글을 통해 반박한다. 이 글은 오순절 운동에서 영을 분별하는 데 도움이 되는 네 가지 증거를 제시했으며, 동시에 오순절 성도들에게 두 가지 간략한 권고를 덧붙였다. 제시된

증거는 다음과 같다: (1) 성령충만을 받은 사람들 안에 강렬한 의에 대한 갈망이 있다는 점; (2) 자신을 깊이 십자가에 못 박는 일이 있다는 점. 이는 악마가 부풀려 사용하려는 것을 무너뜨리는 행위다; (3) 하나님께 드리는 지속적인 찬양이 있다는 점; (4) '성령세례와 함께 따라오는 말할 수 없는 하나님의 사랑과 서로에 대한 사랑'의 증가가 있다는 점.330) 오순절 성도들에게 주어진 권고는 다른 사람을 판단하는 태도와 '능력'의 이해에 관한 것이었다. '사도적 복음(*The Apostolic Evangel*)'은 '오순절을 경험할 때, 외적인 것뿐만 아니라 내적인 것에서도 하나님과 하나님의 말씀에 충실할 것이지만, 옷의 스타일로 사람들의 영적 체험의 깊이를 판단하는 일은 영원히 끝날 것'이라고 지적한다. 또한, 오순절 운동은 그들이 '소음을 능력으로 간주하는 경향(noise as power)'에서 벗어나도록 도울 것이라고 말한다. '하나님은 소음에 영광을 두지 않으신다. 그러나 하나님은 원하시는 만큼 소음을 낼 권리를 가지신다.'331) 권고가 주로 스타일과 취향의 문제를 다루고 있다면, 위의 증거들은 오순절 운동의 진정성을 평가하는 더 본질적이고 실질적인 기준을 제공한다.

완전주의와 부흥주의적 배경에서 출발한 오순절주의는 초기부터 성령께서 주도하시도록 하면서도 광신주의(fanaticism)에 맞서야 했다. 1906년 아주사 미션(Azusa Mission)에서 모인 사람들은 광신주의를 분별하기 위한 지침을 마련했다:

> 광신주의자들은 자신들과 뜻을 같이하지 않는 사람들에게 가혹하며, 예수가 중심에 있지 않다. 결국 육체의 열매가 드러나며, 거룩한 삶의 결핍이 나타난다.
>
> 이러한 점을 언급한 이유는 일부 진실한 사람들이 오순절 운동이

광신주의라고 두려워했기 때문이다. 따라서 우리는 광신주의와 반대되는 모임의 특징을 몇 가지 짚어보았다. 신적 사랑: 모든 사람에게, 특히 교회인 그리스도의 몸에 대한 사랑. 그리스도의 몸은 모든 성화된 성도가 속한 공동체이다. 겸손(Humility): 이 일은 겸손한 곳에서 겸손하게 이루어진다. 우리는 하나님의 전능하신 손 아래 스스로를 낮추며, 하나님의 전체 뜻과 계획을 알기 위해 끊임없이 성경을 탐구한다. 거룩한 삶(Holy lives): 이 사람들은 세상, 육체, 악마와 분리된 거룩한 삶을 살며, 다른 영혼들을 순결과 거룩의 삶으로 구원한다. 일꾼들의 얼굴에는 성령의 빛이 드러난다. 이것이 악마의 일이겠는가?332)

위 인용문에서 몇 가지 통찰을 얻을 수 있다. 요한일서 3장에 따라, 오순절 성도들은 소위 영적 현상과 인물들의 출처와 결과를 살펴보았다. 만약 그리스도가 중심에 있지 않다면, 그 현상은 광신적이다. 가혹함(harshmess)은 예수의 가장 중요한 특징인 신적 사랑이 없다는 명백한 증거였다. 사랑 다음으로 중요한 것은 겸손(humility)이며, 이는 하나님의 전체 뜻과 계획을 알기 위해 성경을 겸손하게 탐구하는 태도이다. 증인들의 거룩한 삶과 그들의 얼굴에서 드러나는 성령의 영광과 기쁨도 매우 귀하게 여겨졌다. 성령의 내적 증거뿐만 아니라 성도들은 자신과 나른 이들의 삶을 점검하여, 교회를 사랑으로 세우고, 사명을 증진시키며, 성령의 열매와 은사, 그리고 육체의 열매가 아닌 것들을 드러내는 그리스도에 대한 고백을 확인할 수 있다.

빛 가운데 걷는 자들은 어둠을 인식할 것이다. 따라서 자신이 가진 모든 빛 안에서 걸어가는 것이 중요하다.333) 육체를 십자가에 못 박고, 온전한 사랑으로 헌신하며, 잃어버린 자들에 대한 연민 속에서 마음과 욕망을 지키는 자들은 내적으로 일어나는 육체적 욕망이나 외적으로 위장하는 육신적인 것들에 가장 민감할 것이다. 그들은 자신을 신뢰해서는 안되며, 대신 그리스도의 십자가를 신뢰해야 한다. 이렇게 성경을 자신의 마음을 살펴봄으로 모든 것이 예수님의 보혈 아래에서 지켜질 수 있었다. '사도적 신앙(*The Apostolic Faith*)'은 성도들에게 다음을 기억하라고 권면한다:

> 사람들이 구원을 받고 성화되었을 때도, 그들은 여전히 예수님의 보혈을 필요로 한다. 우리는 단 0.5초도 우리 자신을 신뢰할 수 없으며, 매 순간 보혈이 필요하다.334)

매일 성령충만을 위해 성령께 순복함으로써, 그의 임재와 인도하심이 삶의 방식과 방향을 결정짓게 함으로써, 다른 영을 더 쉽게 인식하고 '거룩의 길'에서 벗어나지 않을 수 있다. 영 분별의 은사는 교회 공동체 안에서 필요할 때마다 역할을 했다. 이는 신중함과 동일시되지 않았으며, 경험과 성숙도가 높이 평가되었지만 그 자체로 동일한 의미는 아니었다. 귀신 들린 사람이 있을 경우 교회는 성령의 인도와 예수의 이름으로 귀신을 쫓아냈다. 이러한 방식으로 해방된 수많은 증언이 오늘날까지 전해지고 있다.335)

개신교에서 반복적으로 언급되는 규범은 하나님의 말씀, 즉 성경 말씀이다. 성경을 '똑바로 나누고' 올바르게 해석하며, '성경과 성경을 비교'하는 것이 중요하다.336) 이것은 고린도교회 시절부터 광신주의를 불러왔던 미혹의 영들에 대한 동일한 안전장치였다.337) 그러나 성경을 읽고 연구하는 일은 기도와 찬양과 균형을 이루어야 한다. 기도는 과도한 독서로 인해 '너무 논쟁적(too argumentiative)'이 되는 것을 방지했고,

찬양은 마음을 소생시킨다. 그러나 성도들은 축복된 말씀 없이는 살아갈 수 없다.338) 교회의 훈련(discipline)은 성령의 분별에 따라 이루어진다. 성령께서 사람들을 교회로 오게도 하고 또한 떠나게도 한다. 교회는 성령과 말씀에 따라 삶의 상태를 분별하고, 넘어진 자들을 회복시킬 책임이 있다. 규율은 교회의 순결을 위한 것이다. 순결 없이는 교회의 연합을 보장할 수 없고, 연합 없이는 사명이 이루어질 수 없다.339)

영들에 대한 분별은 성도의 공동체 안에서 성령의 은사와 말씀을 통해 영적 현상과 가르침의 출처를 판별하고 결과를 평가하는 것을 목표로 한다.340) 감사, 연민, 용기의 정서는 성령과 말씀이 교회에서 역사하는 데 온전히 열려 있으며 가장 깊이 유익을 얻기 위한 존재론적 전제 조건으로 작용한다. 일부 영들은 쫓아내야 하며, 이에 대한 주요 방어는 하나님께 굴복하고 지속적으로 의지하는 그리스도인의 성품이다. 성령의 열매와 은사는 서로 연결되어 있다. 그리스도는 성령의 열매이자 최고의 선물이다. 그의 삶, 사역, 죽음, 부활은 모두 성령의 형성, 인도, 능력 부여에 의해 이루어진 것이다.

하나님께로부터 온 모든 영은 말, 행동, 성품을 통해 한량없이 성령을 받은 성육신하신 아들을 증언할 것이다. 성령으로 충만한 공동체는 세상, 육체, 악마의 속임수로부터 보호하는 최고의 안전장치다. 성경은 의와 진리의 이야기다. 성령은 의에 대한 갈망과 목마름을 일으키며 모든 진리로 인도한다. 성령 안에서 주어지고 그리스도의 몸 안에서 받아들여지는 성경(정경)과 은사는 상호 조건적이다. 어느 것도 다른 것 없이는 설명될 수 없으며, 그로부터 유익을 얻을 수 없다. 궁극적으로 성경 없이는 길이 없고, 성령 없이는 빛이 없다. 성령의 열매는 하나님의 성품이며, 따라서 예수의 삶 속에서 성도들을 위해 완전하고 서사적으로 묘사된다. 하지만 예수의 행위는 성령의 행위와 성경 전체에서의 하나님 아버지의 이야기와 함께 다뤄져야 한다. 이 세 가지는 하나의 이야기의 일부로, 하나님 나라를 위한 그리스도인의 삶을 일으키고 형성해야 한다. 기도는 공동체와 각 성도의 기본적인 소명이다. 기도는 정서를 형성하고 일으키며, 분별과 다른 모든 은사를 위해 필수적이다. 마음이 하나님 아버지를 향해(toward), 하나님 아들을 통해(through), 그리고 하나님 성령 안에서(in) 영향을 받을 때, 입이 말하게 된다.

3. 오순절 기도(Pentecostal Prayer): 정서를 형성하고 표현하기

1) 선교적 교제(Missionary Fellowship) 속에서 기도하기

오순절의 정서는 기도를 통해 형태를 갖추고 표현된다. 이 기도는 하나님께 드려지며, 그리스도를 통해, 그리고 성령 안에서 이루어진다. 전통적으로 이를 표현하는 방식은 모든 것이 하나님께로부터(from) 시작되어 그리스도를 통해(through) 성령 안에서(in) 이루어지며, 다시 성령 안에서 그리스도를 통해 하나님께로 돌아간다는 점을 강조한다. 각각의 기독교 정서는 하나님의 속성과 연관되어 있다. 모든 신적 속성은 하나님의 살아 있는 연합 안에서 통합되며, 이는 기독교인 성품의 통합과 지속적인 갱신의 근원이며 기초가 된다. 따라서

> [각각의] 정서는 기도 생활의 한 측면이며, 하나님의 다양한 속성과 연관되어 있다. 그러나 궁극적으로 하나님도, 기도하는 자도 개별적인 속성으로 나뉘어 분석될 수 없다. 하나님의 존재와 달리, 우리의 경험은 항상 부분적이며, 따라서 긴장과 한쪽으로 치우치는 경향이 있을 수 있다. 예를 들어, 하나님에 대한 두려움과 사랑은 우리의 정서적 이해의 강함 때문이 아니라, 이 감정들이 향하는 하나님의 본질 때문에 공존할 수 있다. 기도는 우리를 반복적으로 찬양과 감사, 경외와 고백, 기쁨과 중보로 이끌며, 이러한 모든 것을 하나님의 사랑 안에서 통합한다.341)

오순절적 정서는 선교적 교제 속에서 드려지는 기도를 통해 형성되고 표현된다. 이곳에서 마음은 예배와 증언을 위한 도구로 다듬어지며, 이는 기독교적 제자도의 상호 조건적 측면으로 작용한다. 공동체적이고 개인적

인 기도는 말씀의 설교와 가르침, 찬양의 노래, 간증과 기도 요청의 나눔, 예배 전후 성도들 간의 교제, 예배 동안 끊임없이 드려지는 찬양과 감사, 성령의 다양한 은사의 운행, 그리고 성도들의 중보기도를 통해 형성된다. 이러한 모든 활동은 기도를 형성하며, 기도는 다시 정서를 형성한다.

선교적 교제 안에서의 기도는 예배에 참여하는 주된 수단이며, 증언을 위한 리허설이기도 하다. 기도를 통해 하나님의 능력 있는 행위와 신실하심을 기억하고 인정하며 기대한다. 이러한 기억과 기대는 감사를 불러일으키고, 연민을 깨우며, 용기를 뒷받침한다. 성도들의 간증은 종종 개인의 삶을 묵상하는 기도의 형태로 나타난다. 이 간증은 대개 특정 필요를 위한 기도 요청, 삶이 축복이 되기를 바라는 간구, 그리고 결국 천국을 집으로 삼고자 하는 소망으로 끝난다.

성도들은 끊임없이 주님께 감사하고, 하나님의 탁월함과 위대하심을 찬양하며 기쁨을 누린다. 연민은 성소 곳곳에서 들리는 울부짖음과 신음 같은 중보기도를 통해 표현되며, '거룩한 웃음(holy laughter)'을 통해 성도들은 주님 안에서 기뻐한다. 과거의 구원, 보호, 치유를 기억하면서 감사와 찬양은 더 깊고 강렬해지며, 이로 인해 기억과 기대, 그리고 갈망이 더욱 내면에 깊이 새겨진다.

'합심 기도(concert prayer)'의 시간에는 마치 회중 전체가 콘서트를 준비하기 위해 악기를 조율하는 듯한 소리가 들린다. 이 기도의 일치는 성령의 하나된 응답에서 비롯된다. 성도들은 함께하는 깊은 기쁨을 느끼며, 같은 흐름 속에서 성령과 성경적 내러티브에 의해 인도되는 통합된 흐름에 따라 나아간다.

다른 비유를 사용하자면, 때로는 재즈 공연과 같아서 한 사람이 먼저, 다음으로 다른 사람이 공통된 주제에서 즉흥 연주를 하는 것 같으며, 다른 때에는 모두가 하나의 위대한 찬양 교향곡을 연주하는 것 같다. 찬양, 침묵, 그리고 주권적 성령을 기다리는 시간이 있다. 때로는 온 교회가 특별한 필요를 위해 몇 시간 동안 중보기도를 드리기도 하고, 또는 금식이나 철야를 통해342) '주를 기다리는' 기도의 의미를 강조하기도 한다. 이러한 기다림은 집중과 정서적 변화를 위해 필수적이다. 주를 기다림 없이 인내, 견고함, 또는 온유함은 있을 수 없다.

기도는 오순절 신앙 공동체의 주된 신학적 활동이다. 모든 가치 있는 지식은 기도로 얻어지고 유지되어야 한다. 왜냐하면 성령만이 모든 진리로 인도할 수 있기 때문이다. 심지어 올바른 지식도 지속적인 감사, 중보, 그리고 찬양의 기도가 없다면 교만으로 이끌릴 수 있다. 성령 안에서 기뻐하고, 기다리며, 순종하는 교회, 말씀을 사랑하고 하나님의 뜻, 그리스도의 마음, 성령의 인도하심을 위해 기도로 끝까지 나아가는 교회는 성령충만한 교회이다.

그러므로 기도는 오순절 회중의 가장 중요한 활동이다. 이는 모든 다른 활동을 관통하며, 성도와 교회의 정서적 풍요를 표현한다. 모든 기도는 성령 안에서 이루어지며, 진정으로 기도하는 모든 이들은 성령이 그들 안에서, 그리고 그들 가운데에서 행하시는 일을 지속적으로 열고 받아들인다. 성령의 증거를 받아들이고 그리스도 안에 거하는 것이 바로 그리스도인이 되는 것이다. 이 거주와 지속적인 수용은 교회를 하나님과의 교제 또는 참여로, 동시에 선교적 힘으로 형성한다. 성령의 내주하는 증거를 가지고 예수 그리스도를 증거하는 모든 이들은 그분의 증인이 되

어야 한다. 선교적 교제의 일부가 된다는 것은

> 마치 하나님의 집에 있는 것과 같다. 이는 마치 땅의 부모로부터 세상이 어떻게 될 것인지에 대한 비전을 배우고, 그들의 방식으로 인도받으며, 순종에 대한 보상과 방황에 대한 징계를 받으면서도 희망과 사랑과 평화의 환경 속에서 양육받는 것과 같다. 하나님의 집에는 영이 움직이며, 이는 하나님의 영이다. 그리고 이 영에 사로잡히는 것은 주님의 집에 거하며 삶의 모든 날 동안 소망, 자비, 평화의 환경에서 양육받는 자들에게 일어나는 일이다. 그리스도인의 영성은 일종의 교제이기에, 기도와 교회가 그 중심이 된다. 기도는 하나님과의 대화로서, 교회는 하나님의 집, 그가 특별히 거하시는 장소, 그의 지상적 임재이자 그의 몸이다.343)

오순절 교회는 마치 가족과 같아서 시온의 아버지와 어머니, 그리고 근본적인 기독교적 소명인 증인의 훈련을 받는 형제 자매들이 있다. 감사, 연민, 용기의 정서는 성령의 활동 없이 개발될 수 없으며, 동일한 성령의 능력 없이는 진정한 기독교적 증언을 전할 수 없다. 십자가에 못 박히고 부활하신 주님과 다시 오실 주님의 복음은 말과 능력, 그리고 성령의 나타남으로 선포되어야 한다. 영과 진리 안에서의 예배는 선교적 하나님, 즉 교회를 변화의 선교적 운동으로 형성하시는 하나님의 본성과 뜻에 따라야 한다.344) 그리고 기도는 참된 예배와 증언의 중심으로, 항상 지속적으로 성령 안에서 이루어져야 한다.

2) 성령 안에서 기도하기(Praying in the Spirit)

오순절 성도들은 대부분의 그리스도인들과 마찬가지로 기도가 믿음의 근본 행위이며, 예배의 중심이며, 인간 존재의 가장 깊은 의미라는 점에

동의할 것이다. 인간은 영적인 존재이며, 영이신 하나님 안에서 그리고 하나님을 위해 창조되었다. 믿음은 은혜에 의해 적절한 영적 응답을 형성하며, 하나님의 약속을 믿고 소망 가운데 살아간다. 그러나 믿음과 소망의 중심은 사랑이다. 성령은 전통적으로 아버지와 아들 사이의 사랑의 연결고리로, 하나님과 인간 사이의 접촉점으로 인식된다. 성령은 인간의 의식이나 경건한 감정이 아니라 믿음의 인식적 근거(noetic ratio)이다. 성령은 하나님을 알 수 있게 하는 분으로, 하나님의 자기 인식을 선물로 인간에게 주시는 분이다.345)

신학은 회의주의(skepticism), 광신주의(fanaticism)에 대한 두려움, 자만심, 또는 성령을 길들이려는 시도로 인해 성령으로부터 멀어질 수 있다. 사람들 역시 기독교적 성품을 자기계발 운동처럼 발전시키려 시도할 수 있다. 그러나 이는 마치 배우자가 사랑하는 이와의 관계를 무시한 채 좋은 결혼 생활을 위해 필요한 정서를 개발하려는 시도와 마찬가지로 실패할 수밖에 없다. 그리스도인의 정서는 관계적이며, 성령의 열매이기에 영적이다. 결과나 목표가 영적이라면 그 수단 역시 영적이어야 한다. 그리스도인의 삶의 목표는 특정한 성격 유형을 달성하는 것이 아니라, 하나님의 생명에 참여하는 것이다. 수단이 목표가 될 때, 성도는 그리스도인의 삶에서 가장 큰 위험 중 하나인 영적 교만에 빠질 가능성이 높아진다.

기도에 대한 오순절 실천의 중심적인 요소는 성령의 충만(fullness) 또는 채움(filling)에 대한 관점이다. 모든 그리스도인은 성령 안에서 기도한다. 그러나 오순절 신앙인들이 말하는 성령충만한 기도란 무엇인가? 일부 사람들은 성령의 열매가 더 많이 개발되고, 영적 은사에 대한 더 큰 개방성과 감망이 있을 것이라는 의미로 보일 수 있기에 영적 교만

(spiritual pride)의 가능성은 명백한 위험으로 본다. 이러한 충만의 후속적 경험은 본질적으로 두 부류의 그리스도인, 즉 성령이 내주하는 자(indwelt)와 성령으로 충만한 자(filled)를 만든다는 인식을 줄 수 있다. 충만에 대한 간략한 논의는 오순절 성도들이 이러한 위험을 어떻게 회피하려고 하는지 보여줄 수 있다.

문제의 일부는 당연히 '충만(filled)'이라는 개념에 있다. 이것이 성령의 객관화와 정량화를 의미한다면, 성도는 만족스러운 한 끼 식사 후에 느끼는 것과 유사한 느낌을 가질 수 있다. 영적 축복에 동반되는 깊은 만족감이 종종 있지만, 이는 결코 규범적인 감정(normative feelings)이 아니다. 성령을 힘(force)이나 실질적인 양(substantial quantity)으로 보는 개념은 성령 자체보다는 성령이 만들어내는 효과(effects)를 주요 참조 대상으로 삼는다. 성령을 바람, 기름, 흐르는 물, 불과 같은 성경적 이미지로 묘사하는 표현은 모두 성령의 본질적 속성보다는 성령의 효과적 속성(effective property)을 지칭하기 때문이다.

초기 오순절 성도들에게 있어 비우고(emptying out), 벗어버리고(putting off), 육신을 죽이는 것(mortifying the flesh)이 중요하다는 점은 앞서 논의된 바가 있다. 이러한 훈련은 하나님께 축복받을 만한 자격을 갖추거나 영적 엘리트가 되기 위한 것이 아니다. 이는 온 마음을 하나님께 드리고, 하나님의 본성과 뜻에 반하는 것을 제거하기 위한 것이다. 충만함이란 성령에 의해 결정되고 성령의 일에 집중하는 것을 의미한다. 예를 들어, 두려움으로 가득 찼을 때, 사람은 도망치거나 싸우거나 완전히 움직이지 못하게 된다. 두려움이 마음을 채우면 이는 전체 사람의 방향을 결정적으로 지배한다. 따라서 성령으로 충만하다는 것은 성령에 의해 결정적으로 지배되고 성령의 말씀과 행위에 집중된 상태를 의미한다. 성령의 내주로 맺어진 열매는 더 깊은 강도를 가지게 하며, 오순절 운동의 종말론적 공동체 안에서 새로운 긴박감을 갖게 한다.

성령으로 충만하고 더 많은 열매를 맺을 수 있게 되는 것은 성도의 성품과 소명에 중요한 의미를 가진다. 성령충만이나 성령세례를 주장하지 않는 사람들은 더 안정된 성격으로 보일 수도 있고 실제로 그럴 수도 있다. 그들 중 많은 이들이 더 많은 개종자를 만들었고, 더 깊은 기독교 지식과 통찰을 가지고 있기도 하다. 그러나 첫 번째 오순절은, 이후의 오순절들과 마찬가지로, 제자들이 가진 것에 불을 붙여 뜨겁게 변화시켰다.

그들은 여전히 배우고 버려야 할 것들이 많다. 의견 차이, 우울증, 갈등은 계속될 것이다. 그러나 오순절 이후의 공동체의 역동적 영향력과 은사적 성격은 부인할 수 없다.

오순절 성도들은 성령세례 이전과 비교해 자신이 더 강해지고, 더 개방적이며, 더 유용하게 되었음을 간증한다. 그들은 지속적으로 성령의 충만함을 추구한다. 비록 성령세례는 한 번 이루어진다고 말하지만, 그들은 반복적인 충만을 경험한다고 증언한다.

성령충만을 갈망한다고 말하는 것과 성령세례를 구한다고 말하는 것은 반드시 같은 의미는 아닐 수 있다. 성령세례는 근본적으로 성령의 능력 안에서 증인의 소명을 위한 것이기 때문이다. 하지만 성령의 열매가 성도의 증언과 무관하다고 말하는 것은 거룩함이 성령과 아무 관계가 없다고 주장하는 것과 비슷하다. 성령의 열매를 가꾸어 성도의 삶을 심화시키는 것은 증인의 역할과 그 효과성(하나님께 순복된 그릇으로서)에 직접적으로 연결되어 있다. 능력과 은사에 대한 일부 견해는 이것을 무시하고, 삼손이 처음 타협을 시작할 때도 하나님이 그를 사용하셨다는 점이나 발람을 사용하셨고, 심지어 나귀를 통해 말씀하셨다는 점을 강조한다(이는 은사를 받은 모든 설교자들에게 겸손함을 상기시킨다!). 그러나 성령세례의 핵심은 얼마나 많은 은사가 나타났는지, 혹은 어떤 종류의 은사가 나타났는지에 있지 않다. 핵심은 하나님의 충만함 안에서 걷고(walk), 그 충만함에서 살아가며(live), 하나님에 대해 온전히 열려 있고(openness), 온유하게 순복하며(yieldedness), 하나님의 일에 열정적(passionate zeal)으로 나아가는 데 있다.346)

성령께서 중생의 순간에 성도 안에 내주하실 때, 성자와 성부도 함께 오신다.347) 하나님과 성도가 서로 내주하는(mutual indwelling) 이 삶은 그리스도인과 교회를 하나님의 거처로 만든다. 성령 안에서 기도하는 것은 하나님과의 깊은 교제와 친밀함을 의미한다. 성령으로 충만한 상태는 성도가 하나님께 온전히 순종하고, 인도받으며, 하나님의 영에 일치된 증언을 하도록 능력을 부여받은 상태를 의미한다. 성령에 대한 죄는 그러한 증언을 방해하고, 선교적 교제를 분열시키며, 그리스도인의 정서를 왜곡시킨다.

성령과 관련된 죄를 고려하는 것은 죄를 단순히 법을 어기는 것으로 보는 단편적인 관점에 대한 교정을 제공한다. 성경은 성령이 저항(사도행전 7:51), 근심(에베소서 4:30), 모욕(히브리서 10:29), 소멸(데살로니가전서 5:19), 거짓(사도행전 5:3-4), 그리고 모독(마태복음 12:31; 누가복음 12:10; 마가복음 3:28-29) 당할 수 있다고 말한다. 따라서 죄는 단순히 율법을 어기는 것뿐만 아니라, 깊이 개인적인 문제이기도 하다. 이에 반대되는 반응을 생각해 보면 성령으로 충만함이 무엇을 의미하는지 일부 이해할 수 있다. 저항 대신 순종, 근심 대신 항상 기뻐함, 모욕 대신 존경, 소멸 대신 불타오름, 성령을 속이는 대신 사랑 안에서 진리를 말하며 선교적 교제를 유지하고, 모독 대신 성령의 증언을 하나님의 증언으로 축복하고 소중히 여기며 선포하는 것이다. 이런 반응이 성령 안에서 나온다면, 그 결과로 생기는 정서는 하나님을 근원, 목표, 충만의 수단으로 삼을 것이며, 자기 충족은 그 부산물이 될 것이다.

결국, 성령의 열매는 성령께 끊임없이 순복하며 그의 상기시키심(reminding), 인도하심(leading), 살피심(searching), 그리고 능력 주심(enabling)을 의지하는 사람들 안에서만 성령에 의해 맺힐 수 있다. 칼 바르트(Karl Barth)는, 열광주의를 옹호했다고 볼 수 없는 그이지만, 다음과 같이 말한다. '성령을 갈망하며, 부르짖고, 기도하는 곳에서만 성령은 임재하시고 새롭게 활동하신다.'348)

실제로, 열정주의에 대한 최선의 방어는 성령의 지속적인 충만함이다. 이를 통해 겸손한 감사, 자비로운 사랑, 용기 있는 소망이 성도를 이끌어, 책망, 교정, 저항과 더불어, 비성경적이고, 유익하지 않으며, 기독교적 증언에 반대되는 모든 것을 거부하도록 만든다.

오순절주의자들은 종종 위조 지폐를 감별하는 전략을 영 분별의 비유로 사용한다: '진짜를 너무나 익숙하게 하여 가짜를 쉽게 식별하도록 하라.' 이는 성령에 지속적으로 순종하고 열려 있는 삶에서만 가능하다. 그것은 성령 안에서 살고, 기독교 제자훈련 안에서, 그리고 진리 안에서 살아가는 선교적 교제 속에서 사는 삶이다. 성령은 이 현실, 즉 우리와 함께하시는 하나님의 신실함으로 인도한다. 하나님과의 관계는 오직 성령 안에서만 실제적이고, 지속적이며, 궁극적으로 가능하다. 기도는 열매를 맺기 위한 이 수단을 인정하는 방식이며, 성령의 은사로서 분별력을 갖추기 위한 필수조건이다.

오순절 기도는 세 가지 형태로 드려지며, 각각 고유한 방식으로 정서를 형성하고 표현한다. 이 세 가지 형태는 다음과 같다: 이해할 수 있는 말로 드리는 기도(with words), 말 없이 드리는 기도(without words), 이해할 수 없는 말로 드리는 기도(with words not understood). 앞서 논의된 세 가지 정서 중 하나를 각 기도의 형태와 연결하여 이러한 다양성을 설명할 수 있다.

가장 분명한 첫 번째 기도 방식은 이해할 수 있는 말, 즉 일상 언어로 드리는 기도이다. 오순절 성도들의 기도는 주로 성경과 초기 성결운동을 통해 전수된 기독교 삶의 이해에 의해 형성되었다. 감사는 오순절 교회에서 가장 흔히 표현되는 기도의 형태이다. 하나님이 하신 일에 대한 감사와 하나님의 본성에 대한 찬양은 오순절 예배에서 지속적으로 드려진다. 성령의 임재에 대한 반응은 대부분 이러한 방식으로 이루어진다.

그러나 탄식(sighs), 신음(groans), 웃음(laughter)도 정서적 반응을 표현하고 형성하는 도구로 작용한다. 그중 가장 분명한 예는 연민(compassion)이다. 중보 기도에서 오순절 성도들은 잃어버린 자들과 고통받는 자들을 위해 눈물을 흘리며 주님의 오심을 간절히 기다린다. 탄식으로서의 기도는 창조물 전체가 하나님의 자녀들의 온전한 나타남을 갈망하며 신음하는 것처럼, 성령에 의해 불러일으켜진다.349) 또한, 성령의 위로와 기쁨을 경험하거나 종말론적 약속과 비전을 묵상할 때 '거룩한 웃음(holy laughter)'도 나타나곤 한다. 사실 모든 기도는 2장에서 논의된 '이미-아직'이라는 긴장 속에서 종말론적으로 규정된다. 감사(gratitiude), 사랑(love), 확신(confidence)은 하나님이 하신 일, 하고 계신 일, 그리고 하실 일에 대한 '이미'의 측면을 나타내며, 간청하는 갈망, 약속된 승리에 대한 기쁨과 찬양, 그리고 어려운 시련 속에서도 담대히 기다리는 것은 정서의 '아직'이라는 측면을 더 잘 나타낸다.

방언으로 기도하는 것은 오순절 신앙의 가장 연구되고 논의되는 측면 중 하나로, 특히 개인에게 유익하며 확신, 자신감, 용기를 준다. 이 종말론적 언어는 종말의 능력이 지금 이 방식으로 돌파하고 있음을 나타낸다. 물론 이것은 이러한 일이 일어나는 여러 방식 중 하나일 뿐이다. 종말은 예수 그리스도 안에서 시작되었으며 완성을 향해 나아가고 있다. 방언은 '이미(already)'와 '아직(not yet)'이라는 종말론적 존재 속에 위치한 공동체를 형성하고 유지한다. 방언은 해석될 때 예언과 마찬가지로 몸된 교회에 유익을 준다. 모든 성도가 방언의 은사를 교회 내에서 행사하는 것은 아니지만, 오순절 성도들에게는 자기 유익을 위한 방언의 기도가 누구나 가능하며, 이는 교회의 연합 속에서 궁극적으로, 비록 간접적이지만, 전체를 유익하게 할 것이다.

앞서 언급한 것처럼, 모든 기도는 성령 안에서 이루어진다. 세 가지 기도 방식은 인간의 전 인격이 하나님과의 대화와 교제에 참여해야 함을 시사한다. 또한, 이러한 기도의 세 가지 형태는 정서가 단순히 복합적이고 인지적으로 통합된 상태일 뿐 아니라 인간 의식의 다양한 수준이나 차원에서 작동하고 표현된다는 것을 보여준다. 이것은 문화적 배경이 구술적-서사적(oral-narrative)이든 문어적(literate)이든 상관없이 마찬가지이다. 제 1세계와 제 3세계의 성도들 모두 이러한 깊이있고, 형성적이며, 다차원적인 기도를 필요로 한다.

세 가지 기도 방식은 상호 의존적(interdependent)이며 상호 보완적(mutually conditioning)이다. 기도에서 성령은 성도들을 지속적으로 성결하게 하며, 신적 거룩함의 구조(structure), 내용(content), 그리고 역동성(dynamics)을 성도들 안에 의로움(righteousness), 사랑(love), 능력(power)으로 재현한다. 이는 앞서 오순절 성도들을 특징짓기 위해 사용된 감사, 연민, 용기의 세 가지 정서에 상응한다.

기도의 방식은 선교적 교제 안에서 모델링되고 실천되며, 독특한 정서를 형성하고 표현하는 근본적인 수단으로 작용한다. 성령의 증언, 열매, 은사, 충만함은 정서들을 하나로 통합하는 열정을 만들어내며, 이를 하나님 나라(the kingdom of God)라는 단일 목표로 인도한다.

4. 오순절 열정(Pentecostal Passion): 하나님 나라를 향한 삶(Living toward the Kingdom)

오순절은 단순히 하루의 사건이 아니며, 오순절 운동 역시 단일한 경험에 국한되지 않는다. 오순절은 본래 봄 수확 축제인 칠칠절에서 유래했으며, 이후 시내산에서 율법이 주어진 사건을 기념하는 날이 되었다. 이 율법은 단순히 규범이 아니라 삶의 방식, 곧 하나님이 돌판에 기록하시고 구름과 불 가운데에서 음성을 들려주신 언약이었다. 오순절은 단순히 교회를 출발시키는 '킥오프 이벤트(kick-off event)'가 아니라, 이를 통해 살아가도록 부여된 경륜을 상징한다. 한편, 교회는 하나님의 백성, 곧 믿음, 소망, 사랑의 백성으로서 오순절 이전부터 존재해 왔다. 또한 오순절의 사람들은 사도들의 가르침과 교제, 떡을 떼는 일에 지속적으로 참여했다.350) 그날의 예언적 성취는 역사에 새로운 전환점을 열어 예수 그리스도에 대한 증거가 성령의 능력 안에서 이루어지도록 했다. 가톨릭 해방 신학자인 호세 콤블린(José Comblin)의 말에 따르면,

> 기독교는 두 가지 원천을 가진다: '예수 사건'과 성령의 경험—부활과 오순절 … 이는 서로 깊이 연결되어 있지만, 어느 하나가 다른 것을 흡수하거나 대체할 수 없다. 서방 기독교 전통은 성령에 충분히 중요성을 부여한 적이 없다. 부활은 단 한 번 있었지만, 오순절은 수백만 번 있다.351)

오늘날 수백만 오순절 성도들의 메시지는 하나님 나라가 복음 사역, 곧 말씀과 능력, 그리고 성령의 나타남을 통해 침노(breaking in)하고 있다는 것이다. 그들에게 오순절은 전례적 패러다임이며, 실존적 현실이자 마지막 날에 임하는 성령의 경륜(dispensation of the Spirit)이다.

이 장 앞부분에서는 하나님을 의로우시고 거룩하며 능력 있는 분으로 이해하는 것과 성도들의 삶을 감사, 연민, 용기로 표현하는 것 사이의 암묵적 상관관계를 다뤘다. 이는 신적 속성과 기독교 정서의 상관관계였다. 오순절 운동은 성결운동이라는 뿌리와 묵시적 전망에 의해 기독교 정서들을 오순절적 특징을 가진 형태로 재조명한다. 특히 앞서 언급한 세 가지 형태의 기도를 통해 성도는 하나님 나라의 미리 맛봄(foretaste)을 위해 형성되고 이를 표현하게 된다.

1) 하나님 나라를 향한 열정(A Passion for the Kingdom)

오순절 신앙에서 하나님 나라는 미래에 승리의 일부로 참여할 수 있는 보장이 아니다. 이들은 하나님 나라가 이스라엘에서 다른 사람들에게 옮겨졌고, 그들이 적절한 열매를 맺는다는 것을 기억한다(마태복음 21:43). 이는 오순절 영성에 내재된 '이미-아직'이라는 긴장 외에 또 다른 긴장을 소개한다. 이러한 관점에서 보면, 의로움, 평화, 기쁨의 열매와 이에 상응하는 감사, 연민, 용기의 정서는 하나님 나라에 신실하게 참여하기 위한 필수적인 성향이다. 대부분의 오순절 성도에게 있어서 그리스도 안에 거하는 것 외에는 무조건적이거나 '영원히 보장된(eternal security)' 상태는 존재하지 않는다. 따라서 정적이면서 추상적 비전으로는 그리스도인의 삶을 충분히 설명할 수 없다. 이들은 하나님 나라를 향해 나아가는 목적 지향적(goal-oriented/teleological) 공동체이다. 로버츠(Robert Roberts)는 하나님 나라를 추구하는 열망의 필요성에 대해 이렇게 말한다:

> 나는 하나님 나라를 갈망하고, 구하고, 소중히 여기고, 이를 원해야만 하나님 나라의 비전이 진정한 기독교 영성—즉 소망, 평화, 기쁨, 연민, 감사라는 진정한 감정들로 이어질 것이다. 만약 내가

> 현재의 세속적 삶에 만족하고, 죽음의 가능성을 부정하며, 세상과 내 마음의 악에 대해 자족한다면, 하나님 나라의 메시지는 내가 어떤 의미에서 믿는다고 하더라도 내 안에서 이러한 열매를 맺지 않을 것이다.352)

따라서 그리스도를 통해 하나님 앞에서 그리고 그분의 임재 안에서 사는 삶은 모든 것이 헛되지 않고 열매를 맺기 위해 절대적으로 필요하다.353)

하나님 나라는 하나님의 통치, 곧 하나님의 형상으로 창조된 사람들이 온 마음을 다해 하나님과 이웃을 사랑하는 사회와 상황이다. 하나님 나라는 '현재와 미래,' '이미와 아직,' '세상 안에 있지만 세상에 속하지 않은' 현실이다. 그리스도의 공동체는 이 통치를 인정하며 기쁨으로 이를 받아들인다. 성령은 이 하나님 나라의 요구에 따라 사람들을 빚어가는 통치의 힘(reiging power)이다. 이 요구는 왕의 본성과 왕 및 다른 사람들과의 올바른 관계를 의미한다. 따라서 성령으로 충만한 것은 하나님 나라를 향한 결정적인 태도와 열망, 그리고 열정을 갖는 것이다. 바울이 말했듯이, 하나님 나라는 음식과 음료의 문제가 아니라 성령 안에서의 의(righteousness), 평화(peace), 그리고 기쁨(joy)의 문제이다. 이러한 성령의 세 열매들은 왕의 사회나 공동체를 요구하고 상상하게 한다.354) 앞서 논의된 오순절의 대표적인 정서는 이 사회와 역동적이면서 목적론적(teleologically)으로 연결되어 있다. 성령의 교제와 개인의 정서는 서로를 요구하고 조건적이다. 그러나 하나님 나라를 향한 열정은 정서의 조직 원리(organizing principle)이자 통합 중심(integrative center)이다.

이 열정은 지배적인 정서(ruling affection)로 이해될 수 있다. 하나님 나라의 의를 위해 기도하고 빛 가운데 걷는 것은 감사의 정서를 형성하고 표현하는 방식이다. 감사와 찬양은 자신의 삶과 하나님 나라가 하나님의 선물임을 기본적으로 인식하는 것이다. 하나님께 영광을 돌리기 위해 세상의 기초부터 계획된 일을 행하며 빛 가운데 걷는 것은 의로운 하나님을 믿는 것을 의미한다.355) 이렇게 하나님을 아는 것은 믿음을 통해 의롭게 되며, 세상에서 하나님 나라의 완성을 기대하며 하나님의 의가 되는 것이다. 성령은 모든 진리로 인도하고 복음의 메시지를 선포하도록 성도에게 능력을 부여한다. 선교적 신실함을 의미하는 의로움은 또한 삶 전체를 하나님의 뜻에 따라 정돈하는 것을 의미한다. 이는 그 관계의 구조, 한계, 윤곽을 나타낸다. 하나님과의 평화와 참된 기쁨은 의로움 없이는 있을 수 없다. 그러나 인간의 타락과 세상의 반역으로 인해 이 세상에서 의로움이 완전히 실현되는 일은 없을 것이다. 율법의 임시적 성취, 따라서 모든 의의 성취는 사랑에서 비롯된다.

오순절 영성의 핵심은 사랑이다. 하나님 나라에 대한 열정은 왕에 대한 열정이며, 하나님을 보기 위한 열망이자 본향에 있기를 갈망하는 마음이다. 하나님에 대한 사랑이 온전할 때 깊은 평화가 임한다. 이는 갈보리에서 이루어진 평화로서, 예수님의 피를 통해 성도를 깨끗케하고 모든 육체적, 영적 더러움에서 벗어나 거룩함을 온전히 이루게 한다. 하나님에 대한 깊은 경외와 존경, 그리고 구원이 동적인 관계라는 깨달음은 오순절 영성에 날카로운 긴장을 부여한다. 자기 마음에 죄악이나 저항을 품은 두 마음을 가진 사람에게는 거의 평화나 안식이 없다. 이러한 투쟁의 인식, 경계, 헌신, 평화를 얻기 위해 기도하며 탄식하는 것은 오순절 성도들에게 세상에 대한 연민의 원동력을 제공한다. 그들에게 이웃은 단지 죄를 범하는 자가 아니라, 자신들과 마찬가지로 더럽혀져 있고, 거룩함과 행복의 삶에서 내적으로 소외된 존재이다. 이 완전한 사랑과 경외에서 비롯된 평안은 성령과 말씀을 통해 매 순간 그리스도 안에 거하는 삶이다. 아주사에서의 성도들은 이러한 영성의 차원을 깊이 인식했다:

> 사람들이 구원받고 성화될 때, 그들은 이전보다 더욱 보혈이 필요하다. 우리는 한 순간도 자신을 신뢰해서는 안 되며, 매 순간 보혈이 필요하다.356)

성령 안에서, 성도의 삶을 위해 주어진 보혈, 즉 생명은 성도가 하나님께 자신을 고백과 회개의 마음으로 맡길 때 매일 계속해서 깨끗하게 한다. 하나님 나라는 평화와 거룩함을 추구하는 자들의 것이다. 이 거룩함 없이는 아무도 주님을 볼 수 없다.357) 하나님 나라에 대한 열정은 성령께 자신을 맡기며, 그분이 사랑으로 채우시고 하나님 나라를 위해 탄식하고 신음하도록 인도하시는 것을 받아들이는 것을 의미한다. 성령과 함께 깊은 기대 속에서 탄식할 때, 그 마음은 올바르게 정돈된다.

여러 차례 언급되었듯이, 하나님의 임재 속에서 사는 것은 기독교 영성, 특히 오순절적 경건함에서 매우 중요하다. 이는 어떤 지속적인 감각을 가지고 사는 것을 의미하지 않으며, 단순히 정신적 훈련에 국한되지도 않는다. 이는 성령을 삶의 원천이자 방향으로 삼아 매일 자신을 그분께 맡기는 생생한 경험이다.358) 개인적이고 공동체적인 기도, 성경 속에서 사는 삶, 교제 속에서 걷는 삶, 성만찬, 금식 등은 모두 성령의 인도하심을 배우며 그리스도를 따르는 방법이다. 하나님의 임재 안에서 사는 것, 빛 가운데 걷는 것, 그리고 주님 안에서 기쁨을 누리는 것은 모두 동일한 행위의 측면들이다. 이것이 하나님을 아는 삶의 의미이다.

오순절 신앙에서 성령으로 세례받거나 충만해진다는 것은 기독교 삶의 이러한 측면들의 통합을 말하는 방식이다. 하나님의 기쁨은 능력과 격려, 그리고 소망의 원천이다. 이 기쁨은 성령의 열매이며 성도로 하여금 다가올 시대의 능력을 '맛보게(taste)' 한다. 때로는 이 맛봄만으로도 성도가 의식을 거의 잃을 정도의 경험을 하기도 한다. 하지만 오순절의 황홀경(ecstasy)은 자제력을 잃는 것이 아니라, 하나님 나라와 구원이 자신의 의지나 기술적 노력과는 아무 상관이 없음을 신뢰하며, 예수님을 다시 살리신 하나님과 성령을 통해 증거와 기적을 공동체 안으로 보내시는 하나님의 능력에 전적으로 맡기는 것이다. 이 즐거움은 대부분 조용하고 지속적인 하나님의 인도하심과 섭리에 대한 감각으로 나타난다. 그러나 이는 또한 말로 표현할 수 없는 기쁨의 순간들로도 특징지어진다. 이 두 가지는 서로 상호 보완적이다.

성령의 모든 은사는 종말론적이고, 슬픔과 죽음, 죄가 영원히 사라질 하나님 나라의 기쁨을 예고하는 표지(proleptic signs)이다. 방언은 기쁨의 아픈 갈망을 표현할 수도 있고, 기쁨의 승리를 나타낼 수도 있다. 그러나 진정한 기쁨은 언제나 하나님 나라를 향해 나아가도록 용기를 북돋운다. 두통에서 심장마비까지 치유는 잠정적이고 일시적인 기쁨의 이유를 제공하며, 이는 하나님 나라와 그 의를 먼저 구하는 가난한 자들에게 아버지께서 하나님 나라를 주실 것임을 확증한다. 대부분의 오순절 성도가 가난하고, 백인이 아니거나, 제3세계 출신의 젊은 성인들임을 감안할 때, 성령 안에서의 이 갱신과 하나님 나라를 미리 축하하는 이 경험이 종종 웃음과 뛰며 찬양하는 모습으로 나타나는 것은 놀랍지 않다. 이들은 하나님 나라가 자기 것임을 믿는다. 웨슬리의 로마서 14장 17절과 고린도전서 4장 20절에 대한 언급처럼, 이들은 기쁨을 이렇게 노래할 것이다:

하나님 나라는 ... 즉 참된 종교는 외적인 관습에 있는 것이 아니라, 의로움 ... 즉 마음에 새겨진 하나님의 형상; 하나님과 인간에 대한 사랑; 그리고 모든 이해를 초월하는 평화와 성령 안에서의 기쁨에 있다. 진정한 종교는 말이 아니라, 마음을 다스리는 하나님의 능력에 있다.359)

하나님 나라에 대한 열정은 오순절 영성의 지배적인 정서이며, 단순히 경험 그 자체를 위한 경험에 대한 사랑이 아니다. 이를 정당화할 수 있는 여러 방법이 있지만, 여기서 가장 중요한 점은 오순절 영성이 고립된 상태에서 발전되는 것이 아니라, 증인된 오순절 공동체를 필요로 한다는 것이다.

2) 왕의 공동체(The Community of the King)

오순절주의자들이 하나님 나라에 대한 열정을 형성하고 표현하는 중심에는 오순절 공동체가 있다. 이 공동체는 '이미-아직(already-not yet)'이라는 명확한 종말론적 긴장 속에서 존재한다. 성령은 하나님 나라를 선포하고 미리 보여주는 전략으로 왕의 공동체를 형성하고 유지한다. 이 강한 긴장은 오늘날까지 오순절주의자들에게 명확히 발달된 교회론이 없는 이유를 설명한다. 교회를 인간 조직, 즉 정책과 절차를 가진 정치 체제로 간주하는 것은 오순절주의자들에게 종종 큰 실망으로 다가온다. 이는 강점이자 약점이다.

이것은 교회가 내향적 제도주의로 기울어지는 경향에 대한 지속적인 비판이기 때문에 하나의 강점이 된다. 교회는 하나님 나라를 향해 나아가는 교회이며, 따라서 제도화된 구조로 머물러서는 안 된다. 하지만 이는 예배와 증언의 맥락 외에서 교회의 삶에 대한 충분한 성경적, 신학적 지침과 통제가 종종 부족하다는 약점도 포함한다. 오순절주의자들은 종종 사소한 교리 문제와 성격 충돌로 분열되어 왔다. 교리에 진지하지만, 교회의 '정치'를 심도 있게 고민하고 실행하는 데 관심과 의지가 부족한 경우가 많다. 또한, 공동체는 세상으로부터 분리되기를 열망하면서도 자신의 문화적 요소를 비판 없이 받아들이는 경우가 많다. 이는 오순절주의자들이 경제적 지위와 사회적 위치에서 상승하는 '구속(redemption)과 향상(lift)'의 경험을 할수록 더욱 그러하다.

하지만 여기서 주목하고자 하는 것은 교회와 하나님 나라의 관계가 성령의 전략 속에서 어떻게 작동하는지에 관한 것이다. 오순절주의자들은 세속적인 정치, 조작, 그리고 강압이 하나님 나라를 가져올 수 있다고 믿지 않는다. 이로 인해 그들은 종종 사회적 의식과 책임감이 부족하다는 비판을 받는다. 이러한 현상에는 역사적, 사회적, 신학적인 이유가 존재한다.

19세기 성결운동의 부흥주의와 사회개혁에서 19세기 말에서 20세기 초 복음주의자들 사이에서 일어난 '대전환'에 이르기까지, 오순절주의자들에게 문화적, 사회적, 신학적으로 복잡한 변화가 영향을 미쳤다.[360] 이러한 변화는 문화적 낙관주의에서 비관주의로, 후천년설적 낙관론에서 전천년설적 비관론으로, 성결(sanctification)을 '순결(purity)'로 보는 관점에서 '성령세례(Spirit baptism)'로 말미암는 '능력(power)'으로 보는 관점으로의 전환을 포함했다. 이 변화들과 함께 성경에 대한 급진적이고 역사비평적인 접근법의 대두, 진화론적 진보 주장, 그리고 미국 남북전쟁의 참혹한 후유증이 결합되었다. 20세기 초 오순절주의자들의 많은 수는 더 급진적인 성결운동 그룹에 합류한 노동계급 대중의 일부였다. 이들은 자유주의적 사회복음 운동과 보수적 근본주의 중 하나를 선택해야 하는 상황에서 후자가 사회적으로나 신학적으로 더 적합하다고 여겼다. 이는 자유주의자와 오순절주의자, 그리고 근본주의자 모두에게 불행한 일이었다!

어쨌든, 그러한 역사적, 사회적, 신학적 배경을 고려할 때, 오순절주의자들은 정치에 거리를 두었다. 결국, 당시나 지금이나 소외된 대중이 권력 엘리트의 게임에 참여할 이유가 무엇인가? 예수는 자신의 말씀과 이웃에 대한 언약적 신실함을 보상하실 것이지만, 세상은 결코 그렇게 하지 않을 것이다. 교회는 하나님 나라로 향하는 여정 속의 공동체이며, 이 세상은 그들의 궁극적인 집이 아니다. 하지만 이것이 오순절주의자들이 사회적으로 아무런 의미가 없다는 것을 의미하지는 않는다. 사실, 그들은 과거에도, 현재에도 구조 사역, 의료 지원, 고아원, 학교 운영, 굶주린 자들에게 음식 제공, 헐벗은 자들에게 옷을 입히는 일에 깊이 관여했다. 그들은 서로를 돌보고, 주님의 사랑과 돌봄이 필요한 주변 사람들을 돌봤다. 교회의 역할은 복음을 전하고, 고통을 경감시키며, 성도들로 주님의 재림을 준비시키는 것이었지, 사회적 불의를 근절하는 것이 아니었다. 많은 초기 오순절주의자들은 평화주의자였으며, 사회에 대해 상당히 비판적이었다. 인종 간의 통합, 성령과 그의 은사 안에서 모든 사람이 평등하다는 '민주주의'의 구현, 그리고 여성의 사역은 그들 삶의 독특한 반문화적 특징이었다. 뿐만 아니라, 옷차림, 언어, 행동에서 나타나는 거룩함의 사회 윤리와 내러티브는 그들의 정체성을 더욱 드러냈다.

그럼에도 불구하고, 이러한 반문화적 접근은 남성과 여성을 용감하고, 분명하며, 인내심 있는 사람으로 훈련시켰다. 이 공동체는 세상과 그들 자신을 변혁하기 위한 성령의 전략이었다. 이런 맥락에서 '육체의 일'은 공동체의 통합을 파괴하며, 선교 사명을 저해한다. 이러한 일을 행하는 자들은 하나님의 나라를 상속받을 수 없다. 반면, 성령의 열매는 공동체를 통합시키고, 은사와 결합되어 공동체를 세우고 효과적인 증언을 위해 준비시킨다.

후대에 이르러 북미 오순절주의자들의 경제적 번영과 사회적 위치가 상승하면서, 종말론적 열정은 점점 약화되었다.361) 초기에는 사회를 거부하거나 무시하는 경향이 있었던 반면, 후기로 갈수록 사회에 적응하려는 경향이 두드러졌다. 사회적 존경을 얻으면서 새로운 위험도 함께 찾아왔다. 그러나 최근 많은 오순절주의자들이 운동의 뿌리에 관심을 갖기 시작했다. 그들은 다른 신학 전통과 대화하며, 일부 복음주의자들과 함께 오순절주의의 종말론적이고 변혁적인 잠재력을 재발견하고 있다. '이미-아직'의 긴장, 교회와 하나님 나라, 그리고 교회와 세상 사이의 종말론적 긴장은 이 영성이 원래의 급진적인 비전을 회복하고, 정서적으로 깊어지며, 몸된 그리스도의 풍성함을 나누기 위해 새로운 신학적 방향을 제시해야 합니다. 더 나아가, 오순절주의자들에게는 20세기에 놀라운 성장을 이룬 선교적 확장이 양적인 것에 초점이 집중되어, 질적인 면, 즉 책임 있는 기독교 제자도와 교회론에 대한 신학적 관심이 부족한 상태로 정체되거나 변질될 위험이 있다.

하나님 나라에 대한 열망과 이에 수반되는 정서적 변혁과 통합에 대한 관심은 앞으로 나아갈 수 있는 한 가지 길을 제시할 수 있다. 그러나 먼저, 몇 가지 중요한 내적 긴장과 외적 비판에 주의를 기울여야 한다. 이러한 긴장과 비판을 해결하고, 개별화된 분열, 에큐메니컬한 고립, 선교적 협소함으로 이어지는 영성의 요소들을 통합하기 위한 새로운 신학적 패러다임이 필요하다. 이것이 네 번째이자 마지막 장의 과제가 될 것이다.

제 4 장

삼위일체적 변혁으로서의 오순절 영성: 신학적 재조명

Pentecostal Spirituality as Trinitarian Transformation:
A Theological Re-vision

삼위일체의 관점에서 오순절 신학을 이해하는 것은 오순절주의의 핵심적이고 독특한 특성을 포착하는 데 매우 중요하다. 삼위일체는 단순히 하나님의 본질과 존재에 관한 교리가 아니라, 오순절적 경험과 신앙의 전 과정에 걸쳐 나타나는 하나님의 역동적이고 관계적인 행동을 이해하는 틀로 작용한다. 삼위일체적 변혁은 하나님이 성부, 성자, 성령으로서 세상 속에서 그리고 성도들 안에서 일하시는 방식에 관한 것이다.

성부: 창조와 구원의 계획

성부는 창조주로서의 역할뿐 아니라, 구원의 계획을 세우고 이를 실현해 나가는 분으로 이해된다. 오순절주의자들은 하나님의 거룩함과 의로움을 강조하며, 하나님 나라의 도래와 그 안에서의 인간의 삶의 재정렬을 지향한다. 성부 하나님의 속성인 의는 성도들의 감사, 순종, 그리고 전적으로 의지하는 태도를 통해 반영된다.

성자: 중보자와 구원의 구현

예수 그리스도는 성부의 구원 계획을 실현하는 중보자이자, 하나님과 인간 사이의 연결 고리로서 오순절 신학의 중심에 있다. 예수의 십자가 희생과 부활은 구속의 근거이며, 십자 안에서 신도들은 하나님의 사랑을 체험하고, 그 사랑을 통해 변화된다. 오순절 신학에서 예수의 중심성은 복음의 선포와 개인적인 신앙 고백, 그리고 공동체 안에서의 섬김을 통해 드러난다.

성령: 지속적인 임재와 권능

성령은 하나님의 활동적인 임재로 이해되며, 성도들의 삶을 변화시키는 원동력으로 작용한다. 성령의 세례는 오순절 신학의 핵심 경험으로,

성도들에게 하나님 나라의 능력과 생명력을 전해준다. 성령의 열매와 은사는 성령의 사역이 성도들의 삶에서 드러나는 구체적인 표현이다. 성령 안에서 성도들은 새로운 피조물로서 하나님의 사역에 동참하며, 세상 속에서 하나님 나라의 증인으로 살아간다.

삼위일체적 변혁: 관계와 공동체

삼위일체적 하나님은 본질적으로 관계적이다. 따라서 오순절 신학에서 삼위일체는 단순히 이론적인 교리가 아니라, 공동체적 삶의 토대로 작용한다. 성도들은 삼위일체 하나님의 관계적 본성을 따라 서로를 사랑하고 섬기며, 성령 안에서의 연합을 통해 하나님의 영광을 드러낸다. 이 공동체적 삶은 하나님의 사랑과 정의를 세상 속에 구현하는 데 중심적인 역할을 한다.

신학적 재조명: 삼위일체적 관점에서의 오순절 신앙

삼위일체적 변혁은 오순절 신학이 단순히 개인적 경험이나 특정 교리적 강조를 넘어, 더 넓은 신학적, 교회적, 그리고 선교적 맥락 속에서 재조명될 필요성을 강조한다. 오순절 신학은 삼위일체적 하나님에 의해 형성되고, 그분의 사랑과 의로움을 세상 속에 나타내는 사명을 지닌 신앙 공동체로서의 교회를 새롭게 상상하고 정의하는 데 기여할 수 있다. 이러한 삼위일체적 재조명은 오순절 신학의 핵심 요소인 성령 체험, 복음 선포, 그리고 공동체 형성에 대한 깊은 이해를 제공하며, 하나님 나라를 향한 열정을 새롭게 하고, 더 넓은 교회와의 대화를 가능하게 한다.

1. 오순절 합성(Pentecostal Synthesis)의 붕괴(Breakup): 내적 문제(Internal Problems)와 외적 비판(External Criticisms)

1) 논증(Argument)의 논리(Logic)

이제 이 논문의 구조뿐만 아니라 그 논리에도 주목하는 것이 도움이 될 것이다. 다음 도표를 참고하며 설명을 진행하고자 한다.

이 연구는 특정한 하나님에 대한 관점(신적 속성)과 독특한 오순절 영성 간의 암묵적인 상관성을 보여주는 것을 목표로 했다. 이 영성의 통합적 핵심은 특정한 종말론적 정서에 있으며, 이러한 정서는 신앙과 실천에 의해 형성되고 표현된다. 또한 이 정서는 신앙과 실천의 존재론적 통합을 드러낸다. 본 연구는 이 영성이 성령을 출발점으로 하여 그리스도를 중심으로 한다는 점을 입증했다. 성령 안에서 그리스도는 구원하고, 성화시키며, 치유하고, 성령으로 세례를 주며, 곧 오실 왕이시다. 오순절 신학이란 종말론적 선교 공동체가 '우리와 함께하시는 하나님'의 살아 있는 실재에 대해 분별하며 성찰하는 과정으로 이해하는 것이 가장 적합하다는 것을 입증했다.

모든 신학의 근본인 영성은 정서 안에서 믿음과 실천이 통합되는 것으로 이해되었기에, 또한 정서가 '종말론적'인 것으로 특징지어지기에, 말씀의 청자이자 실천자인 성도가 직면한 종말론적 정서를 묘사하는 것이 중요했다. 그래서 이러한 종말론적 특성의 긍정적 요소와 부정적 요소를 평가하였다. 이어서 오중복음과 구원의 세 가지 축복 체계가 초기 오순절 정통신앙의 핵심을 이루는 것을 제시하였다. 구원은 내러티브적 여정이며, 순례자들은 임박한 하나님 나라의 빛 안에서 예배하고, 걸어가며(윤리), 성령 안에서 증언하면서 그들의 신앙을 실천했다. 이러한 여정은 그리스도에 대한 증언과 자신의 일상 삶에 대한 증언이 종말론적 공동체안에서 그리고 그들과 함께 진행되는 우주적 드라마를 살아내는 것이었다.

오순절 공동체의 바른 신념(orthodoxy)과 바른 실천(orthopraxy)은 2장에서 상호 의존적임이 밝혀졌고, 3장에서 바른 정서(orthopathy) 안에서 통합되었음이 드러났다. 이 시점에서 하나님의 의(righteousness),

사랑(love), 능력(power)이라는 신적 속성이 – 이 전 장에서 암시적으로, 때로는 명시적으로 드러났던 – 구원의 증언(구원받고, 성화되고, 성령충만 받는) 및 성령 안에서의 하나님 나라(성령 안에서의 의와 평강과 기쁨)에 대한 성경적 이해와 상관관계가 있음이 드러났다. 정서의 근본적 특성(객관적, 관계적, 성향적)을 논의한 후, 오순절 영성의 종말론적 정서를 설명하여 신적 속성과의 상관성을 명확히 했다. 이러한 정서는 신앙과 실천에 의해 형성되고 이를 표현하는 것으로 나타났다. 비록 유일하다고 할 수 없지만, 감사(gratitude), 연민(compassion), 용기(courage)가 중심적인 오순절 정서로 선정되었다. 상호 연결성과 몇 가지 다른 정서들은 오순절 영성의 언어를 말하기 위해 필요한 일종의 '문법(grammar)' 또는, 더 나아가 오순절 성도들이 기독교 신앙의 언어를 사용하는 방식의 '규칙성(rulishness)'을 이해하기 위한 틀을 제시하는 데 활용되었다. 오순절의 기도는 정서를 불러일으키고 표현하는 방식으로 나타났으며, 다양한 양상이 탐구되었다. 기도는 공동체의 기본적이고 필수적인 신학적 행위일 뿐만 아니라, 그 예배와 증언이 지속적으로 이루어지는 환경임이 드러났다.

신념과 실천은 정서 안에서 통합되며, 이는 하나님과 구원과 상관관계를 가진다. 그리고 이 정서는 하나님 나라를 향해 초점이 맞춰지는데, 하나님 나라가 오순절 영성의 지배적인 정서, 즉 열정으로 드러났다. 신앙과 실천의 중심에 있는 이 열정은 정서에 명확한 방향성과 깊이, 강렬함을 부여한다.

기독교가 근본적으로 특정한 정서들의 문제라고 보는 관점은, 이 정서들이 단순히 자생적으로 발생하는 경건한 감정이 아니라 영성의 실존적 핵심을 형성한다고 본다. 이 관점은 조나단 에드워즈(Jonathan Edwards)와 존 웨슬리(John Wesley)가 어느 정도 공유했던 것으로, 풍부한 성경적 선례에 기반한다. 이는 특히 오순절주의를 연구하는 데 적합한 접근법으로 보인다. 왜냐하면 오순절주의의 공동체적-개인적 영성은 종말론적 하나님의 임재 안에서, 그리고 그 임재로부터 살아가는 삶으로 특징지어지기 때문이다. 오순절주의에 대한 이 접근법이 특히 적합하다는 주장 외에도, 1장과 2장에서 이 접근법이 기독교 전반에 대해 유효하며 교회의 신학적 및 목회적 과제를 고려하는 데 결정적으로 중요하다는 논의가 있었다. 이 신학적 주장이 논증의 핵심은 아니지만, 여기에서 수행된 모든 작업의 기초가 된다. 신학은 바른 신념(orthodoxy), 바른 실천(orthopraxy), 그리고 바른 정서(orthopathy), 즉 믿음, 행동, 그리고 정서의 상호관계를 성찰하고 기도로 탐구하는 작업이다. 이 관점은 지나치게 합리주의적인 근본주의나, 성경에 의해 결정적으로 형성되지 않고 인간 이성이나 경험에 뿌리를 둔 자유주의에 반대되는 입장을 취한다.

초기 오순절 성도들에게 늦은비 운동(Latter Rain)의 표징들과 함께 하나님 나라의 도래(in-breaking)는 기독교인의 삶, 교회, 그리고 선교적 우선순위에 대한 새로운 관점을 요구했다. 이는 19세기 성결운동 및 부흥주의의 주제들과 연속성을 가지지만, 회복주의, 완전주의, 세대주의적 모티브(motifs)들을 종말론적으로 더욱 심화시킨 것이었다. 그 결과 나타난 오순절적 합성(synthesis)은 동반된 표징과 기적, 거룩한 정서, 그리고 선교 폭발을 통해 활기차고 강력하며 광범위한 영향을 끼쳤다. 그러나 이는 아직 확립된 상태는 아니다. 아주사(Azusa) 부흥운동이 일어난 지 5~10년 안에, 그 운동을 한 세기 동안 특징짓고 분열시킬 만큼 심각하고 깊은 문제가 발생했다.

2) 문제의 본질(The Nature of the Problem)

20세기 첫 10년 동안 '오순절 용광로(Pentecostal pot)'에는 몇 가지 서로 다른, 잠재적으로 폭발적인 요소들이 추가되었다. 이 요소들은 신중하고 천천히 다뤄야 했다. 서로 다른 인종적, 지역적, 신학적 배경을 가진 사람들이 기도와 갱신, 공동체적 돌봄 안에서 함께 모였다. 남성과 여성, 아프리카계 미국인과 백인, 북부와 남부, 동부와 서부 사람들이 캔자스(KS) 토페카(Topeka), 캘리포니아 로스앤젤레스(아주사), 노스캐롤라이나 던(Dunn), 조지아 애틀랜타(Atlanta)의 '다락방(upper room)'에서 만났다. 그러나 이들은 조직에 대한 불신과 교회를 더 깊은 성화와 마지막 때의 능력부여을 통해 부흥시키려는 순진한 믿음으로 인해 문제를 겪을 소지를 안고 있었다. 게다가, 새로운 통찰과 경험에 대한 흥분과 갈망이 있었다. 이는 그 자체로 나쁜 것은 아니었고, 거의 항상 모든 것을 성경적 근거에서 탐구하려는 태도로 제한되었지만, 전체적으로는 변동이 심한 분위기를 조성하는 데 기여했다. 사도행전과 마찬가지로, 신학적 차이나 복잡한 문제를 조정할 수 있는 발전된 교회론(ecclesiology)이나 교회 정치(polity)가 존재하지 않았다. 비록 여러 정기간행물과 성도들이 사도행전 15장을 연상시키는 기독교 회의에서 문제를 논의하기 위해 모였지만, 여전히 새로운 운동은 변혁적 경험에는 강점이 있었지만, 신학적 및 대인관계적 차이를 조정하고 합의로 도달하는데 필요한 경험은 부족했다.

1910년 윌리엄 H. 더럼(William H. Durham)이 구원의 세 축복이라는 기존 관점을 비판하기 시작했고, 4년 내에 이 운동은 구원론적(soteriological), 신학적(theological, 하나님의 본성에 관한 교리), 인종적(racial) 문제로 인해 분열되었다.362) 더럼은 성화가 중생에서 시작되어 성장으로 이어지며, 두 번째 위기는 성화가 아니라 성령세례라고 주장했다. 그는 사도행전에서 성화라는 두 번째 사역을 찾을 수 없었고, 성령세례를 받기 전에는 그러한 경험을 하지 못했다. 대신 그는 '갈보리에서 완성된 사역(finished work of Calvary)'에 의존했다. 물론, 이 관점은 많은 근본주의자들에게 더 받아들여질 수 있었지만, 그들이 오순절주의를 수용하거나 용인하기에는 충분하지 않았다. 논쟁이 '육적인(carnal)' 것으로 변질되자, 프랭크 바틀맨(Frank Bartleman) 같은 몇몇 사람들은 비록 그의 대부분의 우려에 동의했음에도 불구하고 더럼(Durham)과 결별했다.

더럼이 성화와 관련해 순서(subsequence)와 제거(eradication)를 거부한 것은 오순절주의자들을 그들의 모태였던 웨슬리안 성결운동과 더욱 대립하게 만들었다. 성화는 이제 위치적(칭의된)이고 점진적인 것으로 여겨졌다. 성결은 여전히 중요한 문제로 남아 있었고, 그리스도의 재림을 준비하며 이상적인 상태를 추구하는 헌신으로 간주되었다. 실제로 피비 팔머(Phoebe Palmer)의 제단 신학(altar theology) 중 많은 부분은 '완성된 사역(finished work)'을 주장하는 사람들에 의해 수용될 수 있었으며, 특히 믿음으로 성화를 주장하는 점에서 그러했다. 그러나 존 웨슬리가 실제로 가르쳤던 내용에 대한 깊은 고찰은 없었고, 웨슬리가 바리새주의와 도덕적 자기만족을 방지하기 위해 마련한 안전장치들 역시 충분히 고려되지 않았다.

성화의 완전성을 달성할 수 없다는 주장은

> 결국 어떤 타협된 이상을 목표로 수용하려는 경향으로 이어졌다. 이는 도덕적 이상을 성취할 수 없다는 현실주의가 궁극적으로 그러한 이상을 실질적으로 거부하게 만드는 결과를 낳는다. 만약 타협

만이 가능하다고 인정된다면, 타협은 목표가 되고, 추구되고, 승인되며, 신성시된다. 이렇게 되면 열망은 타협에 의해 대체된다.363)

그 결과, 오중복음(fivefold gospel)은 다시 사중복음(fourfold gospel)이 되었고, 그리스도가 성화자로 등장하는 부분은 빠졌다. 이는 깊은 웨슬리안 통찰을 재수용하여 새로운 구원론적 통합을 이룰 가능성을 잃게 만들었다. 웨슬리안 성결운동에서 유래된 오순절주의자들에게 이는 원래의 비전을 배신하고, 순결과 능력을 분리시키는 재앙적 행위로 간주되었다. 이는 역설적이었다. 왜냐하면 성결운동은 순결과 능력을 동전의 양면으로 보았기 때문이다. 성화는 성령세례와 동일한 것이었다. 많은 웨슬리안 오순절주의자들은 성령세례를 받기 전에 이미 웨슬리안 전통을 받아들였으며, 이로 인해 핍박을 받았다(예: R.G. 스펄링, N.J. 홈즈). 따라서 그들은 반대에도 불구하고 이전에 유지하던 영적 현실을 포기하는 것에 대해 매우 당혹스러워했다. 그럼에도 불구하고, 하나님의 교회(Church of God in Christ)의 감독 메이슨(C.H. Mason)은 '완성된 사역' 지지자들과 교제를 끊거나 운동을 분열시키는 이유로 보지 않았다. 그러나 다른 이들은 그렇게 확신하지 못했다. 오순절 성결교회(Pentecostal Holiness Church)의 킹(J.H. King)은 '완성된 사역'을 '반율법주의(Antinomianism)와 다비주의(Darbyism)가 진젠도르프주의(Zinzendorfian)의 외피를 두르고 성도들 가운데서 그간의 파괴적 행위를 반복하고 있다'고 비판했다.364)

1912년 7월 더럼(Durham)이 사망한 지 몇 주 만에, 새로운 쟁점인 '예수만(Jesus Only)' 논쟁이 발생했다. 이는 삼위일체 중 두 번째 위격에 대한 단일신론적(unitarianism) 관점으로, 올바른 세례 공식(사도행전 2장 38절이 마태복음 28장 19절보다 우위), 올바른 이름(예수 = 여호수아 = 여호와 구원, 따라서 예수는 여호와이며 하나님의 모든 이름이 그 안에서 통합됨), 그리고 하나님의 올바른 본성(예수를 성부, 성자, 성령의 통합적 명칭으로 이해)을 확립하려 했다. 이러한 교리가 빠르게 발전한 데에는 즉각적인 역사적 사건 외에도 세 가지 요인이 기여했다:365) 이미 지배적이었던 예수 중심의 경험주의, 특별한 계시를 향한 개방성과 탐구, 그리고 사도행전에 대한 강한 집중이었다.

'완성된 사역(Finished Work)'과 '새로운 쟁점(New Issue)' 논쟁, 그리고 운동 내에 흩어져 있던 수많은 선교 단체, 상점, 교회들을 통합하려는 열망이 결합되어, 1914년 4월 2일부터 12일까지 아칸사스주(Arkansas) 핫스프링스(Hot Springs)에서 모임을 소집하게 되었다. 이 모임에 참석한 사람들은 거의 모두 백인이었고, 메이슨(C.H. Mason)이 참석했으나 초대를 받은 것은 아니었다. 핀슨(M. M. Pinson)이 연설한 개회사는 '갈보리의 완성된 사역(The Finished Work of Calvary)'이라는 제목이었고, '연합의 기초(Base of Union)' 서문에서는 구속과 성령세례가 언급되었지만, 전체 성화에 대해서는 명백히 침묵했다. 1916년 '기본 진리 성명서(Statement of Fundamental Truths)'에서 '전체 성화'라는 말이 교리 제목으로 등장하긴 했지만, 그 내용과 1914년 회의의 기억은 이 운동이 분열되었음을 분명히 보여주었다. 완성된 사역, 새로운 쟁점, 인종적 논쟁등은 모두 당시의 분위기 속에서 소용돌이쳤는데, 이는 곧 가장 큰 오순절 교단 중 하나가 탄생하게 되는 배경이 되었다.

여성들은 이러한 논쟁에서 두드러지지는 않았다(플로렌스 크로포드(Florence Crawford)와 이후의 에이미 샘플 맥퍼슨(Aimee Semple

McPherson)을 제외하고). 대부분의 경우, 여성들은 여전히 교회를 설립하고, 목회하고, 예언하며, 선교 활동을 지속했지만, 정치 및 지도력 문제에서는 점점 배제되었다. 아주사에서 여성들은 장로로 활동했었다. 그러나 이후 몇 년 동안 여성 목회자의 수는 감소되었는데, 그럼에도 불구하고 그들의 영적 영향력과 오순절 운동에 대한 중요성은 헤아릴 수 없을 정도로 컸다.366)

3) 비판의 영향력(The Force of the Criticisms)

오순절주의 내부에서 교리에 대한 격렬한 논쟁과 빈번한 인물 간 충돌 외에도, 초기부터 오순절주의의 스타일과 본질에 대한 심각한 비판이 있었다.367) 부흥주의적이고 감정적인 활동에 대한 비판은 사실 새로운 것이 아니었다. 춤추기, 소리지르기, 뛰기, 엎드리기, 주님께 울부짖고 기다리는 것 등은 모두 이전 세기 부흥운동의 일부였다. 그러나 아프리카계 미국인, 가난한 백인, 그리고 여성의 두드러진 존재감은 많은 사람들에게 충격과 당혹감을 주었다. 여기에 성령의 은사까지 더해지니 놀라움을 넘어 불편함을 주었다. 특히 방언으로 말하기는 이 운동을 특징짓는 데 있어 가장 많은 표적이 되었고, 운동을 비판하는 데 사용되었다. 오순절주의자들은 상대적으로 부드러운 표현으로는 '성령에 사로잡힌 사람들(Holy Rollers)' '방언을 말하는 사람들(tongue talkers)'로 불렸고, 더 거친 표현으로는 이 운동을 '시대의 종말 전에 사탄의 마지막 구토(last vomit of Satan)'라고 칭하기도 했다. 오순절주의자들은 마치 악마에 사로잡히고, 정신이상적이며, 퇴행적이고 방탕하며, 분열적이고 엘리트주의적이며, 도피주의적이고, 반지성주의적인 것으로 묘사되었다.368)

1940년대 전미복음주의협회(National Association of Evangelicals)

를 통해 오순절주의가 복음주의 주류로 편입되고, 1960년대 이후 은사주의 운동이 폭발적으로 확산되면서, 이러한 비판 중 일부는 완화되었다. 그러나 순서(subsequence), 행위 의존적 구원(work-righteousness), 그리고 경험에 근거한 해석(alleged exegesis of experiences)이라는 문제와 관련된 더 날카로운 신학적 비판이 새롭게 등장했다.369) 북미와 제3세계에서는 여전히 과거의 비판도 남아 있다. 리처드 퀘베도(Richard Quebedeaux)는 이후의 저서에서 비판을 다소 완화하긴 했으나, 전통적 오순절주의와 은사주의 운동(charismatic renewal)을 각각 다음과 같은 방식으로 대조했다:370)

    신학: 근본주의(Fundamentalism)
        vs 진보적 복음주의 (Progressive Evangelicalism)

    예배: 혼란의 영(Spirit of Confusion)
        vs 조용한 영(The Quiet Spirit)

    교회적 입장: 분파주의(Sectarianism)
        vs 에큐메니즘(Ecumenism)

    지성과 영: 반지성주의(Anti-Intellectualism)
        vs 지적 동기(Intellectual Motivation)

    종교와 사회: 사회적 무관심(Social Unconcern)
        vs 사회적 양심(Social Conscience)

    그리스도와 문화: 문화 거부(Culture Rejection)
        vs 문화 수용(Culture Affirmation)

    구성원 계층: 노동 계급(Working Class)
        vs 중산층 지위(Middle Class Standing)

위의 일곱 가지 기준 중 마지막 항목이 아마도 가장 중요한 요소일 것이다. 계층적 위치가 그의 부정적이고 편향된 오순절주의 분석에 크게 기여했다. 초기 오순절 성도들과 제3세계의 오순절 성도들은 자신들을 평가할 때 다른 기준을 사용할 것이다. 퀘베도는 보다 공식적으로 교육을 받은 일부 오순절 성도들과 논의한 후, 자신의 분석의 엄격함을 완화했다.371)

북미에서는, 오순절 성도들이 중산층과 상류층으로 진입하면서 이를 위해 치러야 했던 대가가 분명히 존재했다. 이는 오순절 신앙의 전체적인 모습과 일치하지 않는다 하더라도(시간, 재능, 재정을 기부하는 모습이 대부분의 다른 기독교 집단보다 더 많이 나타난다), 성공한 영화 배우, 재정적 성공, 대형 교회가 영적 충만함과 축복의 증거로서의 방언을 종종 대체해버렸다. 교단 지도자들은 이러한 변화에 대해 아쉬움을 표하며 '이름을 부르고 그것을 주장하라'는 번영 복음(prosperity gospel)을 비판하지만, 짐(Jim)과 타미 베이커(Tammy Bakker)에서부터 지미 스와거트(Jimmy Swaggart)까지,

> 기록은 오순절 성도들이 풍요로운 삶의 유혹에 저항하려는 노력을 거의 기울이지 않았음을 보여준다. 역사가 하렐(Harrell)은 현대 오순절주의의 이러한 측면을 '사실상 암웨이 운동'이라고 표현하며, '병든 자를 치유하기보다 건강한 자에게 안정을 제공하며, 가난한 자에게 위로를 제공하기보다 성공한 자에게 확증을 제공한다'고 지적한다. 마틴 마티(Martin Marty)는 과거의 오순절주의는 '작고 순수했기 때문에 '진실'했지만, 오늘날에는 많은 이들이 끌린다는 이유로 '진실'하다'고 통찰력 있게 언급했다.372)

그랜트 와커(Grant Wacker)는 오순절 운동이 점차 순응(accommodation)의 경향을 보이고 있을지라도, 초기 1세대와 2세대 개척자들을 이해할 때, 그들을 낮은 사회적 지위나 빈곤에 대한 보상 이론의 관점에서 보기보다는, 급진적 완전주의(radical perfectionism)의 관점에서 보는 것이 더 적합하다고 믿는다. 그들은 '복음이 무엇인지에 대한 새로운 비전을 구축함으로써 죄와 고난에 대처하려고 노력했다'고 설명한다. 와커는 다음과 같이 덧붙인다:

> 결정적인 측면에서, 오늘날의 오순절 운동은 초기 시절보다 덜 성숙하다. 현대 오순절 성도들은 과거를 낭만화하지 않고도 그로부터 배울 수 있다. 1세대는 세속 사회의 유혹에 저항하여 문화에 피상적 이상으로 도전하는 복음을 설교했다. 현대 오순절 성도들은 그 비전을 되찾을 수 있을 것이다. 교회 역사가 조지 마스덴(George Marsden)이 말했듯, 은혜는 값싼 것이 아니며, 용서는 단순히 좋은 매너가 아니다. 초기에는 시대와 발맞추지 않았기 때문에 운동이 살아남았다. 바로 그것이 이유였다.373)

오순절주의 초기 영성의 논리(왜곡되었지만 여전히 존재하는), 내부 문제와 외부 비판의 성격과 갯수, 그리고 현대 오순절주의의 계층적 차이와 타협은 모두 오순절 영성을 재고하고 재조명할 필요성을 시사한다.

4) 재조명(Re-vision)의 필요성

오순절 운동은 신학적 청소년기(adolescence)에 있다. 과거를 잊거나 선택적으로 기억하려는 유혹에 빠지고, 북미 중산층과 상류층 문화에 위험하게 동화되며, 오순절의 독특한 경험으로 여겨지던 성령세례가 모든 교회에서 마케팅되거나 지루하고 조급한 사람들을 위해 유도되고 있는 상황에서, 오순절 성도들은 자신들이 어떤 존재가 될 것인지 선택하라는 요구를 받고 있다. 단순히 과거를 반복하는 것은 가능하지도, 바람직하지도 않으며, 실용주의는 곧 냉소적 분리와 철수로 이어질 것이다.

재조명에 대한 요구는 여러 곳에서 나오고 있다. 일부는 이 운동이 '갈림길(crossroads)'에 서 있다고 말한다.374) 가장 큰 오순절 교단 중 하나인 하나님의 성회(Assemblies of God)를 상세히 사회학적으로 분석한 마가렛 폴로마(Margaret Poloma)는 오순절 성도들이 핵심 가치를 주목해야 한다고 주장한다(그녀는 '거룩의 이상' 또는 '이상과 현실의 간극'을 좁히는 것을 강조한다). 그녀는 거룩함과 동의어로 간주되었던 단순함과 희생 대신 권력과 성공이 추구되고 있음을 지적하며, '만약 오순절 교회가 역동성을 상대주의로, 초자연성을 자연성으로, 이상을 현실로, 모호성을 경직성으로 바꾼다면, 교회의 독특한 정체성은 파괴될 것'이라고 결론짓는다.375) 이러한 관찰은 중산층과 상류층으로 이동한 북미의 대부분 오순절 성도들에게도 쉽게 적용될 수 있다. 이들은 3세대 및 4세대로 구성되어 있다. 내부 관찰자들과 함께, 그녀는 은사주의적 정체성이 강력한 자들과의 결합이나 보수적 근본주의와의 동맹으로 인해 약화될 것이라고 믿는다. 은사주의 운동이 새로움을 잃어가는 가운데, 주요 교단들은 이를 '보수화'하고 수용하려 노력하고 있다. 독립적 은사주의 운동은 성장하고 있지만 북미 전반에서의 성장은 감소할 가능성이 있다.376) 동시에, 제3세계에서의 폭발적인 성장이 계속됨에 따라, 신학, 제자도, 고난에 대한 새로운 시급한 질문들이 신중한 응답을 요구하고 있다.

개인적인 텔레복음주의(televangelism) 제국이 대중 앞에서 무너지고 개인적으로 절망에 빠질 때, 과거를 재조명하여 운동의 선구자들에게 현실적이고 존경심 어린 시선으로 돌아보고자 하는 열망이 커지고 있다. 이러한 관심을 공유하는 사람들은 오순절주의가 단순한 감정 이상의 것이며, 교회나 개인의 역사에서 단순한 에피소드 이상의 것임을, 또한 특정 성격 유형에 맞는 추가 선택지 이상의 것임을 확신하고 있다. 그들은 새로운 순수성(naiveté)을 추구하며, 하나님 나라에 대한 묵시적 비전을 다시 불러일으키려 한다. 이는 지나치게 개인주의적이지 않은 형태로 확장된 비전이다.377) 로마 가톨릭, 동방 정교회, 개신교와 함께 오순절주의자들 또한 전 세계적 및 지역적 목회 문제를 다룰 새로운 비전을 요청받고 있다.

본 연구에서 다룬 오순절적 영성은 현대 교회에서 가장 중요한 변화 중 하나로, 그 영향력은 지대하다. 한편으로는 재능있고 신중한 리더십이 그 어느 때보다 필요하지만, 더 깊은 차원에서는 신학적 작업만이 운동에 통합과 초점을 제공하고 새 힘을 부여하여, 이 운동이 그리스도의 몸 안에서 은사를 주고받을 수 있도록 할 것이다. 선구자들은 위험을 감수하고 희생하기를 두려워하지 않았다. 만약 자녀들이 단순히 추측하는 데 그치지 않고 예언하려 한다면, 그들 역시 마찬가지로 행동해야 한다. 그러한 위험의 일부는 이 운동 내부와 외부에서 진지하고 지속적인 신학적 논의의 영역에 속할 것이다. 묵시는 어떤 의미에서 신학의 어머니이며, 특히 영성의 어머니라고 할 수 있다면, 이제 그 묵시를 더 잘 알아갈 시간이다. 종말의 영(the Spirit of the end)이 교회에 말하는 새로운 해석을 기다릴 시간이다.

2. 오순절 영성의 재조명(Re-visioning): 종말론적 삼위일체(Eschatological Trinity)

1장에서 제시되고 오순절 역사에서 다양한 정도로 충실하게 구현된 신학적 과제의 정의를 상기해 보자. 오순절 성도들에게 신학이란 종말론적 선교 공동체가 삶의 현실에 대해 식별하며 성찰하는 작업이다. 이 공동체의 이야기와 간증은 성도의 내면과 외부 모두에서 역사하는 성령의 능력에 의해 살아 숨 쉰다. 종말의 영(Spirit of the end)은 내면에서 신음하고 탄식하며 세상에 대한 증거와 하나님을 향한 예배로 나아가도록 강권한다. 기도는 분별하며 성찰하는 첫 번째 행위로, 전 인격을 참여시키고 전체 공동체를 맥락과 본보기로 삼는다. 하나님의 살아 있는 실재와 하나님 나라의 부름은 총체적인 응답을 요구하며, 이는 더 깊은 성찰과 추가적인 응답으로 이어진다. 신념, 실천, 정서를 통합하는 공동체의 영성은 이러한 분별적 성찰의 전제 조건이자 지속적인 결과이다. 이 통합이 파편화되기 시작할 때, 지적 갈등, 정서적 왜곡, 그리고 실천적 딜레마가 발생하며, 이는 단순히 하나씩 해결할 문제가 아니라 더 깊은 필요를 나타내는 징후적 증상(symptomatic)으로 해석되어야 한다.

1) 통합(Unification)과 분열(Fragmentation)

아주사(Azusa) 거리의 사도적 신앙 운동은 '성도들에게 한 번 전달된 신앙의 회복을 위해—옛 신앙, 캠프 집회, 부흥회, 선교, 거리 및 교도소 사역, 그리고 어디에서나 그리스도인의 연합을 위해' 노력했다.378) 1886년의 기독교 연합(Christian Union)에서 아주사 거리 선교회에 이르기까지, 그들은 '죽은 형식과 신조 및 광적인 열정을 살아 있는 실천적 기독교로 대체'하려는 열망 속에서 끊임없이 연합을 외쳤다.379) 그러나 앞서 살펴본 바와 같이, 구원의 경험, 하나님의 이름과 본질, 전 세계적 및 지역적 차원에서 모든 민족과 인종의 통합에 관한 논쟁과 분열은 곧 쟁점이 되었다. 교리, 개인적인 갈등, 인종, 지역주의로 인한 분열은 흔한 일이었다. 기독교적 사랑의 융합(fusion)과 함께, 이 운동의 영향력이 강해지고 세상을 향해 나아가며 종말을 향해 전진함에 따라 다양한 그룹으로의 분열(fission)도 함께 일어났다.

연합을 위한 시도에도 불구하고, 합의에 이를 수 있는 교회 정치 체계와 과정은 나타나지 않았다. 모든 일이 너무 빠르게 진행되었고, 압박감은 너무 컸다. 또한 사랑과 인내의 측면에서 더 큰 성화를 필요로 했을 수도 있다. 그러나 신앙의 모든 부분에서 진리를 추구하려는 열정은 가장 선한 의도를 가진 사람들에게도 부담이 되었다. '인간이 만든(man-made)' 신조로는 연합을 보장할 수 없었고, 선한 의도만으로도 이를 보장할 수 없었다.

모두가 교회의 마지막 날 사명을 수행하기 위해 사랑과 성경적 신념으로 이루어진 연합이 중요하다는 데 동의한다. 그러나 부흥과 교회를 하나의 사건으로 보는 데 초점을 맞추면서, 생기 넘치는 유기체를 지원할 조직을 구축하려는 관심이나 의지가 거의 없었다. '인간이 만든(man-made)' 신조를 거부했을 뿐만 아니라, '인간이 만든(man-made)' 조직에 대해서도 의심을 품은 그들은 종종 서로 싸우며 즉흥적이고 모방적이며 실용적인 접근 방식에 의존해야 했다.

교회의 분열(ecclesiastical fragmentation) 외에도 구원의 단계가 분리되거나 통합되지 못한 경우가 있었다. 이는 오순절 성도들이 근본주의자들로부터 물려받아 스코필드 성경(Scofield Bible)에서 읽었던 엄격한 세대주의적 구분(dispensational divisions)과 거의 유사한 형태로 나타났다.

2) 추측(Speculation)과 결정론(Determinism)

오순절 성도들은 일반적으로 근본주의자들과는 다른 형태의 세대주의(dispensationalism)를 가지고 있었지만, 근본주의 출판물과 종말론적 사건 및 등장인물에 대한 추측에서 영향을 받았다. 오순절의 세대주의는 존 플레쳐(John Fletcher)나 요아힘 피오레(Joachim of Fiore)의 세대주의와 더 비슷했다(플레쳐에 대해서는 알고 있었지만 요아힘에 대해서는 알지 못했다). 이 구도에 따르면, 세상은 각각 성부, 성자, 성령의 세 시대로 나뉘어 있으며, 이들은 서로 겹치고 연결되어 있다. 그들은 현재 성령의 시대에 살고 있으며, 이는 그리스도의 재림과 만물의 새로워짐에 이어 영광의 마지막 날로 나아가는 시대라고 여겼다. 20세기의 첫 10년이 지나고 초창기 세대가 하나둘 세상을 떠나면서, 종말론적 열정도 점차 희미해졌고, 상세한 차트에 대한 관심은 사상 최고조에 이르렀다.380) 다니엘서, 에스겔서, 요한계시록, 그리고 마태복음에 대한 '누가,' '언제,' '어떻게'라는 질문들이 늘어나면서 이에 대한 설교와 소책자 형식의 예언 관련 서적이 급증했다.

계속된 선교적 관심과 더불어, 본국에 머무는 오순절 성도들 사이에서는 천국에 대한 갈망과 더불어 선교를 위한 강력한 기도, 그리고 재정적 지원이 이어졌다. 이 전통은 오늘날까지도 꾸준히 이어지고 있다. 그러나 현대주의적 사회복음(modernist social gospel)을 거부했던 복음주의자들과의 연관성으로 인해, 오순절 성도들과 19세기 성결운동의 뿌리를 둔 이들은 그 세기의 사회적 증언과 하나님 나라에 대한 더 큰 비전에서 단절되었다.

3) 갱신(Renewal) 또는 실현(Realization)

1940년대에 들어서 종말론적 열정의 갱신과 사도적 질서에 대한 갈망이 강력하게 되살아났다. 이는 대부분의 오순절 그룹들에 의해 경쟁 상대로 간주되고 비판받았던 늦은비의 새 질서(New Order of the Latter Rain)운동에서 나타났다.381) 이 운동은 전천년주의적이며, 주로 하위 중산층과 노동 계층 빈곤층 사이에서 발생하여 오순절주의의 중산층화에 대한 저항으로 나타났다. 새로운 종말론적 열정과 함께 치유와 은사에 대한 강조가 다시 등장했으며, 사도, 선지자, 복음 전도자, 목사, 교사로 이루어진 다섯 가지 사역 은사에도 관심이 집중되었다. 이러한 요소들은 이 갱신이 일어나기 전 몇 년 동안 감소세를 보였던 부분이다. 20세기 중반의 늦은비 운동에 참여했던 많은 이들은 이후 1960년대와 1970년대의 은사주의 운동 탄생에 기여하게 되었다.

늦은비의 새 질서가 노동 계층, 전천년주의적, 그리고 땅 위에 하나님의 나라를 가져오는 것에 대해 비관적이었다면, 이에 반대되는 킹덤 나우(Kingdom Now)운동은 낙관적이고, 후천년주의적이며, 주로 중산층에서 상류층에 위치해 있었다. 킹덤 나우 운동은 하나님의 법을 사회에 적용해 의로움을 강요하려는 기독교 재건주의 운동(Christian Reconstructionist movement)과 여러 면에서 유사하지만, 이 운동의 논리는 세상의 구조에 침투하여 내부에서 변화를 일으키는 데 있다. 킹덤 생활 원칙(K-Dimension)이나 실용적 믿음에 강하게 의존하면서, 이 운동은 오순절 종말론에 대한 반응 스펙트럼의 다른 끝을 대표한다. 이 운동은 활동적(activist)이지만, 지금까지는 획기적(revolutionary)이지는 않다. 이는 보수적인 미국 신앙에 만연한 '긍정적 사고(positive thinking)'와 '할 수 있다(can-do)'는 낙관주의의 일부이거나 그것을 반영하는 경우가 많다.

킹덤 나우 운동이 하나님 나라 실현으로 나아가는 것 외에도, 오순절주의에 도전하며 실현된 종말론(realized eschatology)형태를 제시하는 또 다른 중요한 운동이 있다. 그것은 케네스 해긴(Kenneth Hagin)과 케네스 코플랜드(Kenneth Copeland)와 관련이 있으나, 이들에게 국한되지 않는 '믿음 공식(faith formula)' 또는 '이름 붙이고 주장하기(name it-claim it)' 접근 방식이다.382) 아주사(Azusa) 부흥 이전, 중간, 이후에 속죄론에서 신유가 가르쳐졌지만, 1910년경의 '사도적 신앙(*The Apostolic Faith*)' 지면에서는 극단적인 진술에 대한 수정과 해명이 이루어졌다. 오순절 운동은 계속해서 '과도한 믿음(hyper-faith)' 치유자들의 공격을 받았지만, 극단적인 주장에 맞서 목회적 균형을 유지하려는 움직임도 늘 존재했다. 초기 오순절 성도들이 방언이 선교 언어라고 잘못 생각했음을 인정해야 했듯이, 하나님이 항상 즉각적으로 치유하시지는 않는다는 것과 결국 모든 사람은 아담 안에서 죽는다는 사실을 인정해야 했다.

그럼에도 불구하고, 치유는 중요한 은사, 표징, 사역으로 자리 잡았으며, 이는 인간 중심의 주권과 기법 중심의 접근으로, 그리고 하나님의 선물이 아닌 유도로 흐르는 경향을 보였다. 충분한 치유가 일어나 소망과 기쁨을 유지시켰지만, 치유되지 않는 경우도 많아 성도들은 계속해서 질문하고, 투쟁하며, 소망과 동정심을 유지했다. 일부 목회자들이 단순히 추종자들을 모으는 데 그쳤던 반면, 사람들 가운데 함께 거주했던 목회자들은 함께 고난받고, 치유받고, 병들고, 죽음을 맞이하는 공동체를 형성했다.

늦은비의 새 질서, 킹덤 나우 운동, 그리고 '믿음 공식(faith formula)' 전략에서 드러난 갱신(renewal)-실현(realization) 긴장의 해결은, 하나님 나라의 '이미-그러나 아직(already-not yet)' 긴장이 한 방향으로 치우쳤을 때 나타나는 결과를 보여준다. 이러한 긴장이 다가올 종말이나 현재 실현 가능성 중 어느 한쪽으로 치우치지 않도록 하기 위해, 기존 모델의 재조명, 세대주의 연관성의 재평가, 구원의 '경험' 통합, 그리고 더욱 포괄적이고 통합적인 선교의 정의가 필요하다. 이는 오순절주의를 과거의 개별주의적 이해에서 벗어나게 하는 데 기여할 것이다.

4) 상호 연관성(Correlation)과 변혁(Transformation)

오순절주의에는 명백히 종말론적이고 오순절적 영성이 존재했으며, 지금도 여전히 존재한다. 그러나 이 영성은 새로운 주목을 받을 필요가 있다는 것도 분명하다. 여기에서 제시하는 것은 과거와의 연속성을 유지하면서도 미래 발전과 혁신의 가능성을 제공할 수 있는 제안적이고 프로그램적인 진술이어야 한다. 신학은 하나님과 창조물 간의 관계에 대한 탐구이며, 오순절 신학은 그 관계를 성령의 은사와 조율된 분별적이고 담론적인 반영을 요구하는 살아있는 역동성으로 간주한다. 오순절주의는 종말론적 성령운동이기 때문에, 그 접근 방식에서 종말론적 맥락과 지평을 두드러지게 드러내고자 한다. 이런 의미에서 오순절 신학은 단순히 현실에 대한 반영일 뿐만 아니라 현실 안에서 이루어지는 반영이기도 하다. 3장에서 논의한 하나님-구원 상관관계와 그것에 수반되는 정서적 변혁이 그 예다. 오순절의 역사와 사상에서 암묵적이었던 것이 이제는 더욱 명확하게 표현될 필요가 있지만, 약간 다른 방식으로 기반을 두어야 한다. 다음은 새로운 상관관계와 변혁의 확장된 관점을 위한 다섯 가지 상호 연관된 논점이다. 이 논점들은 하나님(God), 역사(history), 구원(salvation), 교회(church), 선교(mission)이다.

하나님(God)

하나님은 궁극적 실체다. 따라서 오순절 신학은 추측적인 종말 시나리오가 아니라, 종말론적 삼위일체의 임재에 대한 이해에 초점을 맞춰야 한다.383) 이는 반드시 전천년주의를 포기하는 것을 의미하지는 않지만, 초점의 전환을 요구한다.

하나님은 하나의 존재속에, 세 위격을 가지며, 그 통일성과 정체성은 서로 완전히 참여하고 연결된 상호내재(perichoresis)안에서 성립된다. 각 위격은 다른 위격의 삶에 완전히 참여하며, 그 통일성은 공동체 안에서 나타난다. 그러나 각 위격은 특정 사역을 맡는 데 있어서 독특성이 드러난다. 예를 들어, 창조의 사역은 성부(the Father)에게, 화해의 사역은 성자(the Son)에게, 영광으로의 지속과 통합의 사역은 성령(the Spirit)에게 귀속된다. 그러나 이 모든 사역은 상호내재를 통해 모든 위격이 함께 참여하는 하나님의 사역이다.

귀속(appropriation)과 상호내재(perichoresis)는 성경적 내러티브와 구속받은 자들의 삶의 현실에 충실하기 위해 교회가 오래전에 정립한 교리들이다. 오늘날 이 교리들은 오순절 영성의 재조명을 위한 도구로 활용될 수 있으며, 이를 통해 교회의 통일성과 다양성을 보장하고, 구원의 변혁에서의 위기와 발전을 인식하며, 창조 안에서 에덴에서 종말까지 드러난 하나님의 단일한 사역의 사건성을 이해하는 데 기여할 수 있다.

구속의 하나님 임재 안에서 산다는 것은 신적 드라마의 참여자로서 산다는 것을 의미한다. 하나님의 형상대로 창조되었다는 것은 하나님과 서로 간의 사랑과 교제를 위해 만들어졌다는 것이다. 하나님은 교제의 존재이며, 우리를 교제를 위해 창조하시고 궁극적으로 신적 삶에 완전한 참여로 우리를 이끄신다. 천국은 하나님 중심적(theocentric)이면서 인간 중심적(anthropocentric)이다. 오순절적 상상 속에서 천국은 본향(home), 재회(reunion), 그리고 구속받은 모든 자들이 하나님의 보좌 주위에 모이는 가족 축제(family celebration)로 묘사된다.

역사(History)

하지만 계시는 어떤 아이디어나 정적인 현실에 관한 것이 아니다. 계시는, 성경의 마지막 책처럼, 교회들에게 말씀하시고 모든 일 가운데 일하시며 모든 것을 자신의 보좌 앞으로 이끄시는 하나님의 계시이다. 따라서 역사는 종말론적 삼위일체적 과정이다. 이는 헤겔식(Hegelian fashion)으로 하나님이 역사 속에 녹아든다는 의미가 아니라, 역사가 하나님 안에 있다는 의미이다. 하나님은 역사 안에서, 세상 안에서, 자신의 목적에 따라 부름받은 이들을 위해 선을 이루신다. 하나님이 모든 것의 목표이자 경계인 종말론적 삼위일체적 임재라면, 역사는 하나님의 위대한 극장으로서 하나님에 의해(by), 하나님 안에서(in), 하나님께로(to) 나아간다. 요아킴 피오레(Joachim of Fiore),[384] 갑바도키아 교부들(Cappadocians), 존 플레처(John Fletcher), 그리고 위르겐 몰트만(Jürgen Moltmann)과 같은 인물들이 제안한 세대적 역사 이해(dispensational understanding of history)는 오순절 신학과 영성 형

성에 더 적합하고 호환성이 높다.385)

초기 오순절 저술가들인 B. H. 어윈(B.H. Irwin, 1896), D. 웨슬리 마일랜드(D. Wesley Myland, 1906), 그리고 J. H. 킹(J. H. King, 1914)의 저술에서 삼위일체에 대한 '깊어짐(deepening)' 또는 계시를 성령세례가 연관시키고 있다는 점은 매우 흥미롭다. 어윈은 '복된 [성령과 불의] 세례는 우리가 하나님을 향한 사랑을 더욱 깊게 하고 강렬하게 하며 … 삼위일체의 본성에 대한 더 분명한 통찰을 준다'고 증언한다.386) 마일랜드는 성도들에게 이렇게 권면하며 삼위일체적 교통(perichoresis)에 대한 감각을 보여준다.

> 이 모든 현시가 성령의 것이라고만 생각하지 말라. 성부가 계시고, 성자가 계시고, 성령이 계시다. 하나님이 누구에게 오실 때마다 전체 하나님이 그 안에 나타난다. 그것은 하나님의 역동성이다. 성령의 일은 그의 주권적 역사 가운데 드러난다. 이 운동은 성령의 충만함이 있기 전에는 결코 성령이 없다고 말하는 것으로부터, 그리고 오순절을 받은 후에는 성령만의 역사라고 말하는 것으로부터 보호받아야 한다. 이것은 하나님이다! 성부, 성자, 성령이다.387)

오순절 성결교회(Pentecostal Holiness Church)의 J. H. 킹 주교에 따르면, 오순절 성령 강림 사건은 삼위일체의 결정적인 계시이다. 그는 이 계시가 '교회의 메시지와 자기 이해'에 필수적이라고 본다. 그가 개인적으로 경험한 오순절은 '삼위일체에 대한 내적 계시였으며, 이는 오순절 경험을 벗어난 누구에게도 알 수 없는 것이었다 … 이 삼위일체에 대한 지식은 교회 전체와 특히 믿는 이가 진정으로 사도적이기 위해 필수적이었다.'388)

하나님은 역사 속에서 행하시며 역사에 영향을 받으신다. 그리스도와 성령은 창조와 성도들이 종말론적 삼위일체적 과정 속에서 함께 나누는 것처럼 '한숨을 쉬며 탄식하신다.' 하나님은 창조하시고, 그리스도 안에서 모으시며, 새 하늘과 새 땅을 향한 실제적인 행렬로 이끄신다. 오순절 영성은 이 여정을 서술하며, 예수 안에서 시작되어 성령 안에서 앞으로 나아가는 하나님 나라의 완성을 목표로 하나님 안에서 행한다. 앞서 언급된 대로 이 행렬은,

> 두 가지 근원을 가진다: '예수 사건'과 성령의 경험—부활절과 오순절. 이 두 사건은 서로 밀접하게 연결되어 있지만, 그 어느 것도 다른 하나를 흡수하거나 대체할 수 없다 … 부활절은 한 번 있었다; 오순절은 수백만 번 있다.389)

따라서 구원의 역사는 성령 안에서 성자를 통해 성부로 나아가는 행진이며, 이후 성령 안에서 성자를 통해 성부로 돌아간다. 그리하여 하나님이 만유 안에 모든 것(all in all)이 되시며, 성도들은 '우리가 알려진 것처럼 알게 되는' 새로운 지식으로 하나님을 더욱 깊이 알게 된다. 몰트만(Moltmann)은 이 세 가지 움직임을 각각 군주적(monarchical), 성례적(eucharistic), 송영적(doxological)이라고 부른다. 이는 모두 삼위일체적 기원, 임재, 그리고 기독교 존재의 목표로서의 하나님을 지칭한다. 이러한 해석은 결코 양태론적(modalistic) 역사 이해가 아니다. 왜냐하면 성부, 성자, 성령의 하나님 나라 주권은 '하나님 나라 역사속에서 지속적으로 현존하는 층위(strata)와 전환(transitions)'이기 때문이다.390)

이것은 성령의 사역이 단지 성경의 영감, 성도의 깨달음과 능력부여에 국한되지 않음을 의미한다. 성령은 또한 창조자이시며 모든 것에 친밀하

게 관여하시며, 섭리적으로 그것들을 하나님 안의 목표로 이끄시고 유지하신다. 창조의 목표는 소멸이 아니라 변혁이며, 인간의 목표 역시 새 창조이다.391) 성령을 통해 성부의 창조적 의도와 성자의 구속적 열망이 모든 창조물에게 전달되며, 이는 모든 선하고 참되고 아름다운 것들의 근원이 되는 선행적 은혜로 나타난다.

오순절주의자들이 '사도적 신앙(*The Apostolic Faith*)'의 회복을 언급했음을 기억해야 한다. 이러한 접근은 루터와 웨슬리, 그리고 오순절 운동을 통해 교회에 중요한 것들이 회복되었음을 인정한다. 하지만 이러한 회복의 과정은 궁극적으로 초창기 창조보다 더 위대한 것으로 이어질 모든 것의 더 큰 회복의 일부이다. 이는 '회복 그 이상(restoration plus)'이며, 하나님께서 '만유 안에 모든 것(all in all)'이 되시는 것이다.

이러한 종말론적 삼위일체적 과정으로서의 역사 이해에 따르면, 모든 역사는 선교적 역사이며, 성령충만한 성도가 된다는 것은 고난, 치유, 희망, 승리의 목적론적 과정의 일부가 되어 하나님 안의 하나님 나라를 향해 나아가는 것을 의미한다.

구원(Salvation)

역사가 하나님에 의해 새로운 가능성이 창조되는 위기(crisis)-발전(development)의 사건성으로 특징지어질 수 있는 것처럼, 개별 그리스도인의 삶 역시 수동적이 아니라 열정적으로 전진하는 위기-발전의 과정이다.

종말론적 구원은 역사적 선교의 신적 생명에 참여하는 것이며, 이를 위해 정서적 변화를 요구한다. 구원은 근본적으로 성취된 사건이 아니며, 하나님이 우리를 위해 행하신 일에 기초한다. 그러나 '우리를 위해(pro nobis)'라는 것은 '자기 안에서(a se)'에 뿌리를 둔다. 하나님이 역사 안에서 삼위일체적으로 그리고 종말론적으로 임재하시기 때문에, 그리고 인간이 하나님과 서로를 사랑하고 교제하도록 창조되었기 때문에, 하나님께서 그리스도 안에서 우리를 위해 행하신 일은 성령 안에서 그리스도를 통해 우리 안에서 이루어진다. 구원은 모든 것을 역사적 완성으로 이끄시는 하나님에 대한 열정이다.

하나님의 거룩하심은 하나님의 임재가 그 어떤 것과도 다르며, 하나님만이 신적 질서, 신적 통일성, 창조와 구속 모두에서 계시하고 이루어내는 신적 능력의 근원이심을 나타낸다. 따라서 거룩함의 구조는 의로움(righteousness), 거룩함의 내용은 사랑(love), 그리고 거룩함의 역동성은 세상에서 정의와 사랑을 위해 자신을 내어주는 능력을 가능케 하는 성령의 능력(power)이다. 성령으로 충만해진다는 것은 하나님의 뜻, 사랑, 봉사에 기뻐하는 것을 의미한다.

구원이란 무엇보다 생명을 부여하고 질서를 세우는 것을 의미한다. 부활은 그리스도의 삶과 죄인들의 세상을 의롭다 칭하는 사건이었다. 이는 그리스도의 삶, 가르침, 죽음의 정당화이며 인간 삶의 바로잡음이다. '거듭난다는 것은 죄와 죽음, 지옥을 이긴 새로운 생명의 근원에서 살아간다는 것을 의미한다. 하나님은 그의 주 되심을 인정하고 돌아서는 자들을 의롭다고 선언하셔서 그들이 그 안에서 하나님의 의가 되게 하신다.' 의로움의 선언을 받는 것은 의로움을 위한 선언을 요구한다. 성령이 모든 것을 의의 말씀에 따라 질서 있게 하시며 심판과 은혜로 모든 것을 끝을 향해 이끄시기 때문에, 구원을 받는다는 것은 의의 성령을 받고 진리 안으로 인도되는 것이다.

그러나 구원을 받는 것은 또한 사랑하는 것이다. 사랑은 통합의 중심이며, 참여로서의 구원은 모든 것이 사랑 안에서 이루어져야 하며 그렇지 않으면 아무런 유익이 없다. 사랑은 정서적 변형의 중심이다. 악한 본질의 제거에 대한 질문이나, 타락과 인간의 타락성으로 인해 여전히 유효한 사망 선고에 대한 질문이 아니다. 연합으로서의 사랑은 모든 이가 하나님 안에서 죽게 하며, 그 결과 다시 살아가게 한다; 사람은 살아가지만 동시에 죽음에 이른다. 죽음은 삶의 방향성을 최종적으로 입증한다. 이는 저주 아래 있는 모든 피조물과의 연대를 인정하는 것이다. 그러나 성령 안에서 그리스도와 연합하기 때문에, 이는 그리스도의 고난에 남아 있는 것을 채우는 것이다.

따라서 온전한 성화(entire sanctification)의 문제는 순서(subsequence)나 제거(eradication)의 문제가 아니라, '세상을 이처럼 사랑하신' 하나님께 적합하거나 충분한 사랑의 정도에 관한 문제로 전환된다. 이 사랑에는 전심을 다한 사랑 외에는 그 무엇도 충분하지 않다. 이러한 관점에서 저항(resistances)은 의식(consciousness)에 떠오를 때마다 고백된다. '육체(flesh)'는 그리스도를 따라가는 참여적 삶 속에서 생각과 욕망이 드러날 때 죽임을 당하며, 그것들은 '나(I)'가 아니라 '옛 나(old I)'로 간주되고, 그 중심이 성령(Spirit)이 아닌 '육체(flesh)'에 있었던 것으로 드러나 버려진다.392) 이런 의미에서 존 웨슬리(John Wesley)의 직관은 옳다. 하나님이 사랑(love)이시고, '이처럼 사랑하신(so loved)' 분이라면, 율법의 완성과 그리스도 안의 모든 의(righteousness)는 거룩함

(holiness)으로 이어지며, 이는 본질적으로 이 생에서 하나님과 이웃에게 전심을 다한 헌신을 의미한다.

이는 정서적 변화를 요구한다. 이러한 변화 없이는 받아들여지고 선언된 의(righteousness)가 거부되며, 불의(unrighteousness)가 온전히(fully) 그리고 깊이(deeply) 회개되지 않을 것이다. 이는 사랑이 상처를 주고 동시에 치유하기 때문이다. 성도 안에 있는 죄는 하나님의 모든 뜻에 완전히 일치하지 못하는 단순한 결핍이 아니다. 그것은 궁극적인 목표(goal)이다. 그러나 차선적으로(그리고 오순절 영성에 있어 결정적으로) 죄란 우리가 부르심을 받은 목적에 대한 배반이며, 의도적인 저항이다. 그리스도께서 십자가 위에서 가지셨던 열정은 끝났다. 그러나 성도와 교회가 그리스도 안에서 가지는 열정은 아직 끝나지 않았다. 그 안에서 이 열정은 연민(compassion)으로 변화되며, 모든 이가 구원받기를 간절히 갈망하고, 평화와 거룩을 추구하게 된다. 이것 없이는 아무도 주님을 볼 수 없다.

사랑이라는 통합의 중심 없이 권능(power)을 논하는 것은 '소리 나는 놋쇠와 울리는 꽹과리'가 될 위험을 초래하며, 심지어 정의(justice)를 문자적으로만 추구하면서 자비와 하나님께 대한 전심에서 비롯된 겸손을 배제하는 위험을 낳는다. 전심(wholeheartedness)은 단순한 의도와 욕망을 통해 권능을 지배하거나 자의적으로 사용하는 것이 아니라, 헌신적 증언(self-offering witness)으로 이끈다.393)

오순절의 권능은 역사적, 실존적, 습관적, 그리고 비범한 것으로 이해되어야 한다. 성령의 권능은 마리아의 태중에서 그리스도가 형성된 것처럼, 하나님을 위한 삶을 형성한다. 이 권능은 곧 성령이라는 인격이며,

반드시 실존적으로 요청되고, 받아들여지며, 환영받아야 한다. 성령을 받는다는 것은 성령의 증언을 받아들이고, 성령의 인도와 열매, 그리고 증언을 위한 능력을 수용하는 것을 의미한다. 성령충만을 위해 매일 간구해야 한다. 이는 세상, 육신, 혹은 마귀의 방향이 아니라 성령의 충만함과 인도하심을 따라 살아가기 위함이다. 성령의 지속적인 충만은 궁극적으로 모든 피조물이 예수 그리스도를 주라 고백하며 하나님 아버지께 영광을 돌릴 그날의 충만을 미리 맛보는 실현의 과정이다. 이 충만은 성령의 생명과 능력, 그리고 거룩을 위한 열매가 결정적임을 의미한다. 성도는 두려움, 욕망, 혹은 탐욕이 아니라 성령으로 충만하게 된다. 특별한 충만은 예수께서 겪으셨던 겟세마네 동산의 위기와 비슷하다. 성령을 충만히 받으신 그리스도조차 자신을 내어드릴 힘을 구하며 고뇌하고 고통 속에서 부르짖었다. 이와 같이, 많은 오순절 성도들이 견뎌야 했던 특별한 고난의 시기에는 자신을 헌신적으로 내어드리기 위해 성령의 특별한 충만과 능력이 필요하다. 이것이 곧 순교의 은사와 증언이다.

오순절 교회의 4세대, 5세대 자녀들과 새로이 신앙에 들어선 사람들에게 구원을 종말론적 삼위일체적 열정으로 바라보는 관점은 단순히 세 가지 차원을 가진 발전 과정으로 이해할 수 있다. 이 세 가지 차원 각각은 개인의 배경, 지식, 그리고 현재의 영적 상태에 따라 위기의 순간이 될 수도 있고, 지속적인 방향성, 영감, 혹은 심판의 원천이 될 수도 있다.

새신자나 아이는 공동체 안에서 환영받으며 하나님과 하나님의 가족에 속하게 된다. 오순절 교회에서는 이 수용과 하나님께서 그들을 받아들이심을 표시하기 위해 세례나 헌아식을 모두 사용해왔다. 이는 존재론적 '예'의 고백과 하나님을 향한 회개와 사랑으로의 전환, 죄 사함에 대한 완전한 확신을 향해 나아가는 순간을 상징한다. 그러나 새신자가 성장하거나 아이가 청소년기에 접어들면, 새로운 상황과 유혹들이 나타난다. 새로운 자아 인식과 세상에 대한 이해가 생기며(새로운 성도의 경우) 하나님의 사랑과 뜻에 대한 저항이나 숨겨진 영역을 인정하게 된다. 이는 그가 받은 의와 그 안에서 인도받은 의를 내면화해야 할 시점임을 요구한다. 이제는 정서적으로나 마음으로 온전히 그리스도와 영적 공동체의 사명과 하나가 되어야 할 때이다. 도덕적 통합은 은혜의 모든 수단(기도, 성경, 예배, 교제, 상담, 고백, 성만찬, 세족식 등)을 통해 지속적인 은혜로 매일 이루어져야 한다. 사랑 안에서 온 마음으로 그리스도 안에 거하는 것이 바로 영성의 핵심이다.

그러나 세상 속에서 사랑으로 하나님 나라를 향한 의로운 길을 따르려면, 단지 의지를 가지고 걷는 것뿐만 아니라 통치자들과 권세들에 맞서 싸울 힘을 매일 얻어야 한다. 오순절 성도들은 성령충만을 열망하는데, 이는 현 시대가 악한 영의 영향 아래 있다는 인식을 기반으로 한다. 악한 영들과의 싸움은 영적인 무기, 전략, 그리고 영적 능력과 권능으로 이루어져야 한다. 이땅을 복음으로 채우고 정의를 실현하며 다른 이들을 사랑하고 보호하기 위해, 성도들은 성령의 지속적인 충만이 필요하다. 성도들이 종말론적 선교 공동체에서 방언으로 말할 때, 이미 이루어진 하나님 나라의 찬양이 곧 이루어질 나라의 찬양과 결합되어 하나님의 승리의 은혜를 미리 기뻐하는 축제로 나타난다. 하지만 이와 똑같이 영적인 것은, 그러한 기쁨과 승리가 세상의 잃어버린 상태와 필요를 더 선명하게 드러냄으로써 한숨, 눈물, 탄식을 동반할 수 있다는 점이다.

이 발전은 의로움을 위해 존재하는 공동체에 속하는(belonging) 것에서 시작하여, 모든 의를 이루기 위해 온 마음으로 그리스도와 동일시됨(being identified)으로 나아가고, 성령의 열매(증인의 성품)와 은사(증인을 위한 특별한 장비)를 주시는 성령의 인도와 충만 속에서 세상에서 하나님의 선교적 목적을 실현하기 위한 능력을 부여받는 것(being empowered)으로 이어진다. 이는 은혜를 통한 믿음으로 이루어진 새 언약 공동체, 은혜를 통한 믿음으로 이루어진 온전한 통합의 새로운 마음, 그리고 은혜를 통한 믿음으로 이루어진 증인으로서의 새로운 소명을 강조하는 움직임이다. 구원의 이 세 가지 차원은 항상 존재하며 서로 긴밀히 연결되어 있는데, 이는 삼위일체적 페리코레시스(perichoretic) 관계와 유사하다. 이러한 차원들은 각각 부활, 십자가, 그리고 오순절에 대응한다. 이 세 가지 사건이 계속해서 중요한 의미를 지니듯이, 이 차원들도 오순절 성도들의 신앙 발달에 있어서 지속적인 위기이자 신앙의 이정표가 된다. 십자가의 갈보리가 구속사의 중심이듯이, 도덕적 통합으로서의 성화 혹은 온전한 사랑으로의 성화는 신적 생명에 참여함으로서의 구원의 중심을 이룬다.394)

교회(The Church)

교회는 성령 안에서 다양성(diversity)과 통일성(unity)을 가진 교제(communion)이다. 하나님이 세 위격으로 하나이신 것처럼(one in three), 교회도 하나님 안에서 하나이면서 다수(one in many)이다. 교회는 종말론적(eschatological)-삼위일체적(trinitarian) 교제(communion)로서 하나님 안에 있는 하나의 교제이며, 하나님의 백성이고 그리스도의 몸이며, 성령 안에서 이루어진 교제이다. 교제란 곧 참여를 의미한다. 이 교제 안에서 은사와 직분은 일치하며, 신학은 각자가 자신의 은사를 드리고 타인의 은사를 인정하며, 서로가 제자로 세워지고 이웃을 사랑하기 위해 세워지는 전체의 분별 있는 성찰이다.

성령의 열매는 하나이다. 왜냐하면 성령이 유일한 근원이기 때문이며, 열매는 하나님의 성품(character of God)이다. 그러나 교회는 그 열매를 경작하기 위한 환경(milieu), 곧 정원(garden)이다. 이 열매는 교회 전체와 각 성도가 하나님의 성품과 돌봄을 세상에서 나타내는 증인이 될 수 있도록 성령에 의해 경작된다.

은사는 다양하며, 적용 방식이 다르고, 주권적으로 분배되며, '발견'되거나 '경작'되거나 '마음대로 작동'될 수 있는 것이 아니다. 은사는 각 나타남마다 다르지만, 전체 몸을 위해 주어지며, 그 몸은 하나님 나라를 위한 것이다. 따라서 은사는 내적으로 교회를 세우는 기능을 하고, 동시에 외적으로는 복음을 전하는 기능을 수행한다.

신적 교제에 참여한 교회는 같은 하나님의 임재로 인해 하나이다: 이러한 교회는 거룩하다. 왜냐하면 그 임재가 거룩하고 유일하며 교회를 성화시키기 때문이다. 성도와 교회가 하나님께로 구별되었다는 것은 하나님과의 연합을 위해 구별된 것이고, 하나님과 연결된 것은 거룩하기 때문이다. 어느 한 곳에서 교회를 속된 것으로 여기는 것은 교회를 모든 곳에서 속되게 하는 것과 같다. 교회의 거룩함은 연합(unity)을 요구한다. 같은 임재 안에서, 같은 임재를 향해 기도하는 모든 사람은 하나이며 거룩하므로, 세상에 서로 사랑하는 모습을 보여야 한다. 이 교회는 하나님의 신적 임재 안에서 하나(one)이며, 신적 연합 안에서 거룩하다(holy). 동시에 사도적(apostolic)이며 보편적(catholic)이다. 삼위일체적-종말론적 하나님의 임재 안에 있는 교회는 성령의 능력으로 온 세상으로 나아가며, 그 성령은 세상으로 하여금 종말을 향해 움직이게 하신다. 사도적 권능은 말씀과 성령의 역사로 유일한 복음을 선포할 권위와 능력이다.

모든 성도는 그리스도의 몸의 일부인 만큼 서로의 일부이기도 하다. 그들은 하나님의 자녀로서 서로 연결되며, 하나님은 이들을 창조, 구속, 목적을 통해 같은 가족으로 낳고 길러 주신 신적 어머니이다.395) 교회는 하나님으로부터 성령 안에서 그리스도를 통해 생명을 얻으며, 성령 안에서 그리스도를 높여 아버지께 영광을 돌린다.

선교(Mission)

지금까지 언급된 모든 내용을 비추어 볼 때, 교회의 사명은 종말론적(eschatological)-삼위일체적(trinitarian) 변혁이다. 교회는 하나님에 의해, 하나님을 위해 변화되고 있으며, 자신이 존재하는 방식과 행하는 일로 하나님 나라를 증언한다.

교회의 사명은 정의(justice)를 행하고, 자비(mercy)를 사랑하며, 하나님과 겸손히 동행하는 것이다(미가 6:8). 앞서 언급한 내용을 따를 때, 교회는 창조와 섭리 안에서 뿐만 아니라 더 즉각적인 구원론적 차원에서도 활동하시는 하나님의 임재를 인식해야 한다. 이는 성도와 교회의 성화가 세상의 성화를 위한 동기가 되고 그 모형이 되어야 함을 의미한다. 이는 교회가 세상에 동화됨으로써가 아니라, 세상을 회개와 의로움으로 부르는 사명을 통해 이루어진다. 교회는 가능한 한 하나님께서 의로우신 질서로 의도하신 삶에 더 적합한 구조를 만들기 위해 노력해야 한다. 구조 자체는 개인처럼 성화될 수는 없지만, 성령이 모든 피조물 안에서 역사하심으로 교회의 분별 있는 행동은 하나님의 의(righteousness), 존엄성(dignity), 사랑(love)을 보다 잘 구현하는 활동에 증언하고 참여할 수 있다.

약자를 보호하고 죄와 억압을 예언적으로 비판하는 것은 교회의 이웃 사랑 사명의 일부이다. 이웃을 사랑하라는 명령과 열방을 제자로 삼으라는 지상명령 사이에는 어떤 이분법도 존재하지 않는다. 이 명령들은 혼동되거나 대립되어서는 안 되는데, 이는 사랑이 하나님과 하나님의 안에 있는 그리스도인의 본질적 성품이기 때문이다. 그러나 제자 삼으라는 명령을 거부하는 것은 미워하거나, 더 나아가 무관심을 의미한다. 교회 구성원이 될 가능성이 있는 사람들만을 제자로 삼으려는 시도는 성령의 전세계적 돌봄과 섭리를 부정하는 것이다. 이 점에서 성령을 슬프게 하거나 소멸시키지 말아야 한다. 오순절 성령 강림의 개인적, 사회적, 우주적 함의는 이제야 비로소 특히 제3세계와 일부 북미 오순절 성도들 사이에서 점차 인식되고 있다.396)

의로움을 추구하며 하나님의 요구를 모든 구조와 사람들에게 충실히 전하는 사랑은 주의 영이 교회에 부어진 결과로 억압받는 자들을 해방시킨다.397) 이러한 오순절적 해방은 큰 기쁨을 가져다주는데, 이는 폭력적이거나 강압적인 조작이 아니라 성령의 열매와 은사로서의 평화가 수단이자 목표이기 때문이다.398) 핵 시대와 광범위한 빈곤 속에서 초창기 오순절 성도들의 평화주의는 오늘날 교회에 가장 적합한 전략이다.399) 제3세계, 제1세계, 그리고 제2세계 성도들의 막대한 필요만으로도 교회는 무릎을 꿇기에 충분할 것이다. 더군다나 수백만 명의 사람들의 고통, 미움, 속박까지 고려하면 그 짐은 더욱 무거울 것이다. 성령의 능력 안에서 마지막 때의 사명을 위해 성결한 마음을 통한 교회의 연합이라는 초기 비전은 여전히 유효하다. 종말은 하나님의 존재만큼이나 가깝고, 하나님의 열정만큼이나 긴박하다. 그러나 전체 교회의 연합을 논하기 전에, 오순절 성도들은 지금까지의 영적 여정과 하나님의 인도하심에서 얻은 자원을 바탕으로 새로운 방식으로 서로 연합해야 한다. 결국, 교회는 자신이 정의, 평화, 연합, 하나님의 사랑을 눈에 보이게 실천하지 않으면서 세상에 하나님의 이러한 속성을 고려하라고 요청할 수는 없을 것이다.

3. 서로를 향한 내적 접근(Reaching in to One Another): 기억(Remembrance)과 회개(Repentance)

위에서 제시된 오순절 영성의 새로운 방향 또는 재조명(re-vision)에 대한 제안을 바탕으로, 다음과 같은 관찰을 통해 이러한 프로그램적 시도가 현대 오순절 교회에 어떤 영향을 미칠 수 있을지 논의한다.

1) 비전(Vision)과 버림받은 자들(The Disinherited)

니버(H. Richard Niebuhr)의 교파주의의 '사회적 근원(*The Social Sources of Denominationalism*)'에서 로버트 메프스 앤더슨(Robert Mapes Anderson)의 고전적인 오순절주의 사회사 '버림받은 자들의 비전(*The Vision of the Disinherited*)'에 이르기까지, 이 운동이 가난한 계층과 노동자 계층에 의해 형성되고 그들로부터 비롯되었다는 점은 널리 받아들여져 왔다.400) 아주사(Azusa)와 초기 운동 전반에서 교육받은 인물들과 중산층 출신들이 일부 존재했음에도 불구하고(예: J.H. 킹(King)과 N.J. 홈즈(Holmes)), 당시와 현재 모두 이 운동의 대다수 구성원은 가난한 계층과 노동자 계층에서 나왔다는 점이 여전히 사실이다. 오늘날 제 3세계에서 이것은 더욱 두드러지는데, 그 이유는 이들 지역에서 압도적인 다수가 가난한 사람들이기 때문이다. 따라서 북미와 세계 다른 지역에서 운동이 시작되었을 때, 예배 예전은 민중의, 민중에 의한, 민중을 위한401) 것이었으며, 인종, 성별, 계층 간 최대한의 참여로 특징 지어졌다. 이로 인해 오순절 운동 초기에는 인종의 통합과 여성들의 전면적인 사역 참여가 가능했다. 이는 가난한 계층과 노동자 계층으로 구성된 교회에서 이루어진 특징 중 하나였다.

이러한 사회적, 경제적 장벽을 극복할 수 있었던 이유는 늦은비(Latter Rain)운동이 몰락하면서 동반된 종말론적 관점때문이었다. 이러한 이해는 이미 19세기 성결운동(Holiness movement)에서도 찾아볼 수 있는데, 피비 파머(Phoebe Palmer)의 '아버지의 약속(*The Promise of the Father*)'과 같은 저술에서 여성을 위한 사역을 옹호한 사례가 있다. 이제 여성들은 장로, 목사, 선교사, 교사 등으로서 중요한 사역을 감당하게 되었다. 그리고 한동안은 인종 간 장벽이 예수의 피로 씻겨 사라진 것처럼 보였다. 세계 복음화를 위한 위대한 사명에 있어 모두가 필요했고, 모두가 그 가치를 인정받았다. 성령의 부르심과 은사를 받은 사람이라면 누구든지, 경건한 삶의 열매를 증거한다면 받아들여질 수 있었다.

메이슨(C.H. Mason)과 시모어(W.J. Seymour)의 사역 덕분에, 오순절 운동은 초기부터 '세계에서 가장 강력한 흑인 종교의 표현 중 하나'였으며, 흑인의 경건함이 미국 종교사에 가장 직접적인 영향을 미친 운동이었다. 그러나 얼마 지나지 않아 백인들에 의해 주도된 미국 문화의 인종차별주의에 적응하면서 오순절 교회 안에서 인종 분리가 발생했다. 메이슨은 하나님의 교회(Church of God)와 오순절 성결 교회(Pentecostal Holiness Church)내에서 긴밀한 교제와 설교 사역을 유지하고 대부분 주도했지만, 오순절 성도들은 점점 더 분리된 교단에서 예배하고 교제하게 되었다.

수십 년이 지나면서 근본주의 복음주의자들과의 연대가 강화되자 여성들을 안수하는 것이 점점 덜 타당하게 여겨졌다. 여성들은 여전히 목회를 하거나 복음을 전할 수 있었지만, 그들의 사역은 남성보다 낮게 분류되었으며, 이들의 활동은 남성의 감독 아래 이루어진다는 점을 강조하는 교단의 정책이 세심하게 마련되었다. 이는 여성들이 '권위를 침해하는(usurping authority)'것으로 간주되지 않도록 하기 위함이었다.

오늘날에도 인종적 분열은 교단 간 및 교단 내부에서 계속되고 있다. 예를 들어, 하나님의 교회(Church of God in Christ)는 거의 완전히 흑인으로 구성되어 있는 반면, 북미의 하나님의 성회(Assemblies of God)는 대부분 백인으로 이루어져 있다. 더 많은 아프리카계 미국인과 다른 민족적 대표성을 포함한 교단들이 있기는 하지만, 이들은 지도력(leadership) 사역에 접근할 수 있는 기회 면에서 여전히 평등하지 못하다. 성령께서 나누어 주시는 지도력의 은사는 대부분의 북미 오순절 교회 정치에 아직 반영되지 않고 있다. 오순절 교회는 중산층의 존경받는 위치로 이동했지만 여성 사역에 대해서는 여전히 모호한 태도를 보인다.402)

종말론적 선교 비전을 회복하고 관련된 성경 구절들을 철저히 함께 연구하는 것은 분열되고 계층화된 상황을 재통합하는 데 큰 도움이 될 것이다. 선교지와 인류의 필요와 관련하여 도전 과제는 매우 크다. 마지막 날에는 타락의 저주와 분열이 다가오는 하나님 나라를 기대하며 극복되어야 한다. 남성과 여성이 그리스도 안에서 속죄로 하나 되어 반영된 삼위일체 하나님의 통일성과 독특성은 각각의 성별이 사역에서 독특하면서도 똑같이 중요한 역할을 해야 함을 의미한다. 안수는 각자가 수행하도록 성령께서 맡기신 사역에 대한 인정으로 이해되어야 한다.

2) 분열(Division)의 교리(Doctrines)

오순절 운동 초기에는 구원, 하나님의 본질, 하나님 나라에 대해 비교적 통일된 관점이 존재했다. 구원은 오중복음(fivefold gospel)과 세 가지 축복(three blessings)의 개념으로 이해되었으며, 삼위일체적 하나님의 임재는 은사와 기적을 통해 드러났으며, 이는 하나님의 나라가 새롭게 임하는 신호로 간주되었다.

그러나 완성된 사역(finished work) 관점이 등장하면서 오중복음은 실질적으로 사중복음(fourfold gospel)으로 축소되었고, 성화(sanctification)에 대한 독특한 강조가 사라졌다. 승리(victory)가 성화를 대체했고, 능력의 범주가 순결(purity)과 정화(cleansing)의 범주를 압도했다. 그러나 거룩함에 대한 모호함은 계속해서 존재했다. 하나님의 성회(Assemblies of God)는 초기의 '기본 진리 선언'(Declaration of Fundamental Truths)에서 '완전 성화'(entire sanctification)에 관한 진술을 유지했으며, 더 큰 사역, 효율성, 성도의 휴거(Rapture)를 준비하기 위한 헌신(consecration)을 계속 강조했다.

북미 오순절 협회(Pentecostal Fellowship of North America, PFNA)가 설립될 때, '신앙고백'(Statement of Faith)은 이전 전국 복음주의 연합(National Association of Evangelicals)의 신앙고백과 동일했지만, 제5조(Article 5)에서 다음과 같은 차이가 있었다: '우리는 온전한 복음(full gospel)이 마음과 삶의 거룩함, 몸의 치유, 성령세례, 그리고 성령께서 말하게 하심에 따라 방언으로 말하는 초기 증거(initial evidence)를 동반한 성령세례(baptism in the Holy Spirit)를 포함한다고 믿는다.' 이 거룩함에 대한 논쟁과 모호함은 여전히 이어졌다. 행동 규범으로서의 거룩함은 수십 년 동안 유지되었으며, 하나님의 성회(Assemblies of God)는 이러한 진술을 수정한 첫 번째 단체 중 하나였고, 하나님의 교회(Church of God)는 이를 수정한 마지막 단체 중 하나였다.

북미 오순절 협회(PFNA) 신앙고백의 뿌리와 정신에 따라, 오순절 성도들은 오중복음을 유지하고, 이 장에서 이전에 논의된 '상관과 변화(Correlation and Transformation)'에서 개발된 구원의 세 가지 차원적 이해를 유지할 필요가 있다. 세 가지 차원의 구원은 도덕적으로 헌신되고 통합되며 능력 있는 삶의 발전에 있어 위기의 경험의 필요성을 인정하면서도, 두 번 또는 세 번의 위기를 선택해야 한다는 필요성을 피할 수 있게 한다.

성화를 제자도의 일생의 과정과 성장 안에의 도덕적 통합(moral integration)으로 이해한다면, 오랜 교착 상태를 해결하기 시작할 방법을 제공할 수 있을 것이다. 도덕적 통합은 성숙을 바람직하게 만들 수 있지만, 그것이 반드시 성숙을 의미하지는 않는다. 또한 의로운 행위나 강력한 현시에 중심에 영성을 두는 것이 아니라, 겸손한 사랑을 그리스도 안에 거하게하는 것을 중심으로 삼음으로써 도덕주의와 자만을 방지할 수 있다. 이런 맥락에서 도덕적 통합은 고군분투(struggle)와 육체의 죽임(mortification)을 요구하지만, 그것이 행위에 의한 의로움(works righteousness)이나 감상적인 사건이 되지는 않을 것이다. 신약성경의 제자도가 복음서에 나타난 대로 진지하게 받아들여진다면, 자기부인, 날마다 십자가를 지고 따름, 그리스도가 사랑하신 대로 사랑함, 그리고 그리스도가 걸으신 대로 걸어야 한다는 점에서 혁명이고 감정적으로 변형된 삶이 요구된다는 것을 알게 될 것이다(마 16:24-26; 막 8:34-38; 눅 14:26-35). 급진적 제자도의 요구와 기독교인의 삶의 형태를 고려함으로써, 오순절 성도들은 오중복음의 예수님에 대한 강조와 더 밀접하게 상관관계를 갖는 영성을 발전시킬 수 있을 것이다.

새로운 논쟁(New Issue)또는 예수 유일주의(Jesus Only)운동에서 제기된 문제는 초기 오순절 영성, 특히 재조명된 영성의 핵심을 다루기 때문에 더 어렵고 복잡하다.403) 예수 유일주의 교회들은 삼신론(tritheism)에 대해 경고한다는 점에서 긍정적이다. 그러나 초기 오순절주의의 예수 중심적(Jesucentric)강조를 논리적 결론까지 밀고 나가면서, 이 현대적 양태주의적 군주신론(modalistic monarchianism)은 구원 역사의 점진적 계시에 대한 논리를 무너뜨리고, 성경의 분명한 의미를 위반하게 된다. 예를 들어, 요한복음 17장이나 예수의 세례와 관련된 구절들은 예수 이름 운동에서 특별한 해석을 받지만, 명료성(perspicacity)이 요구하는 바와는 상반되게 해석된다. 일치(unity)는 동일성(identity)이 아니다. 삼신론과 양태론(modalism)의 목회적, 구원론적, 선교적 위험성에 대해 예수 유일주의자와 다른 오순절 성도들 간의 심층적이고 지속적인 대화가 필요하다. 이러한 대화는 오순절 연구 학회(Society for Pentecostal Studies)에서 시작되었지만, 교단 차원의 공식적인 승인과 지원이 더 필요하다.

늦은비의 새로운 질서(New Order of the Latter Rain)와 하나님 나라 운동(Kingdom Now movement)은 각각 오순절주의의 중산층화(embourgeoisement)에 대한 저항과 그 증거를 대표한다. 이들은 더 광범위한 오순절 운동 안에서 나타나는 본성에 대한 비관주의와 은혜에 대한 낙관주의를 반영한다. 그러나 두 운동 모두에 반대하여 '이미-아직(already-not yet)'의 하나님 나라 긴장을 유지해야 한다. 오순절주의의 전천년주의자들은, 적어도 오순절 내부에서는, 은밀한 휴거(Rapture)를 기다리며 소극적으로 앉아 있는 모습을 보이지 않았다. 그들은 결코 수동적이지 않았다. 그러나 때로는 은혜에 대한 기대가 지나치게 부풀려져서 자신들이 여전히 이 세상에 있다는 사실을 잊기도 했다. 하나님 나라는 이미 임하기 시작했지만 아직 완성되지 않았으며, 이는 낙관주의와 비관주의를 결합하여 활동적인 선교적 기다림(active missionary waiting)을 형성한다. 이는 웨슬리(John Wesley)와 같이 전천년주의자들과 후천년주의자들 모두가 공유하는 모습이다!

3) 열정(Passion)과 교회정치(Polity)

하나님 나라에 대한 열정은 오순절 운동의 통합 중심이었다. 비록 분열이 있었지만, 오순절 성도들은 여전히 이 열정을 공유하고 있다. 예수 유일주의(Oneness)그룹을 제외하면, 이러한 차이점은 현대적인 협력과 강단 교류를 방해하지 않았다. 오순절 성도들은 공유된 열정을 가졌지만, 공유된 정치 구조(polity)를 갖추지는 못했다.

아이러니하게도, 20세기 초반의 초기 분열 이후, 오순절주의자들은 1943년에야 공식적으로 다시 대화를 시작했다. 이는 여러 성결운동(Holiness) 및 개신교(Protestant) 그룹들과 함께 복음주의 전국연합(National Association of Evangelicals, NAE)에 초대받으면서 가능해졌다. 첫 번째 세계오순절대회(World Pentecostal Conference, WPC)는 1947년에 조직되었고, 이듬해에는 북미 오순절 협의회(Pentecostal Fellowship of North America, PFNA)이 설립되었다. 아프리카계 미국인들은 PFNA에는 참여하지 않았지만, WPC에는 참여하고 있다. 그러나 WPC는 전 세계 오순절 성도들을 대표하거나 포괄적인 기구라고 보기 어렵다. 이 조직은 현재 세계적인 오순절 운동에서 소수인 북미 및 유럽 오순절 성도들이 주도하고 있다. 그럼에도 불구하고, 오순절 성도들은 점차 협력을 모색하기 시작했다.[404]

그럼에도 불구하고, 오순절주의자들은 점차 서로 대화를 시작하고 선교 전략, 출판, 군목 활동, 학문적 교류 등의 분야에서 어느 정도 협력하고 있다. 학문적 교류는 1970년에 현재 상당히 에큐메니컬하고 학문적인 단체인 오순절학 연구 학회(Society for Pentecostal Studies)가 결성되면서 시작되었다.405)

많은 오순절 성경학교와 여러 인문학 대학, 소수의 신학교가 있는 만큼, 북미 오순절주의가 진정으로 재조명된(re-visioned) 활력을 찾기 위해서는 앞으로 더 많은 교류가 필요하다. 제 3세계의 회원 수는 급증하고 있지만, 여전히 공통 실천을 성찰하고 영성을 재구상하기 위해 대표자들과 행정가들, 오순절 신학자들을 한자리에 모을 수 있는 교회 정치가 부재하다. 전통적인 오순절주의의 조직에 대한 불신과 기존 관료 집단들의 영역 보호는 경쟁, 중복, 그리고 '바퀴를 재발명하는' 문제를 초래한다. WPC 같은 기구가 신학적, 목회적, 선교적 문제를 다룰 수 있는 더 포괄적이고 활발한 포럼이 되는 것이 필요하다.

오순절 선교사들은 이제 전 세계에서 나오며, 세계 각지로 나아가고 있다. 제 3세계 오순절주의자들의 리더십과 참여 증가, 그리고 제 1세계와 제 2세계 오순절주의자들과의 통합 또는 긴밀한 협력은 서로의 이야기를 나누고 공동 예배를 통해 상호 신학적 깊이를 더하며 더 큰 효과를 기대하게 한다. 이러한 유망한 대화와 통합은 과거의 분열을 치유하고, 불필요한 추가적인 분열이나 광신주의를 방지하는 데 크게 기여할 수 있을 것이다.

최근까지 오순절주의자들이 문화, 사회경제적 환경, 인종, 국경을 넘어 서로 소통할 수 있는 단일한 국제 출판물이 존재하지 않았다. 재조명된 오순절 영성은 이러한 글로벌 교류를 필요로 한다. 하나님 나라의 완성된 모습이라는 공통된 목적은 공유된 희망의 과정을 요구한다. 영적인 결과(연합)는 영적인 과정을 통해 이루어지며, 이는 증언, 교제, 간증, 성경 탐구라는 공유된 실천을 포함한다. 이러한 실천들은 한때 지역적으로 작동하여 오순절 운동을 강하게 만들었던 오래된 오순절 전략들이다. 운동의 양적 성장만을 강조하며 정체성과 그리스도의 더 큰 몸에 기여하는 질적인 문제를 간과하는 것은 성령의 연합을 슬프게 하는 것이다.

4. 함께 나아가기(Reaching out Together): 비평들로부터 배우기

1) 순서(Subsequence)와 분파주의(Sectarianism)

오순절 성도들은 초기부터 순차성(subsequence), 엘리트주의(elitism), 그리고 분열(divisiveness)에 대한 비판을 받아왔다. 그리고 앞서 언급했 듯이, 이는 오순절 성도들을 향한 비판 중 비교적 온건한 수준에 속한다. 예를 들어, 오순절 성도들이 특히 주류 교회(mainline churches)에서 입 문 의식(rite of initiation)으로 여겨지는 세례(baptism)에 대한 이해 부 족으로 인해 기독교 입문의 통합성(unity of Christian initiation)을 해 친다는 지적이 있다. 이러한 모든 비판은 오순절 성도들이 주장하는 순차 성 교리(subsequence doctrine)때문으로 간주되고 있다.

순차적 축복(subsequent blessing)—온전한 성화(entire sanctification), 성령세례(Spirit baptism), 혹은 둘 다—를 주장한 결과, 오순절 성도들 은 엘리트주의(elitism)에 대한 비판을 받고 있다. 이는 기독교인을 '이 전(before)과 이후(after)', 또는 구속적 경험(redemptive experiences) 의 '가진 자(haves)'와 '가지지 못한 자(have nots)'로 나눈다는 것이다. 오순절 성도들은 특히 신부의 준비(spotless wedding garment 착용과/ 또는 등불에 기름을 준비함)와 휴거(Rapture)를 위해 성령으로 '인침 (sealed)' 받은 자들에 대한 특별한 주장을 펼쳐왔다. 이러한 주장은 그들 에 대한 분열적이고 배타적이라는 비판을 더욱 부추기고 있다.

비평가들은 결국 이러한 주장들이 '죽은 형식적 교회(dead, formal churches)'를 떠나 자유롭고 활기찬 오순절 신앙 공동체로 이동하도록 사람들을 부추기며, 자연스럽지 않더라도 분열로 이어진다고 지적했다. 이러한 분열적 영은 오순절 내부의 계속되는 하위 분파에서도 나타난다.

순차성을 이해하려면, 구원 역사 자체의 사건성을 고려해야 한다. 왜 갈보리와 부활 이후에 오순절이 있었는가? 그것이 단지 새로운 교회가 탄생일을 기다리는 동안의 형식적인 개막 사건이었는가? 그렇지 않다. 구원 역사에서처럼, 개인적인 역사에서도 새로운 발전을 가능하게 하거나, 그 발전을 사건 이전에는 상상도 할 수 없을 만큼 강화시키는 위기 또는 사건들이 존재한다.

기독교 입문은 일반적으로 종결적인 것으로 이해되지 않으며, 비평가들조차 입문과 연속적이지만 여전히 지속적인 발전에 결정적인 영향을 미치는 후속적인 성례적 행동과 사건들을 인정한다. 여기에서 신학적으로 아직 미숙한 오순절 성도들은, 예를 들어 견진(confirmation), 신화(theosis), 그리고 성령세례(Spirit baptism)의 의미와 중요성에 대한 논의를 통해 비평가들과 함께 배울 수 있다. 세례를 기억하는 것과 거듭남을 기억하는 것 사이에는 어떤 차이가 있는가? 이 두 가지는 어떤 유사점을 가지는가? 그리고 이 둘은 어떻게 함께 해석될 수 있는가? 이러한 질문들은 공동 영성 프로젝트의 일부가 되어야 한다.

또한, 기독교 입문에서 하나님을 받아들인다는 것은 곧 필요한 모든 것을 하나님으로부터 받았다는 것을 의미하지 않는다는 점을 이해하는 것도 유익할 수 있다. 그것은 빛 가운데 걷는 삶과 더 깊은 이해와 발전을 위해 기도하며 찾는 노력—시간적이고 영적인 모든 면에서—을 요구한다.

만약 지치고 냉소적이며 열매를 맺지 못하던 사람이 새롭게 되고 기쁨으로 가득 차며 열매 맺는 삶을 살게 된다면, 그것이 그들을 엘리트주의자로 만드는가? 아니면 그들이 그것에 대해 간증할 때에만 해당되는가? 분명 그렇지 않다. 이는 특정 경험적 성령충만을 모든 이에게 동일한 방식으로 받아야 한다고 주장하며 배타적 주장을 펼칠 때에만 해당된다. 은혜는 적어도 성령에 의해 사람들의 삶에 적용되고 변화되는 과정에서 다채롭고 다면적인 현실이다. 특정한 경험적 성령충만을 주장한다고 해서 그것이 더 큰 영적 성숙이나 더 깊은 성경적 이해를 의미하지는 않는다. 여기에는 분명 논의와 함께 배울 여지가 있다.

모든 교회는 각자의 독특한 은사에 대해 특별한 주장을 하며, 그러한 은사가 공동체의 존재와 개인적 헌신을 정당화할 만큼 중요하다고 믿는다. 각 교회는 먼저 자신의 교회 안에서 교회의 본질을 인식하고, 나아가 다른 교회 안에서도 그것을 인정해야 한다. 예수 그리스도를 말, 행위, 그리고 열매를 통해 고백함으로써 드러난 하나님의 임재가 이러한 상호 인식의 기초가 된다. 이 상호 인식과 이어지는 교류 속에서 각 교회의 무엇이 '더 나은지' 혹은 '더 부족한지'를 발견할 수 있다.

마지막으로, 오순절주의자들 가운데는 자신들의 간증과 성화와 능력에 대한 경험적 주장때문에 교회에서 '쫓겨난(crushed out)' 혹은 '밀려난(pushed out)' 이들이 있었음을 기억해야 한다. 이러한 이탈에는 신학적 차이뿐 아니라, 인종, 계급, 문화적 갈등이 얽혀 있었고, 종종 교회가 성직 엘리트(clerical elite)를 위해 존재하며 이들에 의해 지배된다는 인식도 있었다. 이 성직자들은 성도들의 영적 투쟁과 승리에 함께 눈물 흘리거나 기뻐하지 않았고, 이를 통해 교회가 몇몇 소수를 위한 폐쇄적인 공간(closed shop)이며, 협상 불가능한 규칙과 예전이 소수를 위해 존재한다는 인상을 주는 일이 많았다. 또한, 선교적 희생과 관심, 그리고 고통받고 배고픈 이들에 대한 동정 어린 참여가 부족하다는 점도 비판받았다. 빠른 판단, 오해, 소통 부족은 많은 불필요한 분열로 이어졌다.

각 시대마다 예수님의 급진적 제자도와 성령의 능력을 재발견하는 것은, 교회가 자신의 오순절 형제자매들을 문화에 적응하는 만큼의 인내와 관심으로 수용해야 할 필요성을 제기한다. 복음과 성령의 능력으로 인해 권리를 되찾고 힘을 얻게 된 소외되고 무력했던 이들이 은혜의 후속적 역사(subsequent work of grace)를 가르친다는 이유로 비오순절 성도들로부터 엘리트주의자라는 말을 들을 때, 그들은 기꺼이 이렇게 답한다. '맞습니다, 물론입니다!' 혹은 단순히 '할렐루야!'

2) 선교(Mission)와 연합(Unity)

오순절 성도들에게 있어 선교에 대한 열정을 공유하는 것이 오늘날 교회의 연합을 이루는 수단이라는 주장은 그들의 영성과 독특한 기독교적 정체성과 일치한다. 오순절 성도들은 해리 부어(Harry Boer)가 그의 영향력 있는 저서 '오순절 그리고 선교(*Pentecost and Mission*)'에서 모든 그리스도인들에게 상기시킨 관점에 깊이 동의할 수 있다. 부어는 성령이 교회 조직이나, '절망에 빠진 많은 개인들,' 혹은 단순한 유기체(organism) 자체에 주어진 것이 아니라고 강조한다. 그는 성령이 '유기체를 섬기는 조직에, 그리고 조직으로 표현되는 유기체에 주어진 것이다'라고 주장한다. 또한, 부어는 대위임명령(Great Commission)에 대해 이렇게 언급한다. '성령의 부어주심(outpouring of the Spirit)은 그 본질상 교회의 삶에서 위임명령을 실현하는 것이다... 그것은 인간이 복종할 수 없는 율법의 명령과 같지 않다.' 부어는 위임명령을 단순히 복종해야 할 명령으로 설교하는 대신, 위임명령은 '교회의 본질을 표현하고 교회의 삶을 지배하는 법칙으로 제시되어야 한다'고 주장한다. 그는 다음과 같이 말한다.

> 교회를 덕을 세우고 찬양하기 위해 모이는 몸으로 보면서 동시에 선교 명령에 순종해야 할 과제를 가진 집단으로 여긴다면, 선교적 능력이 크게 발휘되기를 기대하기는 어렵다. 또한, 성령을 중생(regeneration)과 성화(sanctification)의 영으로 간주하면서, 교회에 추가적인 선교적 은사(*donum superadditum*)을 제공해야 한다고 여겨지는 한, 성령은 교회에서 자신의 역할을 온전히 수행할 수 없다.406)

오순절주의자들은 자신들의 운동이나 성령세례를 선교적 은사(*donum superadditum*)로 여기지 않는다. 모든 참된 오순절 성도들은 증인(witnesses)이며, 선교적 관심의 지점에서 의미 있는 에큐메니컬 교류(ecumenical exchange)를 시작할 수 있다. 점점 더 많은 접촉을 필요로 하는 가운데, 내러티브 교류(narrative exchange)와 선교적 실천(missionary praxis)에 대한 성찰의 맥락에서 희망의 시평(horizons of hope)을 융합할 수 있도록 하는 구조와 실천의 확대가 필요해지고 있다.

이와 관련하여, 몇 십 년 전에는 상상도 할 수 없었던 희망적인 징후들이 오늘날 많이 나타나고 있다. 이러한 징후들에는 다음과 같은 사례들이 포함된다: 로마 가톨릭-오순절 대화(Roman Catholic-Pentecostal dialog)의 지속적이고 풍성한 발전407); 미국 그리스도교 협의회(National Council of Churches of Christ in the United States)-

오순절 대화; 세계 교회 협의회(World Council of Churches)에 가입한 몇몇 오순절 교회들(주로 제 3세계 교회들)408); 지난 10년 동안 개최된 캔자스시티(Kansas City)와 뉴올리언스(New Orleans)의 대규모 오순절-은사주의 전국 컨퍼런스409); 전미 복음주의 협회(National Association of Evangelicals)에 오순절 성도들의 지속적인 참여; 세계 복음주의 연맹(World Evangelical Fellowship)에서의 오순절 성도들의 활동410); 수많은 더 작은 규모이지만 그에 못지않게 중요한 풀뿌리 차원의 노력 등. 이러한 징후들은 오순절 운동이 다양한 신학적, 실천적 대화를 통해 더 넓은 기독교 공동체와의 연대를 강화해 나가고 있음을 보여준다.

이 모든 과정에서 오순절 영성(Pentecostal spirituality)에서 비롯된 실천들은 앞으로의 에큐메니컬 만남을 촉진하고 발전시킬 수 있는 중요한 요소로 작용하고 있다. 오늘날 수백만의 성도를 대표하는 오순절 지도자들과 대화를 원한다면, 간증(testimony), 중보 기도(intercessory prayer), 찬양(praise), 그리고 공동 선교 실천(common missionary praxis)이 대화의 중요한 출발점이 될 수 있다. 각 개인이 자신의 신앙 여정(faith journey)을 이야기하면서 희망의 지평(horizons of hope)을 융합하고 공유할 수 있다. 가톨릭 신자들은 종종 오순절 성도들이 보고하는 극적인 위기나 사건들을 경험하지 못한다고 불평하기도 한다. 하지만 자신의 여정을 이야기하면서 새로운 상호 통찰이 생겨나고, 이러한 만남 자체가 위기는 아니더라도 특별한 사건(event)으로 전환된다. 함께 기도하는 것(praying together), 단지 서로를 위해 기도하는 것에 그치지 않고, 서로의 짐을 나누고(confessing to one another), 고백하는 것(bearing burdens)은 모든 기독교 공동체에 필수적이며, 특히 의미 있는 에큐메니컬 교제(ecumenical fellowship)를 위해 더욱 중요하다.

마지막으로, 선교적 실천과 관련하여 열매를 맺을 수 있는 구체적인 출발점은 공유된 치유 사역(shared healing ministry)이 될 수 있다. 병자, 억압받는 자, 귀신들린 자, 고통받는 자를 위한 기도와 사역에서 오순절 성도들은 다른 그리스도인들과 함께 선교 실천에 참여할 수 있다. 이 사역은 동시에 마지막 때의 사역의 표징, 성령의 선물, 상처 입은 치유자에 의해 이루어진 구속의 신비를 상징하는 성례, 그리고 '이미와 아직 사이의 시간'에 가장 중심적이고 필요한 정서인 연민(공감, compassion)의 표현이 될 것이다.

오순절 성도들이 이러한 간증, 기도, 치유의 실천을 다른 성도들과 함께 성찰할 때, 하나님의 선물로서 새로운 통찰과 열린 마음이 생겨날 수 있다. 이것은 다른 영역에서 의미 있는 진보를 위한 전제 조건이다. 공유된 영성 형성(shared spiritual formation)은 적어도 오순절 관점에서는 공동 신학(shared theology)의 기초가 된다.

3) 신학(Theology)과 열정(Passion)

본 연구는 오순절 영성에 독특한 특징이 있으며, 이것이 신학적 작업의 과정과 결과에 반영되어야 한다고 주장한다. 기도는 필수적이며, 단순히 '경건한 부가물'로 여겨질 수 없다. 신학적 작업이 종말론적 선교 공동체에 의해 삶의 현실에 대한 식별적 성찰로 이해된다면 더욱 그러하다. 기도는 공동체의 신념과 실천을 통합하고 동기 부여하는 종말론적 정서를 표현하고 불러일으킨다.

성경에서 오순절 공동체에 주어진 것은 하나님 안에서 미래로 열려 있으며, 하나님의 나라에 대한 열정으로 '불타오르게' 된다. 이는 단순히 개인적인 경험이나 자기중심적인 집단적 향락을 넘어서는 것으로, 그러한 태도는 하나님의 심판을 초래할 뿐이다.411) 이는 곧 믿음과 사랑이 세상을 향해 열리고, 소망 가운데 앞으로 나아감을 의미한다. 성령세례와 지속적인 충만함은 이러한 구원의 소망을 더욱 강화하고 집중시키며, 동시에 다른 이들을 들어 올리고, 구원하며, 격려하려는 손길로 뻗어나간다.412) 이 소망은 세상과 마귀 앞에서 용기를 주며, 모든 소망의 하나님께 대한 확신을 불어넣는다. 1세기와 20세기의 오순절 성령강림은 수백만의 버림받았으나 포기되지 않은 남녀와 어린이들에게 믿음, 소망, 사랑의 성장을 가져다주었다.

그러나 오순절 신앙을 가진 성도들은 하나님 나라에 대한 열정과 신학의 연관성을 반드시 이해해야 한다. 그렇지 않으면 소홀함이나 방탕함으로 인해 둘 다 잃을 수 있다. 신학 자체는 하나님을 향한 일종의 열정이며, 하나님을 향한 열정은 그 내적 논리와 세상적 소명을 이루는 중요한 부분으로서 지속적인 신학적 작업을 요구한다. 이 둘의 결합은 진정한 신학자의 표식이며, 진정 하나님 나라를 위해 기도하는 자의 모습이다.

구약과 신약 사이의 몇 세기 동안 이스라엘에는 제사장, 예언자, 그리고 지혜자들이 추구했던 예배적, 사회적, 개인적 거룩함을 종말론적 희망의 지평 안에서 재현하려는 묵시적 운동이 일어났다. 어쩌면 하나님은 이 시대에 거칠고, 대체로 미성숙하지만 열정적인 오순절 성도들을 일으키셔서 교회에 하나님 나라 복음의 묵시적 능력과 힘을 상기시키고, 삼위일체 하나님이 '만유 안에 만유'가 되실 종말을 위해 세상을 준비하도록 하셨는지도 모른다. 성령으로 충만하고 잃어버린 자와 고통받는 인류에 대한 자비로운 돌봄에 깊이 몰두한 교회는 하나의 공통된 갈망과 하나의 통합된 외침, 그리고 하나의 기쁨어린 외침을 가진다. 그것은 바로 '오소서, 주 예수여!'라는 간구다.

에필로그

　이러한 모든 해석적(interpretive)-구성적(constructive) 연구에서 반드시 언급되어야 할 점은, 이 작업은 완결된 것이 아니라 시작된 작업이라는 사실이다. 이 논문을 작성하며 마치 거대한 강물에 휩쓸려 떠내려가는 듯한 감정을 자주 느꼈다. 이제 육지에 올라 돌아보며, 앞으로 더 탐구해야 할 최소한 일곱 개의 지류(tributaries)가 있음을 깨달았다.

　첫째, 오순절주의는 신학과 영성의 관계라는 질문을 새롭게 제기한다. 이는 제1장에서 논의되었으며 연구 전반에 걸쳐 암시되었지만, 단지 교파적이거나 지역적인 문제가 아니다. 이는 신학의 대상, 목적, 맥락, 그리고 목표와 연관된다. 살아 계신 하나님께서 우리와 함께 계심을 나타내는 성령으로부터 출발하는 오순절 신학은 특정한 방법론적 및 해석학적 전제들을 제시한다. 이러한 전제들은 북미 오순절 신학자들의 작업뿐만 아니라 이제 막 출판되기 시작한 제3세계 대다수의 관점을 포함하여 별도의 연구에서 종합적으로 논의되어야 한다.

　해석학적이고 방법론적인 우려의 중심에는 두 번째 중요한 문제가 있다. 그것은 경험의 역할과 의미에 관한 것이다. 에드워즈(Edwards)와 웨슬리(Wesley)가 이성-감정 논쟁에 대해 제시한 접근 방식을 원초적인 복음주의 패러다임으로 본다면, 이것이 현재 복음주의 내에서 균형, 인지적 구조, 그리고 성령의 역할에 대한 논쟁에 어떤 새로운 통찰을 제공할 수 있을까? 근본주의자들은 이 연구에서 논의된 바른 정서(affections)에 대한 관심을 여전히 감정에 지나치게 집착된 막다른 접근으로 간주할 것인가? 그렇다면, 오순절주의자들은 자신들에게 붙여진 '근본주의자

(fundamentalist)' 또는 '복음주의자(evangelical)'라는 명칭을 최소한 재고해 보아야 하지 않을까? 이러한 질문들은 오순절주의가 자신들의 정체성과 신학적 방향성을 더 깊이 성찰하는 계기를 제공하며, 그들의 신학과 영성을 새롭게 정의하는 데 중요한 논점을 제시할 것이다.

오순절주의자들은 웨슬리안 사변형(Scripture, reason, tradition, experience: 성경, 이성, 전통, 경험)을 자신들만의 독특한 방식으로 재조명하는 것이 유익할 수 있다. 이 세 번째 탐구 방향은 두 번째 문제와 관련되어 있지만, 더 포괄적이다. 이를 통해 오순절주의가 운동의 웨슬리안 뿌리와의 연결을 재구축할 수 있는 수단을 제공할 것이다. 만약 오순절주의자들에게는 '균형'보다는 '통합'이라는 단어가 더 적합하다면, 이를 사변형을 통해 어떻게 입증할 수 있을까? 본 연구에서 사용된 성령-말씀(Spirit-Word) 공식이 성경의 의미에 대한 새로운 이해를 위해 어떤 함의를 가지며, 해석학적 접근은 어떻게 해야 이 공식과 종말론적 맥락과 전망(그와 함께하는 '이미-아직'의 긴장)을 반영할 수 있을까? 또한 이러한 종말론적 공동체에서 '이성'과 관련하여, 본 연구에서 암묵적으로 다뤄진 내용을 탐구하는 것이 중요할 것이다. 즉, 오순절 공동체의 비판적이고 공동체적인 식별 과정을 탐구해야 한다. 이는 공동체가 성령의 인도 아래에서 신학적, 영적 성찰을 통해 더 깊은 이해와 실천을 추구하는 데 핵심적인 역할을 할 것이다.

일부에게 놀라울 수 있는 것은 전통을 활용하는 방식이다. 현대 오순절주의자들은 사도적 교회와의 연속성을 주장하는 관점에서 초기 운동과의 경험적 연속성이 무엇을 의미하는지 탐구해야 한다. 이러한 관점에서 사도적 계승(apostolic succession)은 새로운 의미를 갖게 된다. 초기 문헌에서 종종 언급되었던 루터(Luther)와 웨슬리(Wesley)는 오늘날에도 매우 중요한 인물이다. 이 두 전통 중에서 왜 루터교회가 거의 항상 오순절주의를 가장 강하게 비판하는가? 왜 그들이 오순절주의자들의 펠라기우스주의(Pelagianism)와 열광주의(enthusiasm) 부정을 받아들이는 데 그렇게 어려움을 느끼는가? 여기서 웨슬리안 전통과의 연결은 매우 중요하며, 이 두 전통은 공동의 목표를 추구해야 한다. 오순절주의자들은 웨슬리가 창조적으로 구성한 개신교-가톨릭 신학을 연구하고, 그가 활용한 동방교회와 서방교회의 자료들을 그의 주요 원천인 성경으로까지 거슬러 올라가 살펴보아야 한다. 웨슬리안과 오순절주의자들은 성화되고 성령충만한 삶에서 성경, 전통, 이성을 특정 방식으로 통합한다는 점에서 동의하는 것처럼 보인다. 기독교적 정서에 대한 추가적인 연구는 오순절주의자들이 자신들의 분파적 독자성과 동시에 에큐메니컬한 중요성을 점점 더 깊이 이해할 수 있게 할 것이다.

하지만 이것은 또 다른 중요한 문제를 제기한다. 오늘날 오순절주의의 광범위한 확장과 다양성, 그리고 전통에서 서사(narrative)가 가지는 중요성을 고려할 때, 그 대다수 신도들의 정체성을 규정하고 통합하며 미래 발전의 방향을 제시할 수 있는 어떤 공통적이고 기초적인 서사가 존재할 수 있을까? 이러한 공통 서사는 초기 10년 동안의 '정경적(canonic)' 서사와 유사한 역할을 할 수 있을 것이다. 즉, 지리적, 인종적, 계층적, 문화적, 성별 차이를 초월하여 신도들을 통합하는 역할을 할 수 있다. 성경 속 오순절 사건, 현재의 현실, 그리고 종말론적 목표 모두가 이러한 현대적인 오순절 증언의 재조명 요소가 될 수 있다.

네 번째로 교회론과 관련된 문제들이 있다. 오순절주의자들은 제도주의를 분명히 거부했지만, 분열 없이 지속적인 변화와 논쟁을 허용할 수 있는 실행 가능한 교회론을 제시하지 못했다. 합의(consensus)를 형성하기 위한 교회 정치가 아직 구축되지 않았다(아마도 세계 오순절 회의, 유럽 오순절 신학 협회, 북미 오순절 교회 연합, 또는 오순절 학회가 이를 추구할 수 있을 것이다). 독립 교회 및 예수 유일주의(Oneness) 그룹과 대화하고 연구할 방법을 찾아야 한다. 이는 오순절주의의 자기 이해와 운동의 재통합에 있어 매우 중요하다. 오순절주의자들은 내부적으로, 그리고 다른 교회들과의 대화를 통해 에큐메니컬 대화, 발전, 선교를 위한 또 다른 모델을 발견할 수 있을까?

또 다른 내부 교회론적 문제는 기독교 삶의 형태와 가장 잘 연관되는 교회의 구조가 무엇인지에 대한 고찰이다. 오순절주의 신앙이 발전하기 위해, 순전히 위계적(hierarchical)인 구조, 대규모 부흥 중심의 접근법, 혹은 자율적 회중 중심의 접근법이 교회와 개별 성도들의 건강에 있어 불충분하거나 해로운 이유는 무엇인가? 만약 오순절주의의 정서와 은사의 논리가 따른다면, 그것이 전통적 교회론적 공식들을 어떻게 바꿀 수 있을까?

다섯 번째로, 위기(crisis) 경험에 대한 새로운 은유가 절실히 필요하다. 전적으로 실체론적(substantialist)인 것을 피하고, 전적으로 관계적(relational)인 것을 보완하고, 믿는 이의 진정한 존재론적(ontological) 변화에 대한 긍정을 향해 노력하면서, 성경적 서사, 역사적, 인간적 발전의 사건성을 반영하는 구원론을 개발할 수 있을까? 아마도 정서적 변화와 통합은 위기 경험을 설명하는 데 있어 새로운 유용한 은유로 증명될 수 있을 것이다. 이 연구는 그러한 방향으로 나아가는 한 걸음이다.

오순절 신학이 종말을 고려한 삶의 현실에 대한 분별 있는 성찰이라고 한다면, 종말론적 기대의 형태는 매우 중요하다. 연구를 더 발전시켜야 할 여섯 번째 영역은 오순절 성도들이 '이미-아직'이라는 긴장된 역동성 속에서 어떻게 살아갈 수 있는지에 관한 질문에 초점을 맞춘다. 이 과정에서 한편으로는 영혼, 육체, 그리고 사회 구조를 포괄하는 통합적 사명을 단절하지 않으면서, 다른 한편으로는 낙관적이고 전능한 것처럼 보이는 기술 사회에 굴복하지 않는 방법을 모색해야 한다.

일곱 번째로, 오순절 종말론은 전천년적(premillennial)이며 묵시적(apocalyptic) 성격을 지니고 있으나 늦은비(Latter Rain) 교리로 인해 독특한 특징을 갖는다. 하나님의 권능과 주권에 대한 강조는 있지만, 성령께서 하나님의 나라의 생명을 현재로 가져오심으로 인해 수동성과 문화적 비관주의가 최소화되고, 사람들이 사역을 위해 능력을 받는다. 이는 후천년주의(postmillennial)가 아니며, 지나친 확신이나 문화적 순응을 피한다. 하나님의 나라는 교회보다 더 큰 영역이며, 따라서 전천년적 기대 안에 암묵적으로 '후천년적' 활동주의가 포함되어 있다. 실제로, 의와 평화, 기쁨이 충만하게 임할 것이라는 기대는 이러한 활동주의를 고취시킨다. 이러한 특성은 4장에서 논의된 삼위일체적 관점의 추가적인 발전을 통해 사회-문화적 문제를 포함하도록 확장될 수 있으며, 동시에 복음 전도에 대한 헌신을 잃지 않을 것이다.

시작되었으나 아직 완성되지 않은 작업으로서, 그리고 첫 번째 백년을 갓 지난 운동으로서 오순절주의(Pentecostalism)는 앞으로 많은 가능성을 품고 있다. 이는 하나님의 백성 안에 거하시며, 만물을 예수 그리스도 안에서의 완성을 향해 이끄시는 성령께 열려 있을 때 더욱 그러하다.

참고문헌

참고문헌

Abel, T.D. *Better Felt Than Said: Pentecostal Experience in Southern Appalachia* (Waco, TX: Markham Press, 1982).

Abraham, W. *The Logic of Evangelism* (Grand Rapids: Eerdmans, 1989).

Albrecht, D.E. 'An Investigation of the Sociocultural Characteristics and Dynamics of Wallace's "Revitalization Movements": A Comparative Analysis of the Works of Four Social Scientists' (unpublished paper, Graduate Theological Union and The University of California at Berkeley, 1989).

Aldana, R., D. Munguia and R. Waldrop. Interview with author. Centro Guatemalteco de teologica Practica, Quetzaltenango, Guatemala. 3 October 1989.

Alexander, D.A. 'Bishop J.H. King and the Emergence of Holiness Pentecostalism', Pneuma (Fall. 1986), pp. 159-83.

Alexander, D.L.(ed.). *Christian Spirituality: Five Views of Sanctification* (Downers Grove, IL: IVP, 1988).

Alvarez, C.E. Santidady compromiso (Mexico: Casa Unida de Publicaciones, n.d.).

Anderson, E.P. (ed.). *Melodies of Praise* (Springfield, MO: Gospel Pub. House, 1957).

Anderson, R.M. *Vision of the Disinherited: The Making of American Pentecostalism* (New York: Oxford University Press, 1979).

Arrington, F.L. *The Acts of the Apostles: An Introduction and Commentary* (Peabody, MA: Hendrickson, 1988).

Arthur, W. *The Tongue of Fire; or the True Power of Christianity* (New York: Harper, 1856).

Barrett, D.B. *Cosmos, Chaos, and Gospel: A Chronology of World Evangelization from Creation to New Creation* (Birmingham, AL: New Hope-Foreign Mission Board of Southern Baptist Convention, 1987).

Barrett, T.B. *In the Days of the Latter Rain* (London: Simpkin, Marshall. Hamilton, Kent and Co., 1909).

Barrios, Magdalena de, and Elizabeth de Gomez. Interview with author. Centro Guatemalteco de teologia Practica, Quatzaltenango, Guatemala, October 1989.

Barth, K. *Evangelical Theology: An Introduction* (New York: Holt, Rinehart & Winston. 1963).

_____. *Church Dogmatics* (Edinburgh: T. & T. Clark, 1975-1977).

_____. *Prayer* (ed. D.E. Saliers; trans. S. Terrien; Philadelphia: Westminster Press, 1985).

Bartleman, F. *Azusa Street* (South Plainfield, NJ: Bridge Publishing, 1980).

Beaman, J. *Pentecostal Pacifism* (Hillsboro, KS: Center for Mennonite Brethren Studies, 1989).

Beasley-Murray, G.R. *Jesus and the Kingdom of God* (Grand Rapids: Eerdmans, 1986).

Bell, R.H. (ed.). *The Grammar of the Heart* (San Fransisco: Harper and Row, 1988).

Berkhof, H.. *Christian Faith: An Introduction to the Study of the Faith* (Grand Rapids: Eerdmans, 1979).

Boer, H.R. *Pentecost and Missions* (Grand Rapids: Eerdmans, 1961).

Bowman, R., G.S. Hawkins and D. Schlesinger, 'The Gospel according to Paulk: A Critique of "Kingdom Now Theology"', *Christian Research Journal* 10.3 (Winter/Spring, 1988), pp. 9-13, and 11.1 (Summer/Fall, 1988), pp. 15-20.

Bowdle, D.N. (ed.). *The Promise and the Power* (Cleveland, TN: Pathway Press, 1980).

Bowers, J.P. 'Sanctification in the Church of God: A Shift from the Three Blessing Paradigm' (unpublished paper, Southern Baptist Theological Seminary, 1985).

Brewster, P.S. (ed.). *Pentecostal Doctrine* (Gloucestershire: Grenehurst Press, 1976).

Bridges Johns, C. *Pentecostal Formation: A Pedagogy among the Oppressed* (JPTSup, 2; Sheffield: JSOT Press, 1993).

Brown, D. *Understanding Pietism* (Grand Rapids: Eerdmans, 1978).

Brueggemann, W. 'II Kings 18-19: The Legitimacy of a Sectarian Hermeneutic,' *HBT* 8 (1985), pp. 1-42.

———. *Hope within History* (Atlanta: John Knox, 1987).

Bruner, F.D. A *Theology of the Holy Spirit: The Pentecostal Experience and the New Testament Witness* (Grand Rapids: Eerdmans, 1970).

Burgess, S.M. (ed.). *Reaching Beyond: Chapters in the History of Perfectionism* (Peabody, MA: Hendrickson, 1986).

Burgess, S.M., and G.B. McGee (eds.). *Dictionary of Pentecostal and Charismatic Movements* (Grand Rapids: Zondervan, 1988).

Campos, B.L., 'From Experience to Pentecostal Theology' (unpublished paper, trans. J. Beaty and S.J. Land, paper presented to the Encuentro Pentecostal Latinoamericano, Buenos Aires, Argentina, 1989).

Carr, W., 'Towards a Contemporary Theology of the Holy Spirit', *SJT* 28 (1975), pp. 501-16.

Cassidy, M. *Bursting the Wineskins: The Holy Spirit's Transforming Work in a Peacemaker and His World* (Wheaton, IL: Harold Shaw Pub., 1983).

Cassidy, R.J. *Society and Politics in the Acts of the Apostles* (Maryknoll, NY: Orbis Books, 1988).

Castegeda, J.M. Interview with author. Centro Guatemalteco de Teológica Practica, Quetzaltenango, Guatemala, October 1989.

Castillo, P. Interview with author. Managua, Nicaragua, 15 October 1989.

Chikane, F. *No Life of my Own: An Autobiography* (London: Catholic Institute of International Relations, 1988).

Christenson, L. *Speaking in Tongues and its Significance for the Church* (Minneapolis, MN: Bethany Fellowship, 1968).

Clapper, G.S. *John Wesley on Religious Affections: His Views on Experience and Emotion and their Role in the Christian Life* (Metuchen, NJ: Scarecrow Press, 1989).

———. 'Orthokardia: The Practical Theology of John Wesley's Heart Religion,' *Quarterly Review* 10.1 (Spring, 1990), pp. 49-66.

Clark, S.B. *Confirmation and the 'Baptism of the Holy Spirit'* (Pecos, NM: Dove Publications 1969).

Clayton, A.L. 'The Significance of W.H. Durham for Pentecostal Historiography,' *Pneuma: The Journal of the Society for Pentecostal Studies* 1 (Fall, 1979), pp. 27-42.

Colllns, J.J. *The Apocalyptic Imagination: An Introduction to the Jewish Matrix of Christianity* (New York: Crossroad, 1989).

Comacho, H. 'Involucramiento del laico en la revitalización de la vida congregacional,' *Pastoralia* 7.15(December, 1985), pp. 55-68.

Comblin, J. *The Holy Spirit and Liberation* (Mary Knoll, NY: Orbis Books, 1989).

Conn, C.W. *A Balanced Church* (Cleveland, TN: Pathway Press, 1975).

Cooey, P. *Jonathan Edwards on Nature and Destiny* (Lewiston, NY: Edwin Mellen, 1985).

Corum, F.T. (ed.). *Like As of Fire, a collection of The Apostolic*

Faith, 1906-1908 (Wilmington, MA: F.T. Corum, 1981).

Cottle, R., 'Tongues Shall Cease,' *Pneuma: The Journal of the Society for Pentecostal Studies* 1 (Fall, 1979), pp. 43-49.

Crews, E.M., Jr, 'From the Back Alleys to Uptown: A History of the Church of God (Cleveland, Tenessee)' (PhD dissertation, Harvard University, 1988).

Date, Henry, and E.A. Hoffman. *Pentecostal Hymns Number Three: A Winnowed Collection for Evangelistic Services, Young People's Societies and Sunday-Schools* (Chica-go: Hope Pub. Co., 1894).

Dayton, D.W. Discovering an Evangelical Heritage (Peabody, MA: Hendrickson, 1976).

_____. 'Declaración de la consulta de lideres educacionales de la Iglesia de Dios: Desarrollo de un modelo pastoral pentecostal Crente a la teologia de la liberación,' *Pastoralia* 7.15 (December, 1985), pp.99-106.

_____. 'The Holiness Witness in the Ecumenical Church' (unpublished paper, Wesleyan Theological Society, 1987).

_____. *The Theological Roots of Pentecostalism* (Grand Rapids: Zondervan, 1987).

_____. 'Yet Another Layer of the Onion: Or Opening the Ecumenical Door to Let the Riffraff in,' *The Ecumenical Review* 40.1 (January, 1988), pp. 87-110.

_____. 'Pentecostal/Charismatic Renewal and Social Change: A Western Perspective,' *Transformation*

5.4(October/December, 1988), pp. 7-13.

D'Epinay, C.L. *Haven of the Masses* (London: Lutterworth Press, 1969).

Dieter, M.E. *The Holiness Revival of the Nineteenth Century* (Metuchen, NJ: Scarecrow Press, 1980).

———. 'The Development of Nineteenth Century Holiness Theology,' *Wesleyan Theological Journal* 20.1(Spring, 1985), pp. 61-77.

———. 'The Wesleyan-Holiness and Pentecostal Movements: Commonalities Confrontation, and Dialogue' (paper presented to the annual meeting of the Society for Pentecostal Studies, 1988).

Dorman, D.A. 'The Purpose of Empowerment in the Christian Life,' *Pneuma* 7.2 (Fall, 1985), pp. 147-65.

Dowd, M.B. 'Contours of a Narrative Pentecostal Theology and Practice' (paper presented to the annual meeting of the Society for Pentecostal Studies, 1985).

Drayer, J.R. 'The Significance of Apocalypticism in Contemporary British Eschatology' (Th.D. dissertation, Southern Baptist Theological Seminary, 1970).

Duffield, G.P. and N.M. Van Cleave. *Foundations of Pentecostal Theology* (Los Angeles: L.I.F.E. Bible College, 1983).

Duggan, M.W. 'The Cross and the Holy Spirit in Paul: Implications for Baptism in the Holy Spirit,' *Pneuma* 7.2 (Fall, 1985), pp. 135-46.

———. 'Implications for Pentecostal-Charismatic Theology'

(paper presented to the annual meeting of the Society for Pentecostal Studies, Gaithersburg, MD, 1985).

Dunn, J.D.G. *Baptism in the Holy Spirit* (Philadelphia: Westminster Press, 1970).

———. *Jesus and the Spirit* (Philadelphia: Westminster Press, 1975).

Dupree, S.S. (ed.). *Biographical Dictionary of African-American, Holiness-Pentecostals 1880-1990* (Washington, DC: Middle Atlantic Regional Press, 1989).

Durnbaugh, D.F. *The Believers Church: The History and Character of Radical Protestantism* (New York: Macmillan, 1968).

Elbert, P. (ed.). *Faces of Renewal* (Peabody, MA: Hendrickson, 1988).

Elliott, W. 'Continuity/Discontinuity Between Protestantism and Pentecostalism' (paper presented to the annual meeting of the Society for Pentecostal Studies, 1989).

Ervin, H.M. 'Hermeneutics: A Pentecostal Option,' Pneuma 3.2 (Fall, 1981), pp. 11-25.

———. *Conversion-Initiation and the Baptism in the Holy Spirit* (Peabody, MA: Hendrickson, 1984).

———. *Spirit Baptism: A Biblical Investigation* (Peabody, MA: Hendrickson, 1987).

Fahey, S.McM. *Charismatic Social Action* (New York: Paulist Press, 1987).

Farah, C. *From the Pinnacle of the Temple: Faith Versus Presumption* (Plainfield, NJ: Logos, n.d;).

Farah, C., Jr. 'A Critical Analysis: The "Roots and Fruits" of Faith-Formula Theology,' *Pneuma* 3.1(Spring, 1981), pp. 3-21.

Faupel, D.W. *The American Pentecostal Movement: A Bibliographical Introduction* (paper presented to the annual meeting of the Society for Pentecostal Studies, 1972).

―――. 'The Function of "Models" in the Interpretation of Pentecostal Thought,' *Pneuma* 2.1 (Spring, 1980), pp. 45-71.

―――. 'The Everlasting Gospel: The Significance of Eschatology in the Development of Pentecostal Thought' (Ph.D. thesis, University of Birmingham, 1989).

Fedotov, I. and V. Fedotov. Interview with author. Maloyaroslavits, Russia, October 1989.

Fee G.D. 'Baptism in the Holy Spirit: The Issue of Separability and Subsequence,' *Pneuma* 2.1 (Fall, 1985), pp.87-99.

Finger, T.N. *Christian Theology: An Eschatological Approach* (2 vols; Scottsdale, PA: Herald Press, 1985).

Fletcher, J. *The Portrait of St Paul* (New York: Hunt and Eaton, 1889).

Gaetan, A. 'Teologia de la Liberacion: Perspectiva de una majer pentecostal,' *Pastoralia* 7.15 (December, 1985), pp.

87-98.

Garnmie, J.G. *Holiness in Israel* (Minneapolis: Fortress Press, 1989).

Garcia, P. Interview with author, Guatemala City, Guatemala, October 1989.

'Gathering of Latin American Pentecostals: Summary report' (unpublished paper, Salvador, Brazil, 6-9 January, 1988).

Gee, D. *Trophimus I Left Sick: Our Problems of Divine Healing* (London: Elim Publishing, 1952).

Gerlach, L.P. 'Pentecostalism: Revolution or Counter-Revolution?' in L.L. Zaretsky and M.P. Leone (eds.). Religious Movements in Contemporary America (Princeton, NJ: Princeton University Press, 1974), pp. 669-99.

Gerlach, L.P. and V.H. Hine. *People, Power, Change: Movements of Social Transformation* (New York: The Bobbs-Merrill Co., 1970).

Giron, R. 'Analisis de la pastoral pentecostal en America Latina,' *Pastoralia* 7.15 (December, 1985), pp. 55-68.

Goff, J.R., Jr. 'Fields White unto Harvest: Charles F. Parham and the Missionary Origins of Pentecostalism' (Ph.D. dissertation, University of Arkansas, 1987).

_____. 'The Faith that Claims,' *Christianity Today* (February 19, 1990), pp. 18-21.

Hamilton, M.P. (ed.). *The Charismatic Movement* (Grand Rapids:

Eerdmans, 1975).

Hanson, P.D. (ed.). *Visionaries and their Apocalypses* (Philadelphia: Fortress Press, 1983).

Haynes, E. and M.S. Lemons (eds.). *Church of God Songs* No. 3 (Cleveland, TN: Church of God Publishing House, n.d.).

_____. *Church of God Songs* No. 4 (Cleveland, TN: Church of God Publishing House, n.d.).

_____. *Church of God Songs: Tears with Joy* (Cleveland, TN: Church of God Publishing House, 1920).

Hine, V.H. 'The Deprivation and Disorganization Theories of Social Movements,' in Zaretsky and Leone(eds.). *Religious Movements*, pp.646-64.

Hocken, P. 'The Pentecostal-Charismatic Movement as Revival and Renewal,' *Pneuma* 3.1 (Spring, 1981), pp.31-47.

_____. 'The Meaning and Purpose of "Baptism in the Spirit"', Pneuma 7.2 (Fall, 1985), pp. 125-34.

_____. 'Signs and Evidence: The Need for Catholic-Pentecostal Dialogue on the Relationship between the Physical and the Spiritual' (paper presented to the annual meeting of the Society for Pentecostal Studies, 1989).

Hollenweger, W.J. 'The Black Pentecostal Concept: Interpretations and Variations,' *Concept* 30 (1970), pp. 16-17.

_____. *The Pentecostals* (Peabody, MA: Hendrickson, 1972).

_____. *New Wine in Old Wineskins* (Gloucester: Fellowship Press, 1973).

_____. *Pentecost between Black and White* (Belfast: Christian Journals, 1974).

_____. 'After Twenty Years' Research on Pentecostalism,' *Theology* 87 (November, 1984), p. 404.

_____. 'After Twenty Years' Research on Pentecostalism,' *International Review of Mission* 75.297 (January, 1986), pp. 3-12.

_____. Interview with author. Asbury Theological Seminary, Wilmore, KY, February 1990.

_____. 'The Critical Tradition of Pentecostalism,' *JPT* 1 (1992), pp. 7-17.

Holmes, N.J., and L.S. Holmes. *Life Sketches and Sermons: The Story of Pentecostal Pioneer N.J. Holmes* (Royston, GA: Press of the Pentecostal Holiness Church, 1920).

Howell, J.H. 'The People of the Name: Oneness Pentecostalism In the United States' (Ph.D. dissertation, Florida State University, 1985).

Hunter, H.D. *Spirit Baptism: A Pentecostal Alternative* (Lanham, MD: University Press of America, 1983).

_____. 'Reflections by a Pentecostal on Aspects of BEM' (unpublished paper, prepared for the NCCUSA Dialogue, 1990).

Irwin, B.H. 'Pyrophobia,' *The Way of Faith* (28 October 1896).

Jackson, R. 'Prosperity Theology and the Faith Movement,' *Themelios* 15.1 (October, 1989), pp. 16-24.

Johns, J.D. and C. Bridges Johns. 'Yielding to the Spirit: A Pentecostal Approach to Bible Study,' *JPT* 1(1992), pp. 109-34.

Jones, C. G. Wainwright and E. Yarnold (eds.). *The Study of Spirituality* (New York: Oxford University Press, 1986).

Jones, C.E. A *Guide to the Study of the Holiness Movement* (Metuchen, NJ: Scarecrow Press, 1974).

—————. *Perfectionist Persuasion: The Holiness Movement and American Methodism, 1867-1936* (ATLA Monograph, 5; Metuchen, NJ: Scarecrow Press, 1974).

—————. *A Guide to the Study of the Pentecostal Movement* (Metuchen, NJ: Scarecrow Press, 1983).

—————. *Black Holiness: A Guide to the Study of Black Participation in Wesleyan Perfectionist and Glossolalic Pentecostal Movements* (Metuchen, NJ: A TLA, 1987).

Käsemann, E. *New Testament Questions of Today* (London: SCM Press, 1969).

Kenyon, H.N. 'An Analysis of Racial Separation within Early Pentecostalism' (MA thesis, Baylor University, 1978).

King, J.H. *From Passover to Pentecost* (Memphis, TN: H.W. Dixon Printing Co., 1914).

Kirkpatrick, D. (ed.). *Faith Born in the Struggle for Life* (Grand Rapids: Eerdmans, 1988).

Knight, H.H., III. 'The Relation of Narrative to Christian Affections' (unpublished paper, Emory University, 1987).

―――――. *The Presence of God in the Christian Life* (Metuchen, NJ: Scarecrow Press, 1992).

König, A. *The Eclipse of Christ in Eschatology: Toward a Christ Centered Approach* (Grand Rapids: Eerdmans, 1989).

Ladd, G.E. *The Presence of the Future* (Grand Rapids: Eerdmans, 1974).

Land, S.J. 'Pentecostal Spirituality and Disciplines' (unpublished paper, Guatemala Center for Practical Theology, 1989).

―――――. 'Pentecostal Spirituality: Living in the Spirit', in L. Dupree and D. Sailers (eds.). *Christian Spirituality: Post-Reformation and Modern* (New York: Crossroad, 1989), pp. 484-90.

Larkin, C. *Dispensational Truth or God's Plan and Purpose in the Ages* (Philadelphia: Rev. C. Larkin Est., 1920).

Lawrence, B.F. The Apostolic Faith Restored, in D.W. Dayton (ed.). *Three Early Pentecostal Tracts* (The Higher Christian Life Series; New York: Garland Publishing, 1985).

Lederle, H.I. 'An Ecumenical Investigation into the Proprium or Distinctive element of Pentecostal Theology', *Theologica Evangelica* 21.2 (June, 1988), pp. 34-41.

―――――. *Treasures Old and New: Interpretations of Spirit-Baptism in the Charismatic Renewal Movement*

(Peabody, MA: Hendrickson, 1988).

Lovelace, R. 'Baptism in the Holy Spirit and the Evangelical Tradition', *Pneuma* 7.2 (Fall, 1985), pp. 101-23.

Lovett, L. 'Black Holiness-Pentecostalism: Implications for Ethics and Social Transformation' (Ph.D. dissertation, Emory University, 1979).

MacArthur, J., Jr. *The Charismatics:* A Doctrinal Perspective (Grand Rapids: Zondervan, 1978).

———. *Speaking in Tongues* (Chicago: Moody Press, 1988).

McClendon, J.W., Jr. *Systematic Theology: Ethics* (Nashville: Abingdon Press, 1986).

McClung, L.G. (ed.). *Azusa Street and Beyond: Pentecostal Missions and Church Growth in the Twentieth Century* (South Plainfield, NJ: Bridge Publishing, 1986).

MacDonald, W.G. 'The Cross versus Personal Kingdoms,' *Pneuma* 3.2 (Fall, 1981), pp. 26-37.

McDonnell, C. and B. Lang. *Heaven: A History* (New Haven: Yale University Press, 1988).

McDonnell, K.. 'The Experiential and the Social: New Models From the Pentecostal/Roman Catholic Dialogue,' *One in Christ* 9 (1973), pp. 43-58.

———. 'The-Distinguishing Characteristics of the Charismatic-Pentecostal Spirituality,' *One in Christ* 10.2(1974), pp. 117-28.

———. *Presence, Power, Praise: Documents on Charismatic*

Renewal (Collegeville, MN: Liturgical Press, 1980), I-III.

———. 'The Determinative Doctrine of the Holy Spirit,' *TTod* 39.2 (July, 1982), pp. 142-61.

McGee, G.B. 'Apostolic Power for End Times Evangelism: A Historical Review of Pentecostal Mission Theology' (unpublished paper presented to the International Roman Catholic and Classical Pentecostal Dialogue, 1990).

McGinn, B. (ed. and trans.). *Apocalyptic Spirituality* (New York: Harper & Row, 1977).

McLean, M.D. 'Toward a Pentecostal Hermeneutic,' *Pneuma* 6.2 (Fall, 1984), pp. 35-56.

MacRobert, I. *The Black Roots and White Racism of Early Pentecostalism in the U.S.* (New York: St Martin's Press, 1988).

Maddox, R. (ed.). *Aldersgate Reconsidered* (Nashville: Abingdon Press, 1990).

Marshall, I.H. (ed.). *Christian Experience in Theology and Life* (Edinburgh: Rutherford House, 1988).

Masserano, F.C. 'A Study of Worship Forms in the Assemblies of God Denomination' (Th.M. thesis, Princeton Theological Seminary, 1966).

Menzies, R.P. *The Development of Early Christian Pneumatology* (JSNTSup 54; Sheffield: JSOT Press, 1991).

Mills, W.E. *Speaking in Tongues: A Classified Bibliography* (Costa Mesa, CA: Society for Pentecostal Studies, 1974).

Moberg, D.O. *The Great Reversal: Evangelism versus Social Concern* (Philadelphia: Lippincott, 1972).

Moltmann, J. *The Church in the Power of the Spirit* (New York: Harper & Row, 1977).

_____. *The Trinity and the Kingdom* (New York: Harper & Row, 1981).

_____. 'The Fellowship of the Holy Spirit-A Trinitarian Pneumatology,' SJT 37 (1984), pp. 287-300.

Moonie, P.M. 'The Significance of Neo-Pentecostalism for the Renewal and Unity of the Church in the United States' (Th.D. dissertation, Boston University School of Theology, 1954).

Moore, E. LeR. 'Handbook of Pentecostal Denominations in the United States' (M.A. Thesis, Pasadena College, 1954).

Moore, R.D. 'Approaching God's Word Biblically: A Pentecostal Perspective' (paper presented to the annual meeting of the Society for Pentecostal Studies, 1989).

_____. 'Canon and Charisma in the Book of Deuteronomy,' *JPT* 1 (1992), pp. 75-92.

Morris, P.C. 'The Holy Spirit in the Music of the Church of God'(unpublished paper, term paper, Church of God School of Theology, 1989).

Myland, D.W. *The Latter Rain Covenant and Pentecostal Power*, in D.W. Dayton (ed.). Three Early Pentecostal Tracts.

Nelson, D.J. 'For such a Time as this: The Story of William J. Seymour and the Azusa Street Revival' (Ph.D. thesis,

University of Birmingham, England, 1981).

Newbigin, L. *The Household of God* (London: SCM Press, 1953).

Nichols, D.R. 'The Search for a Pentecostal Structure in Systematic Theology,' *Pneuma* 6.2 (Fall, 1984), pp. 57-76.

Niebuhr, H.R. *The Social Sources of Denominationalism* (New York: World Publishing, 1929).

_____. *Christ and Culture* (New York: Harper & Row, 1951).

_____. 'Theological Unitarianisms,' *TTod* 40.2 (July, 1983), pp. 15-57.

O'Connor, E. *The Pentecostal Movement in the Catholic Church* (Notre Dame: Ave Maria Press, 1971).

Oosthuizen, G.C. *Moving to the Waters: Fifty Years of Pentecostal Revival in Bethesda 1925-75* (Durban, South Africa: Bethesda, 1975).

Palmer, P. *The Promise of the Father* (Boston, MA: H.V. Degen, 1859; repr. Salem, Ohio: Schmul, 1981, and New York: Garland, 1986).

Pearlman, M. *Knowing the Doctrines of the Bible* (Springfield, MO: Gospel Publishing House, 1937).

Peters, J.L. *Christian Perfection and American Methodism* (Grand Rapids: Zondervan, 1985).

Pluss, J.-D. *Therapeutic and Prophetic Narratives in Worship: A Hermeneutic Study of Testimony and Vision* (Bern: Peter Lang, 1988).

_____. 'Pentecostal Visions of Peace between Ecclesial Authority and Secular Society' (paper presented to the annual meeting of the Society for Pentecostal Studies, 1989).

Poewe, K. 'Links and Parallels between Black and White Charismatic Churches in South Africa and the States: Potential for Cultural Transformation,' *Pneuma* 10.2 (Fall, 1984), pp. 141-58.

Poloma, M. *The Assemblies of God at the Crossroads: Charisma and Institutional Dilemmas* (Knoxville: University of Tennessee Press, 1989).

Pomerville, P.A. *The Third Force in Mission* (Peabody, MA: Hendrickson, 1985).

Poythress, V.S. *Understanding Dispensationalists* (Grand Rapids: Zondervan, 1987).

Quebedeaux, R. *The New Charismatics II* (New York: Harper & Row, 1983).

Ranaghan, K.M. 'Rites of Initiation in Representative Pentecostal Churches in the United States, 1901-1972' (Ph.D. dissertation, University of Notre Dame, 1974).

Reed, D.A. 'Origins and Development of the Theology of Oneness Pentecostalism in the United States' (Ph.D. dissertation, Boston University, 1978).

Reeves, M. and W. Gould. *Joachim of Fiore and the Myth of the Eternal Evangel in the Nineteenth Century* (Oxford: Clarendon Press, 1987).

Reid, D.G. (ed.). *Dictionary of Christianity in America* (Downers Grove, IL: IVP , 1990).

Rhodes, J.S. 'Karl Barth and the Base Communities: A Dialogue on Praxis and Interpretation' (Ph.D. dissertation, Emory University, 1987).

Robeck, C.M., Jr. 'Pentecostalism and Ecumenical Dialogue: A Potential Agenda,' *Ecumenical Trends* 16.11 (December, 1987), pp. 185-88.

_____. 'Pentecostal Perspectives on the Ecumenical Challenge' (unpublished paper prepared for the Pentecostal/COFO dialogue, 1989).

Robeck, C.M., Jr (ed.). *Charismatic Experiences in History* (Peabody, MA: Hendrickson, 1985).

Roberts, R.C. *Spirituality and Human Emotion* (Grand Rapids: Eerdmans, 1982).

_____. *The Strengths of a Christian* (Philadelphia: Westminster Press, 1984).

Roebuck, D. 'From Extraordinary Call to Spirit-Baptism: Phoebe Palmer's Use of Pentecostal Language to Justify Women in Ministry' (paper presented to the annual meeting of the Society for Pentecostal Studies, 1989).

Rosato, P .J. *The Spirit as Lord: The Pneumatology of Karl Barth* (Edinburgh: T. & T. Clark, 1981).

Runyon, T. 'System and Method in Wesley's Theology' (unpublished paper, American Academy of Religion, 1982).

Runyon, T. (ed.). *What the Spirit is Saying to the Churches* (New York: Hawthorne Books, 1975).

_____. *Sanctification and Liberation* (Nashville: Abingdon Press, 1981).

Saliers, D.E. and L, Dupre (eds.). *Christian Spirituality, III: Post-Reformation and Modern* (World Spirituality 18; New York: Crossroad, 1989).

Sandidge, J.L. *Roman Catholic-Pentecostal Dialogue, 1977-1982: A Study in Developing Ecumenism* (Studies in the Inter-cultural History of Christianity, 44; Frankfurt: Peter Lang, 1987).

Sauls, N.D. *Pentecostal Doctrines: A Wesleyan Approach* (Dunn, NC: The Heritage Press, 1979), 1.

Sepúlveda, J. 'Reflections on the Pentecostal Contribution to the Mission of the Church In Latin America,' trans. J. Beaty and S.J. Land, *JPT* 1 (1992), pp. 93-108.

Sheppard, G.T. 'Pentecostalism and the Hermeneutics of Dispensationalism: Anatomy of an Uneasy Relationship,' *Pneuma* 6.2 (Fall, 1984), pp. 5-34.

Shopshire, J.M. 'A Socio-Historical Characterization of the Black Pentecostal Movement in North America' (Ph.D. dissertaion, Northwestern University, 1975).

Showalter, A.I. *The Best Gospel Songs and their Composers* (Dalton, GA: A.I. Showalter, 1904).

Smeeton, D.M. 'Perfection or Pentecost: Historical Comparison of Charismatic and Holiness Theologies' (M.A. thesis,

Trinity Evangelical Divinity School, 1971).

Smith, H.B. (ed.). *Pentecostals from the Inside Out* (Wheaton, IL: Scripture Press, 1990).

Smith, T. *Revivalism and Social Reform* (Gloucester, MA: Peter Smith, 1957).

Snyder, H.A. *The Community of the King* (Downers Grove, IL: IVP , 1977).

———. *The Divided Flame* (Grand Rapids: Zondervan, 1986).

Spittler, R. (ed.). *Perspectives on the New Pentecostalism* (Grand Rapids: Baker, 1976).

Spurling, R.G. 'The Evening Light and Church of God,' *Evangel* 1.1 (1 March 1910); *Evangel* 1.6 (15 May 1910).

———. *The Lost link* (Turtletown, TN: Farner Church of God, 1920).

Stafford, G.W. 'Experiential Salvation and Christian Unity in the Thought of Seven Theologians of the Church of God, Anderson Indiana' (Th.D. dissertation, Boston University School of Theology, 1986).

Stockard, P.D. 'Modern Kingdom Theology: A Brief Review and Critique of the book, Held in the Heavens Until: God's Strategy for Planet Earth by Earl Paulk' (unpublished term paper; Church of God School of Theology, 1989).

Stockwell, E.L. 'Pentecostal Consultation' (unpublished paper, Salvador, Brazil, 6-9 January 1988).

Stoll, D. *Is Latin America Turning Protestant?* (Los Angeles:

University of California Press, 1990).

Stronstad, R. *The Charismatic Theology of St Luke* (Peabody, MA: Hendrickson, 1984).

⸺. 'Pentecostalism, Experiential Presuppositions and Hermeneutics' (paper presented to the annual meeting of the Society for Pentecostal Studies, 1990).

Stroup, G.W. *The Promise of Narrative Theology* (Atlanta: John Knox, 1981).

Stylianopoulos, T. and S.M. Heim (eds.). *Spirit of Truth: Ecumenical Perspectives on the Holy Spirit* (Brookline, MA: Holy Cross Orthodox Press, 1986).

Swaggart, J. 'The Coming Kingdom,' *The Evangelist* (September, 1986), pp. 4-12.

Synan, V. 'The Role of the Holy Spirit and the Gifts of the Spirit in the Mystical Tradition,' *One in Christ* 9(1973), pp. 193-202.

⸺. 'Theological Boundaries: The Arminian Tradition,' *Pneuma* 3.2 (Fall, 1981), pp. 38-53.

⸺. 'Holiness and Pentecostal Traditions in Dialogue' (paper presented to the annual meeting of the Society for Society for Pentecostal Studies, 1988).

Synan, V. *The Holiness-Pentecostal Movement in the United States* (Grand Rapids: Eerdmans, 1971).

⸺. (ed.) Aspects of Pentecostal-Charismatic Origins (Plainfield, NJ: Logos, 1975).

—————. *In the Latter Days* (Ann Arbor, MI: Servant Books, 1984).

Taylor, G.F. 'The Spirit and the Bride,' in D.W. Dayton (ed.), *Three Early Pentecostal Tracts*. (New York: Garland Publishing, 1985), pp. 90-91.

Thielicke, H. *The Evangelical Faith* (Grand Rapids: Eerdmans, 1974), 1.

Thomas, J.C. 'The Spiritual Situation of the Disciples Before Pentecost' (paper presented to the annual meeting of the Society for Society for Pentecostal Studies, 1984).

—————. *Footwashing in John 13 and the Johannine Community* (JSNTSup 61; Sheffield: JSOT Press, 1991).

Toon, P. *Justification and Sanctification* (Westchester, IL: Crossway Books, 1983).

Torrance, T.F. *God and Rationality* (New York: Oxford University Press, 1971).

—————. *The Trinitarian Faith* (Edinburgh: T. & T. Clark, 1988).

Tugwell, S. G. Every, J.O. Mills and P. Hocken. *New Heaven? New Earth? An Encounter with Pentecostalism* (London: Darton, Longman, & Todd, 1976).

Turner, W.C. Jr. 'The United Holy Church of America: A Study in Black Holiness Pentecostalism' (Ph.D. dissertation, Duke University, 1984).

Tuttle, R.G. *Mysticism and the Wesleyan Tradition* (Grand Rapids: Zondervan, 1989).

Ulanov, A. and B. Ulanov. *Primary Speech: A Psychology of Prayer* (Atlanta: John Knox, 1982).

Vaccaro, G. *Identidad Pentecostal* (Quito: Consejo Latinoamericano De Iglesias, 1988).

Valliere, P. *Holy War and Pentecostal Peace* (New York: Seabury Press, 1983).

Vaughan, J.D. *The Silver Trumpet* (Lawrenceburg, TN: James D. Vaughan, 1908).

Volf, M. 'Materiality of Salvation: An Investigation in the Soteriologies of Liberation and Pentecostal Theologies,' *JES* 26.3 (Summer, 1989), pp. 447-67.

———. 'On Loving with Hope: Eschatology and Social Responsibility,' *Transformation* 7.3 (July/September, 1990), pp. 28-31.

Wacker, G. 'Taking Another Look at the Vision of the Disinherited,' *RSR* 8.1 (January, 1982), pp. 15-22.

———. 'Review of Vision of the Disinherited by R.M. Anderson,' *Pneuma* 4.2 (Fall, 1982), pp. 53-62.

———. 'The Functions of Faith in Primitive Pentecostalism,' *HTR* 77 (July/October, 1984), pp. 353-75.

Wagner, C.P. *Spiritual Power and Church Growth* (Altamont Springs, FL: Strang Communicatons, 1986).

Wainwright, G. *Doxology* (New York: Oxford University Press, 1980).

Waldner, M.M. 'Christian Mission in Eschatological Perspective:

Promoting the Dynamic of Eschatology for Missionary Motivation' (D.Miss. dissenation, Fuller Theological Seminary, School of World Mission, 1987).

Waldrop, R. 'La teologia de la Liberacion: Enfoque critico,' *Pastoralia* 7.15 (December, 1985), pp. 31-44.

Waldvogel, E.L. 'The "Overcoming Life": A Study in the Reformed Evangelical Origins of Pentecostalism' (Ph.D. dissertation, Harvard University, 1977).

——. 'The "Overcoming" Life: A Study in the Reformed Evangelical Contribution to Pentecostalism,' *Pneuma* 1.1 (Spring, 1979), pp. 7-9.

Walvoord, J.F. *The Rapture Question* (Grand Rapids: Zondervan, 1979).

Ware, K. *The Orthodox Way* (Crestwood, NY: St Vladimir's Seminary Press, 1980).

Wheelock, D.R. 'Spirit-Baptism in American Pentecostal Thought' (Ph.D. dissertation, Emory University, 1983).

White, J.F. *Protestant Worship: Traditions in Transition* (Louisville, KY: Westminster Press/John Knox, 1989).

Williams, J.R. *The Era of the Spirit* (Plainfield, NJ: Logos, 1971).

——. *The Pentecostal Reality* (Plainfield, NJ: Logos, 1972).

——. 'Pentecostal Spirituality,' *One in Christ* 10.12 (1974), pp. 180-92.

——. 'The Holy Spirit and Eschatology,' *Pneuma* 3.2 (Fall, 1981), pp. 54-58.

———. *Renewal Theology* (Grand Rapids: Zondervan, 1990), II.

Willis, W. (ed.). *The Kingdom of God in 20th Century Interpretation* (Peabody, MA: Hendrickson, 1987).

Winsett, R.E. (ed.). *Gospel Song Messenger* (Memphis, TN: R.E. Winsett, n.d.).

———. *Songs of Pentecostal Power* (Dayton, TN: R.E. Winsett, 1908).

———. *Songs of Perennial Glory* (Chattanooga, TN: R.E. Winsett, 1916).

Wood, L.W. 'Thoughts upon the Wesleyan Doctrine of Entire Sanctification with Special Reference to some similarities with Roman Catholic Doctrine of Confirmation,' *Wesleyan Theological Journal* 15.1 (Spring, 1980), pp. 88-99.

———. *Pentecostal Grace* (Grand Rapids: Zondervan, 1980).

Yoder, J.H. *The Politics of Jesus* (Grand Rapids: Eerdmans, 1972).

Yoder, P.B. *Shalom: The Bible's Word for Salvation, Justice, and Peace* (Newton, KS: Faith and Life Press, 1987).

Zegwaart, H. 'Apocalyptic Eschatology and Pentecostalism: The Relevance of John's Millenium for Today,' *Pneuma* 10.1 (Spring, 1988), pp. 3-25.

미주

1) (제1장) 사도행전 1-2장.
2) E. Käsemann, *New Testament Questions of Today* (London: SCM Press, 1969), p. 100.
3) W. Arthur, *The Tongue of Fire; or the True Power of Christianity* (New York: Harper, 1856), pp. 189-227.
4) M. E. 디터(M. E. Dieter), *The Holiness Revival of the Nineteenth Century* (Metuchen, NJ: Scarecrow Press, 1980); D.W. 데이튼(D.W. Dayton), *The Theological Roots of Pentecostalism* (Grand Rapids: Zondervan, 1987); D.W. 포펠(D.W. Faupel), 'The Everlasting Gospel: The Significance of Eschatology in the Development of Pentecostal Thought' (PhD thesis, University of Birmingham, England, 1989).
5) W. J. 시무어(W. J. Seymour), *AF* 1.1 (1906), p. 1.
6) *AF* 1.1 (1906), p. 1.
7) *AF* 1.3 (1906), p. 1.
8) D.W. 포펠(D.W. Faupel), 'The Function of "Models" in the Interpretation of Pentecostal Thought,' *Pneuma* 2.1 (Spring, 1980), pp. 47-49.
9) A. J. 톰린슨(A. J. Tomlinson) (ed.), *The Evening Light and Church of God Evangel*
10) 요한복음 9장 4절
11) P.G. 채플(P.G. Chappell), 'Healing Movements,' *DPCM*, pp. 353-74.
12) 이는 The Apostolic Faith 초기 발행본들에서 흔히 사용된 명칭이다.
13) 포펠(Faupel), 'The Function of "Models",' pp. 87-99.
14) F.W. 샌포드(F.W. Sandford), 'The Everlasting Gospel,' 포펠이 인용한 'Everlasting Gospel,' p. 47.
15) *The Apostolic Faith*의 각 호는 선교 현장에서의 소식과 '추수로 나가는' 준비 중인 이들의 간증을 실었다.
16) W.E. 워너(W.E. Warner), 'Publications,' *DPCM*, pp. 742-51.
17) 본 논의에서 사용된 모든 통계는 D. 배럿(D. Barrett), 'Statistics, Global,' *DPCM*, pp. 810-30에서 인용되었다.
18) 데이비드 스톨(David Stoll), *Is Latin America Turning Protestant?* (로스앤젤레스: University of California Press, 1990)에서 현 상황에 대한 논의를 참조하라.

19) 배럿(Barrett), 'Statistics, Global,' p. 119.
20) 배럿(Barrett), 'Statistics, Global,' p. 119.
21) C.L. 데피네이(C.L. D'Epinay), *Haven of the Masses* (런던: Luttetworth Press, 1969).
22) C. 브리지스 존스(C. Bridges Johns), *Pentecostal Formation: A Pedagogy among the Oppressed* (JPTSup, 2; 셰필드: Sheffield Academic Press, 1993).
23) F.D. 브루너(F.D. Bruner), *A Theology of the Holy Spirit: The Pentecostal Experience and the New Testament Witness* (Grand Rapids: Eerdmans, 1970) 및 J.D.G. 던(J.D.G. Dunn), *Baptism in the Holy Spirit* (Philadelphia: Westminster Press, 1970). 특히 던의 연구는 가장 유익한 작품으로 평가된다.
24) 포펠(Faupel), *Everlasting Gospel*, pp. 6-13에서 이 두 접근 방식을 '교리적' 및 '행동적'으로 명명하였다.
25) M. 펄만(M. Pearlman), *Knowing the Doctrines of the Bible* (Springfield, MO: Gospel Publishing House, 1937). 보다 최근의 작품으로 G.P. 더필드(G.P. Duffield)와 N.M. 반 클리브(N.M. Van Cleave)의 *Foundations of Pentecostal Theology* (Los Angeles: L.I.F.E. Bible College, 1983)이 있으며, 이 작품은 모든 전통적인 신학 주제 외에도 신적 치유에 대한 긴 장을 포함하고 있다. N.D. 솔스(N.D. Sauls)는 *Pentecostal Doctrines: A Wesleyan Approach* (Dunn, NC: The Heritage Press, 1979)에서 성결-오순절적 접근을 시도했다.
26) J.D. 플러스(J.D. Pluss), *Therapeutic and Prophetic Narratives in Worship: A Hermeneutic Study of Testimony and Visions* (Bern: Peter Lang, 1988)는 신학적이고 철학적으로 정보가 풍부한 해석학적 연구를 제공한다.
27) Pneuma에는 윌리엄 J. 시모어(William J. Seymour)와 찰스 폭스 파람(Charles Fox Parham) 같은 초기 인물들에 대한 짧은 논문들이 실려 있다. D.J. 넬슨(D.J. Nelson)의 For such a Time as this: The Story of William J. Seymour and the Azusa Street Revival (PhD thesis, University of Birmingham, England, 1981)와 같은 최근 논문도 참조하라.
28) 오순절 성결교회(Pentecostal Holiness Church), 하나님의 성회(Assemblies of God), 하나님의 교회(Church of God)와 같은 교단에 대한 표준적인 역사 외에도, 단일신론적 오순절주의는 D.A. 리드(D.A. Reed)의 Origins and Development of the Theology of Oneness Pentecostalism in the United States(Ph.D. dissertation, Boston University, 1978)와 J.H. 하웰(J.H. Howell)의 The People of the Name: Oneness Pentecostalism in the United States(PhD dissertation, Florida State University, 1985)에서 연구되었다. 흑인 성결 오순절주의의 뿌리는 W.C. 터너 주니어(W.C. Turner Jr)의 The United Holy Church of America: A Study in Black Holiness Pentecostalism(PhD dissertation, Duke University, 1984), L. 러벳(L. Lovett)의 Black Holiness-Pentecostalism: Implications for Ethics and Social

Transformation(PhD dissertation, Emory University, 1979), 그리고 J.M. 숍셔 (J.M. Shopshire)의 A Socio-Historical Characterization of the Black Pentecostal Movement in North America(PhD dissertation, Northwestern University, 1975)에서 논의되었다. 초기 '침례적' 오순절주의의 뿌리는 E.L. 발드보겔 (E.L. Waldvogel)의 The 'Overcoming Life': A Study in the Reformed Evangelical Origins of Pentecostalism(Ph.D. dissertation, Harvard University, 1977)에서 연구되었다. E.M. 크루스 주니어(E.M. Crews, Jr)는 From Back Alleys to Uptown: A History of the Church of God (Cleveland, Tennessee)(Ph.D. dissertation, Harvard University, 1988)에서 사회적 이동성('구속과 상승'의 효과)을 다루었다. J.W. 셰퍼드(J.W. Shepperd)의 'Worship,' DPCM, pp. 903-905와 J.C. 토마스(J.C. Thomas)의 *Footwashing in John 13 and the Johannine Community* (JSNTSup, 61; Sheffield: JSOT Press, 1991)에서는 세족식 예식의 성례적 정당성에 대한 설득력 있는 논의가 제시된다. 현대 오순절 선교학자들 중에서는 L.G. 맥클렁(L.G. McClung)의 *Azusa Street and Beyond: Pentecostal Missions and Church Growth in the Twentieth Century* (South Plainfield, NJ: Bridge Publishing, 1986)와 P.A. 포메르빌(P.A. Pomerville)의 *The Third Force in Mission* (Peabody, MA: Hendrickson, 1985)가 두드러진다.

29) 오순절 영성에 대한 간략하고 일반적인 논의는 J.R. 윌리엄스(J.R. Williams)의 *The Pentecostal Reality* (Plainfield, NJ: Logos, 1972), pp. 57-84에서 찾을 수 있다. 또한 R.P. 스피틀러(R.P. Spittler)의 'Pentecostal and Charismatic Spirituality,' *DPCM*, pp. 804-809 및 W.J. 홀렌베거(W.J. Hollenweger)의 'Pentecostals and the Charismatic Movement,' *The Study of Spirituality* (New York: Oxford University Press, 1986), pp. 549-53에서도 다루어진다. K. 맥도넬(K. McDonnell)의 'The Distinguishing Characteristics of the Charismatic-Pentecostal Spirituality,' *One in Christ* 10.2 (1974), pp. 117-28. 맥도넬은 '임재'와 '위기'의 범주를 강조하며, 이는 본 연구에서도 강조되었지만 맥도넬의 방식과는 약간 다른 방식으로 사용되었다.

30) W.J. 홀렌베거(W.J. Hollenweger), 'The Critical Tradition of Pentecostalism,' *Journal of Pentecostal Theology* 1 (1992), pp. 7-17.

31) J.R. 윌리엄스(J.R. Williams), *Renewal Theology* 2(Grand Rapids: Zondervan, 1990).

32) 주목할 만한 최근 접근 중 두 가지는 M.D. 맥클레인(M.D. McLean), 'Toward a Pentecostal Hermeneutic,' *Pneuma* 6.2 (1984년 가을), pp. 35-36과 G.T. 셰퍼드 (G.T. Sheppard), 'Pentecostalism and the Hermeneutics of Dispensationalism: Anatomy of an Uneasy Relationship,' *Pneuma* 6.2 (1984년 가을), pp. 5-34.

33) 맥클레인(McLean), 'Pentecostal Hermeneutic,' n. 35와 M.B. 다우드(M.B. Dowd), 'Contours of a Narrative Pentecostal Theology and Practice' (1985년 오순절학회 연례 회의에서 발표된 논문)을 참조하라.

34) G. 와커(G. Wacker), 'The Functions of Faith in Primitive Pentecostalism,' *Harvard Theological Review* 77 (1984년 7월/10월), pp. 353-75.

35) Pneuma 9.1 (1987년 봄)은 오순절주의와 에큐메니컬 대화에 초점을 맞췄다. J.L. 샌디지(J.L. Sandidge)와 C.M. 로벡 주니어(C.M. Robeck, Jr)는 이 중요한 작업에 특히 활발히 참여했으며, 여러 제 3세계 오순절 교회들은 세계교회협의회(World Council of Churches)에 가입했다.

36) G. 와커(G. Wacker), 'Bibliography and Historiography of Pentecostalism (U.S.),' *DPCM*, pp. 65-76.

37) W.J. 홀렌베거(W.J. Hollenweger), 'After Twenty Years' Research on Pentecostalism,' *International Review of Mission* 75.297 (1986년 1월), pp. 3-12.

38) 데이튼(Dayton), *Theological Roots of Pentecostalism*.

39) 포펠(Faupel), *Everlasting Gospel*.

40) R.M. 앤더슨(R.M. Anderson), *Vision of the Disinherited: The Making of American Pentecostalism* (New York: Oxford University Press, 1979).

41) 포펠(Faupel), *Everlasting Gospel*, p. 17.

42) D.N. 데이튼(D.N. Dayton), 'Yet Another Layer of the Onion or Opening the Ecumenical Door to Let the Riffraff in,' *The Ecumenical Review* 40.1 (1988년 1월), pp. 87-110.

43) J. 세풀베다(J. Sepúlveda), 'Reflections on the Pentecostal Contribution to the Mission of the Church in Latin America,' trans. J. 비티(J. Beaty) and S.J. 랜드(S.J. Land), *JPT* 1 (1992), pp. 93-108. G. 바카로(G. Vaccaro), *Identidad Pentecostal* (Quito: Consejo Latinoamericano de Iglesias, 1988). 또한 Pastoralia 7.15 (1975년 12월호)를 참조.

44) 스톨(Stoll), *Is Latin America Turning Protestant?*

45) P. 발리에르(P. Valliere), *Holy War and Pentecostal Peace* (New York: Seabury Press, 1983), esp. Ch. 1.

46) 고린도전서 15:28.

47) 로마서 8:28.

48) 요한복음 14:16.

49) H.R. 니버(H.R. Niebuhr), 'Theological Unitarianisms,' *TTod* 40.2 (1983년 7월), pp. 150-57.

50) T.F. 토렌스(T.F. Torrance), *The Trinitarian Faith* (Edinburgh: T & T Clark, 1988).

51) L. 뉴비긴(L. Newbigin), *The Household of God* (London: SCM Press, 1953), p. 87.

52) 뉴비긴(Newbigin), *Household of God*, p. 87.
53) 디모데후서 3:5.
54) 뉴비긴(Newbigin), *Household of God*, p. 88.
55) 뉴비긴(Newbigin), *Household of God*, p. 88.
56) K. 맥도넬(K. McDonnell), 'The Experiential and the Social: New Models from the Pentecostal Roman Catholic Dialogue,' *One in Christ* 9 (1973), pp. 43-58.
57) M.W. 듀건(M.W. Duggan), 'Implications for Pentecostal-Charismatic Theology' (Society for Pentecostal Studies 연례 회의 발표, 게이더스버그, MD, 1985).
58) K.M. 라나간(K.M. Ranaghan), 'Rites of Initiation in Representative Pentecostal Churches in the United States, 1901-1972' (Ph.D. 논문, 노트르담 대학교, 1974).
59) D.R. 휠록(D.R. Wheelock), 'Spirit-Baptism in American Pentecostal Thought' (Ph.D. 논문, 에모리 대학교, 1983), p. 334. 또한 넬슨(Nelson), *For Such a Time as This*를 참조.
60) W.J. 홀렌베거(Walter J. Hollenweger), 'After Twenty Years' Research on Pentecostalism,' *Theology* 87 (1984년 11월), p. 404.
61) 고린도전서 1:26.
62) K. 바르트(K. Barth), *Prayer* (편집: D.E. 세일러스(D.E. Saliers); 번역: S. 테리엔(S. Terrien); Philadelphia: Westminster Press, 1985), p. 18.
63) 바르트(Barth), *Evangelical Theology: An Introduction* (New York: Holt, Rinehart and Winston, 1963), pp. 160-64.
64) 세일러스(Saliers), 바르트(Barth), *Prayer*, pp. 17-19.
65) 맥도넬(McDonnell), 'The Experiential,' p. 48.
66) 맥도넬(McDonnell), 'The Experiential,' p. 48.
67) H.M. 어빈(H.M. Ervin), 'Hermeneutics: A Pentecostal Option,' *Pneuma* 3.2 (1981년 가을), p. 22.
68) D.R. 니콜스(D.R. Nichols), 'The Search for a Pentecostal Structure in Systematic Theology,' *Pneuma* 6.2 (1984년 가을), pp. 57-76.
69) 니콜스(Nichols), 'The Search,' pp. 68-75.
70) 니콜스(Nichols), 'The Search,' pp. 68-75.
71) 니콜스(Nichols), 'The Search,' p. 73.
72) J.W. 존스(J.W. Jones), *The Spirit and the World* (New York: Hawthorn Books, 1975), p. 99.
73) 존스(Jones), *The Spirit and the World*, pp. 98-99.

74) 존스(Jones), *The Spirit and the World*, pp. 100, 106.
75) 맥클린(McLean), 'Pentecostal Hermeneutic,' p. 50.
76) 위르겐 몰트만(Jürgen Moltmann), *The Trinity and the Kingdom* (New York: Harper & Row, 1981).
77) K. 바르트(K. Barth), *Church Dogmatics* (Edinburgh: T. & T. Clark, 1961), IV.3.1, pp. 183-84; 니콜스(Nichols), 'The Search,' p. 67에서 인용 및 논의됨.
78) 몰트만(Moltmann), *Trinity and the Kingdom*, pp. 124-28, 209-22 및 *The Church in the Power of the Spirit* (New York: Harper and Row, 1977), pp. 189-96.
79) T.H. 러니언(T.H. Runyon), 'The Importance of Experience for Faith' (에모리 대학교 Ministers' Week Address, 1988), p. 4; 개정된 내용은 R. 매독스 (R. Maddox)(ed.), *Aldersgate Reconsidered* (Nashville: Abingdon Press, 1990), pp. 93-108에서 확인 가능.
80) 러니언(Runyon), 'Experience,' p. 16.
81) D.E. 세일러스(D.E. Saliers), *The Soul in Paraphrase* (New York: Seabury Press, 1980); 동일 저자, *Worship and Spirituality* (Philadelphia: Westminster Press, 1984); H.H. 나이트 III(H.H. Knight, III), *The Presence of God in the Christian Life* (Metuchen, NJ: Scarecrow Press, 1992); G.S. 클래퍼(G.S. Clapper), *John Wesley on Religious Affections: His Views on Experience and Emotion and their Role in the Christian Life and Theology* (Metuchen, NJ: Scarecrow Press, 1989).
82) 세풀베다(Sepúlveda), 'Reflections,' p. 1.
83) B.L. 캄포스(B.L. Campos), 'From Experience to Pentecostal Theology' (번역: J. Beaty와 S.J. Land, *Encuentro Pentecostal Latinoamericano* 발표 논문, 부에노스아이레스, 아르헨티나, 1989), pp. 1, 4, 5.
84) 캄포스(Campos), 'Experience,' p. 1.
85) 빈슨 사이넌(Vinson Synan), *The Twentieth Century Pentecostal Explosion* (Altumante Springs, FL: Strang, 1989), 특히 pp. 109-20, 159-72. L. 크리스텐슨 (L. Christenson)(ed.), *Welcome Holy Spirit* (Minneapolis: Augsburg, 1988)의 루터교 은사주의 신학도 참조하라.
86) J. 맥아더 주니어(J. MacArthur, Jr), *The Charismatics: A Doctrinal Perspective* (Grand Rapids: Zondervan, 1978); 동일 저자, *Speaking in Tongues* (Chicago: Moody Press, 1988).
87) 브루너(Bruner), *A Theology of the Holy Spirit*; J.D.G. 던(J.D.G. Dunn), *Jesus and the Spirit* (Philadelphia: Westminster Press, 1970). 이에 대한 오순절적 응답으로는 H.M. 어빈(H.M. Ervin), *Conversion-Initiation and the Baptism in the*

Holy Spirit (Peabody, MA: Hendrickson, 1984); 동일 저자, *Spirit Baptism: A Biblical Investigation* (Peabody, MA: Hendrickson, 1987); H.D. 헌터(H.D. Hunter), *Spirit Baptism: A Pentecostal Alternative* (Lanham, MD: University Press of America, 1983); J.R. 윌리엄스(J.R. Williams), *Renewal Theology* (3권, Grand Rapids: Zondervan, 1993) 등이 있다.

88) W.J. 홀렌베거(W.J. Hollenweger), 'Pentecostals and the Charismatic Movement,' C. Jones, G. Wainwright, E. Y arnold (eds.), *The Study of Spirituality*, pp. 549-53.

89) 홀렌베거(Hollenweger), 'Pentecostals,' p. 551.

90) 더 넓은 역사적 관점을 원한다면 S.M. 버제스(S.M. Burgess), *The Spirit and the Church: Antiquity* (Peabody, MA: Hendrickson, 1984); R.A.N. 키드(R.A.N. Kydd), *Charismatic Gifts in the Early Church: An Exploration into the Gifts of the Spirit during the First Three Centuries of the Christian Church* (Peabody, MA: Hendrickson, 1984); S.M. 버제스(Burgess), 'The Doctrine of the Holy Spirit: The Ancient Fathers,' *DPCM*, pp. 417-32; 'The Doctrine of the Holy Spirit: The Medieval Churches,' *DPCM*, pp. 432-44를 참조하라.

91) 홀렌베거(Hollenweger), 'Twenty Years' Research,' p. 4.

92) 홀렌베거(Hollenweger), 'Twenty Years' Research,' p. 4.

93) *AF* 1.4 (1906), p. 2.

94) E. 블룸호퍼(E. Blumhofer), 'Purity and Preparation,' S.M. 버제스(S.M. Burgess) (ed.), *Reaching Beyond: Chapters in the History of Perfectionism* (Peabody, MA: Hendrickson, 1986), p. 275.

95) W.M. 멘지스(W.M. Menzies), 'The Non-Wesleyan Origins of the Pentecostal Movement,' V. 사이넌(V. Synan) (ed.), *Aspects of Pentecostal-Charismatic Origins* (Plainfield, NJ: Logos, 1975), p. 97.

96) V. 사이넌(V. Synan), *The Holiness-Pentecostal Movement in the United States* (Grand Rapids: Eerdmans, 1971).

97) 디터(Dieter), *The Holiness Revival* 및 동일 저자, 'The Development of Nineteenth Century Holiness Theology,' *Wesleyan Theological Journal* 20.1 (Spring, 1985), pp. 61-77; 동일 저자, 'The Wesleyan Holiness and Pentecostal Movements: Commonalities, Confrontation and Dialogue' (사회 연례 회의 논문, *Society for Pentecostal Studies*, Wilmore, KY, 1988).

98) 데이턴(Dayton), *Theological Roots of Pentecostalism*.

99) 휠록(Wheelock), 'Spirit Baptism,' p. 210.

100) 디터(Dieter), 'The Wesleyan-Holiness and Pentecostal Movements,' pp. 2-4.

101) F. 바틀맨(F. Bartleman), *Azusa Street* (South Plainfield, NJ: Bridge Publishing,

1980), pp. 164, 166.

102) 홀렌베거(Hollenweger), 'Twenty Years' Research.' 또한 L. 러벳(L. Lovett), 'Black Origins of Pentecostalism,' *Aspects of Pentecostal-Charismatic Origins* (Plainfield, NJ: Logos, 1975), pp. 145-58; W.J. 홀렌베거(W.J. Hollenweger), 'The Black Pentecostal Concept: Interpretations and Variations,' Concept 30 (1970), pp. 16-17; S.S. 듀프리(S.S. Dupree)(ed.), *Biographical Dictionary of African-American, Holiness-Pentecostals 1880-1990* (Washington, DC: Middle Atlantic Regional Press, 1989) 참고.

103) D.W. 데이턴(D.W. Dayton), *Discovering an Evangelical Heritage* (Peabody, MA: Hendrickson, 1976).

104) R.M. 리스(R.M. Riss), 'Role of Women,' *DPCM*, pp. 893-99.

105) P. 파머(P. Palmer), T*he Promise of the Father* (Boston, MA: H.V. Degen, 1859).

106) 바르트(Barth), *Evangelical Theology*, p. 58.

107) J. 웨슬리(J. Wesley), 'On the Wedding Garment,' A.C. 아웃러(A.C. Outler) (ed.), *The Works of John Wesley: Sermons IV* (Nashville: Abingdon Press, 1987), pp. 139-48.

108) J.M. 커크(J.M. Kirk), *Church Hymnal* (Cleveland, TN: Tennessee Music and Printing Co., 1951), p. 327.

109) (2장) 요엘 2.28-32. 스트론스타드(Stronstad), *The Charismatic Theology of St Luke* 참고.

110) 마태복음 11.4-6; 누가복음 11.20.

111) *The Evening Light and Church of God Evangel* 1.1 (1910년 3월 1일), p. 8.

112) 고린도전서 2.14-16.

113) 요한복음 14.16.

114) 에베소서 2.22.

115) 히브리서 6.1-6.

116) 고린도후서 1.23; 에베소서 1.14.

117) 요한복음 3.8.

118) 누가복음 11.20; 마태복음 11.4-6.

119) 보어(H.R. Boer), *Pentecost and Missions* (Grand Rapids: Eerdmans, 1961).

120) 사도행전 10.46-47.

121) H. Ward, 'The Anti-Pentecostal Argument,' in Synan (ed.), *Aspects of Pentecostal- Charismatic Origins*, pp. 99-111.

122) 포펠(Faupel), *Everlasting Gospel*.
123) 요한계시록의 처음 세 장은 예수 그리스도와 그가 알고 있는 교회의 상태를 성령에 의해 다룬다. 요한계시록은 예수 그리스도를 통해 역사의 의미와 교회 및 세상에 대한 하나님의 점진적이고 특정한 다룸을 종말의 빛 속에서 드러낸다. 참조: J.O. Mills, 'New Heaven? New Earth?' in S. Tugwell et al., *New Heaven? New Earth?* (London: Darton, Longman & Todd, 1976), pp. 69-118.
124) 브루너(Bruner)는 'pneumatobaptistocentrism'이라는 용어를 처음 사용했다. 참조: 그의 *A Theology of the Holy Spirit*, esp. p. 337, index entry, 'Christocentricity.' 브루너는 초기 운동에서 어디서나 나타나는 예수 그리스도 중심의 강한 강조를 간과한다. 예수는 구세주, 성결하게 하시는 자, 치유자, 성령세례를 주시는 자, 오실 왕으로 강조된다. 찬송가, 편지, 간증, 설교 등 모든 신학적 활동이 예수 그리스도를 증언한다. 더 자세한 내용은 pp. 94, 120, 121 참조.
125) 포펠(Faupel), *Everlasting Gospel*, pp. 134-95.
126) 케제만(Käsemann), *New Testament Questions of Today*, p. 102.
127) G. 와커(G. Wacker), Review of *Vision of the Disinherited* by R.M. Anderson, Pneuma 4.2 (Fall, 1982), pp. 53-62.
128) G. 와커(G. Wacker), 'The Functions of Faith,' pp. 353-75.
129) G.F. 테일러(G.F. Taylor), 'The Spirit and the Bride,' in D.W. Dayton (ed.), *Three Early Pentecostal Tracts* (New York: Garland Publishers, repr., 1985), pp. 90-91.
130) J.R. 드레이어(J.R. Drayer), 'The Significance of Apocalypticism in Contemporary British Eschatology' (Th.D. dissertation, Southern Baptist Theological Seminary, 1970), p. 242.
131) 위르겐 몰트만(Jürgen Moltmann), 'Theology as Eschatology,' F. 헤르초그(F. Herzog) (ed.), *The Future of Hope* (New York: Herder & Herder, 1970), p. 7.
132) J.G. 갬미(J.G. Gammie), *Holiness in Israel* (Minneapolis, MN: Fortress, 1989).
133) 누가복음 12:32.
134) 테네시주 클리블랜드의 Church of God은 더 이상 보석, 영화 등을 금지하지 않는다. 이제 더 많은 것을 감당할 수 있게 되면서 더 많은 것이 허용된 것으로 보인다. 윤리적 진술은 더 이상 간결하고 직설적인 금지사항이 아니라 적절한 성경 구절과 연관된 원칙과 명제로 변화되었다. 이야기가 변하면서 윤리도 변했지만, 윤리적 행동을 이끄는 새로운 통합 이야기는 등장하지 않았다. '감당할 수 있음(affordability)'은 분명히 성경적이거나 신학적으로 만족스러운 윤리적 입장이 아니다.
135) J.O. 밀스(J.O. Mills), Tugwell 외 편, *New Heaven? New Earth?* (London: Darton, Longman & Todd, 1976), pp. 69-118.
136) N.J. 홈즈(N.J. Holmes) 및 L.S. 홈즈(L.S. Holmes), *Life Sketches and Sermons:*

The Story of Pentecostal Pioneer N.J. Holmes (Royston, GA: Press of the Pentecostal Holiness Church, 1920), pp. 139, 140, 143, 144.

137) *Pentecostal Evangel* (1924년 3월 22일), pp. 6-7, Wacker, 'The Functions of Faith,' p. 155에서 인용.

138) B.F. 로렌스(B.F. Lawrence), 'The Apostolic Faith Restored,' D.W. 데이턴(D.W. Dayton) (ed.), *Three Early Pentecostal Tracts* (New York: Garland Publishers, 1985), p. 12.

139) W. 브루그만(W. Brueggemann), 'II Kings 18-19: The Legitimacy of a Sectarian Hermeneutic,' *HBT 7* (1985), pp. 1-42.

140) 로렌스(Lawrence), 'The Apostolic Faith Restored,' p. 13.

141) 사도행전 2:39.

142) 성화된 삶 위에 임하는 성령세례(baptism of the Holy Spirit upon the sanctified life)라는 표현은 *The Apostolic Faith*에 자주 등장하며, 초기 웨슬리안 오순절주의자들이 성화를 변형적 은혜의 역사로, 성령세례를 권능을 주는 은혜의 역사로 보았음을 나타내는 것 같다.

143) A.J. 콘이어스(A.J. Conyers), *God, Hope and History: Jürgen Moltmann and the Christian Concept of History* (Macon, GA: Mercer University Press, 1988), p. 77. 콘이어스는 신뢰할 만한 안내자로서 몰트만의 '세상의 역사화(historifying of the world)'와 '역사의 보편화(universalizing of history)'에 대한 논의를 유용하게 개괄한다. 몰트만의 언급(묵시록적 종말론은 우주론적 용어로 그 종말을 이해하지만, 이는 종말론의 끝이 아니라 존재가 역사적이 되는 묵시적 과정과 우주가 그 과정에 열리는 종말론적 우주론 또는 종말론적 존재론의 시작이다.)을 p. 137에서 참조하고, 그의 *Theology of Hope* (J.W. Leitch 옮김; New York: Harper, 1967), pp. 124-138에서 더 논의한다.

144) T. 스미스(T. Smith), *Revivalism and Social Reform* (Gloucester, MA: Peter Smith, 1957).

145) M. 폴로마(M. Poloma), *The Assemblies of God at the Crossroads: Charisma and Institutional Dilemmas* (Knoxville: University of Tennessee Press, 1989).

146) 사도행전 1장과 2장의 전체 문맥은 종말론적이다. 이는 구약의 예언, 예수의 생애와 죽음, 부활 및 재림(parousia), 그리고 성령의 부어주심의 구원적 융합이다. 이러한 모든 주제는 오순절주의자들의 복음화, 종말론적 비전, 그리고 성령충만 체험에 표현되었다. 이에 관해서는 G.E. 래드(G.E. Ladd), *The Presence of the Future* (Grand Rapids: Eerdmans, 1974), pp. 322, 324, 327:

동일한 하나님께서 메시아적 구원을 성취하기 위해 역사적 사건에서 활동하고 계시며, 역사의 종말에서 그의 왕국을 완성으로 이끌기 위해 활동하실 것이다 … 중요한 점은 이 두 구속적 행위―역사적과 종말론적―가 사실상 하나의 구속 사건이라는 것이다. 단지 두 부분으로 이루어져 있을 뿐이다 … 하나님의 나라의 종말론적 완성은 예수의 역사적 인격과 사명에서 하나님께서 하시는 일과 분리될 수 없고, 이에 의존한다 … 묵시록들의 주제(IV Ezra 4.25ff.; 6.18ff.; 8.63ff.; En.

80.2ff.; 99.1ff.; 100.1ff.; Jub. 23.16ff.; Sib.Or. 2.199.; Apoc.Bar. 25.1ff.; 48.31ff.; 70.2ff.)는 이 시대를 지배해 온 악이 종말에 이르러 완전한 혼돈이 인간의 사회적 관계와 자연 질서 모두에서 지배하게 될 것이라는 것이다. 올리벳 강론(Mt. 24.3ff)의 주제는 이 시대에서 예수의 사명과 그의 제자들의 사명을 특징짓는 갈등 주제를 확장한 것이다. 예수는 묵시주의자들과 마찬가지로 악이 이 시대의 과정을 특징지을 것이라는 점에 동의했다. 그러나 하나님 나라의 복음(Mark 13.10; Mt. 24.14)이라는 새로운 것이 이 악한 시대에 들어왔다. 역사는 악에 버려진 것이 아니다.

147) 슬기로운 처녀와 어리석은 처녀의 비유는 초기 오순절주의자들 사이에서 인기 있는 설교와 기사 주제였다. 이 비유는 성령충만을 위한 변증적 내용과 권고로 사용되었으며, 이는 '등불 속의 기름'과 동일시되었다.

148) G.E. 래드(G.E. Ladd), *The Presence of the Future* (Grand Rapids: Eerdmans, 1974), p. 328.

149) I. 와츠(I. Watts)와 R.E. 허드슨(R.E. Hudson), 'At the Cross,' *Church Hymnal*, p. 264.

150) *AF* 1.9 (June-September, 1907), p. 2.

151) 'Christ Abides in Sanctification,' *AF* 1.9 (June-September, 1907), p. 2.

152) H.D. 헌터(H.D. Hunter), 'Pentecostal Ordinances,' *DPCM*, pp. 653-54; P.D. 호켄(P.D. Hocken), 'Theology of the Church,' *DPCM*, pp. 211-18.

153) 라너건(Ranaghan), 'Rites,' pp. 688-94.

154) R.D. 무어(R.D. Moore), 'A Pentecostal Approach to Scripture,' *The Seminary Viewpoint* 8.1 (1987), pp. 1-2.

155) R.D. 무어(R.D. Moore), 'Canon and Charisma in the Book of Deuteronomy,' *JPT* 1 (1992), p. 90.

156) 특히, 무어(Moore)의 'Canon and Charisma,' pp. 75-92에서 본 연구의 Spirit-Word 사용에 대한 구약 신학적 근거를 확인하라.

157) C.E. 존스(C.E. Jones), 'Holiness Movement,' *DPCM*, pp. 406-409; D.D. 번디(D.D. Bundy), 'Keswick Higher Life Movement,' *DPCM*, pp. 518-19.

158) 'The Church Question,' *AF* 1.5 (January, 1907), p. 2.

159) 브루너(Bruner)에 대항하여 레더레(Lederle)와 헌터(Hunter)는 각각 경험의 두 번째 차원과 성령의 두 번째 은사적 소명을 주장한다. H.I. 레더레(H.I. Lederle), *Treasures Old and New: Interpretations of Spirit-Baptism in the Charismatic Renewal Movement* (Peabody, MA: Hendrickson, 1988); 헌터(Hunter), *Spirit Baptism*를 참조하라.

160) 맥도넬(McDonnell), 'The Experiential,' pp. 43-58.

161) 오순절주의에 대한 세대주의의 개요와 현대 오순절주의 내의 영향(및 몇몇 현대 오순절주의 비판자들의 논평(Gause, Horton))에 대해 간단히 살펴보려면, F.L. 애링턴

(F.L. Arrington), 'Dispensationalism,' *DPCM*, pp. 247-48; P.H. 알렉산더(P.H. Alexander), 'Finis Jennings Dake,' *DPCM*, pp. 235-36을 참조하라.

162) 초기부터 1960년대까지의 전형적인 간증은 '찬양하라! 나는 구원받고, 성화되고, 성령충만하며, 위대한 하나님의 교회의 일원이자 천국을 향해 나아가고 있다. 나는 끝까지 버티기로 결심했다'와 같은 내용이었다.

163) G.B. 캐쉬웰(G.B. Cashwell), *AF* 1.6 (1907), p. 3.

164) 요한일서 1:6; 아모스 3:3.

165) W. 헌터(W. Hunter)와 J.D. 본(J.D. Vaughn), *Church Hymnal*, p. 133.

166) W.M. 램지(W.M. Ramsey), 'The Land of Perfect Day,' *Church Hymnal*, p. 22; A.E. 브럼리(A.E. Brumley), 'Jesus, Hold My Hand,' p. 52.

167) S.J. 매센게일(S.J. Massengale), 'I Don't Want to Get Adjusted,' *Church Hymnal*, p. 218.

168) 'Holiness unto the Lord' by 레일라 N. 모리스(Leila N. Morris)는 초기부터 현재까지 오순절 찬송가에서 등장하며, 헨리 데이트(Henry Date)와 E.A. 호프만(E.A. Hoffman), *Pentecostal Hymns Number Three: A Winnowed Collection for Evangelistic Services, Young People's Societies and Sunday-Schools* (Chicago: Hope Pub. Co., 1894), p. 52.

169) M.S. 레몬스(M.S. Lemons)와 E. 헤인스(E. Haynes), E. 헤인스(E. Haynes)와 M.S. 레몬스(M.S. Lemons) (ed.), *Church of God Songs: Tears with Joy* (Cleveland, TN: Church of God Publishing House, 1920), p. 8.

170) C. 테일러(C. Taylor)와 T. 벤튼(T. Benton), 헤인스(Haynes)와 레몬스(Lemons), *Church of God Songs: Tears with Joy*, p. 97.

171) C. 테일러(C. Taylor), 헤인스(Haynes)와 레몬스(Lemons), *Church of God Songs: Tears with Joy*, p. 98.

172) 헤인스(Haynes)와 레몬스(Lemons) (ed.), *Church of God Songs: Tears with Joy*, p. 4.

173) 엘리자베스 밀스(Elizabeth Mills)와 W. 밀러(W. Miller), R.E. 윈셋(R.E. Winsett), *Songs of Pentecostal Power* (Dayton, TN: R.E. Winsett, 1908), p. 179.

174) 요한일서 2:15-17.

175) J. 오트먼 주니어(J. Oatman, Jr)와 W.J. 로저스(W.J. Rogers), 윈셋(Winsett), *Songs of Pentecostal Power*, p. 60.

176) 에베소서 4:36; 사도행전 7:51; 히브리서 10:29; 데살로니가전서 5:19; 마태복음 12:31; 누가복음 12:10.

177) 요한복음 14-17장.

178) 요한일서 1:7.

179) 마태복음 3:13-17.

180) F.M. 그레이엄(F.M. Graham), 윈셋(Winsett), *Songs of Pentecostal Power*, p. 213.

181) *The Apostolic Faith*의 신앙고백은 거의 모든 호수에서 성령세례가 성화된 삶 위에 임해야 한다고 주장했다.

182) 고린도전서 13장.

183) R.H. 가우스(R.H. Gause)는 지금까지 가장 중요한 오순절 구원론에서 단편적이고 에피소드적인, 종종 정지된 것처럼 보이는 구원 경험의 단계를 다룬다. 그는 성화, 기쁨, 연합, 그리고 사명의 상호관계를 보여주기 위해 요한복음 17장을 광범위하게 사용한다. R.H. 가우스(R.H. Gause), *Living in the Spirit: The Way of Salvation* (Cleveland, TN: Pathway Press, 1980)을 참조하라.

184) *AF* 1.11 (1907년 10월 ~ 1908년 1월), p. 2.

185) *AF* 1.10 (1907년 9월), p. 2.

186) *AF* 1.10 (1907년 9월), p. 2.

187) *AF* 1.10 (1907년 9월), p. 2.

188) *AF* 1.10 (1907년 9월), p. 2.

189) 가장 초기의 신앙 고백은 *AF* 1.1 (1906), p. 2에 실려 있다.

190) *AF* 1.11 (1907년 10월 ~ 1908년 1월), p. 2.

191) 라너건(Ranaghan), 'Rites,' p. 654.

192) 웨슬리(Wesley), 'On the Wedding Garment' (p. 54, n. 1 참조).

193) S.J. 랜드(S.J. Land), 'Pentecostal Spirituality: Living in the Spirit,' L. 뒤프레(L. Dupre)와 D. 세일러스(D. Saliers) (ed.), *Christian Spirituality: Post-Reformation and Modern* (New York: Crossroad, 1989), pp. 484-90.

194) 사도행전 2장의 배경은 '마지막 날들'이며, 초기 기독교인들은 자신들을 시대의 끝이 임한 자들로 특징지었다(고린도전서 10:11). 이는 초기 오순절주의자들의 역사적 관점이기도 했다.

195) 베드로전서 2:5.

196) 하나님의 교회(Church of God)의 'Teachings Made Prominent'은 초기 오순절주의에서 흔히 볼 수 있는 진술과 마찬가지로 '올바르게 나누어진 전체 성경'을 그들의 통치, 교제, 그리고 훈련의 규칙으로 삼았다.

197) 이것은 쉽게 속아 넘어가거나, 말씀에 대한 무지, 회중의 미성숙, 잘못된 동기를 가진 사기꾼, 열정 과잉을 진정한 성령의 기름부으로 착각하는 사람들을 부정하는 것이 아니다. 이는 '영을 시험하는' 수년간의 경험에 의해 정보가 제공된 통상적 관행을 확인하는 것이다.

198) 토마스(Thomas), *Footwashing in John* 13.

199) 요한계시록 1-3장, 특히 3:1.
200) 데살로니가전서 5:23.
201) 요한일서 2:16.
202) J. 비맨(J. Beaman), *Pentecostal Pacifism* (Hillsboro, KS: Center for Mennonite Brethren Studies, 1989).
203) L.F. 윌슨(L.F. Wilson), 'Bible Institutes, Colleges and Universities,' *DPCM*, pp. 57-65; J.M. 발드리(J.M. Baldree), 'Christian Day Schools,' *DPCM*, pp. 167-69; C.M. 로벡 주니어(C.M. Robeck, Jr), 'Seminaries and Graduate Schools,' *DPCM*, pp. 772-76; J.M. 발드리(J.M. Baldree), 'Sunday Schools,' pp. 835-37.
204) 누가복음 6:45.
205) 바틀맨(F. Bartleman), *Azusa Street*, p. 167.
206) 바틀맨(F. Bartleman), *Azusa Street*, p. 167.
207) 바틀맨(F. Bartleman), *Azusa Street*, p. 167.
208) 바틀맨(F. Bartleman), *Azusa Street*, p. 168-9.
209) 하나님의 성회(Assemblies of God) 'Statement of Fundamental Truths'와 테네시 주 클리블랜드(Cleveland, TN) 소재 하나님의 교회(Church of God) 'Declaration of Faith.'
210) R.G. 스퍼링(R.G. Spurling), *The Lost Link* (Turtletown, TN: Farner Church of God, 1920).
211) *AF* 1.11 (1907년 10월 ~ 1908년 1월), p. 3.
212) R.H. 가우스(R.H. Gause), 'The Historical Development of the Doctrines of Holiness in the Church of God' (미출간 논문, Holiness Study Project, Mt Paran Church of God, Atlanta, GA, 1973).
213) *AF* 2.13 (1908년 5월), p. 2.
214) *AF* 2.13 (1908년 5월), p. 2.
215) *AF* 2.13 (1908년 5월), p. 2.
216) W.J. 홀렌베거(W.J. Hollenweger), 'Pentecostal and Charismatic,' Jones, Wainwright, and Yarnold (eds.), *The Study of Spirituality*, p. 553.
217) 댄 알브레히트(Dan Albrecht)는 'An Investigation of the Sociocultural Characteristics and Dynamics of Wallace's Revitalization Movements: A Composite Analysis of the Works of Four Social Scientists' (미출간 논문, Graduate Theological Union 및 University of California at Berkeley, 1989)에서 오순절주의를 재활 운동으로 특징지었다. L.P. 거라흐(L.P. Gerlach)와 V.H. 하인(V.H. Hine), *People, Power, Change: Movements of Social Transformation* (New York: The Bobbs-Merrill Co., 1970)을 참조하라.

218) 고린도전서 15장은 부활체를 영체로 특징짓는다.
219) 에베소서 4:22.
220) H.H. 하이마(H.H. Heimar)와 L.L. 피켓(L.L. Pickett), *The Healing Waters*, 윈셋(Winsett), *Songs of Pentecostal Power*, p. 135.
221) 마태복음 3:15.
222) 대부분은 침례를 행하지만, 오순절 성결교회(Pentecostal Holiness Church)는 회원들에게 침례 방식과 나이를 선택할 수 있도록 한다(유아, 어린이, 청소년, 성인).
223) 영국 엘림 오순절 교회(Elim Pentecostal Churches)는 매주 성찬식을 거행한다.
224) 고린도전서 11장.
225) 윈셋(Winsett), *Songs of Pentecostal Power*, p. 110.
226) 시모어(Seymour), 'The Ordinances Taught by our Lord,' *AF* 1.10 (1907년 9월), p. 2.
227) 마태복음 3:8.
228) 포메빌(Pomerville), *The Third Force*.
229) C.F. 웨이겔(C.F. Weigele), *Church Hymnal*, p. 303.
230) L.V. 패커드(L.V. Packard), *The Status Seekers* (New York: D. McKay Co., 1959).
231) *AF* 1.10 (1907년 9월), p. 2.
232) *AF* 1.10 (1907년 9월), p. 2.
233) *AF* 1.10 (1907년 9월), p. 2.
234) *AF* 1.10 (1907년 9월), p. 2.
235) W. 브루그만(W. Brueggemann), *Hope Within History* (Atlanta: John Knox, 1987), p. 35.
236) Brueggemann, *Hope Within History*, p. 35.
237) Brueggemann, *Hope Within History*, p. 33.
238) Brueggemann, *Hope Within History*, p. 36.
239) *AF* 1.3 (1906), p. 2.
240) *AF* 1.3 (1906), p. 2.
241) 'Bible Salvation,' 'Sanctification and Power,' 'The Character of Love,' *AF* 1.3 (1906), p. 4.
242) *AF* 1.3 (1906), p. 2.
243) *AF* 1.3 (1906), p. 2.
244) 'River of Living Water,' *AF* 1.3 (1906), p. 2.

245) H.H. 나이트(H.H. Knight), 'The Relationship of Narrative to the Christian Affections' (미출간 논문, 에모리 대학교, 1987).
246) 요한복음 15:12.
247) 로마서 5:5; 마태복음 15:32.
248) 나이트(Knight), 'Relationship,' p. 6.
249) D.E. 세일러스(D.E. Saliers), *The Soul in Paraphrase* (New York: Seabury Press, 1980); 동일, *Worship and Spirituality* (Philadelphia: Westminster Press, 1984); R.C. 로버츠(R.C. Roberts), *Spirituality and Human Emotion* (Grand Rapids: Eerdmans, 1982); 동일, *The Strengths of a Christian* (Philadelphia: Westminster Press, 1984); H.H. 나이트 3세(H.H. Knight, III), *The Presence of God in the Christian Life* (Metuchen, NJ: Scarecrow Press, 1992).
250) 세일러스(Saliers), *The Soul in Paraphrase*, p. 10.
251) J. 에드워즈(J. Edwards), *Treatise Concerning Religious Affections* (J. Smith 편집; New Haven: Yale University Press, 1959), p. 120.
252) 요한일서 1:6; 요한계시록 22:15.
253) H.R. 니버(H.R. Niebuhr), 'Coale Lectures' (앤도버 도서관, 케임브리지, 매사추세츠; 원고), P.M. 쿠이(P.M. Cooey), *Jonathan Edwards on Nature and Destiny* (Lewiston, NY: Edwin Mellen, 1985), p. 1에서 인용.
254) 세일러스(Saliers), *The Soul in Paraphrase*, p. 11.
255) 로버츠(Roberts), *The Strengths of a Christian*, p. 22.
256) 에베소서 6:10.
257) J.L. 피터스(J.L. Peters), *Christian Perfection and American Methodism* (Grand Rapids: Zondervan, 1985), pp. 187-88.
258) 동일, pp. 187-88.
259) 존 웨슬리(John Wesley)의 신약 주석(*Notes on the New Testament*).
260) 고린도전서 13장.
261) 베드로전서 2:2.
262) 히브리서 6:1-12.
263) 로버츠(Roberts), *The Strengths of a Christian*, p. 23.
264) 에베소서 2:10.
265) 갈라디아서 5:6.
266) AF 1.6 (1907년 2-3월), p. 2.
267) 펜테코스탈 홀리니스(Pentecostal Holiness) 목사들은 유아 세례를 베풀지만 부모에게 적절한 나이에 회개를 촉구하고 신앙 고백을 통한 중생을 기대하도록 권고한다.

268) *AF* 1.6 (1907년 2-3월), p. 1.
269) J. 로우(J. Rowe)와 H.E. 스미스(H.E. Smith), 'Love Lifted Me,' *Church Hymnal*, p. 265.
270) V.B. 엘리스(V.B. Ellis), 'I'm in a New World,' *Church Hymnal*, pp. 94-95.
271) *AF* 1.6 (1907년 2-3월), p. 1.
272) *AF* 1.6 (1907년 2-3월), p. 1.
273) *AF* 1.5 (1907년 1월), p. 1.
274) H.R. 니버(H.R. Niebuhr), *Christ and Culture* (New York: Harper & Row, 1951).
275) 로버츠(Roberts), *The Strengths of a Christian*, p. 26.
276) 히브리서 6:10. 대부분의 오순절주의자는 넓게 보면 알미니안주의자이다.
277) 히브리서 12:14. 레일라 N. 모리스(Leila N. Morris), 'Holiness unto the Lord,' 헨리 데이트(Henry Date).
278) 피비 파머(Phoebe Palmer)와 J.F. 네이프(Mrs. J.F. Knape), 'The Cleansing Wave,' 윈셋(Winsett), *Songs of Pentecostal Power*, p. 180.
279) 고린도후서 7:1.
280) *AF* 1.3 (1906), p. 2.
281) *AF* 1.3 (1906), p. 2.
282) *AF* 1.3 (1906), p. 2.
283) *AF* 1.2 (1906), p. 4.
284) *AF* 1.3 (1906), p. 4.
285) *AF* 1.3 (1906), p. 4.
286) 마태복음 9:36.
287) 하나님이 '우리와 함께 하시니' (로마서 8:31).
288) 패니 J. 크로스비(Fanny J. Crosby)와 W.H. 도언(W.H. Doane), 'Rescue the Perishing,' *Church Hymnal*, p. 145.
289) 고린도후서 4:7-10.
290) E.P. 앤더슨(E.P. Anderson, ed.), *Melodies of Praise* (Springfield, MO: Gospel Pub. House, 1957). 이러한 찬송들은 오순절 신앙에서 '침례교적'(baptistic) 또는 '두 가지 은혜(saved, filled with the Spirit)'를 강조하는 노선에 따라 선택되었다. 초기 오순절주의자들은 성결과 헌신에 대한 관심을 유지했으며, 이러한 특징은 운동 전체에 걸쳐 존재했다. 북미 지역 하나님의 교회(Church of God) 구성원 내에서 세 가지 축복 패러다임이 약화되고 사라진 과정을 제임스 보워스(James Bowers)가 기록했다. 'Sanctification in the Church of God: A Shift From the Three Blessing Paradigm' (Southern Baptist Theological Seminary, 1985년, 미발표 논문).

291) 라나한(Ranaghan), 'Rites,' p. 736에서 '회심' 찬송으로 언급되었으나, 헌신과 정결함을 보여준다.
292) 라나한(Ranaghan), 'Rites,' pp. 738, 734.
293) 라나한(Ranaghan), 'Rites,' pp. 739.
294) 라나한(Ranaghan), 'Rites,' pp. 741.
295) 라나한(Ranaghan), 'Rites,' pp. 746.
296) J. 오트만 주니어(J. Oatman, Jr.)와 C.H. 가브리엘(C.H. Gabriel), 윈셋(Winsett), *Songs of Pentecostal Power*, p. 130.
297) 성결은 정적이고 최종적인 단계가 아니라, 전심으로 기대하며 지속적으로 거하는 것이다. 이것은 연합의 기쁨과 상처 입은 갈망으로 특징지어진다.
298) C.P. 존스(C.P. Jones), 'Deeper, Deeper,' *Church Hymnal*, p. 230.
299) 다음은 모두 윈셋(Winsett), *Songs of Pentecostal Power*에서 발췌된 찬송이다: E.A. 호프만(E.A. Hoffman), 'Is Your All on the Altar?,' p. 212; T. 모노드(T. Monod)와 R.E. 윈셋(R.E. Winsett), 'None of Self and All of Thee,' p. 174; C.S. 너스바움 (C.S. Nusbaum), 'His Way with Thee,' p. 261; 파머(Palmer)와 네이프(Knape), 'The Cleansing Wave,' p. 180; 오트만(Oatman)과 가브리엘(Gabriel), 'Higher Ground,' p. 120.
300) R.E. 윈셋(R.E. Winsett), 'Longing for the Dawning,' 윈셋(Winsett), *Songs of Pentecostal Power*, p. 164.
301) L.G. 마틴(L.G. Martin), 'The Meeting in the Air,' 윈셋(Winsett), *Songs of Pentecostal Power*, p. 257.
302) R.H. 코넬리어스(R.H. Cornelius), 'O, I Want to See Him,' *Church Hymnal*, p. 279.
303) G.T. 헤이우드(G.T. Haywood), E. 헤인즈(E. Haynes)와 M.S. 레몬스(M.S. Lemons, eds.), *Church of God Songs No. 3* (Cleveland, TN: Church of God Publishing House, 미상), p. 148.
304) 메리 브라운(Mary Brown)과 캐리 E. 라운스펠(Carrie E. Rounsefell), 'I'll Go Where You Want Me to Go,' *Church Hymnal*, p. 213.
305) 익명, 'Sitting at the Feet of Jesus,' 윈셋(Winsett), *Songs of Pentecostal Power*, p. 203; 밀스(Mills)와 밀러(Miller), 'We'll Work till [sic] Jesus Comes,' 윈셋 (Winsett), *Songs of Pentecostal Power*, p. 179.
306) *AF* 1.1 (1906), p. 2.
307) 하이마(Heimar)와 피켓(Pickett), 윈셋(Winsett), *Songs of Pentecostal Power*, p. 135.
308) *AF* 1.11 (1907년 10월~1908년 1월), p. 3: '우리는 예수님의 속죄 안에서 완전한 건강을 주장해야 한다.'

309) *AF* 1.11 (1907년 10월~1908년 1월), p. 3.
310) 헬라어 단어 ἐξουσία(exousia)와 δύναμις(dunamis)는 각각 권위와 힘을 의미하며, 둘 다 자주 '능력'으로 번역된다.
311) 에베소서 6:10-20; 야고보서 4:7.
312) In Heaven: A History에서 저자들은 궁극적인 운명을 신 중심의 개인적이고 관조적인 비전과 인류 중심의 사회적 재회 비전으로 나눈다. 오순절주의자들은 이 두 관점을 모두 수용하며, 그들의 궁극적인 운명과 중간적인 종말론적 예배를 통해 이를 바라본다. C. 맥도넬(C. McDonnell)과 B. 랭(B. Lang), *Heaven: A History* (New Haven: Yale University Press, 1988).
313) 고린도전서 15:28.
314) 헤인즈(Haynes)와 레몬스(Lemons), *Songs No. 3*, p. 111.
315) 시모어(Seymour), 'The Holy Spirit, Bishop of the Church,' *AF* 1.9 (1907년 6월~9월), p. 3. 이 문단 전체의 후속 인용문은 이 글에서 가져온 것이다.
316) 동일, 'The Holy Spirit, Bishop of the Church,' p. 3.
317) J.D. 보건(J.D. Vaughan), *The Silver Trumpet* (Lawrenceburg, TN: James D. Vaughan, 1908), pp. 43, 59.
318) R.E. 윈셋(R.E. Winsett), 'Waiting for a Blessing,' 윈셋(Winsett), *Songs of Pentecostal Power*, p. 2; A.J. 쇼월터(A.J. Showalter), *The Best Gospel Songs and Their Composers* (Dalton, GA: A.J. Showalter, 1904), p. 158.
319) J.M. 블랙(J.M. Black), 'When the Roll Is Called Up Yonder,' *Church Hymnal*, p. 240.
320) 베드로전서 1:8.
321) T.L. 윌리엄스(T.L. Williams), 헤인즈(Haynes)와 레몬스(Lemons), *Songs No. 3*, p. 165.
322) 페드로 파블로 코스티요(Pedro Pablo Costillo) 가족 인터뷰 (니카라과 마나과, 1989년 10월).
323) 'Arrested for Jesus' Sake,' *AF* 1.1 (1906년 9월), p. 4.
324) 'Back to Pentecost,' *AF* 1.2 (1906년 10월), p. 3.
325) *AF* 1.3 (1906년 11월), p. 4.
326) *AF* 1.3 (1906년 11월), p. 4. 예를 들어, 교회 선교사인 마가렛 게인스(Margaret Gaines)는 1950년대에 아랍인들 사이에서 교사, 목회자, 교회 개척자로 활동하기 위해 앨라배마를 떠나 팔레스타인에 거주했다.
327) *AF* 1.4 (1906년 12월), p. 4.
328) 'Demons Cast Out,' *AF* 1.6 (1907년 2월~3월), p. 3.

329) H. 워드(H. Ward), 'The Early Anti-Pentecostal Argument,' 사이넌(Synan), *Aspects*, pp. 99-122.

330) J.H. 킹(J.H. King, ed.), *The Apostolic Evangel* 1.4, p. 1. 또한 킹의 매우 영향력 있는 저작인 *From Passover to Pentecost* (Memphis, TN: H.W. Dixon Printing Co., 1914) 참조.

331) J.H. 킹(J.H. King, ed.), *The Apostolic Evangel* 1.4, p. 1.

332) 'Marks of Fanaticism,' *AF* 1.2 (1906년 10월), p. 2.

333) *AF* 1.3 (1906년 11월), p. 2.

334) *AF* 1.12 (1908년 1월), p. 3.

335) *AF* 1.5 (1907년 1월), p. 1; 1.6 (1907년 2월~3월), p. 1; 1.12 (1908년 1월), p. 3.

336) *AF* 1.12 (1908년 1월), p. 3.

337) *AF* 1.12 (1908년 1월), p. 3.

338) *AF* 1.12 (1908년 1월), p. 3.

339) 로버츠(Roberts), *The Strengths of a Christian*, pp. 18, 19.

340) R. 마틴(R. Martin), 'Discernment of Spirits,' *DPCM*, pp. 244-47.

341) 샐리어스(Saliers), *Soul*, pp. 72, 73.

342) 중앙아메리카 오순절 실천은 로마 가톨릭 관행의 영향을 받았음이 분명하지만, 동시에 주님의 인도와 훈련에 더 민감해지기 위해 기도 중 '깨어 있음'과 '기다림'을 강조한다.

343) 로버츠(Roberts), *The Strengths of a Christian*, pp. 24, 25.

344) 거를락(Gerlach)과 하인(Hine), *People, Power, Change*는 오순절주의와 흑인 권력 운동을 분석하며 둘 다 잠재적으로 혁명적이라고 평가했다. 이 주제에 대한 보다 최근의 논의와 종교 운동을 이해하기 위한 박탈 축소주의 모델에 대한 비판은 다음 논문들에서 확인힐 수 있다: L.P 거를락, 'Pentecostalism: Revolution or Counter-Revolution?,' V.H. 하인, 'The Deprivation and Disorganization Theories of Social Movements,' Zaretsky와 Leone (eds.), *Religious Movements in Contemporary America* (Princeton, NJ: Princeton University Press, 1974), pp. 669-99, 646-54.

345) P.J. 로사토(P.J. Rosato), *The Spirit as Lord: The Pneumatology of Karl Barth* (Edinburgh: T. & T. Clark, 1981); 서문, p. v, pp. 47-52.

346) 골로새서 3:1-3.

347) 요한복음 17장. 성령은 성자와 성부를 이끄시며, 성령을 통해 인간 가운데 그리고 그들 안에 거처를 마련하신다.

348) 바르트(Barth), *Evangelical Theology*, p. 58.

349) 로마서 8:26.

350) 발리에르(Valliere), *Holy War and Pentecostal Peace*, 특히 제1장에서 오순절의

사회적, 도덕적, 우주적 차원을 설명하며 모든 민족의 치유를 위한 기도의 집이 될 것을 교회에 촉구한다. 발리에르의 평화 메시지는 시의적절하고 신중하게 논의되었으며, 오순절주의자들이 이를 진지하게 고려할 필요가 있다.

351) J. 콤블린(J. Comblin), *The Holy Spirit and Liberation* (Maryknoll, NY: Orbis Books, 1989), p. 184. 또한 pp. 2-3에 대한 논의 참조.

352) 로버츠(Roberts), *The Strengths of a Christian*, p. 24.

353) 요한복음 15장에서 '열매 맺지 못하는' 사람의 운명과 고린도전서 13장에서 은사와 헌신, 희생에도 불구하고 사랑이 없는 사람들의 '이익'을 다룬다. 중요한 점은 하나님의 생명과 사명에 참여하는 것이다. 구원은 참여하는 것—거하며 열매 맺는 사랑이다.

354) H.A. 스나이더(H.A. Snyder), *The Community of the King* (Downers Grove, IL: IVP, 1977).

355) 에베소서 2:10.

356) 아주사에서의 사람들은 모든 순간에 피의 필요성을 강조했다. 항상 하나님을 신뢰해야 하며, 인간의 힘에 의존해서는 안 된다. 성화는 정적인 상태의 가정이나 자기 도움에 의한 상태가 아니다.

357) 히브리서 12:14.

358) 갈라디아서 5:25.

359) J. 웨슬리(J. Wesley), *Explanatory Notes on The New Testament* (런던: Epworth Press, 1976 [1754]), pp. 575, 598.

360) T. 스미스(T. Smith), *Revivalism and Social Reform* (Gloucester, MA: Peter Smith, 1957); D. 모버그(D. Moberg), *The Great Reversal: Evangelism versus Social Concern* (필라델피아: Lippincott, 1972). 스미스는 초기 성결운동의 광범위하고 깊이 있는 사회적 참여를 연대기적으로 기록했으며, 모버그는 복음주의적 반전, 즉 개인에 대한 관심으로의 전환을 도표화했다. 이 전환은 남북 전쟁의 파괴적인 영향으로 인해 유토피아를 건설하려는 낙관적 계획이 무산되면서 발생했다. 하지만 이는 또한 성결운동의 유산을 가진 복음주의자들 사이에서 사회 개혁이 자유주의와 진화적 진보와 연관되었기 때문에 20세기 초에 발생했다. 처음에는 고립되었던 오순절주의자들은 점차 보수적이고 개인주의적인 복음주의자들과 더 많이 연관되었다. 그러나 엄격한 근본주의자들은 오순절주의자들을 과거에도 받아들이지 않았고 현재도 받아들이지 않는다.

361) G.B. 맥기(G.B. McGee), 'Apostolic Power for End-Times Evangelism: A Historical Review of Pentecostal Mission Theology' (국제 로마 가톨릭 및 고전 오순절 대화에서 발표된 미발표 논문, 스위스 에멧텐, 1990).

362) (4장) 파우펠(Faupel), *Everlasting Gospel*, pp. 265, 332, 333-393; A.L. 클레이튼(A.L. Clayton), 'The Significance of William H. Durham for Pentecostal Historiography,' *Pneuma* (1979년 가을), pp. 27-42; 리드(Reed), 'Origins and Development'; R.M. 리스(R.M. Riss), 'Finished Work Controversy,' *DPCM*,

pp. 306-309; 동일, 'Latter Rain Movement,' *DPCM*, pp. 532-34.

363) 피터스(Peters), *Christian Perfection*, p. 187.

364) J.H. 킹(J.H. King), *From Passover to Pentecost* (멤피스, TN: H.W. Dixon, 1914), p. 106.

365) 파우펠(Faupel), *Everlasting Gospel*, pp. 33-393.

366) R.M. 리스(R.M. Riss), 'The Role of Women,' *DPCM*, pp. 893-899.

367) 앤더슨(Anderson), *Vision of the Disinherited*, pp. 153-94.

368) H. 워드(H. Ward), 'The Anti-Pentecostal Argument,' 사이넌(Synan) (ed.), *Aspects of Pentecostal-Charismatic Origins*, pp. 99-122.

369) 오순절주의를 가장 강력하게 비판한 논문들로는 브루너(Bruner)의 *A Theology of the Holy Spirit*와 던(Dunn)의 *Baptism in the Spirit*이 있다. 던은 오순절주의자들의 일부 주장에 동조적이지만, 강력한 반론을 제기했다. 이에 대한 강력한 오순절주의자들의 반론으로는 어빈(Ervin)의 *Conversion-InitiationSpirit Baptism*, 스트론스타드(Stronstad)의 *Charismatic Theology of St. Luke*, 셸튼(Shelton)의 *Mighty in Word and Deed* (피바디, MA: Hendrickson, 1991), 그리고 멘지스(Menzies)의 *The Development of Early Christian Pneumatology* (JSNTSup, 54; 셰필드: JSOT Press, 1991)가 있다.

370) *The New Charismatics: The Origins, Development and Significance of New-Pentecostalism* (Garden City, 뉴욕: Doubleday, 1976).

371) 리처드 퀘베도(Richard Quebedeaux), *The New Charismatics II* (뉴욕: Harper & Row, 1983), pp. 190-92.

372) G. 웨커(G. Wacker), 'Wild Theories and Mad Excitement,' H.B. 스미스(H.B. Smith) (ed.), *Pentecostals from the Inside Out* (위튼, IL: Scripture Press), p. 27.

373) 웨커(G. Wacker), 'Wild Theories', p. 28.

374) C.M. 로벡 주니어(C.M. Robeck, Jr), 'Where Do we Go from here?' *Pneuma* 7.1 (1985년 봄), pp. 1-4.

375) 폴로마(Poloma), *The Assemblies of God*, pp. 232-41.

376) 폴로마(Poloma), *The Assemblies of God*, pp. 242-43.

377) 맥기(McGee), 'Apostolic Power.' 맥기는 오순절 선교 신학에서 종말론의 중요성을 강조하며 북미 오순절 종말론적 비전의 쇠퇴에 대해 우려를 표명했다.

378) *AF* 1.1 (1906년 9월), p. 2.

379) *AF* 1.1 (1906년 9월), p. 2.

380) 클라렌스 라킨(Clarence Larkin)의 유명한 세대주의 삽화책은 여전히 오순절 '캠프 집회'와 서점에서 판매되고 있다. C. 라킨, *Dispensational Truth or God's Plan and Purpose in the Ages* (필라델피아: Rev. Clarence Larkin Est., 1920).

381) R.M. 리스(R.M. Riss), 'Latter Rain Movement,' *DPCM*, pp. 532-34; 파우펠 (Faupel), *Everlasting Gospel*, pp. 394-518.
382) 번영 또는 '믿음' 신학에 대한 리뷰와 비판은 C. 파라(C. Farah), *From the Pinnacle of the Temple: Faith versus Presumption* (Plainfield, NJ: Logos, 미발행); 동일, 'A Critical Analysis: The 'Roots and Fruit' of Faith-Formula Theology,' *Pneuma* 3.1 (1981년 봄), pp. 3-21; D. 기(D. Gee), *Trophimus I Left Sick: Our Problems of Divine Healing* (런던: Elim Publishing, 1952)에서 확인할 수 있다. 오순절주의자들은 이러한 '하이퍼-믿음' 관점에 대해 초기부터 목회적 대응을 발전시켰다. 이러한 극단을 조장한다는 비판에 대해, 그들은 기적, 표적, 이적에 대해 하나님이 하실 수 있고 하실 것이라고 믿는 것이, 하나님이 하지 않으실 것이라고 단정하는 것보다 낫다고 답할 것이다. 하지만 두 관점 모두 믿음과 행위, 열매와 은사, 그리고 인내와 겸손한 사랑이 필요하듯 서로 필요하다는 점은 분명하다. 이러한 균형은 마술적 기술과 '자연주의 잠식'을 피하고 현대 세계에서 교회의 사명을 발전시키는 데 기여할 것이다.
383) 이 장의 삼위일체적 관점은 테네시주 클리블랜드에 있는 Church of God School of Theology(현재는 Pentecostal Theological Seminary)에서 R.H. 가우스(R.H. Gause)와 함께 가르치며 지난 10년 동안 발전되었다. 이 관점은 다음 논문들로 더욱 심화되고 확장되었다: J. 몰트만(J. Moltmann), 'The Fellowship of the Holy Spirit—A Trinitarian Pneumatology,' SIT 37 (1984), pp. 287-300; P. 호켄(P. Hocken), 'The Meaning and Purpose of 'Baptism in the Spirit',' *Pneuma* 7.2 (1985년 가을), pp. 125-34; D.A. 도먼(D.A. Dorman), 'The Purpose of Empowerment in the Christian Life,' Pneuma (1985년 가을), pp. 147-65; M. 두건(M. Duggan), 'The Cross and the Holy Spirit in Paul: Implications for Baptism in the Holy Spirit,' *Pneuma* 7.2 (1985년 가을), pp. 135-46.
384) 요아킴 오브 피오레(Joachim of Fiore)의 주요 자료를 쉽게 접할 수 있는 독서를 위해, B. 맥긴(B. McGinn) (ed.), *Apocalyptic Spirituality* (뉴욕: Paulist Press, 1979)를 참조하라. 요아킴은 몰트만(Jürgen Moltmann)과 그의 '항상 상호작용하는 층위' 접근 방식에 영감을 주었으며, 삼위일체적 경륜에 대한 관점을 제공했다. 멜빈 디터(Melvin Dieter)는 몰트만과 요아킴을 웨슬리의 초기 체계화자였던 존 플레처(John Fletcher)와 관련지으며, 플레처의 성화의 세대적 발전과 성령세례로서의 성화를 논의했다. 디터의 훌륭한 기사 'The Development of Nineteenth Century Holiness Theology'를 참조하라. 디터는 더 개혁주의적 역사와 성령론의 이해와 성결 및 오순절 접근 방식 간의 신학적 성향과 해석학의 차이를 심도 있게 분석했다.
385) 디터(Dieter), 'Holiness Theology.'
386) 비평가들은 어윈(Irwin)의 신학적 독창성과 후반 도덕적 실패("공공연하고 중대한 죄")를 빠르게 지적하지만, 그의 창의성과 초기 지도력은 결국 그의 조수였던 J.H. 킹(J.H. King) 아래서 오순절 성결교회의 형성으로 이어졌다. B.H. 어윈(B.H. Irwin), 'Pyrophobia,' *The Way of Faith* (1896년 10월 28일), p. 2; H.V. 사이넌(H.V. Synan), 'Benjamin

Hardin Irwin,' *DPCM*, pp. 471-72를 참조하라.

387) D.W. 마일랜드(D.W. Myland), 'The Latter Rain Covenant and Pentecostal Power,' *Three Early Pentecostal Tracts* (*The Higher Life Series*; 뉴욕: Garland Publishing, 1985)은 호켄(P. Hocken)의 "Baptism in the Holy Spirit"에서 인용되었다.

388) D.A. 알렉산더(D.A. Alexander), 'Bishop J.H. King and the Emergence of Holiness Pentecostalism,' *Pneuma* 8.2 (1986년 가을), pp. 159-83. 킹(King)의 통합에 대한 추가 연구가 필요하다. 내 연구는 이 방향으로 한 걸음 나아간 것이다. 또한 H.V. 사이넌(H.V. Synan), 'Joseph Hillery King,' DPCM, pp. 520-21을 참조하라. H.A. 스나이더(H.A. Snyder), *The Divided Flame* (그랜드래피즈: Zondervan, 1986)은 성결운동 측면에서 성결-오순절 구조를 다룬다. 내 생각에는 우리 간의 차이가 크지 않다. 스나이더의 작업은 구원론과 교회론 및 선교학을 상호 연관시키려 한다는 점에서 더욱 중요하다. 우리의 유일한 차이는 종말론에 대한 뉘앙스에 있을 것이다.

389) 콤블린(Comblin), *The Holy Spirit and Liberation*, p. 184. 콤블린의 연구는 오순절주의의 긍정적인 신학적, 목회적 이점을 가장 창의적으로 평가한 최근 로마 가톨릭 학자의 작업이다. 마리아론 및 교회론 관점에서 여전히 차이가 있을 수 있지만, 교회의 삶과 사명을 위해 성령론, 영성, 경험의 중요성에 대한 많은 합의가 있다. 오순절주의 측에서 해방 신학적 관점과의 창의적 상호작용에 대한 연구는 *Pastoralia* 7.15 (1985년 12월), pp. 55-68를 참조하라. 특히 Hector Comacho, Aida Gaetan, Rudolfo Giron, Ricardo Waldrop의 기사를 보라. 결론은 'Declaracion de la consulta de lideres educacionales de la iglesia de Dios: Dessarrollo de un modelo pastoral pentecostal frente a la teologia de la liberacion'라는 제목으로 *Pastoralia*에 보존되어 있다, pp. 99-106.

390) 몰트만(Moltmann), *Trinity and Kingdom*, p. 208 참조.

391) M. 볼프(M. Volf), 'On Loving with Hope: Eschatology and Social Responsibility,' *Transformation* 7.3 (1990년 7월 9월), pp. 28-31. 볼프는 오순절주의자들이 창조가 성령에 의해 소멸되지 않고 변형될 것을 기억하면서 소망 속에서 사랑을 유지하도록 촉구한다. 그의 논문은 하나님의 주권을 희생하지 않으면서도 하나님 나라 내에서 행위의 중요성을 보여준다.

392) 마태복음 16:24; 누가복음 14:26, 27, 33; 요한복음 8:31; 빌립보서 2:12, 13; 갈라디아서 2:20; 5:16, 24를 참조하라.

393) 히브리서 9:14.

394) 이 연구에서 자주 인용된 고린도전서 13장은 영성 통합의 모델이다. 신념과 실천은 사랑에 뿌리를 두고 있으며, 사랑은 기독교 영성의 통합적 핵심이다. 사랑으로 가득 찬 전인적인 헌신은 그러한 사랑을 받은 자에게 유일하게 적합한 반응이다.

395) 몰트만(Moltmann), 'The Fellowship of the Holy Spirit' 참조.

396) 오순절주의는 기독교 내에서 보완적이면서도 새로운 접근법을 나타낸다. 이는 대부분

흑인과 갈색인을 주요 구성원으로 하는 토착화된 민중 신앙이다. 신학적, 윤리적, 정치적 차이가 있음에도 불구하고, 이 연구는 19세기와 18세기를 포함한 초기 세기의 영적 기초를 제시하며, 웨슬리를 통해 초대 교회까지 거슬러 올라가는 뿌리를 가진다는 점을 강조한다. 외적 유사성에만 초점을 맞추는 접근은 이 중요한 점을 가릴 수 있다. 이는 신학적 재구성과 협력적 실천을 위한 중요한 기반이다. 이를 위해 Walter Hollenweger의 *A Guide to the Study of the Pentecostal Movement* (2권, Meruchen, NJ: Scarecrow Press, 1983) I권, pp. vii, viii의 서문을 참조하라. 또한 Valliere, *Holy War*; J. Moltmann, *The Church in the Power of the Spirit* (뉴욕: Harper & Row, 1977), pp. 289-336을 참고하라.

397) R.J. Cassidy, *Society and Politics in the Acts of the Apostles* (Maryknoll, NY: Orbis Books, 1988). 오순절주의자와 다른 사람들이 이제야 정치적 및 선교적 함의를 탐구하며 실천하고 있는 반문화적이고 잠재적으로 변혁적인 영향을 탐구하라.

398) Valliere, *Holy War*, pp. 46-86.

399) 제이 비만(Jay Beaman)은 여러 오순절 교단의 초기 평화주의 입장을 추적했으나, 20세기 전진하며 점점 끔찍해지는 세계적 및 지역적 갈등 속에서 이러한 입장은 거의 포기되었다. 그럼에도 불구하고 오순절주의는 과테말라와 같은 제3세계 국가에서 종종 우파와 좌파 모두에 의해 죽임을 당하는 '세 번째 길'로서 평화의 메시지를 제공한다. 현재 칠레, 브라질, 남아프리카 및 일부 아시아 지역에서 오순절주의자들은 정치적 후보를 출마시키고 있다.

400) H.R. 니버(H.R. Niebuhr), *The Social Sources of Denominationalism* (뉴욕: World Publishing, 1929); Anderson, *Vision of the Disinherited*. Anderson에 대한 Grant Wacker와 Timothy Smith의 통찰력 있는 비평을 참조하라 (*Religious Studies Review* 8.1 [1982년 1월], pp. 15-28).

401) J.F. White, *Protestant Worship: Traditions in Transition* (루이스빌, KY: Westminster/John Knox, 1989).

402) I.C. 클레몬스(I.C. Clemmons), 'Charles Harrison Mason,' *DPCM*, pp. 585-88. 클레몬스는 Gayraud Wilmore와 Sidney Ahlstrom을 인용하여 시모어(Seymour)와 메이슨(Mason)의 오순절주의 기원에서의 명예와 중요성을 주장하며, 특히 흑인의 공헌을 강조했다. 또한 *DPCM*의 Phoebe Palmer, Pandita Ramabai, Aimee Semple McPherson, Maria Woodworth-Etter 등의 항목을 참조하라.

403) P.D. 스탁카드(P.D. Stockard), 'Modern Kingdom Theology: A Brief Review and Critique of the Book, Held in the Heavens Until God's Strategy for Planet Earth by Earl Paulk' (Church of God School of Theology의 과제 논문, 1989). Stockard는 인터뷰를 수행하고 필수 주요 및 보조 자료를 검토했다. 또한 Robert Bowman, Gary S. Hawkins, Dan Schlesinger의 'The Gospel According to Paulk: A Critique of 'Kingdom Now Theology',' *Christian Research Journal* 10.3 (1988년 겨울/봄), pp. 9-13 및 11.1 (1988년 여름/가을), pp. 15-20을 참조하라.

404) D. 배럿(D. Barrett), 'Global Statistics,' *DPCM*, pp. 810-29. 또한 J.W. 셰퍼드

(J.W. Sheppard), 'Sociology of Pentecostalism,' *DPCM*, pp. 794-99을 보라. 특히 p. 799에서 셰퍼드의 '오순절주의자가 정치적으로 보수적일 가능성이 높다는 가정은 정치적으로 진보적이거나 급진적인 오순절주의자, 즉 사회 정의와 해방에 관심이 있는 집단을 간과하게 했다'는 주목할 만한 언급을 보라.

405) R.P. 스피틀러(R.P. Spittler), 'Society for Pentecostal Studies,' *DPCM*, pp. 793-94; C.M. 로벡(C.M. Robeck), 'Seminaries and Graduate Schools,' pp. 722-26 참조.

406) Boer, *Pentecost and Missions*, pp. 215-17.

407) Jerry Sandidge는 오순절의 에큐메니컬 노력에 대한 오랜 참여자이자 연구자로, 'Roman Catholic/Classical Pentecostal Dialogue'에 대한 간결하고 유용한 요약을 *DPCM*, pp. 240-44에 제공했다.

408) J.L. 샌디지(J.L. Sandidge), 'World Council of Churches,' *DPCM*, pp. 901-903.

409) C.M. 로벡 주니어(C.M. Robeck, Jr), 'Pentecostal World Conference,' *DPCM*, pp. 707-10.

410) C.M. 로벡 주니어(C.M. Robeck, Jr), 'National Association of Evangelicals,' *DPCM*, pp. 634-36. 도널드 데이턴(Donald Dayton)과 함께, 현대 북미 복음주의 작가들의 좁은 '복음주의' 이해와 '이성'과 '정서'의 양분적 이해('reason'은 북미 복음주의 주류를, 'emotion'은 홀리니스 오순절과 소수 민족 신앙 공동체를 지칭함)에 대해 질문을 제기한다. 이러한 접근이 취해질 때 데이턴이 '장로교적 패러다임(presbyterian paradigm)'이라 부른 것이 유일한 방식으로 자리 잡는다. 예를 들어 데이턴의 'Yet Another Layer of the Onion,' pp. 87-110 참조. 데이턴의 역사적 신학적 작업은 오순절주의자들이 그들의 신학적 '열등감'을 극복하도록 격려해야 하며, 이는 그들의 민속적, 서사적 전통과 본질적 영성에 충실한 방식으로 이루어져야 한다. 오순절주의의 복음주의화(evangelicalization of Pentecostalism)는 복음주의의 오순절화(pentecostalization of evangelicalism)가 될 수 있으며, 이는 둘 다 워필드(Warfield) 등의 프린스턴 신학과 그 상식 철학적 기반에 대한 대안을 고려하게 할 것이다.

411) 베드로전서 4:17; 요한계시록 1-3; 히브리서 12.

412) 로마서 8:24.